>>Manche Menschen kommen in ein dunkles Zimmer und beginnen emsig zu arbeiten. Sie ergründen die Ursachen der Dunkelheit, finden Schuldige und erstellen ein mittelfristiges Konzept zur schrittweisen Reduzierung der Finsternis.

Und dann kommt einer und macht einfach das Licht an.<<

Peter Hohl

sicherheitsversagen eines weltkonzerns

FALLING HAMMER
Das TDI-PROJEKT

© Mai 2019 Arne Koss

Impressum

Autor: Arne Koss, 30938 Burgwedel

Umschlag, Illustration: *SICHERMACHER*®

Lektorat, Korrektorat: Dr. Bahl, *SICHERMACHER*®

Unterstützt von & durch:

Verlag: SICHERMACHER® Eigenverlag

c/o Arne Koss, 30938 Burgwedel | www.sichermacher.de

Paperback	ISBN 978-3-9820608-1-1
e-book	ISBN 978-3-9820608-8-0
Hardcover	nicht aufgelegt

Urheberrecht

>> Die einstige Aura der BASF als sicherheitsorientiert voranschreitende und große Führungsinstitution ist in der Realität einer diffus gebrechlichen und mit opulent aufwartender Führungs-Inkompetenz wirkenden Rolle als Nebendarsteller einer Real-Satire gewichen. <<

Arne Koss

Wichtige Hinweise zum vorliegenden Werk

Der vorliegende Tatsachenbericht spiegelt die eigen erlebten Erfahrungen, ergänzt durch Meldungen seitens Kollegen und/oder Fremdmeldungen wi(e)der. Der Zusammentrag erfolgte aufgrund umfangreichen Materials eigen erstellter Dokumentationen, resp. mittels Dokumentenaustausch und -Zuführung zuständiger Mitarbeiter in allen Bereichen.

Die Namen der hier genannten Personen sind fiktiv und deren Charaktere frei interpretiert. Tatsächliche Parallelen zu Personen aus der Gegenwart lassen insbesondere hinsichtlich ihres rein subjektiv interpretierten Verhaltens keinerlei Rückschluss auf die tatsächlichen Charaktere (noch) lebender Personen zu.

Die geschilderten Sachverhalte sind überwiegend durch Erklärung kausaler Zusammenhänge bereits im Text verifiziert oder werden partiell (sukzessiv und nach billigem Ermessen) auf der Domain www.tdi-projekt.de validiert. Insbesondere sind dort die im vorliegenden Buch zu sehenden Grafiken im farbigen Original zu finden.

Um Zugang zu den Dateien zu erhalten, werden Sie ggf. nach einem Passwort gefragt, das sich auf das Buch bezieht. Halten Sie also das Buch bitte vorsorglich bereit, sofern Sie die Internetseite besuchen. Der Besuch der Internetseite geschieht auf eigene Gefahr, ein Recht auf Einsicht der Dateien besteht nicht.

Sofern es innerhalb einzelner Darstellungen zu Rechtsverweisen und Nennungen juristischer Hintergründe kommt, so stellen diese keinesfalls eine gültige Rechtsberatung dar, sondern eine zu betrachtende Orientierung, in welchem juristischen Kontext sich der Gesamtsachverhalt bewegen könnte oder mutmaßlich bewegt.

Sämtliche in vorliegendem Tatsachenbericht verwendeten Namen, Marken und/oder Markenzeichen dienen ausschließlich illustrativen Zwecken. Deren Urheberrecht liegt beim jeweiligen Inhaber der Marke. Sofern ich als Verfasser nicht selbst Inhaber der Rechte bin, mache ich mir deren markenrechtlichen Eigenschaften in keiner Hinsicht zu Eigen.

Bei nicht belegten Darstellungen oder Verhaltensweisen handelt es sich in der Analyse der Kausalkette und Plausibilität um freie Interpretationen, welche aufgrund ihrer subjektiven Einschätzung als Mutmaßung zu werten sind.

Der Autor

Anm.: Bestimmte Größenangaben gelten zur Zeit der Dokumentation (2014-16) und können heutzutage ggf. entsprechend voneinander abweichen. So ist beispielsweise lt. div. Medienberichten die Anzahl der durch die in 2016 erfolgte Explosion verletzten Personen mittlerweile (in 06/2019) von 28 auf 44 angestiegen.

Danksagung

An dieser Stelle möchte ich allen danken, die stets Ansprechpartner und/oder auch guter Berater für wichtige Fragen waren – inhaltlich, in fachlicher Hinsicht und manchmal einfach nur so…

Und natürlich auch denjenigen, deren Verhalten und Aktionen nicht nur Zusatzaufwand bedeutete und andere Menschen und sogar Konzerne gefährdete, sondern letztlich meine Maßnahmen und Ziele tlw. durchgreifend konterkarierte. Weshalb, dürfte auf der Hand liegen: Von Menschen mit groteskem, essentiell und bis zum unverständlich pervertierten (Grund-) Verhalten kann man ebenfalls viel lernen – jedenfalls bereichern sie rückblickend das Leben vieler anderer Menschen darin, wie man Dinge einfach nicht machen sollte…

Insofern geht mein zweifellos ambivalenter und dennoch Benefit-reicher „Dank" -unsortiert- an Christine, Anja, Bora, Peter, Andreas, Jürgen, Roger, Sepp, Rainer, Marian, Frank, Karl, André, Thorsten und Tanja (ohne Anspruch auf Vollständigkeit; ich möchte euer tlw. absurdes Fehlverhalten schon um den Willen der Bestätigung, Recht gehabt zu haben, keinesfalls missen…).

Mein wirklich aufrichtiges Dankeschön spreche ich aber -ebenso unsortiert- Elly, Andrew, Daniel, Phillip, Dirk, Sabine, Holger, „Prof. Brot", Marcel, Kenan, Erich, Bram, Siguerl, Björn, Linda, Thorsten, Dr. Sehl, Tom, Kerstin,

Andreas, Dr. Arndt, Peter, Anne, Markus, Thomas, Gerd, Malte, Waltraud, Ralf, Frank, Mirko, Marc, Ricardo, Sven, Mathias, Stefan, Heike, Kirsten, Benni, Matthias, Tobias, Michael, Karin, Marina, Suzan, Dr. Braun, Christian, Peter, Bodo, Mirko, Alex, Silke, Heiko, Martin, Maciej, sowie Jens & seinen Söhnen aus:

DANKE, THANKS & MERCI.

Darüber hinaus bedanke ich mich bei vielen ehemaligen Mitarbeitern, Betriebs-Ärzten und -Räten aus den unterschiedlichsten Projekten, die mir so manches Mal -auch ohne es zu wissen- als Inspirationsquelle dienten und unsere Zusammenarbeit einfach so vollzogen, wie man es sich wünscht.

Als Feedback-Quelle der sehr kompakten Intensiv-Variante „Input Forte" bedanke ich mich natürlich auch bei Albrecht.

Beruflicher Dank geht aber insbesondere an Kevin für einen beeindruckenden Projektverlauf trotz -für ihn- harter Schule. Ich bin der Überzeugung, dass er als fachlicher Youngster mit viel Empathie alten Hasen zeigen wird, wie es eben auch (anders) gehen kann - für die Zukunft alles Gute!

Und ein privates, ganz besonderes Dankeschön geht an Iris, ein wirklich unfassbar tolles, hannoversches Deern – einfach für das „Mitmachen" und dafür, als „toller Mensch" da zu sein…

Ich danke Euch.

Inhaltsverzeichnis

sicherheitsversagen eines weltkonzerns

FALLING HAMMER
Das TDI-PROJEKT

Erklärung

Der vorliegende, autobiografische Roman basiert als Tatsachenbericht auf realen Begebenheiten. Ihn konkret zwischen Belletristik, Sach- und Fachbuch einordnen zu wollen, fällt schwer: Weder der Aufbau, noch der Inhalt oder der Schreibstil sind klassisch und keines dieser Attribute fügt sich in irgendeine der genannten Schubladen.

Der (fachliche) Inhalt kann für den Leser sehr anstrengend sein – vielleicht sogar zäh und holprig. In jedem Fall regt er zum Schmunzeln an - zum Kopfschütteln. Vielleicht veranlasst er sogar Wutanfälle bei Personen, die sich in den Beschreibungen wiederfinden und sich „getroffen" oder „ertappt" fühlen. Möglicherweise löst er auch bittere Fassungslosigkeit bei Betroffenen und Hinterbliebenen aus – über die Zusammenhänge von Geschehnissen und die Gewissheit, dass so Vieles, von dem, was passiert ist, absehbar und unnötig war. Vielleicht aber nimmt Sie das Buch auch mit auf eine Reise, bei der Sie nach einiger Zeit das Gefühl haben, selbst im Geschehen zu stehen und all die Protagonisten persönlich zu kennen. Und vielleicht denken Sie noch lange über das Projektende nach, was schon als feige und hinterhältig beschrieben wurde und so viel Potenzial für weitere Katastrophen und Leid in sich trägt.

Ja – ich bin mir ziemlich sicher, dass das Buch viele Menschen in ihrem Stolz und Ehrgefühl treffen – gar bloßstellen wird. Aber wesentlich mehr Menschen noch, wird es in ihren Ansichten und kaum vorstellbaren Bemühungen um einen akzeptablen Arbeitsplatz bestärken und aufzeigen, dass deren Wille notiert ist und respektiert wird – gleich, wie individuell sich die persönlichen Voraussetzungen und Rahmenbedingungen auch darstellen.

Allerdings möchte ich bereits vorab ausdrücklich betonen, dass das nachfolgend Beschriebene nicht das Denunzieren oder Diffamieren einzelner Menschen oder Gruppen -insbesondere Mitarbeitern- zum Ziel hat. Allein deshalb nicht, weil die einzelnen Mitarbeiter quasi nur mit der Masse schwimmen können und i.d.R. nur wenige vereinzelte und isolierte Missstände innerhalb ihres Unternehmens zu Gesicht bekommen. Auch ist es nicht das Ziel des Buchs, dem Unternehmen BASF zu schaden. Keinesfalls.

Um mit einer gewissen Gehässigkeit bereits jetzt zu beginnen, müsste ich dann ja bemerken, dass das ohnehin all jene Verantwortliche bereits selbst veranlasst haben, als sie sich seinerzeit entschieden, die sich über Jahre hinweg gegebenen Chancen zur Schadensbegrenzung konsequent zu missachten – bis schließlich eine Explosion Leben kostete.

Gut – ich muss gestehen, es ist mir nicht durchgehend gelungen, jeden Hauch an Polemik zu unterlassen…

Als Leser werden Sie vielfach wahrnehmen, wie mangelhaft bestimmte Abläufe sind und wie dumm sich einige Personen (an-)stellen – oder vereinzelt auch sind.

2

Aber keine Angst, Sie erleben keine Hetze – ich kenne und arbeite regelmäßig mit äußerst kompetenten Kollegen und Kolleginnen erfolgreich zusammen. Zwar sind das dann meistens erforderliche Übernahmen bereits zuvor gescheiterter Prozesse – aber den Erfolg feiern auch wir. Nur entspricht es nun mal nicht unserer Grundeinstellung, uns großartig für Dinge zu loben, deren positive Umsetzung unserer normalen Erwartungshaltung und den eigenen Ansprüchen an den jeweiligen Aufgabenbereich entspricht.

Insofern erklärt es sich leicht, dass Sie viel über Kontroll-Verlust, Planungslosigkeit, Inkompetenz und Versagen lesen werden.

Schauen Sie im Internet einmal nach Videos zum Thema „Arbeitsunfall" – Sie werden erschlagen von sich dumm verhaltenden Stapler- oder LKW-Fahrern, Kran- und Bagger-Führern oder sich einfach blöd anstellenden Menschen. Menschen, die sich mit Nachdruck für den sog. „Darwin-Award" nominieren. Vermutlich kennen Sie auch solche TV-Sendungen wie „Zu Hause im Glück"!? Aus Arbeitsschutz-fachlicher Sicht ein Grauen und die denkbar schlechteste (Vor-)Bildung für zukünftige Handwerker-Generationen.

Leider existiert dieses schlechte Laien-Vorbild eben auch im professionellen Schenkel der Gewerke-Wirtschaft. So hatte ich erst 2018 (!) ein Projekt-Meeting, bei dem mir die durchgreifend fehlende Arbeitsschutz(HSE)-Planung für ein 10-Millionen-EUR-Projekt der ausarbeitende Architekt damit begründete, dass die Gewerke von Arbeitern aus Osteuropa besetzt seien – und dass „wir" da mal „Fünfe

3

gerade" sein lassen müssten. Nein – mussten „wir" nicht. Es erfolgte die Versagung der Arbeitsschutz-Freigabe aufgrund fehlender Preisgabe von Arbeitsabläufen, der Informationsunterschlagung explizit nachgefragter Bemaßungen, Lokalisationsangaben der unterflur verlegten Versorgungsstruktur und vielem anderen mehr. Ich wurde nicht enttäuscht: erwartungsgemäß wurde meine geäußerte Besorgnis nicht geteilt und von Lächeln begleitet – eigentlich unspektakulär.

Dummerweise wurde meine dreitägige Abwesenheit genutzt und die Baggerarbeiten sind von irgend ´nem Seppl doch angewiesen worden. Das Resultat war ein vom Bagger durchtrenntes Erdkabel mit 20.000 Volt. Die unerwartete Erleuchtung legte die Produktion still und forderte einen Verletzten. Die zuvor von der Geschäftsführung unterlassenen Handlungen, die diese Vorfälle erst ermöglichten, führten konsequent zu unserer Trennung.

In einem anderen Projekt (2016) zeichnete sich der Kollaps von Geschäftsführung und der angestellten Kollegin im Arbeitsschutz wg. Burn-Out ab. Meine Warnung vor dem sehr wahrscheinlichen Verlauf wurden genauso ignoriert wie das Unterbreiten verschiedener Lösungswege, die weder Kollegin noch Standort geschadet hätten. Auch hier führte mangelnde Fachkompetenz zum Handlungsvakuum und es kam, wie prognostiziert: die Geschäftsführung wurde kurzerhand abgesägt, der HSE-Kollegin wurde gekündigt. Die Mitarbeiter klagen weiterhin über die intermittierende Suche nach Neubesetzungen und Strukturlosigkeit…

Sie sehen - die Einordnung und das verfolgte Ziel des Buchs sind schwierig zu definieren.

Was verfolge ich also mit den geschriebenen Zeilen?

Das Buch schildert Zusammenhänge eines komplexen, für Manipulationen sehr anfälligen System. Dabei dreht es sich keinesfalls um wilde Verschwörungstheorien – sondern um plausibilitätsgeprüfte Zusammenhänge. Und um Fakten. Belegbare Fakten.

Es soll ein wenig mehr Transparenz dort schaffen, wo es das Zusammenwirken von Beziehungsverfilzungen und Abhängigkeiten unmöglich machen, von Einzelpersonen durchbrochen zu werden. Dennoch fokussiert es sich auf eben diese Einzelnen, auf die es im Zusammenhang ankommt. Auf diejenigen, die es in ihren Händen haben, ein krudes, gar krankes System von Vortäuschung und Vertuschung -zumindest partiell- am Fortbestehen und im Idealfall sogar an seinem Wachstum zu hindern. Allerdings auch nur dann, wenn sich diese Einzelpersonen konsequent positionieren.

Das Buch zeigt die Mitwirkung derer auf, in deren Händen eine Veränderung liegen kann und benennt -wenngleich das nicht das erklärte Ziel ist- (Mit-) Schuldige am Systemerhalt. Und es zeigt auf, wie einfach tlw. die Kompensation bestimmter Fehlleistungen vorab sein könnte und wie umfangreich demgegenüber die Dekompensation sein muss, wenn man Dinge einfach „laufen lässt", bis es dann doch passiert...

Letztlich umschreibt das Werk, wie unfassbar groß das Glück ist, dass in der BASF noch nicht mehr passiert ist – bisher. Und es soll andere Verantwortliche veranlassen, ihre eigene Positionierung in vergleichbaren Abläufen zu reflektieren und im besten Fall sogar neu auszurichten.

Damit ich dann aber auch allen persönlichen Kritikern zuvorkomme; sicherlich dient es auch der Befriedigung meines Egos dadurch, dass ich im Nachgang sagen kann „Habe ich doch gewusst.". Ganz bestimmt sogar…

Nein, mal im Ernst: es dürfte natürlich von niemandem das Ziel sein, sich damit brüsten zu können, rückwirkend Recht gehabt zu haben – meines schon gar nicht. Ein Egoshooting soll das Buch eben nicht darstellen. Keinesfalls.

Ich wünschte so manches Mal, ich würde in kritisch gewerteten Sachverhalten dauerhaft im Unrecht bleiben – nichts lieber, als das.

Leider zeigen aber die Zeitverläufe zurückliegender Projekte, dass die in vergleichbaren Ausgangssituationen prognostizierten Verläufe kurz- bis mittelfristig in über ¾ der Fälle eintreten – das Ignorieren der ausgearbeiteten und erforderlichen Schutzmaßnahmen vorausgesetzt.

Dabei betrifft das nicht nur glücklich verlaufende Beinahe-Unfälle, sondern -wie es die Zwischenfälle der BASF zeigen-auch Verletzte und Tote.

Die Bilanz eines 75%igen Negativ-Erfolges ist traurig.

Und unnötig dazu.

Vorwort

Die Explosionskatastrophe am 17.10.2016 auf dem Gelände der BASF in Ludwigshafen kostete fünf Menschen ihr Leben. 28 weitere wurden teilweise schwer verletzt (Quelle: Wikipedia-Abruf am 31.12.2018).

Diese Explosion wäre zu verhindern gewesen – durch die BASF selbst. Und durch mehrere Ministerien, Behörden und vielleicht auch Medien.

Das halten Sie für eine steile These? Gut - wenn Sie mit dem vorliegenden Buch fertig sind, sehen Sie das möglicherweise anders. Sie werden das vermeintliche „Sicherheitsbollwerk BASF" vermutlich kritischer im Kontext der Politik des Versagens betrachten – und dem der Chemie-Lobby hinterfragen. Und vielleicht sogar simple Inkompetenz in wichtig(st)en Positionen für wahrscheinlich halten.

Sicher – die vorgenannte Annahme, die Explosion wäre zu verhindern gewesen, ist eine Mutmaßung. Aber eine, die auf äußerst belastbaren und nachweisbaren Fakten basiert. Die Annahme, ob etwas zu verhindern gewesen wäre, bleibt ja letztlich immer und überall hypothetisch. Im Fall der Explosion jedoch, könnten zumindest noch ein paar mehr Menschen leben – mit an Sicherheit grenzender Wahrscheinlichkeit. Warum? Weil vor derartigen Situationen gewarnt wurde. Sie wurden lange vor dem Ereignis spezifisch aufgearbeitet, deren Probleme aufgeschlüsselt und der BASF mit fertig ausgearbeiteten Lösungswegen vorgelegt. Und zwar gegenüber denjenigen, die die Verantwortung für die Mitarbeiter tragen; den Führungskräften. Mehrmals sogar dem Vorstand der BASF selbst, dann dem Landes- und sechs weiteren Bundesministerien. Die Situation des Standorts wurde der örtlichen Staatsanwaltschaft, etlichen lokalen Zeitungen und auch angeblichen Investigativ-Journalisten sowie Redaktionen großer Fernsehmagazine gegenüber kommuniziert. Aufgezeigt wurden im Kern exakt solche Probleme, wie sie auch nach Publikation der Medien, im Herbst 2016 für ein mehrfach tödliches Desaster gesorgt haben dürften.

Welchen Zweck hat nun ein Vorwort, wenn diesem ein umfassender Prolog und eine sich über 40 Seiten erstreckende, thematische Einleitung folgt? Die Antwort ist recht simpel.

Das TDI-PROJEKT bezieht sich auf nachweisbare Sicherheitsmissstände innerhalb und außerhalb eines Projektes auf dem Gelände des BASF-Standorts Ludwigshafen. Bereits im Sommer 2016 fertig gestellt, hatte ich -der Autor- meine damaligen Projekterlebnisse zu einem Zeitpunkt ausformuliert und den verantwortlichen Personenkreisen vorgetragen, zu dem die verheerende Explosionskatastrophe im Herbst gleichen Jahres erst noch bevorstand. Unmittelbar – wie sich herausstellen sollte.

Entsprechend lagen neben all den Erkenntnissen auch das Buch *Das TDI-PROJEKT* bereits inhaltlich vollumfänglich abgeschlossen -aber dennoch in der Rohversion- vor. Insofern zeigen die ab dem Prolog niedergeschriebenen Inhalte die Situation vor der Explosion auf, da diese auch im Nachhinein nicht mehr geändert wurden.

Ich wünschte der BASF bereits damals zum Ende des Buches hin, dass sie von den zuvor prognostizierten Katastrophen verschont bleibe und -zum Wohl aller Mitarbeiter- endlich eine Verbesserung hinsichtlich der lokalen Sicherheitsstruktur umsetzen solle. Heutzutage wider besseren Wissens; bereits wenige Monate nach der Fertigstellung der Inhalte im Juni 2016, ereigneten sich die befürchteten Zwischenfälle und forderten Tote und Verletzte.

Im Anschluss meiner Projektbetreuungen bei der BASF wurde mir in einem Telefonat der Leitungsposten der dortigen „Schule für Arbeitsschutz" (ich nenne sie mal so) angeboten. Zwar lehnte ich diesen dankend ab, allerdings suggerierte mir die Kontaktaufnahme, dass man im operativen Tagesgeschäft die Gewichtung meiner Ausarbeitungen rückblickend doch für sehr ernst genommen haben könnte.

Die sich mittlerweile ernüchternd eingestellte Wahrnehmung der Aufarbeitung im Umgang mit der Explosionskatastrophe war eine andere. Zeigt doch die insuffiziente Abarbeitung der Geschehnisse auf, dass die BASF tendenziell eher versuchen würde, dem Markt und Aktionären ihr Vorgehen als Referenzprojekt zu verkaufen, als daraus demütig Lehren zu ziehen und in Anerkennung daran zu wachsen.

Bereits mit dem sich seit langem abzeichnenden Vorgang, den ausführenden und damit die Explosion auslösenden Sub-Kontraktor als mutmaßlich Schuldigen zu präsentieren, machen es sich die tatsächlich Verantwortlichen – und auch die mutmaßlich zuständige Staatsanwaltschaft (die ebenfalls über die Sicherheitsdefizite unterrichtet wurde), sehr leicht...

Die von mir definierten und nachweislich bereits zuvor -genau genommen seit Ende 2014- angeprangerten Sicherheitsdefizite der BASF haben schon damals nahegelegt, dass es zu derartigen Zwischenfällen -wie der Explosion im Hafen, im Oktober 2016- kommen würde. Für Experten wie mich, war es lediglich eine Frage der Zeit, wann die vielen Einzelgefährdungen zeitlich und örtlich aufeinandertreffen und zur Katastrophe führen. Auch denke ich, dass es an dem Standort noch weitere, vergleichbare Situationen geben wird, wie in dem Jahr der Explosion. Eine dann sich weitaus höher einstellende Anzahl von Opfern würde mich keineswegs wundern. Denn bei allem Unglück des Geschehnisses, hatte die BASF noch Glück mit dem Ereignisort; weit außen gelegen, an einer terminalen und in jeder Hinsicht günstig gelegenen Versorgungs-Struktur.

Im späteren Verlauf des Buches wird die Thematik mangelnder Sicherheitsstrukturen der BASF noch sehr intensiv analysiert und entsprechend bewertet. Allerdings hilft es dem Verständnis, bereits jetzt darum zu wissen, dass dem Feststellen und Definieren dieser Sicherheitsmängel natürlich zunächst die umfangreiche Mitteilung an die BASF folgte. Vielfach – und in sich wiederholenden Schritten, der Hierarchie entsprechend bis zum Vorstand. Erst, als auch der Vorstand selbst die Defizite nebst aller Beweise als nicht gegeben abtat, erfolgte -gezwungener Maßen- die weitere Publikation an das Landesministerium. Da dieses jedoch jüngst zuvor mit den zweifelhaften Leistungen von Sachverständigen-Kollegen bei Revisionen und Prüfungen der Kernkraftwerke Biblis und Philippsburg in Verbindung gebracht wurde, wurden aufgrund der fachübergreifenden Thematik bei der BASF zeitgleich sechs Bundesministerien über die Missstände informiert – nebst weiteren Institutionen.

Leider fehlte durchgreifend das für den gesunden Menschenverstand erwartete Interesse – bei allen Adressaten. Was zu diesem Verhalten geführt haben mag, lassen die Schilderungen der vorliegenden 600 Seiten erahnen.

Ich glaube nicht, dass der Betriebsrat der BASF jemals von meiner Besorgnis erfahren hat – geschweige denn, eine der zahlreichen an die Feuerwehr und/oder den dortigen Arbeitsschutz übergebenen Dokumentationen je zu Gesicht bekommen hat. Insbesondere dürfte er von dem Schriftwechsel zwischen mir und seinem Vorstand keinerlei Kenntnis haben. Andernfalls wäre er sicher seiner Pflicht nachgekommen und zum Schutz der Mitarbeiter aktiv geworden. Nicht ihretwegen – aber er will ja wieder gewählt werden…

Lediglich ein paar Interview-Anfragen seitens der lokalen Printmedien waren zu verzeichnen. Die konnte man aber keinesfalls ernst nehmen. Nicht, wenn man mir noch zuvor klar mitteilt, dass der Bericht nicht so ausfallen würde, wie wohl meinerseits vermutet. Schließlich sei die BASF ja der größte Arbeitgeber der Region und man selbst würde auch entsprechend abhängig von der lokalen Konstellation sein.

Als vielversprechend könnte man zwei persönliche Treffen noch interpretieren. Zumindest zunächst. Mit jemandem, der mich über einen „Investigativ"-Journalisten kontaktierte und einer Redaktionsdame eines ZDF-Magazins (bereits in 2015). Schon kurz darauf musste ich aber feststellen, dass die Sache beiden Ansprechpartnern zu groß war und auch kein Format dafür existiere (!). Bei allem in den Medien verbreiteten Ruf, Investigativ-Journalismus zu betreiben - man traute sich offensichtlich nicht, sich mit der BASF anzulegen, ohne, dass etwas Konkretes passiert sei. Sicher - die Informationen waren wenig geeignet, einen medientauglichen Skandal mit Masseninteresse zu generieren. Zumindest nicht vor der Explosion. Dann doch lieber die Einschaltquoten mit Berichten erreichen, durch die sich der Konsument über unhaltbare Zustände bei der Arbeit großer Versandkonzerne oder dem Erdbeerbauern um die Ecke echauffieren kann.

Investigativ-Journalismus? Pustekuchen - man war dann doch wieder sehr deutsch; auf keinen Fall die eigene Komfortzone verlassen und sich in Szenen vertiefen, die viel Ärger versprechen – schließlich war ja noch nichts passiert.

Dann wartet man doch lieber so lange, bis das Kind endlich in den Brunnen gefallen ist und bietet bis dahin lieber keinerlei Angriffsfläche. Nachher würde einem womöglich noch ein Fehler unterstellt werden...

Richtig so - dann kann man im Nachhinein auch ohne jegliches Risiko meckern. Sogar verständlich – wenn auch nur bedingt. Wir sind in Deutschland. Und wie die Aufarbeitung vieler medienwirksam gestalteter Prozesse zeigt, wird versucht, schnell jemanden eines Fehlers zu bezichtigen, um ihn dann schließlich und endlich genüsslich filetiert mundgerecht servieren zu können. Und, um sich an ihm abarbeiten und der (Mit-)Verantwortung und Rechtfertigung eigener Inkompetenzen möglichst unauffällig entziehen zu können. Kein Problem, liebe Verantwortlichen der BASF, im Landesministerium und der Bundesministerien - und liebe Medien; nach der Explosion haben wir fünf Tote, 28 Verletzte sowie damit verbunden, zahlreiche zerstörte Schicksale und Familienstrukturen. Und sicherlich zumindest teilweise vermeidbar. Vielleicht hilft das ein wenig, dass ihr alle eure Brillen mal etwas auf den Fokus der Vorbeugung richtet. Immer nur „aktiv" geduckt zu warten, bis etwas geschieht - um dann im Ernstfall den zum Mantra stilisierten Rechtfertigungsslogan „Das ist nicht meine Schuld." in bestmöglich geübter, reflektorischer Improvisations-Manier als Ass aus dem Ärmel zu ziehen und herunter zu beten, mutet irgendwann als Verdummung an. Und zwar nicht weniger dumm, als sich das Handeln der

Industrie-Verantwortlichen als eigentliches Nichthandeln darstellt.

Wie bereits angemerkt, waren die Zeilen des Buches zur Zeit vor der Explosion in ihrer Form noch nicht veröffentlichungsreif – inhaltlich aber schon lange fertig. Da aber niemand den konkreten Zeitpunkt eines solchen Geschehens vorherzusagen vermag, kann es natürlich immer kurz davor sein. Oder aus anderen Gründen einen Veröffentlichungs-Zeitpunkt betreffen, den man als „ungeeignet" sieht. Insofern hatte ich es unmittelbar nach der Explosion für nicht mehr angebracht gehalten, im Zuge des Leids Betroffener und Hinterbliebener sowie entsprechenden Ermittlungen das vorliegende Buch zu veröffentlichen. Man mag es als eine Art Achtung der Pietät verstehen, die die Persönlichkeitsinteressen über den kurzzeitigen Erhaschungs-Erfolg stellen. In Kenntnis um die vorgenannten Maßnahmen -und damit vielleicht auch für den Leser- verständlicher. Allerdings bleibt auch jetzt der Ausgang der rechtlichen Sache und ggf. die Positionierung der einzeln unterrichteten Institutionen ungewiss – schließlich weiß ja auch die lokale Staatsanwaltschaft seit geraumer Zeit um die verifizierten Sicherheitsprobleme.

Zahlreiche Behörden wurden ca. ½ Jahr vor der Explosion auf die die Katastrophe begünstigenden, evtl. sogar auslösenden Gefährdungsfaktoren umfangreich hingewiesen. Folgende Bundesministerien sind via Einschreiben ab Mai 2016 von den umfangreichen

Sicherheitsdefiziten am BASF-Standort Ludwigshafen in Kenntnis gesetzt worden:

- für Umwelt, Naturschutz, Bau und Reaktorsicherheit: Frau Ministerin B. Hendricks, Stresemannstr. 128 in 10117 Berlin

- für Gesundheit: Herr Minister H. Gröhe, Friedrichstr. 108 in 10117 Berlin;

- für Arbeit und Soziales: Frau Ministerin A. Nahles, Wilhelmstr. 49 in 10117 Berlin;

- der Justiz und für Verbraucherschutz: Herr Minister H. Maas, Mohrenstr. 37 in 10117 Berlin;

- des Innern: Herr Minister T. de Maizère, Alt Moabit 140 in 10117 Berlin;

- für Wirtschaft und Energie: Herr Minister S. Gabriel, Scharnhorststr. 34-37 in 10115 Berlin.

Ebenso mit den genannten namentlichen Adressaten, wie gleichlautendem Anschreiben, gingen die Informationen an die Landesregierung Rheinland-Pfalz - über die Staatskanzlei an Frau Ministerpräsidentin M. Dreyer, Postfach 3880 in 55028 Mainz. Halten wir also fest;

- ausnahmslos ALLE verantwortlichen Personenkreise des BASF-Standorts Ludwigshafen sind über die im Werk festgestellten Sicherheitsmängel informiert worden. Beginnend bereits 2014 und endend mit dem Aufsichtsratsvorsitzenden im Frühjahr 2016, der mehrfach informiert wurde – auch nach meinem Projektausscheiden und weit nach der Beendigung des gesamten Projektes.

- ALLE zuständigen Aufsichtsbehörden sind bereits ½ Jahr VOR der Explosion von den durchgreifend desolaten Sicherheitszuständen am Standort der BASF Ludwigshafen in Kenntnis gesetzt worden.

- nach ausbleibender Reaktion sind ausgewählte Medien zur Berichterstattung über die Sicherheitsdefizite in Kenntnis gesetzt worden – ebenfalls noch VOR der Explosion.

Nach der Explosion sind etliche Medien (auch dpa etc.) über die Tatsache, dass am Standort Sicherheitsmängel in umfangreichem Ausmaß festgestellt wurden und den Verantwortlichen seit längerer Zeit bekannt sind, mitgeteilt – natürlich auch der Staatsanwaltschaft und der Bürgermeisterin. Ebenfalls ohne die erhoffte Reaktion.

Lediglich einen Ansatz, über die Diskrepanzen zu berichten, lieferte „welt.de" in einem Artikel am 09.11.2016 ab. Dieser sehr diffuse Artikel berichtete aber zumindest schonmal vom (…)"Führungsversagen bei geplanten Alarmübungen"(…), insuffizienten Notrufen und Informationsvorenthalt bei giftigen Stoffen.*

Leider wurde dieser -wenngleich schwammig und ohne Kontext wirkende- Ansatz nicht weiter verfolgt. Einfach durch die Reaktion der BASF bedingt, dass die Vorwürfe nicht konkretisiert oder durch Zeugen belegt wurden.

Zahlreiche Ausarbeitungen, tausende Mails, Meetings, Film- und Fotoaufnahmen im Gigabyte-Volumen, weit über 1000 Zeugen innerhalb und außerhalb der BASF sowie Minutenprotokolle und Speicherungen der (eigenen) Leitstelle als „nicht hinreichend belegt" zu titulieren, ist schon aberwitzig krude...

Darüber hinaus steht die seitens der BASF gegenüber welt.de getätigte Aussage, die Mängel seien „nicht hinreichend konkretisiert" im Widerspruch zu den mir mitgeteilten Antworten vom 08.04.2016, meine Informationen „(...) spiegele (...) die Situation nicht richtig wider." und suggeriert zudem ein nicht vorhandenes Interesse der Sicherheitsfürsorge.

Insofern kann man feststellen, dass Sie als Leser des Buches die weiterführende Geschichte zu dem „Ansatz" gerade in den Händen halten. Und das selbstverständlich transparent im Gesamt-Kontext mit vielen Hintergründen.

Was zukünftig passiert und wie die Informationen weiterhin verwertet werden, ist alles – nur nicht transparent.

Ob ich denn die in Kenntnis gesetzten Stellen bereits angezeigt hätte und strafrechtlich belangen wollte, trafen nach der Explosion bei mir Fragen ein. Nein – habe ich nicht. Aber wer weiß, ob sich nicht im Verlauf noch die ein oder andere Person findet, deren persönliches Interesse daran durchaus nachvollziehbar wäre.

Anzunehmen ist, dass auch zukünftig erst der ein oder andere Vorfall vergleichbaren Ausmaßes Verantwortliche und Medien wieder zu einer heuchlerischen Skandalgenerierung motivieren dürfte - obwohl sie vielleicht schon zuvor die Interventionschance gehabt haben. Nur eben ohne die öffentlichkeitswirksame Manipulationsmöglichkeit von ökonomischen Abhängigkeiten und ohne die Gewähr, die eigene Komfortzone nicht verlassen zu müssen.

Da die Spitze der BASF AG jetzt (zumindest anteilig) ausgetauscht wurde, ist auch die Art und Weise einer möglichen Reaktion des Unternehmens auf die anschuldigenden Fakten natürlich spekulativ. Schließlich war die heutige Unternehmensspitze formal seinerzeit nicht beteiligt und somit nur mittelbar verantwortlich für die Diskrepanzen.

Es ist somit zu mutmaßen, dass ein Echo so lauten könnte, dass man erst durch die Vorfälle auf die internen Verfehlungen aufmerksam gemacht wurde und der folgerichtig durchgeführte Kandidaten-Austausch seinen Sinn hatte. Natürlich. Und ebenso denkbar wäre eine Verlautbarung, dass man jetzt all die Missstände sukzessiv angehen und beheben wolle. Bestimmt würde dann auch irgendein Beispiel für den Aufbruch in die neue Zeit genannt werden können. Ein erfolgreiches Beispiel - natürlich. Oder ein Negativ-Beispiel – nur eben erfolgreich verkauft.

In jedem Fall bleibt es spannend…

*dpa-infocom GmbH: „Beschwerde über Sicherheitsmängel bei BASF" unter: https://www.welt.de/regionales/rheinland-pfalz-saarland/article159392656/Beschwerde-ueber-Sicherheitsmaengel-bei-BASF.html (abgerufen 09.07.2019)

PROLOG

"Dem Loyalen fehlt das Rückgrat für Integrität."

Arne Koss

Bereits häufiger wurde ich in meinen Ressorts beauftragt, als Troubleshooter zu agieren. Das fing schon zu Schulzeiten an -also auf der Lehrerseite-, indem man mir meistens die "nettesten" Kurse zugeteilt hat. Was ich aber auch grundsätzlich nie als schlimm empfunden hatte - schließlich sehe ich es als essentiellen Anspruch meiner Tätigkeiten, im Berufsalltag gefordert zu sein.

Bei den meisten meiner Kollegen war es indes anders herum. Nach dem Motto „Je einfacher, desto gut.", hatte es das Gros bisher als nicht so angenehm empfunden, von Schülern & Teilnehmern -mitunter testend- herausgefordert zu werden. Schließlich verlässt man damit ja auch die eigene Komfortzone. Dass sich entsprechend für später einstellende Defizite also grundsätzlich nie jemand zuständig fühlt, ist mir seit langem bekannt. Lieber werden dann absehbar entstehende Probleme in Kauf genommen, die man in der späteren Verantwortung unverhohlen weiterschieben kann. Unverbindlichkeit scheint „in" – in einer Art System „koordinierter Nichtzuständigkeit".

„Probleme" sind ja auch grundsätzlich „nie wirklich" schlimm und schließlich kann man gerne damit argumentieren, dass „ja noch nie etwas passiert ist". Zumindest grundsätzlich...

In Verbindung mit meinen projektbezogenen Tätigkeiten stößt man dann ebenfalls immer wieder auf Charaktere, die das geschilderte Bestreben, die eigene Komfortzone keinesfalls verlassen zu wollen, versuchen, zu perfektionieren. Das TDI-Projekt in der BASF sollte sich diesbezüglich im Verlauf tatsächlich als die Krönung dieses Systems erklären.

Die Bedeutung der Offenbarung erkannter und benannter Probleme im Ludwigshafener BASF-Werk war (und ist?!) in ihrem Umfang allerdings für die meisten nicht greifbar. Dort sind die Unwägbarkeiten dann doch etwas größer, so dass man sich gut im Negieren von Tatsachen und Feststellungen übt. Ursächlich für diesen Verdrängungsprozess dürfte eine über Jahrzehnte gewachsene Struktur aus

-   "da ist noch nie was passiert" und "das machen wir schon immer so", vielleicht aber auch aus

-   "das können wir noch nehmen - das ist noch gut" und "da passiert schon nichts" oder aber

-   "die sollen arbeiten und kein Urlaub machen" und "den kenne ich gut, der macht so etwas nicht" sein.

Die Liste mutmaßlicher Motivationen des Unterlassens könnte beliebig erweitert werden.

Vergessen wird i.d.R. dabei, dass sich die Welt dreht. Dass sich Technik & Technologien auch außerhalb eines Werkes verbessern, persönliche Qualifikationen verändern und Sicherheits- und Bestandstechnik altert und maroder wird - während im Gegenzug die Anforderungen an Mensch & Technik steigen. Diese Kombination unterschiedlicher, sich teils gegenläufig entwickelnder aber dennoch ergänzender und/oder einander abhängiger Parameter gilt es, in ausgewogener Balance zu halten. Sicher eine große Herausforderung – aber als Aufgabe keineswegs unlösbar, wenn man sich ihr stellt.

Fast überall wird ignoriert, dass selbst derjenige, der vielleicht einmal der Schrittmacher, der Trendsetter in seiner Branche war oder ist, dem Markt und seinen Anforderungen irgendwann mal hinterherhinken wird. Zumindest dann, wenn er nicht weiterhin intensiv um Verbesserung bestrebt ist. Und, mal Hand aufs Herz – wer von uns ist denn mit 45 oder 55 noch genauso intensiv um fundierte Fortbildung und Qualifikation bemüht, wie einst mit 25? Wer nimmt denn mitten im Leben finanziell deutliche Einschnitte in Kauf, nur um sich weiter zu qualifizieren – es „läuft" doch...?! Und bei wem ist es überhaupt umsetzbar? Es dürfte die Wenigsten betreffen – erfahrungsgemäß selbst in den Reihen der Ausbilder und Trainer.

Als „Fachmensch" eben dieser Bereiche und verantwortlich handelnder Mensch, mag man auf die einem häufig entgegen geschleuderten Klassiker "da ist noch nie was passiert" gerne antworten mit: "Prima, dann arbeiten wir mal daran, dass das auch so bleibt." Oder auf den Ausspruch "Das hat noch nie jemand gemacht." mit: "Na, dann wird es ja mal höchste Zeit dafür."

Ganz so einfach war es im betreffenden Projekt bei der BASF dann doch nicht. Man lief nicht nur gegen Wände. Je mehr man feststellte und dokumentierte, desto mehr überkam einen das Gefühl, die Wände bewegten sich zusätzlich auf einen zu und engten einen ein. Die BASF steht oben. Vielleicht nicht neben Gott - aber knapp darunter. Was die BASF macht, ist gut. Nein perfekt.

Jeder dort ist der Beste (klar, sonst wäre er ja nicht bei der BASF). Diese Eigenaffirmation, die die BASF ihren Mitarbeitern zu implantieren scheint, besitzt teils sektenartige Züge und ist schon bewundernswert krude.

Bei offenbarten Diskrepanzen und kritischen Nachfragen werden einem dann Feststellungen entgegengeschleudert, wie etwa "Die BASF ist so groß, die könnte sich das gar nicht leisten.", "Die BASF hat schon so lange Erfahrung, dort ist alles ok." oder andersherum: "Wenn das tatsächlich so wäre, hätte die BASF niemals so groß werden können." Gerne nimmt man bei festgestellten Bestandsdefiziten auch wahr, dass das "gar nicht sein kann." Einfach mal so als genereller Konter. Natürlich ohne Beleg - so als simple Behauptung, die auch mal ohne Begründung auskommt. Also einfach, weil es nicht sein darf…

Es mutet durchaus an, wie eine Pawlowsche Reaktion. Eine erlernte Reaktion auf angeborenes Grundverhalten. Nur in dem Fall den Mitarbeitern als Affirmation oktroyiert. Die nächste Ebene wäre dann „Das ist nicht meine Schuld."

Wenn man dann doch noch nachbohrt, sieht man sich auch gerne der Berieselung von Phrasen ausgesetzt, wie "Die anderen machen das aber auch so." Oder, wenn man jemanden in die Enge getrieben hat auch mal mit einer pseudo-Drohung à la "Das ist hier der größte Arbeitgeber." Wobei dies bereits einer Entschuldigung gleichkommt, sich mit der Ausnahmestellung als großer Arbeitgeber, gerügte Verfehlungen als quasi unbeirrt legitim erlauben zu dürfen.

Die BASF ist ein Paradebeispiel an Loyalität. Blinder, bedingungsloser Loyalität im wahrsten Sinne des Wortes – Führungstreue halt.

Es wirkte schon sehr skurril und erinnerte tlw. an Lemminge. Und dann passiert doch etwas – plötzlich und völlig überraschend. Bisher nichts mehr in der Größe der Kesselwagenexplosion von 1948. Aber irgendwas war ja dann doch immer. Hier ein paar Kubikmeter ausgelaufene Säure, dort ein Brand, dort drüben eine Detonation, ein Arbeiter mit einem 20-Meter-Sturz oder viele verletzte Kinder in der Bevölkerung nach einer wandernden Gaswolke...

Kubikmeter? Richtig gelesen – bei allem, was in der BASF schiefläuft, sind die Dimensionen von Zwischenfällen mit anderen Parametern zu deklarieren, als wir sie aus der Haushaltsküche gewohnt sind.

Ich bin mir sicher, dass ich nicht als Erster die vielen, als fehlenden oder marode anzusehenden Sicherheitsmaßnahmen- und Strukturen im Werk erkannt habe. Allerdings habe ich den deutlichen Vorteil, nicht von der BASF gebrandet zu sein. Ich habe den Vorteil, alle an den Gefahren beteiligten Strukturen und die mit deren Abwehr beschäftigten Maßnahmen und Funktionen aus dem FF zu kennen - auf Ausbilder-Niveau und mit umfangreicher Erfahrung als Prüfer. Und zwar eben doch als einer von denjenigen, die seit Jahren viel Aufwand betreiben, um in möglichst all ihren Bereichen immer noch ein Stückchen besser zu werden.

Und ich hatte den überlegenden Vorteil, von meinem vor Ort befindlichen Auftraggeber mit einem Freibrief in meiner Tätigkeit "losgelassen" worden zu sein - samt eines der wenigen und begehrten Erlaubnis-Scheins für das Fotografieren innerhalb des Werks.

Was meine Auftraggeber vor Ort mit dieser Kombination aus Tätigkeit & Freiheit lostraten, wussten wir damals alle noch nicht...

Was folgte, war zwangsläufig die Betrachtung kausaler Zusammenhänge von Strukturen in einem sehr dynamischen Bereich - auch weit ab dem eigentlichen Baufeld, für das ich (auch) zuständig war. Es folgte ein Sammelsurium an durchgeführten Alarmierungs-Abläufen, Betrachtungen unzähliger Arbeitsabläufe, von Ist-Zuständen an Einrichtungen und der Arbeitswege der Arbeiter - vom Betreten des Werks bis zum Verlassen nach Feierabend.

Und alles dokumentiert - im Projekt und außerhalb. Mit Foto, Film, Zeugenaussagen und durch Unterlagen. Das Ergebnis war nicht ernüchternd. Nein - es war erschreckend. Der Sicherheitszustand des Standorts und die sich an seiner Struktur orientierenden Maßnahmen und Planungen, resp. Abläufe weckten Erinnerungen an Erzählungen von vor meiner Anfangszeit in der Branche. Damals war ich Zivi und 20 Jahre alt. 1990 - im Rettungsdienst.

Doch die Erkenntnis über den Sicherheitszustand der BASF war keine augenblickliche Moment-Wahrnehmung und auch nichts, was mir als große Gesamtgefahr unmittelbar ins Gesicht sprang. Es war ein sich nach und nach durch chronisch kränkelnde Einzelabläufe vervollständigendes Mosaik sicherheitsbedeutsamer Fehlleistungen. Wie ein sehr kranker Mensch, dessen Gesamtzustand aus vielen -oberflächlich wahrgenommen zunächst leicht übersehbaren- Einzelkrankheiten besteht und dessen Multimorbidität erst durch die sich gegenseitig potenzierenden Insuffizienzen an Bedeutung gewinnt, der aber dennoch nicht dekompensiert. Noch nicht – manchmal reicht aber die Veränderung eines Medikamentes oder eines Ablaufs, um eine Dekompensation der Gesamtgebrechlichkeit auszulösen.

Je mehr Einzeldefizite bekannt wurden, desto offensichtlicher und durchgreifender wurden die Probleme bei kausaler Gesamtbetrachtung. Langsam und mühsam zusammengetragen durch Begehungen, Dokumentationen,

Nachfragen bei Arbeitern, Werkbediensteten und Nachforschungen bei den Bereichszuständigen.

Die Reaktion der Verantwortlichen auf die Erhebung war außergewöhnlich niederschmetternd. Sie alle waren schlichtweg verantwortungslos, wie es umfassender und ignoranter nicht mehr geht. Und Dank des Mitarbeiter-Brandings, schien ich die Beteiligten bei Befragungen sogleich zutiefst getroffen zu haben. Auf emotionaler Ebene angegriffen. Mitten ins Herz, in ihre BASF-Seele. Hier differenziert sich die blinde Loyalität von Integrität.

Natürlich besteht bei meinen Projekten im Innenverhältnis zum Auftraggeber eine gesunde Loyalität - keine Frage. Selbst, wenn es sich -wie im vorliegenden Fall gegeben- bei dem Verantwortlichen der Zustände gar nicht um meinen direkten Auftraggeber handelt und keinerlei vertragliche Bindung zwischen uns besteht. Selbst dann – nicht nur als Berufsethos, sondern als persönliches Selbstverständnis.

Betonung liegt aber auf gesund. Entsprechend hatte die BASF dank umfangreicher Hinweise schließlich viele Chancen erhalten, erkannte Mängel zu kompensieren und so für ein gesundes Innenverhältnis mit beizutragen. Was aber kann die Quintessenz sein, wenn Defizite von teilweise eklatantem Ausmaß verleugnet werden?

Meine gesunde Loyalität wird dann von Integrität dominiert, wenn eine gravierende Bestandsgefahr ignoriert wird, obwohl sie im Zweifel zu Lasten von Mitarbeiter,

Bevölkerung, Umwelt oder gar des ganzen Konzerns geht. Dann ist mein Handeln dergestalt bestimmt, dass die Gefahr offen benannt angegangen wird und auch die Haftung im Ernstfall zweifelsfrei beim tatsächlich Verantwortlichen liegt.

Subtil interpretiert, hat meine Loyalität damit keine Grenze, sondern bleibt in integrer Form ihrem eigentlichen Sinn und Zweck dienlich erhalten; dem Schutz von Menschen, Umwelt und Unternehmen.

Ich war entrüstet über das unternehmerisch durchgreifend irrationale Verhalten – ausgelöst durch ein (un-) verantwortliches Management, dem allerdings der sehr unkritische Umgang mit dem Arbeitsschutz –nach eigener Angabe- sogar umfänglich bekannt war. Und trotzdem konnte dies nochmals dadurch getoppt werden, dass eine als "Mitarbeit" zu interpretierende "Kooperation des Versagens" mit den zuständigen Sicherheitsbehörden imponierte. Was weitaus unverständlicher war, als man es sich für die primär ausgeprägt wirtschaftlich orientierten, geschäftsführenden Aufsichtsgremien des Konzerns noch hätte vorstellen können. Die Motivation dahinter? Einen gegenseitigen Interessenausgleich könnte man naheliegend annehmen. Im Volksmund: "Eine Hand wäscht die andere." Nur eben im großen Stil und sicherlich mit umfangreicher Interessenbefriedigung des Einzelnen als Ziel – zu Lasten der Sicherheit für Mensch und Umwelt.

Eigentlich an sich nichts Neues; regelmäßig aufgedeckte Fälle über Korruption und auffällige "Kooperationen" sind allgegenwärtig:

- Insider-Handel bei Banken, deren Initiatoren sogar das britische Parlament beraten;

- Preisverleihungs- und Mitglieder-Manipulation bei Autoclubs;

- Breiten-Doping bei Spitzen-Athleten;

- Gefakte Sicherheits-Prüfungen in deutschen Kernkraftwerken;

- Weltweite Software-Manipulation bei Auto-Konzernen;

- Pharmahersteller, die ihre Desinfektionsmittel strecken und unbrauchbar machen – oder

- Prüf-Institutionen, die von ihnen „geprüfte" Produkte nicht überprüfen...

Im Fazit halten wir fest, dass Konditionierungen à la „Wir sind so groß, dass wir uns X & Y gar nicht erlauben können." denkbar schlecht punkten. Das hat schon für Kaiser-, Zarenreiche und andere historisch erwähnenswerte Institutionen nicht gestimmt und ist für ähnlich zementierte Vorrechtsstellungen in der heutigen Zeit ebenso sinnbefreit, anzunehmen. Insbesondere dann, wenn es um essenziell ausgerichtete Wirtschaftsinteressen geht.

Definiert sich jetzt Betrug als neue Grundvoraussetzung für Erfolg und Anerkennung? Auffällig jedenfalls ist, dass es sich im Sachverhalt korrumpierbarer Personenkreise immer häufiger um entscheidende und verantwortliche Positionen handelt – um Schlüsselfunktionen in mitunter höchsten Ebenen.

Mutmaßlich, weil man eben genau diesen Positionen ein außerordentlich ehrenwertes Verhalten unterstellt. Dabei erscheint es gerade dort besonders leicht und verführerisch, die Hemmschwelle zu überwinden, wo man es gemeinhin nicht vermutet.

Die Absurdität derartiger Vertrauensbrüche wäre im negativen Sinn nur noch durch die Komponente tragischer Widerwärtigkeit zu überbieten, indem derartiges Verhalten in außergewöhnlich intimen Vertrauensverhältnissen umgesetzt werden würde – wie z.B. bei Pädagogen oder medizinischem Personal. Und wenn man das in der Quantität nochmals toppen möchte, dann sind das Skandale wie im seinerzeitigen Kindesmissbrauchsfall Dutroux´, bei dem sich die unmittelbaren Täter zur Tat-Verschleierung eines großen (Behörden-)Apparates bedient haben.

Mit meinem Leistungsportfolio decke ich sehr seltene, multipel ausgerichtete Schnittstellen professionell ab, wie sie mir in der Branche bei keinem weiteren Kollegen bekannt sind. Ich bin mir sicher, dass das Projekt für mich ohne dieses besondere Kombinationsportfolio im Hintergrund, viel eher zu Ende gewesen wäre. So, wie für so einige andere, gute Kollegen auch. Vermutlich sehr viel eher. Hier spielte aber die Zeit für mich - und dafür, unhaltbare Zustände in einer der größten Industrieanlagen überhaupt, Bereichs-übergreifend aber zusammenhängend erfassen zu können.

Insofern (wenn ggf. auch ungewollt): ein Dank an alle verantwortlich Beteiligten für diese Geduld mit mir...

Zählt aber die vorliegende Veröffentlichung jetzt zum „Investigativ-Journalismus oder ist das „Whistleblowing"?

Investigativ sind die Zusammenhänge auf jeden Fall. Aber Journalismus hat ja das Ziel der Veröffentlichung – was für den vorliegenden Projekt-Roman ursächlich nicht angedacht war. Insofern war die Motivation des Zusammentragens der Fakten nicht die, sich in journalistischer Arbeit zu üben, so dass ich die Interpretation des Journalismus´ folglich nicht teile.

Tatsächlich aber definieren einige meiner Kollegen und Kolleginnen meine Arbeit als Whistleblowing. Insofern möchte ich anmerken, dass ich mich selbst nicht als Whistleblower sehe.

Ich denke, Whistleblowing mündet nicht selten in einer Art Amok-Lauf „light", da die aus der Veröffentlichung geheimer Informationen sich ergebenden Folgen nur allzu oft nicht ausreichend abgeschätzt werden (können). Entsprechend müssen die Gesamtergebnisse immer sehr ambivalent interpretiert werden. Zudem muss vor einer solchen Veröffentlichung eben diese sehr sensibel und rational abgewogen werden. Zu dieser notwendigen und objektiven Beurteilung der Sachverhalte, dürften aber viele Whistleblower aufgrund mangelnden Hintergrundwissens oftmals nicht in der Lage sein – ihnen fehlt schlicht der

Kontext zu dem „Warum?" der bis dahin geübten „Geheimhaltung" ausgewählter Daten. Zudem sehe ich eine sich dann -ggf. über Jahre der Recherche entwickelnde-aufschaukelnde Emotionalität als nicht den besten aller Antriebe zur Veröffentlichung an.

Darüber hinaus muss jedem klar sein, dass es Informationen gibt, deren sensibler Inhalt es begründet, geheim gehalten zu werden. Wie häufig wurden bereits nach einer Veröffentlichung durch die Medien die Sinnhaftigkeit eines Schritts in die Öffentlichkeit dann -von derselben- mit Pro- und Contra-Vergleichen auseinandergenommen. Wenn Informationen unkontrolliert veröffentlicht werden, sind solche Maßnahmen stets von hohem Schadenspotenzial flankiert. Sicher eben auch, weil die sich hinter solchen Informationen befindlichen Prozesse und ggf. Strategien den meisten Whistleblowern nicht bekannt sein dürften. Damit sind freilich nicht Vertuschungen gemeint, deren Zweck die Bereicherung weniger zu Lasten vieler ist. Sondern Situationen, in der es gilt, eine Schadenspriorität im Sinne des Gemeinwohls abzuwägen.

In der BASF-Causa sind -wie schon berichtet- sämtliche Ansprechpartner der Reihe nach informiert worden – gesetzliche Vorgaben deutlich übertreffend. Zudem wurden Lösungen vorgeschlagen und Zeiträume zur Reaktion gesetzt. Auch die spätere Inkenntnissetzung der Behörden wurde angekündigt – ebenfalls mit der Chance auf Reaktion. Darüber hinaus wurde bei ausbleibender Reaktion auf die mögliche Veröffentlichung festgestellter Diskrepanzen hingewiesen. Klar, deutlich, fristgerecht fokussiert, sachlich und personenbezogen – also alles andere als die willkürliche, anonyme Veröffentlichung ohne eine Chance zur Gegenwehr. Ich denke, das ist sehr fair. Und transparent.

Whistleblowing sehe ich ohnehin zwiespältig. Und auch Wikipedia beschreibt eine Ambivalenz der Thematik – allerdings lediglich zwischen strafrechtlicher und moralischer Sicht in der Bevölkerung.

Zwar denke auch ich, dass die Welt durch Interessenbekundung vorgibt, Whistleblower zu benötigen (ist ja schon fast Mainstream…). Aber ich sehe gleichzeitig, dass nur ein Bruchteil der Bevölkerung so weit ist, die damit verbundenen Konsequenzen tatsächlich anzuerkennen, zu verkraften und letztlich (auch finanziell) mitzutragen. Insofern liegt die ambivalente Haltung, wie ich sie sehe, eher innerhalb der Bevölkerung und zwar dann, wenn es durch das Whistleblowing um die Akzeptanz persönlicher Benachteiligung geht. Um Verzicht, der einen selbst betrifft - unabhängig einer möglichen Strafbarkeit der Akteure.

Für diese Annahme steht der Hintergrund vorliegender Ausarbeitung exemplarisch. Sicher wettern viele Beteiligte gegen offensichtliche Missstände und deren unveränderte Akzeptanz durch Verantwortliche, sind jedoch selbst nicht bereit, Verantwortung zu deren konsequenten Bekämpfung, geschweige denn Veröffentlichung zu übernehmen. Wie sich gezeigt hat, nicht einmal anteilig. Diese „lieber die Anderen machen lassen"-Einstellung zieht sich in ihrer Verantwortlichkeit bis in die Regierungen, wie vorliegendes

Beispiel ebenfalls noch folgend belegt. Wird die Öffentlichkeit dann mit der Situation konfrontiert, mahnen rückwirkend alle zuvor Stillhaltenden an, derartiges ja immer schon angeprangert zu haben – hierzu hatte ich mich bereits geäußert.

Ergo wäre meines Erachtens das Ergebnis einer strafrechtlichen Interpretation von deutlich weniger Relevanz, sofern die Bevölkerung das Whistleblowing mit tragen würde – jeder persönlich und auch im Falle negativer Auswirkungen.

Dahinter mag liegen, dass selbst bei vorhandenen Beweisen, ein sich über Jahrzehnte entwickeltes Image-Denken und das damit einhergehende Eingeständnis, sich selbst getäuscht zu haben, nicht einfach zu korrigieren ist. Denn wer gesteht es sich schon gern ein, auf etwas hereingefallen zu sein? Dafür dann noch verantwortlich gemacht zu werden, ist noch schwieriger zu verarbeiten. Und wer steht schließlich im Veröffentlichungsfall schon gerne in eigener Verantwortung gegen eine ggf. Übermacht „anders Denkender"?

Im Ergebnis - so denke ich, ist ein unbequemer Diskurs über die bekannten Diskrepanzen einfach nicht gewollt. Nicht, solange er die Beteiligten in eine dem Mainstream konträre Erklärungsposition manövriert und das bis dahin bequeme stromlinienförmige Mitschwimmen gefährdet. Schade, dass die Zeichen der Einzigartigkeit, die ja jeder von uns besitz, erst dann erkennbar werden, wenn ein entstandener Schaden unübersehbar geworden und nicht mehr zu verheimlichen ist.

Zum anderen mache ich genau genommen nur das, was bereits jede Führungskraft mit entsprechender Verantwortung tun sollte; gesunde Loyalität leben und umsetzen – ohne dabei Grenzen zu überschreiten und dennoch im Zweifelsfall auch konsequent Rückgrat zeigen. Allerdings unbedingt konsensfähig und trotzdem ohne seine persönliche Integrität dabei verkaufen zu müssen.

Zugegeben - mir sind im bisherigen Berufsleben nur extrem wenig Menschen mit dieser Eigenschaft begegnet. Vermutlich, weil diese -wie auch so viele andere Soft Skills- bei der rasanten Weltentwicklung einfach irgendwo verloren gegangen sind. Wer aber ein kleines Stück seines Weges zurückgeht, kann diese Eigenschaft womöglich finden, sie in sein persönliches Portfolio (wieder) zurückstecken und genauso gerade gehen.

Ich denke, dass es, wenn die Menschen in allen Hierarchie-Ebenen etwas mehr ihres Rückgrates zeigen würden, gar nicht erst zu derartigen Situationen wie den genannten Grenzfällen kommen müsste. Auch viele, tragische Unfälle und Katastrophenszenarien der Vergangenheit konnten erst durch das stille Mittragen eines kritischen Sach- oder Fehlverhaltens zu ihrer entscheidenden Größe heranwachsen – denken wir nur an die möglicherweise mehreren hundert Morde des deutschen Krankenpflegers Niels Högel. Schließlich wächst ein derartiges System dadurch, dass niemand kritisch hinterfragt und alle mitmachen – auch, wenn die meisten „nur" durch Unterlassen glänzen. Große Ereignisse, die (ggf. auch ungewollt) geschehen und/oder veröffentlicht werden, haben ihren Ursprung i.d.R. in der Verantwortungslosigkeit des Managements in ergänzender Kombination mit der System-Akzeptanz vieler Beteiligter.

Um der mir häufig gestellten Frage „Warum soll ich Ihnen denn glauben?" vorzugreifen, muss ich erwähnen, dass die im Verlauf benannten Dekompensations-Potenziale der Werk-internen Strukturen viel zu komplex sind und die seitens der BASF angebotenen Maßnahmen zu deren Behebung viel zu banal, als dass man es mit dem „Glauben eines Berichts" abtun könnte. Entsprechend ist auch meine An- und Aufforderung an Sie als Leser klar: glauben Sie nicht einfach - lesen Sie und denken Sie dann selbst.

Insofern sind das TDI-Projekt, das Verhalten der Verantwortlichen und letztlich auch die vorliegende Ausarbeitung als Lehre des Lebens und als Verdeutlichung des Stellenwertes von Grundwerten -wie beispielsweise Integrität und Transparenz- zu sehen. Und was es bedeuten kann, diese zu beachten.

Folgerichtig gibt es nur einen Menschen, dem ich schließlich in Anbetracht des Erhalts von Grundwerten und Authentizität dieses Buch widme; meiner Tochter Lena-Feline, die ich über alles Liebe und der mein ganzer Stolz gilt.

Arne Koss, im Juli 2016 (und Mai 2019)

Orientierung der Ausarbeitung

Kollegen des Projektes hatten mir ans Herz gelegt, authentisch zu schreiben - also so zu schreiben, wie ich auch im Projekt war und sie mich kennengelernt haben.

Als Leser sollten Sie allerdings zuvor wissen, dass das nicht nur eine große Amplitude zwischen Ernsthaftigkeit und Humor bedeutet hätte, sondern vermutlich durch den spontanen Wechsel zwischen diesen Extremen mitunter hätte grenzwertig irritierend sein können.

Jedenfalls trifft diese Flexibilität der wechselhaften Eigenschaften auch auf mich zu. Natürlich nicht einfach so und unbegründet oder gar als kurzfristiger Impuls. Sondern nur, sofern es äußere Rahmenbedingungen einfordern, sich spontan anpassen zu müssen. Notfallmedizinisch bin ich extrem geprägt und habe mir frühzeitig aneignen müssen, meine lockere Art zügig zu verlassen, wenn es zum Wohl eines Patienten sein musste. Folgend habe ich keine Probleme, bei Bedarf spontan aus dem Gelassenheits- und Spaß- Modus in den ohne-Wenn-und-Aber-Ernsthaftigkeits-Modus zu wechseln. Wohlgemerkt: auch hier im vertretbaren und gesunden Rahmen.

In jedem Fall entspringt das vorliegende Projekt-Porträt meiner eigenen Wahrnehmung und basiert auf umfangreich belegbaren Tatsachen und/oder Annahmen, die sich als zwingende Resultate in Kausalketten einfügen.

Insofern werte ich die Ausarbeitung als einen sachlich orientierten, auf Tatsachen basierenden Erfahrungsbericht in Reportage-Form (formale Benennung: autobiographischer Tatsachenroman).

Meiner Authentizität bin ich allerdings treu geblieben und habe die Dinge reflektiert, wie ich sie empfunden habe - direkt, mit dem Versuch der Objektivität zu interpretieren oder analysieren. Und mit einer Portion Ironie bis hin zum Sarkasmus gewürzt. Mein geliebter schwarzer Humor blieb dabei -beabsichtigt- weitgehend auf der Strecke.

Der Ablauf ist grob chronologisch dargestellt. Auf Nennung jedweder Einzelaspekte und Abläufe in der Folgekontinuität, musste ich leider verzichten. Einfach, weil sämtliche Prozesse in ihrer Gesamtheit zu komplex waren, als dass alle Verzahnungen und Folgemaßnahmen in exaktem Ablauf hätten verifiziert dargestellt werden können. Dies gestaltete sich bereits aufgrund sich intermittierend gegebener Überlappungen und Parallel-Geschehen als unmöglich und hätte auch für den Leser bedeutet, dem Geschehen nicht mehr folgen zu können.

Das TDI-Projekt ist also wie eine Prozessbeschreibung zu werten, in die man eintaucht und die aber auch an beliebiger Stelle –wie es in der Branche Alltag ist– unerwartet enden kann. Ein Gesamtablauf, der von vielen kleineren Prozessen begleitet wird. So werden z.B. (Teil-)Prozesse ausgearbeitet, definiert, abgesegnet und trainiert - der Prozess als solches bleibt aber dennoch offen, weil die spätere Umsetzung durch die Verantwortlichen fehlt.

Leider bleiben insofern im Kontext auch abschließend einige Einzelfragen und Sachverhalte ungeklärt - was auch der Realität von Einstieg und Ausstieg bei einem laufenden Projekt geschuldet ist. Und nicht zuletzt durch tatsächliches Offenhalten bestimmter Prozesse – auch aufgrund z.B. geschuldeter Informationen oder das aktive Blockieren einzelner Teilprozesse durch die entsprechenden Stellen.

Die vorliegende Gesamtdarstellung kann -aufgrund des enormen Umfangs in der Realität- nur eine äußerst komprimierte Form der Zusammenfassung des Erlebten darstellen. So sind auch wichtige Einzelvorfälle oder Sachverhalte nur durch das Wesentliche benannt. Schon einzelne Dokumente können aufgrund ihres Umfangs oder ihrer visuellen Ausarbeitung hier nicht entsprechend gewürdigt werden, wie es ihr Inhalt jedoch von Haus aus verlangt.

Dem einstigen Wunsch des damaligen, festangestellten HSE-Managers, mit meinem Buch bis zur Veröffentlichung bitte mindestens acht Jahre nach Projektende zu warten, konnte ich leider nicht nachkommen. Es hat sich -der Reaktion von BASF und Behörden sei Dank- auf knapp ein Jahr reduziert (Stand 2016. In 2019 sind es mittlerweile leider vier Jahre geworden).

Er hatte es wohl bereits kommen sehen - und ich verstehe ihn. Ich wäre auch peinlich berührt, derartiges über eines meiner Projekte zu lesen, in denen ich meiner großen (Mit-) Verantwortung nicht gerecht wurde. Allerdings ließen es einfach das um sich greifende Desinteresse an der Materie, resp. offenkundige Falschinformationen notwendig werden, Aufklärungsarbeit durch Veröffentlichung zu betreiben.

Wie bereits erwähnt, geht es hier vordergründig nicht um das Versagen und den Integritätsverfall einiger Kollegen - geschweige denn, Einzelner. Obgleich man bereits daran sehen kann, wie wichtig den Menschen der Weiß-Grad ihrer eigenen Weste ist und wie gedacht wird; von unsozial bis asozial ist im Folgenden alles dabei.

Nein, es geht um das systemische Versagen des gesamten Sicherheitsgefüges und der grundsätzlichen systematischen Denkweise zur Aufrechterhaltung darüber. Angefangen bei uns selbst als gesamtheitliche Branche und getragen durch einige -einzelne- Kollegen, die das System durch ihr eigenes Dafürhalten, ihre Akzeptanz und ihr Unterlassen nicht nur am Laufen gehalten, sondern sogar durch ihr Tun aktiv unterstützt haben.

Ergo geht es -insbesondere für bereits Geschädigte- um nichts Geringeres als die Verantwortungsübernahme und Haftungsobliegenheiten eines Welt-Konzerns.

Um auch dem nicht versierten Leser eine verständliche Wissensbasis über Zusammenhänge, Strukturen und Abläufe des TDI-Projektes zu vermitteln, beginnt vorliegende Ausarbeitung mit einer Übersicht der Fachthematik sowie Hinweisen auf Baufeld-Standards und ergänzt den Start mit der personellen Profession sowie Informationen zum Projekt.

Natürlich ist mir klar, dass jetzt im Nachgang zig Personen auftauchen und alles Geschehene versuchen werden, zu relativieren oder mich, resp. das Buch, aus Neid, Verlustängsten, Schmach und verletztem Ego oder sonstigen Motivationsgründen heraus zu diskreditieren. Vielleicht, indem sie bestimmte Abläufe als unwirklich und ganz anders darstellen oder von deren (nachträglichen) Korrekturen berichten...

Klar – vermutlich sind ohnehin bereits alle Mängel behoben.

Es wird wie überall woanders auch zu werten sein; dass die, die getroffen sind, bellen.

Allerdings wird es auch viele -vermutlich ungleich mehr- geben, die die Veröffentlichung für gut befinden und insgeheim sogar meinen werden, dass meine Ausführungen noch viel zu freundlich sind. Zum Beispiel Projektkollegen, die meine Darstellungen und Interpretationen als „beschaulich" gegenüber meinem bisher kennen gelernten, konsequenten Umsetzungs-Stil bewerten - oder auch im Bezug zu den sich mitunter ungleich schärfer darstellenden Sachverhalten, als mir deren Beschreibung hier möglich ist.

Wie dem auch sei, ich freue mich über Rückmeldungen und wünsche dem Leser eine interessante (Zeit-)Reise durch die abwechslungsreiche Welt des Arbeitsschutz-Managements. Auf einem der größten Industriebaufelder der Gegenwart, geleitet von einem ungewohnten aber realen Blick in die Zeit der Anfänge...

Zur Thematik Arbeitssicherheit

Wenn Sie als Leser Arbeitssicherheit für anspruchslos halten – oder die Branche aus dem FF kennen, ein kleiner Tipp: Ab dem Kapitel „Chaos – meine Welt" wird es inhaltlich zunehmend interessanter. Zuvor bilden (nicht ganz so) trocken und spröde erklärte Zusammenhänge, Theorien und angenommene Rechtsauslegungen das Fundament des Projektberichts.

Wer also gleich in die Vollen gehen und sich ohne Hintergrundkenntnis im Geschehen wiederfinden möchte, startet dort. Erwarten Sie ohne die Übersicht der Hintergrundinformationen aber bitte nicht, dass Sie die Zusammenhänge nachvollziehbar verstehen oder, dass Sie auf für Sie logische Handlungen treffen. Was natürlich auch mit den Hintergrundinformationen nicht zwingend besser sein muss – es muss ja nicht an Ihrem Verständnis liegen.

Klingt komisch – is´ aber so…

Ansonsten informiert Sie dieses Kapitel über:
- Arbeitsschutz - die Situation im Unternehmen
- Arbeitsschutz in Deutschland
- Wertung von Standards und (Gesetzes-)Vorgaben
- Ziel des Arbeitsschutzes in Deutschland
- Arbeitsschutz im Kontext der Personalkompetenz
- Arbeitsschutz und Schnittstellen
- Umsetzungsprobleme im Alltag und Grenzen

Fragen Sie sich doch einmal: was ist Arbeitssicherheit? Welchen Stellenwert besitzt sie in der Realität und welche Bedeutung messen wir ihr bei?

>>Eigentlich sind diese Sicherheits-Fuzzis doch tendenziell nervig. Sie bemängeln Kleinigkeiten, an denen sich noch nie jemand gestört hat. Dinge, die man zu Hause auch so macht. Sie wollen Dinge verändern, die alle so machen und bei denen auch dem Großvater früher nichts passiert ist. Die übertreiben doch maßlos mit all ihren Korrekturen. Und wer soll sich das überhaupt leisten? Arbeitssicherheit kostet Geld. Und wenn man das dann nicht sofort macht, was die einem auftragen, gibt es Ärger von der BG - vielleicht schließen die dann sogar den Laden. Außerdem kostet das Zeit.<<

Ertappt? Sind Sie dabei? So oder ähnlich dürften die meisten Arbeitgeber und Unternehmer denken – und Angestellte auch. Fakt ist jedoch: Arbeitssicherheit ist die erste Grundpflicht eines jeden Unternehmens - in allen Bereichen und für alle Arbeitsplätze. Arbeitssicherheit hilft, Arbeitskraft zu erhalten und spart -wenn man sie möglichst frühzeitig und sinnvoll berücksichtigt- Krankheitstage, Zeit und Geld. Natürlich wird man im Nachgang nicht erfahren, mit welcher Maßnahme welcher Unfall möglicherweise vermieden wurde. Hier helfen Statistiken – individuell kann das auch einfach mal eine Datenauswertung der eigenen, vergangenen Jahre sein. Es ist doch denkbar einfach; wer sich bei der Arbeit rundum wohl fühlt, geht gerne hin und ist gemeinhin gesünder und leistungsfähiger. Punkt.

Fakt ist auch, dass wir, diese „Sicherheits-Fuzzis", per Gesetz nur beraten können - sofern nicht anderswo eine sehr komplexe Weisungsbefugnis vertraglich vereinbart wurde. Ausnahme ist die Gefahr im Verzug - aber eine dann sofort umgesetzte Maßnahme (z.B. Abschaltung einer Maschine, Stopp eines Fahrzeugs etc.), sollte selbstverständlich und im eigenen, unmittelbaren Interesse sein – und gilt übrigens verpflichtend für jeden Mitarbeiter ebenso, wie für uns.

Auch müssen dokumentierte Feststellungen nicht zwingend sofort umgesetzt werden. Sie müssen angegangen werden - z.B. mit einem Maßnahme-Plan, der die Ziele und dafür voraussichtlich beanspruchte Zeitfenster definiert.

Und letztlich ist genau dieser Maßnahme-Plan, der in Absprache der Beteiligten getroffen wird, der juristische Nachweis dafür, dass das Unternehmen seinen Grundpflichten nachkommt.

Es ist grob vergleichbar mit einem Organspende-Ausweis, mit dem ich auch nicht automatisch zum Organspender werde, sondern mein widerrufliches Statement bekunde (pro oder contra) und dadurch mittels juristisch eindeutiger Positionierung Rechtssicherheit für einen eintretenden Ernstfall schaffe.

Im Falle eines Unfalls sind solche Pläne ggf. Gold wert. Ein GmbH-Geschäftsführer beispielsweise, unterliegt im grob fahrlässig herbeigeführten Schadensfall der Durchgriffshaftung. Und Arbeitssicherheit ist per Gesetz und Rechtsprechung eine Stabsstelle – also „Chefsache".

Grobe Fahrlässigkeit ist folglich allein durch z.B. falsche Delegation schnell erreicht...

In der Praxis gerne als Herabwürdigung -oder zumindest Anlass zur Umgehung- möglicher Schutz-Maßnahmen genommen, sind Mitarbeiterreaktionen und Aussagen der Kategorien "Ich kann selbst am besten auf mich aufpassen.", "Wir sind alle erwachsen." oder auch "Der kennt meine Arbeit doch gar nicht." weit verbreitetes Gedanken- und Handlungsgut.

Schon skurril, dass ausnahmslos Personen, die die Arbeiten und Aufgaben des Arbeitsschutzes selbst nicht kennen, eben dieses uns „Sicherheits-Fuzzis" als Eigenheit bzgl. ihrer eigenen Arbeit vorwerfen- oder? Ich kenne niemanden, der um unsere tatsächliche Ausrichtung weiß und uns mit solcher Vorwandhaltung entgegentreten würde.

Weshalb das so ist? Nun, der letzte Punkt stimmt - es ist auch gar nicht unsere Hauptaufgabe, jede Arbeit vorab bis ins Detail zu kennen.

Als Ausgangsposition ist eine solche Einstellung Betroffener in gewisser Weise dennoch verständlich. Allerdings hat mich meine aktive Zeit in der Rettungsmedizin praxisbezogen zu den ersten beiden Punkten überwiegend Gegenteiliges gelehrt. Und zwar anhand unzähliger Beispiele, in denen Arbeitsunfälle schlimmste Verletzungen hervorgerufen haben. Verursacht durch Geschehensabläufe, bei denen sich vermutlich selbst der gute, alte Charles Darwin das ein wie andere Mal gerne im Grabe umgedreht – oder einen Award persönlich verliehen hätte.

Natürlich ist es keinesfalls immer die als „natürliche Selektion" gehässig betitelte Dummheit der Betroffenen, wenn etwas geschieht. Es reicht aber schon ein wenig Unachtsamkeit, nicht genügendes Vorausschauen, zu intensives Fokussieren oder einfach die Routine in bestimmten Arbeitsvorgängen aus, so dass sich das Leben von einer auf die andere Sekunde drastisch verändern kann. Das eigene. Und das der Anderen vielleicht auch.

Das Kennen der Arbeit und Arbeitsabläufe ist allerdings wahrlich ein Problem - da hilft am besten, wenn sich die Beteiligten zusammensetzen und austauschen, damit die Fachkraft für Arbeitssicherheit -wie wir „Sicherheits-Fuzzis" korrekt betitelt heißen- die Arbeit kennen lernt. Zweifelsohne ist es ideal, wenn man auf so eine Fachkraft trifft, die ursprünglich aus der eigenen, beruflichen Branche kommt.

Man kann es drehen und wenden, wie man möchte - Arbeitssicherheit ist eine Investition in den Unternehmenswert. Heutzutage vermutlich sogar eine der besten Möglichkeiten, ein Unternehmen nachhaltig stabil zu gestalten und seinen Marktwert auszubauen.

Nicht unbegründet sind unternehmensbezogene Kapitalzuschüsse im Finanzmarkt der USA häufig von transparenten und validierbaren Arbeitsschutz-Management-Systemen der Firma abhängig.

Aber auch für uns Arbeitssicherheits-Fachleute ist alles rund um Arbeitssicherheit & Gesundheitsschutz (Synonym „Arbeitsschutz") ein sensibles Thema. Einerseits gibt es Gesetze, die die ganze Thematik regeln - und das nicht zu knapp. Arbeitsschutz- und Arbeitssicherheitsgesetz, Sozialgesetzbuch, unzählige Überschneidungen zu spezifischen (z.B. Produktsicherheitsgesetz) und unspezifischen (z.B. BGB) Gesetzen und noch viel mehr Verordnungen, Regeln & Co..

Wiederum sind all die darin maßgeblich genannten Aspekte grundsätzlich als Mindestvorgaben zu sehen – also als indiskutables Minimum. Mehr als das Geforderte, kann und darf man schließlich immer umsetzen. Entsprechend sind diese Mindestvorgaben auch als konsensuales Ergebnis zu werten – im kompetitiven Kontext von Erfahrung, Notwendigkeit, Umsetzbarkeit und europäischen, resp. internationalen Normen. Keinesfalls sind sie als freundliche Einladung zum Meinungsaustausch bei Fencheltee zu verstehen. Sie sind die bedingungslose Mindestanforderung.

Natürlich ist es unschwer vorstellbar, dass es durch die Gesetze so häufig zu Vorgaben kommt, die an unsere eigene Vorstellungen -also die der Fachleute- bei weitem nicht heranreichen einerseits, während man bei anderweitigen Vorgaben eher eine überregulierende Tendenz sieht und die Kirche selbst gerne mal im Dorf lassen möchte.

Nehmen wir beispielhaft einen Rettungswagen („RTW"), für den die Norm EN 1789 gilt. Nirgendwo ist die Entwicklung rasanter als in der Medizin. Als Extremfall gelten die Notfallmedizin und Rettungstechnik, da beinahe täglich Bestands-Geräte und -Lösungen modifiziert werden oder aber neue „Lösungen" auf den Markt kommen. Nicht immer sinnvolle - aber aufgrund des unbegrenzten Einsatzspektrums sind auch häufig nützliche Dinge dabei. Denn Not- und Unfälle gibt es zu jeder Zeit und überall. Es sind Dinge und Produkte, die dem Patienten vielfach Leid ersparen und Besserung versprechen.

Die EN 1789 gilt seit 2007, wird nur mit großen Abständen aktualisiert und kann somit zwingend nicht ständig alle Neuerungen beinhalten. Aber sie gilt für alle europäischen Mitgliedsstaaten. Als Patient wird man also hinsichtlich medizinischer Notfallausrüstung auf Zypern, in Kroatien und Lettland in der Ausstattung den gleichen technischen Mindeststandard erwarten können, wie in Deutschland. Das allerdings hat nicht zwingend Gutes zu bedeuten, denn in diesem Fall hinkt der Standard aufgrund vorhandenen Fortschritts der tatsächlichen Realität deutlich hinterher. Wollte man also einen sog. reinen "Norm-RTW" als Rettungswagen vorhalten, müssten nahezu alle in Deutschland tätigen Rettungsdienste etwa die Hälfte ihrer Rettungs-Ausrüstung von den Fahrzeugen verbannen und wir hätten ein Ausrüstungs-Niveau der Rettungsfahrzeuge von vor ca. 30 Jahren – um der Einheit Willen.

Merke: Normen, Vorschriften und Standards entsprechen nicht dem Wunsch-Niveau, sondern sind verbindliche MINDEST-Vorgaben - leider qualitativ häufig derart reduziert, dass sie auch wirklich jeder erfüllen kann.

Und trotzdem erfüllt eine Vielzahl der Arbeitgeber nicht einmal diese Grundzüge sicheren Arbeitens – angefangen bei der verpflichtenden und einfachen aber professionellen Arbeitsplatzbeurteilung (auch „Gefährdungsbeurteilung").

Für uns gilt es, zwischen all dem abzuwägen -natürlich grundsätzlich im Interesse des Kunden-, das ist unser gesamter Auftrag. Denn schließlich geht es darum, Arbeitsschutz- und Betriebssicherheit in einem angemessenen Umfang der Vorgaben einzuhalten. Diese Vorgaben sind in den 70er Jahren auch nicht von ungefähr ins Leben gerufen worden, sondern basieren auf der Erkenntnis vieler Zwischenfälle während der Arbeitszeit. Wie man heute besser weiß: vermeidbarer Zwischenfälle. Man sollte insofern keinesfalls vergessen, dass diese Vorgaben „mit Blut" geschrieben sind. Um dahin zu kommen, wo wir heute sind, haben zahlreiche Menschen Verletzungen erlitten oder ihr Leben lassen müssen – und tun es noch heute. Übrigens insbesondere dort, wo es am gefährlichsten ist – auf dem Bau und im Handwerk.

Unser Arbeitsziel – die Abwägung bis zum vermeintlich "unvermeidbaren Restrisiko" bedeutet unsererseits erforderliches Fingerspitzengefühl und Empathie - denn kein Unternehmen gleicht dem anderen. Gleiches gilt für Arbeitnehmer und Arbeitsplätze. Zudem müssen wir uns bewusst sein, dass auch das Geld, mit dem wir „Sicherheits-Fuzzis" bezahlt werden, erst durch eben die Arbeitsplätze verdient wird, um die es geht.

In der Praxis kann es insofern sinnvoll sein, über gröbere, einmalige Sachverhalte ggf. hinwegzusehen, während man kleinere Zusammenhänge des Lern- und Wiederholungseffektes wegen, penibel verfolgen muss.

Das schaffen freilich nicht alle von uns - ich möchte sogar so weit gehen, dass das tatsächlich die Wenigsten schaffen. Vielfach sind bei uns dichotome Denkmuster implementiert, die individuelle Verhaltens-Ausprägungen fokussiert bestimmen.

Einerseits möglicherweise darin begründet, weil wir „Safetys" zumeist eine technische Berufsbasis besitzen und nichts anderes kennen als wissenschaftlich in "entweder oder"- also schwarz oder weiß zu denken. Und andererseits womöglich auch dadurch bestärkt, dass bei technisch versierten Menschen häufig das Rationelle dominiert und sie es als beurteilende Persönlichkeit vielfach selbst nicht schaffen, Rationalität von Emotionalität -also dem eigenen Ego und persönlicher Betroffenheit- zu trennen.

Soll heißen, Entscheidungen werden rational getroffen – kommt es dann aber zur Kritik Dritter, wird diese gerne persönlich genommen und die Entscheidung wird emotional verteidigt. Wir kennen es auch von den Fanlagern beim Fußball; wenn dort ein gegebener Strafstoß (Elfmeter) auch noch so klar war, dann ist er dennoch auf keinen Fall berechtigt, wenn es gegen den eigenen Verein geht. Gleichermaßen agieren viele meiner Kollegen während der Arbeit. Wurden sie auf fachlicher Ebene, durch Witz oder aufgrund eigenen Fehlverhaltens durch den Kakao gezogen, erhält Emotio folgend die Oberhand. Egal, was es beim nächsten Mal ggf. zu korrigieren gilt, sein Gegenüber zieht den Kürzeren. Und da kommt auch keiner durch. Das hält sich bis zum bitteren Ende - was weder jemals im Interesse des Kunden, noch der Arbeitssicherheit sein wird – aber der mutmaßlich auf individuellen Urinstinkten basierenden Realität entspricht. Die oppositionelle Politik macht es vor…

Andererseits erschwert uns auch häufig der Kunde den Erfolg der Balance, indem er mit einer weit verbreiteten Projektion à la "Der da hinten parkt aber auch falsch." sehr gerne versucht, das eigene, gerügte Fehlverhalten durch Zuhilfenahme eines Fehlverhaltens Dritter zu rechtfertigen.

Allerdings darf kein juristischer Missstand dazu hergenommen werden, weitere Missstände ähnlicher Art begründen oder gar zum Standard deklarieren zu wollen. Das sollte gemeinhin genauso verständlich sein, wie die Tatsache, dass ein ausgeführtes Fehlverhalten nicht dadurch begründet werden kann (oder es gar besser wird), dass es viele häufig durchführen oder es schon immer so gemacht wurde.

Ebenfalls kann auch die Rationalität behindernd wirken. So befriedigend die Wissenschaft durch ihre Ergebnisse, einem deutlichen JA oder NEIN sein mag und so klar deren Umsetzung auch auf dem Papier erscheint. In der Realität sind eben viele Lösungen auch mal hellschwarz oder dunkelweiß – was Kompromisse und Priorisierung einfordert und manchem Ingenieur das Letzte abverlangt.

Die notwendige Abwägung ist also nicht immer leicht umsetzbar.

Über diese Aspekte hinaus erschweren uns international ausgerichtete Prozesse zur Einhaltung des Arbeitsschutzes wie beispielsweise OHSAS oder NEBOSH, die eigene Arbeit zusätzlich. Normungen, partielle Normungen, Übereinstimmungen und Widersprüchlichkeiten sowie unterschiedliche Schwerpunkte verkomplizieren häufig die ursprünglich gedachte Vereinfachung von Prozessen. Ein transparentes Ergebnis kompliziert erreicht – so könnte man es beschreiben.

Noch immer kein Ende, werden -je nach geforderter Arbeitsausrichtung des Auftraggebers- dann noch individuelle Bereiche ausgearbeitet oder auch die bis dahin normativ unberücksichtigten Arbeitsfelder mit einbezogen – also Schnittstellen künstlich geschaffen. Die wiederum werden -je nach subjektiv ausgerichtetem Arbeitsschwerpunkt- entsprechend eigener Kompetenzen mal mehr oder auch weniger abgedeckt.

Zu guter Letzt kommen dann die operativen Bereichsabdeckungen hinzu, die im Fall von Havarien greifen - wenn also die gesamte Prävention der Arbeitssicherheit zuvor versagt hat und die (zumeist externen) Bekämpfungs-Spezialisten noch nicht vor Ort sind.

Derzeit übrigens ein eklatanter Gesetzes-Missstand im operativen Handeln der Industrie. Kompensierbar – aber trotzdem ein Missstand.

Für diese sehr speziellen Ausrichtungen an Tätigkeiten und Fähigkeiten gibt es keine konkrete Bezeichnung. Auch sind wir -die, die einige dieser Schnitt-Bereiche im Operativen abdecken- ziemlich rar gesät. Sicherlich auch, weil es Katastrophen nicht so häufig gibt. Die Bereiche erschließen sich zunächst durch die Ausrichtung des HSE - also Health, Safety & Environment, wobei das Environment nicht nur für die Umwelt im grünen Sinne steht, sondern auch im Sinne von Umfeld.

Und dann gibt es auch noch HAZOP, was für Hazard und Operability steht - also Gefahr/Risiko und Umsetzbarkeit/ Anwendung. Operativ sehr bedingt einzusetzen, ist dies ein Beurteilungsprozess für „Gefahren" technischer Abläufe und Gegebenheiten – wie z.B. technisch bedingter Volumenabweichungen in der Produktion.

Während HSE ein mittlerweile gängiger Ausdruck der abgedeckten Bereiche ist (international häufiger als EHS erwähnt) und auch gerne durch ein unbestimmtes Q für Quality (QHSE, HSEQ oder QEHS) ergänzt wird, basiert HAZOP auf einer Studie der 70er Jahre und wird in Deutschland unter dem Synonym PAAG vermarktet. Sowohl HAZOP als auch PAAG haben -genaugenommen- wenig Aussagekraft (siehe SAMUEL-Zirkel, Kap. *Immer 3 Mal mehr wie Du.*) und lassen diverse, grundlegende Bewertungskriterien für zwingend notwendige Gefährdungsaspekte unerwähnt, bzw. deren Möglichkeiten gleich gänzlich weg.

Was in Folge gerne mal zu ausgeprägt subjektiver und Kompetenz-orientierter Begutachtung und somit divergenten Aussagen unterschiedlicher Fachleute führen kann. In vielen Fällen ist somit eine objektive Reproduzierbarkeit bestimmter Beurteilungsprozesse nahezu ausgeschlossen. Laufende Prozesse unterliegen zudem häufig erheblichen Beurteilungsdiskrepanzen, weil z.B. essentielle Parameter aufgrund unterschiedlicher Sichtweisen einfach unberücksichtigt bleiben.

Auch werden des Prinzips wegen im Wesentlichen nur Präventiv-Maßnahmen berücksichtigt, was insbesondere den abzuarbeitenden Bereich des Notfallmanagements durch Spezialisten außen vor lässt. HAZOPianer sollten z.B. im Zusammenschluss von Fachzirkeln arbeiten, in denen möglichst viele Personen über bereichsübergreifende Fachkompetenzen verfügen (z.B. Produktionsspezialist, Maschinenbau, Arbeitssicherheit, Brandschutz, Architektur, Umwelt. etc.). Je mehr Personen über deutlich erweiterte Kompetenzen in Personalunion verfügen, desto besser -und effizienter- wird das entsprechende HAZOP-Management. Bei guten Ansätzen könnte es sich sogar erfolgreich mit dem operativen Notfallmanagement verzahnen.

Da es im Arbeitsschutz -wie dargestellt- für den übergreifenden Bereich ins Notfallmanagement von Haus aus keine konkrete Bezeichnung gibt, hört man in den selten angesprochenen Fällen schon mal vom „HSE Cross-Over-Management". Sicher auch deshalb, weil das klassische Risikomanagement mittlerweile ebenso in den Bereich der

Wirtschaft (also für wirtschaftliche, monetäre Risiken) übergesprungen ist, wie das Compliance-Management.

Persönlich bevorzuge ich daher in der Gesamtbetrachtung den Begriff des Schnittstellen-Managements, da dieser -im Gegensatz zum diffus bezeichnenden Cross-Over- den klaren Fokus auf die Schnittstellen begrenzend umschreibt und durch weitere Abkürzungen (z.B. HSE) entsprechend seines Tätigkeitsfeldes ergänzt werden kann.

Personalprofession

Das "Safety-" oder "HSE-Personal" hat unterschiedliche Qualifikationen – i.d.R. im technischen Bereich bis hin zum Ingenieur diverser Fachrichtungen. Alle haben aber gemeinsam, dass sie eine nach dem Arbeitssicherheits-Gesetzes (ASiG) -zumeist mehrjährige-, umfangreiche Zusatzausbildung zur Fachkraft für Arbeitssicherheit absolviert und bestanden haben müssen. Die formal korrekte Benennung ist als SiFA definiert aber -veraltet- auch noch als FAsi bekannt. Leider kommt es aufgrund der Historie -und selbst aktueller Beschreibungen einiger BG´en- dann zum irreführenden -und falschen- Titel als "Sicherheitsfachkraft" - die ihres Zeichens ursprünglich über den § 34a der Gewerbeordnung für den (Objekt-) Bewachungsdienst qualifiziert ist und mit der Fachkraft für Arbeitssicherheit nichts Grundsätzliches gemein hat.

SiFA werden überwiegend in dem Metier ihrer Ausgangs- oder Schwerpunktbranche eingesetzt. Die SiFA ist direkt beim jeweiligen Arbeitnehmer und den ggf. einzelnen Gewerken dafür zuständig, dass grundlegende Sicherheitsaspekte der Arbeit und Arbeitsabläufe sowie Empfehlungen zur entsprechenden Maßnahme-Umsetzung definiert werden. Zuständig bedeutet übrigens zuständig – keinesfalls verantwortlich!

Die empfohlenen Maßnahmen werden nach korrektiv und präventiv unterschieden und ihrer Zuordnung nach priorisiert. Zuerst im technischen, dann organisatorischen und zuletzt personenbezogenen Bereich definiert, wird diese Reihenfolge auch TOP-Prinzip genannt.

Das Ziel des Arbeitsauftrages der SiFA muss bei allen kohärent sein: zusammen mit dem Auftraggeber sollen vermeidbare Fehlerquellen für Arbeitsunfälle und Gesundheitsgefahren ausgeschlossen und unvermeidbare Gefährdungen weitestgehend reduziert werden. Im Idealfall zeitnah und bis auf das unvermeidbare Restrisiko.

Formal nur beratend aktiv, bildet der Bereich Arbeitsschutz für gewöhnlich eine eigene Stabsstelle unmittelbar unter der Geschäftsführung und ist weder weisungsgebunden, noch weisungsbefugt. Gegenüber der Geschäftsführung ergibt sich eine Weisungsgebundenheit nur für die Arbeit selbst (also was, wann, wo?), nicht aber für die Qualität ihrer Ausführung (wie, womit?).

Als autarke Stabsstelle ist der Arbeitsschutz (eig. Arbeitssicherheit & Gesundheitsschutz) in seiner Position mit der Stelle eines Betriebsrates vergleichbar und arbeitet mit diesem (sofern vorhanden) eng zusammen. Auch muss eine SiFA mit Zustimmung des Betriebsrates bestellt und unter seiner Anhörung aus der Bestellung entlassen werden.

So sind die Gesetze für den Arbeitsschutz eindeutig zu interpretieren – ein fiktives Unternehmens-Organigramm sieht aus Sicht des Arbeitsschutzes dann etwa aus, wie es die folgende Grafik verdeutlicht.

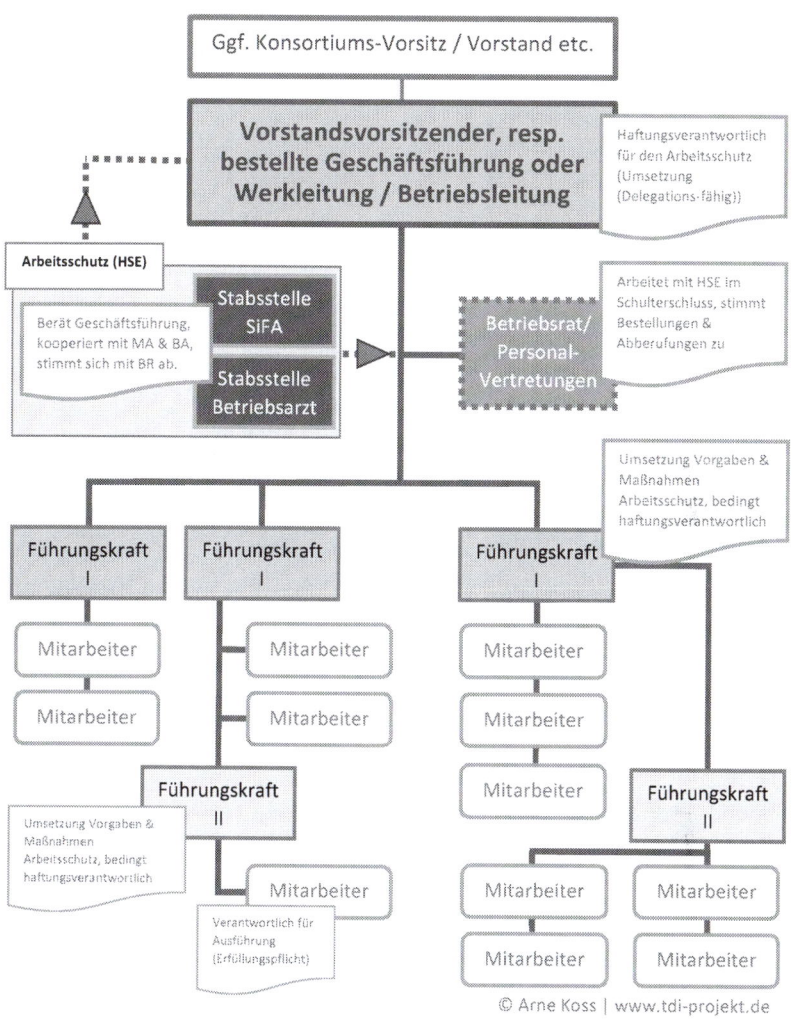

Ggf. Konsortiums-Vorsitz / Vorstand etc.

Vorstandsvorsitzender, resp. bestellte Geschäftsführung oder Werkleitung / Betriebsleitung

Haftungsverantwortlich für den Arbeitsschutz (Umsetzung (Delegations-fähig))

Arbeitsschutz (HSE)

Stabsstelle SiFA

Stabsstelle Betriebsarzt

Berät Geschäftsführung, kooperiert mit MA & BA, stimmt sich mit BR ab.

Betriebsrat/ Personal-Vertretungen

Arbeitet mit HSE im Schulterschluss, stimmt Bestellungen & Abberufungen zu

Führungskraft I

Führungskraft I

Führungskraft I

Umsetzung Vorgaben & Maßnahmen Arbeitsschutz, bedingt haftungsverantwortlich

Mitarbeiter

Mitarbeiter

Mitarbeiter

Mitarbeiter

Mitarbeiter

Mitarbeiter

Führungskraft II

Mitarbeiter

Führungskraft II

Umsetzung Vorgaben & Maßnahmen Arbeitsschutz, bedingt haftungsverantwortlich

Mitarbeiter

Mitarbeiter

Mitarbeiter

Verantwortlich für Ausführung (Erfüllungspflicht)

Mitarbeiter

Mitarbeiter

© Arne Koss | www.tdi-projekt.de

Und auch, wenn die Rechtsprechung diese Stellung des Arbeitsschutzes, die ihm per Gesetz zusteht, wiederkehrend bestätigt, gibt es individuelle Abweichungen. Für das, was Vertragsparteien unter einander ausmachen, handeln sie schließlich eigenverantwortlich. Eines jedoch ist nicht übertragbar: die Verantwortung des Arbeitsschutzes. Diese obliegt grundsätzlich dem Unternehmer - und damit im Zweifel der Geschäftsführung.

Übrigens: das Haftungsprivileg für Unternehmer schließt Personenschäden aus. In solchen Fällen muss sich der Unternehmer verantworten – und haftet ggf. sogar privat.

Für Bauvorhaben gibt es ergänzend noch den Sicherheits- und Gesundheitsschutz-Koordinatoren – den SiGeKo. Dieser ist nach einer sog. Regel zum Arbeitsschutz auf Baustellen (RAB, Nr. 30) qualifiziert -in der Regel geprüft- und trägt auf einem Baufeld dem Gewerke-übergreifenden Gefährdungspotenzial Rechnung. Dieses benennt er in einem sog. SiGe-Plan und passt im Idealfall diesen Plan -öffentlich sichtbar für alle Arbeiter- regelmäßig den Veränderungen an. Er muss die einzelnen Gewerke auf den Plan einweisen. Während seine Aufgabe vordergründig auch eine gefährdungsarme Koordination auf dem Bau ermöglichen soll, sind seine zusätzlichen Aufgaben für den aktiven Primär-Baubetrieb weniger von Bedeutung, unterstützen aber funktionell die Arbeit der SiFA durch ihre Rahmenvorgaben als wichtige Schnittstelle.

Im Ergebnis ist die SIFA für die Arbeiter und deren Arbeitsabläufe im Einzelnen zuständig, und der SiGeKo für die Gesamtheit - also beispielsweise Kranarbeiten, Gewerke-Arbeiten in Höhe bei bestehender Gefahr für darunter arbeitende Gewerke, Arbeiten in explosiven Bereichen etc..

Auf Großbaufeldern teilen sich die Aufgaben aufgrund des Umfangs häufig mehrere SiFA & SiGeKo, um dann einander zuarbeiten zu können.

Leider ist dem SiGeKo per Gesetz nicht auferlegt, in der Arbeitssicherheit qualifiziert sein zu müssen. In der Praxis stellt es sich entsprechend häufig als massiv diskrepant heraus, wenn ein Architekt einfach „mal schnell" den SiGeKo mimt, ohne real im Arbeitsschutz qualifiziert zu sein. Auch kann systemimmanent ein SiGeKo, der nicht gleichzeitig SiFA ist, vielen juristischen (Haupt-) Anforderungen, die Einhaltung des Arbeitsschutzes zu kontrollieren, nur unzureichend Genüge tun, wenn er in eben dieser nicht grundlegend und profund qualifiziert ist. Sein insofern entgegen der SiFA umfangreicherer Haftungs-Status erschließt sich somit nicht.

Insofern ist aus der Praxiserfahrung heraus -gleich, ob SiGeKo und SiFA in Personalunion oder einzeln für sich- ein steter Austausch zwischen SiGeKo und HSE-Bereichen (den SiFA) zwingend erforderlich.

In der folgenden Skizze sind fiktive Gewerke (1-3) innerhalb eines Beispiel-Baufeldes zu sehen.

Die verantwortliche SiFA-Zuordnung ist Vereinbarungs-individuell und verhält sich generell entsprechend des Gewerks und seinen spezifischen Maßnahmen / Gefahren bzgl. der Arbeitssicherheit in entsprechendem Abdeckungsverhältnis (z.B. 1 SiFA für 30 Arbeiter (hier nicht extra aufgeführt)).

Die SiGeKo-Zuständigkeit ist mit A1-A3 beispielhaft Gewerke-übergreifend ausgerichtet und kann bei mehreren SiGeKo z.B. isoliert für Teilbereiche in Form definierter Gewerke (A2) ungeachtet des Areals zuständig sein oder aber bestimmte Abschnitte betreffen (A3). Jede beliebige Mischform (A1) ist ebenso denkbar.

In jedem Fall entspricht die Einhaltung sämtlicher Arbeitsschutz-Maßnahmen in der Gesamt-Verantwortlichkeit eines beauftragten SiGeKo dem Umfang A4.

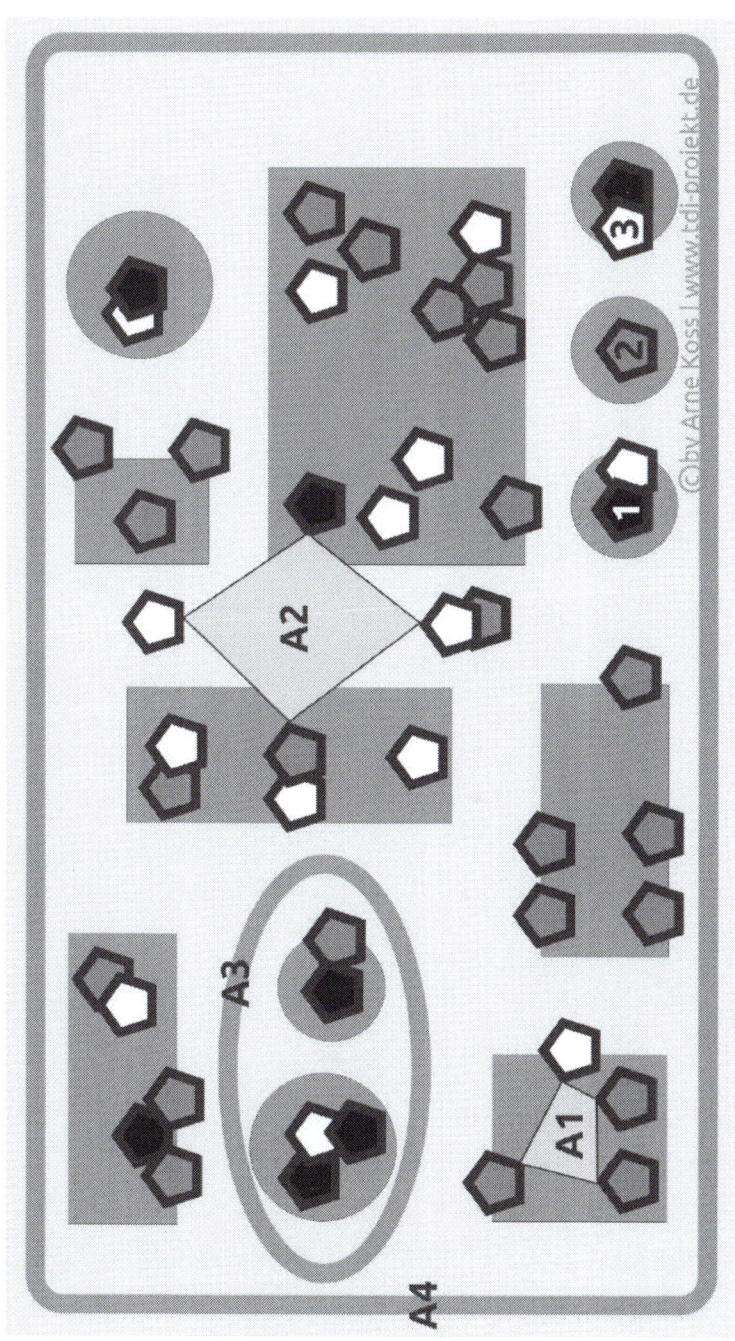

Einer weiteren Schnittstelle operativer Art bedürfen Notfallgeschehen. Während im Kleinen häufig Pflaster oder auch ein Rettungswagen meist für das Schlimmste genügen, reichen im Havarie-Fall, wie bei Säureaustritten, Gerüsteinstürzen oder sogar Explosionen, die herkömmlichen "Erste-Hilfe-Planungen" einer SiFA oder eines SiGeKo nicht aus.

Hierfür gibt es "Notfallmanager". Zwar ist diese Qualifikation nicht geschützt und unterliegt auch keiner klassischen Ausbildung. Man kann jedoch davon ausgehen, dass organisatorisch qualifizierte, führungsbefugte Personen aus dem Zivilschutz hierfür geeignet sind. In erster Linie sind das in jedem Fall die Organisatorischen Leiter des Rettungsdienstes (Org. LRD). Ggf. auch Rettungs-Ingenieure, sofern operative Praxiserfahrung im Vorgenannten auch über das Studium hinaus gegeben ist.

Rettungsdienst im Zivilschutz als Ursprung deshalb, weil sich jeder Rettungsassistent (heute Notfallsanitäter) bereits täglich am Notfall -im Kleinen wie Großen- mit unterschiedlichster Ausprägung und Erfordernis von Adaption und Improvisation unter multifaktorieller Einwirkung beweisen muss. Und das am dynamischsten „Werkstück" überhaupt: dem Menschen. Noch dazu in einer kritischen Situation in sich ändernden Strukturen und unter Zeitdruck. Diese Anforderungen besitzt mit Abstand kein weiteres Berufsbild - und praktische Erfahrung hierin kann eben auch durch kein Studium ersetzt werden.

Gefolgt von den Technischen Einsatzleitern der Berufs-Feuerwehren (TEL). Diese Notfallmanager könn(t)en sowohl administrativ vorab sowie im akuten Bedarfsfall operativ vor Ort zur Koordination taktischer Einheiten aktiv sein.

Im Zivilschutz übernimmt diese Aufgabe deutschlandweit nahezu flächendeckend der Rettungsdienst durch das ersteintreffende Rettungsfahrzeug, resp. das ersteintreffende Notarzt-Einsatzfahrzeug (NEF), deren Fahrzeugführer heutzutage i.d.R. zum Org. LRD qualifiziert sind.

Damit im Bedarfsfall kein überdimensioniertes Handlungsvakuum zwischen Prävention (SiFA, SiGeKo) und operativer Gefahrenabwehr (Org. LRD) entsteht, empfiehlt es sich -bereits vor Eintritt möglicher Schadensszenarien- professionellen Fachaustausch zwischen der Prävention und Operation zu betreiben und mögliche Planszenarien "trocken" zu durchlaufen.

Diese Professionalität -sich bereits „trocken" zu versuchen-weist jedoch bisher nur ein geringer Prozentsatz vorhandener Fachleute auf. Leider.

Offizielle Schnittstellenmanager für diesen Bereich gibt es praktisch keine. Dieser Personenkreis müsste idealerweise eine Qualifikation im Arbeitsschutz und als SiGeKo vorweisen, kombiniert mit rettungstaktischer Qualifikation aus dem Zivilschutz – man könnte ihn (fiktiv und in Anlehnung an den SiGeKo) SiGeMa (Sicherheits- und Gesundheitsschutz-Manager) nennen. Oder Notfallmanager.

Tragischer Weise sind wir in Deutschland noch im Raster des Entweder-oder-Prinzips gefangen. Entweder präventiv oder korrektiv. Alltag im Betrieb oder Ausnahmesituation mit Profis. Kompensation oder etwas dazwischen ist reine Fiktion – eine Vision, gefühlt für das Jahr 2050. Eine BG daraufhin kontaktiert und betriebliches Notfallmanagement seminarreif „serviert", hielt man es im Fachgremium nicht für den BG-Auftrag der Prävention gem. SGB. Schade, dass durch Planung nachweisbar reduzierter Personenschaden nicht als Prävention wahrgenommen wird. Aber mit der Professionalität ist das eben in allen Bereichen so eine Sache.

Dass ich von derselben BG kurz vor deren Absage eine Einladung als Redner zu einem Symposium erhielt, erwähne ich mal nicht. Der spätere Vortrag jedenfalls, war ein Erfolg. Thema? Richtig: Notfallmanagement…

Apropos Professionalität. Profession steckt in unseren Berufsbildern des Arbeitsschutzes schon per Definition - und so sollten wir uns auch verhalten. Ein Großteil von uns gehört zu den Freelancern – also den selbständigen Dienstleistern und leistet gute Arbeit. Leider verhält sich ein trotzdem nicht unerheblicher Teil hiervon in diversen Bereichen nicht so, wie man es von einem von Berufs wegen sehr verantwortlichen Dienstleister gemeinhin erwarten würde. Erheblich bedeutet signifikant – also deutlich bemerkbar, aber keineswegs alle.

Ich selbst habe auch mein Netzwerk und Verpflichtungen. Jedoch sehe ich zu, diese Aspekte weitestgehend aus dem täglichen Projektgeschäft herauszuhalten. Heutzutage kann man die meisten Sachverhalte auch per E-Mail regeln. Aber auch das sollte ich im Fall einer Projektgebundenheit weitestgehend in der Pause, abends oder am Wochenende erledigen - das ist nun mal Teil meines Freelancer-Daseins.

Als seriöser Dienstleister unterstelle ich grundsätzlich, dass mein Auftraggeber mich bucht, weil er meine Arbeitskraft, meine Fachexpertise benötigt und nicht, weil er mich fürs Nachtelefonieren von eigenen Anschlussaufträgen oder Anbahnung anderer Parallelgeschäfte -im ärgsten Fall sogar mit seinen Mitbewerbern- bezahlen will. Ebenso gehe ich davon aus, dass andererseits auch kein Auftraggeber nur deshalb argwöhnisch oder griffig wird, wenn der Dienstleister während seiner Arbeitszeit ausnahmsweise einen Anruf vom eigenen Kind, dem Partner oder jemand Externem annimmt. Schließlich partizipiert ja jede Partei von dieser Flexibilität. Es muss allerdings auch das bleiben: die Ausnahme.

Natürlich gibt es Aufträge, bei denen wir mit der Titulierung als SinnbeFreite Adnexen noch hoch im Kurs stehen würden und wir gar nicht wissen, wie wir unsere Zeit vertreiben können. Allerdings gibt es zunehmend auch Aufträge, bei denen weder deren Ernsthaftigkeit noch Sinn unseres Einsatzes im Zweifel stehen – sondern die Erfüllung anspruchsvoller Leistung vergütet wird. Eine SiFA zu beauftragen, nur, weil es Pflicht ist, reduziert sich als Auftragsbegründung somit zunehmend.

Leider ist es dennoch vielfach so, dass einige abgestumpfte Kollegen des eigenen Ressorts die erstgenannten Aufträge zum pauschalen Standard erklären. Das wiederum zieht in Folge nach sich, dass diese Kollegen bereits mit der Grund-Einstellung zu Werke gehen, aus ihrem Projekt viel Zeit für andere Geschäfte herauszuziehen. Das ist nicht nur beschämend und moralisch verwerflich, sondern irgendwann auch von strafrechtlicher Relevanz.

Wenn sich solch Arbeitszeitbetrug zum System der Doppelvergütung etabliert, sollte der Kollege zusehen, den Job zu wechseln. Solches Verhalten ist dem Auftraggeber und auch seriösen Kollegen gegenüber nachhaltig schädlich und hinterlässt insbesondere dort eine Lücke, wo sie eigentlich gefüllt werden muss: im operativen Tagesgeschäft des Arbeitsschutzes. Und das immer zu Lasten der mitarbeitenden Kollegen.

Insofern sollte es eigentlich für beide Seiten selbstverständlich sein, seinem Gegenüber eine geschäftsübliche wie auch moralische Seriosität und Achtung entgegenzubringen. Was, wenn man -getreu des Andenkens an Paracelsus- das Dosieren von Geben und Nehmen angemessen berücksichtigt, in der Praxis kein Problem darstellen dürfte.

Und wenn Sie sich schon gefragt haben sollten, woher die Abkürzung SiFA eigentlich kommt – sie steht nicht für **S**innbe**F**reite **A**dnexe, sondern soll tatsächlich dem Arbeitssicherheitsgesetz (kurz: ASiG) entlehnt sein (lang: Gesetz über Betriebsärzte, **S**icherheits**i**ngenieure und andere **F**achkräfte für **A**rbeitssicherheit).

Persönliche Ausgangslage zum Projekt

Mein Leben besteht aus Bildung. Gleich, auf welcher Seite ich stehe - der des Schülers oder der des Lehrers. Ich habe seit Beginn meines Berufs-Lebens einen ausgeprägten Drang, mein Wissen zu erweitern. Auch die Frage nach dem "Was" ist stets klar; es muss immer ein fachübergreifender Bereich meiner fokussierten Tätigkeit sein.

Das „Warum" erklärt sich aus dem „Was" ganz einfach. Ich habe im Verlauf vieler Jahre umfangreich gelernt, dass die meisten, essentiellen Probleme in der Arbeit durch vernünftig dosierte Verknüpfung beruflicher Schnittstellen entschärft werden können - gleich, in welchem Bereich. Das setzt wiederum voraus, die beteiligten Schnittstellen zu verstehen. Und richtig verstehen kann man sie nur, wenn man sie kennt – sich also im Idealfall darin qualifiziert hat.

Privat bin ich nicht ganz so flexibel. Es zog sich nach einer Trennung ein mehrjähriger Kampf hinsichtlich des Umgangs mit meiner Tochter hin, der sich zu Beginn des TDI-Projekts in den letzten Zügen befand. Wieder mal – da krankt unser Rechtssystem merkbar. Bis kurz vorm Projekt habe ich mehr Zeit für Anwältin und Gericht verbraucht als für die Arbeit. Ein Tapetenwechsel war also gut, diese vielen sinnbefreiten und unschönen Situationen hinter sich zu lassen.

Gefühlte 194 Gerichtstermine aus 42 Verfahren später und in jedem Fall um den monetären Gegenwert eines guten Oberklassefahrzeug erleichtert, freuen meine Tochter und ich uns aber auf jeden Augenblick, den wir zukünftig zusammen verbringen können. Es hatte sich also gelohnt.

Entsprechend kam mir die Regelung mit wechselnden Wochenend-Diensten, wie sie sich im Projekt darstellte, entgegen. Schließlich hatte ich bis dahin wg. der privaten und sich permanent wechselnden Terminkonstellation heraus, zahlreiche Projekte absagen müssen. Etwas, was meine Möglichkeiten, bis dahin möglichst effektiven Ressourcenaufbau zu betreiben, deutlich reduzierte.

Das war nun positiv an dem TDI-Projekt.

Meine eingangs genannte Philosophie zum Thema beruflicher Schnittstellen gilt natürlich insbesondere für mich. Insofern befinde ich mich in der Situation, mittlerweile über ein opulentes Qualifikationsportfolio in den Bereichen Sicherheit und Arbeitsabläufe, Gesundheitsschutz und Führungsorganisation sowie Medizin und Technik zu verfügen.

Allerdings stellte sich auch hier im Laufe der Jahre heraus, dass es in der Praxis häufig mehr als Bürde denn als Glück zu betrachten ist, derartige Fachkompetenzen in Personalunion sein Eigen nennen zu dürfen. Schließlich ist man damit zumeist der Einzige auf weiter Flur. Und Dank mitunter atavistisch anmutenden Horizonts einiger Kollegen, ist man dann schnell der Besserwisser, Großkotz oder ein ähnlich tituliertes Gesellschafts-Arschloch. Es ist schon traurig, wie persönlich und niederträchtig Menschen reagieren, nur, weil sie es nicht schaffen, ihrem Gegenüber den eigenen Gedanken zu vermitteln, geschweige denn, denjenigen von ihrer Ansicht fachlich oder sachlich zu überzeugen.

Dahingehend sind wir Menschen auch noch extrem einfach gestrickt, was unsere Phantasie und unser Zutrauen zusätzlich maßgeblich beeinflussen. Es liegt an der Optik. Es kann nicht sein, was die Optik nicht hergibt. So ist unser Kompetenz-Denken häufig und ausgeprägt an Uniformen gebunden. Wenn ich im Rettungsdienst etwas aus der Fahrphysik erzählt habe, wurde mir dafür die gleiche, latente Skepsis entgegengebracht, wie für einen medizinischen Notfall, von dem ich als Fahrtrainer berichtete.

Das hat sich bis heute -selbst im Privaten- nur marginal geändert.

Als Lehrender -egal, ob operativ aktiver Trainer, Dozent oder Sonstiges- habe ich es in Prüfungen stets so gehalten, dass Fehler der Probanden nicht grundsätzlich schlimm sind. Fehler können ggf. eine Notenherabstufung bewirken - mehr nicht. Grundsätzlich. Natürlich kommt es -in Verbindung mit deren Gewichtung- darauf an, ob Fehler auch als solche erkannt werden - und wenn ja, wie damit umgegangen wird. Genaugenommen aber liegt die Gefahr überwiegend darin, einmal registrierte Fehler innerhalb eines Arbeitsprozesses zu ignorieren, als sie ursprünglich zu begehen.

An Akademien konnten wir im Rahmen von Praxisbeispielen den Stress für die Prüfungs-Probanden künstlich provozieren. Z.B. indem sich im Rahmen der notfallmedizinischen Ausbildung bei „übersehenen" Fehlern die Parameter der instruierten "Patienten" auf Anweisungen verschlechtern ließen. Oder wir ließen durch Knopfdruck mittels technischer Spielereien die Werte in den Geräten einfach abrutschten. Einfach. Und effektiv.

In der Realität des Arbeitsschutzes – also der Planung innerhalb von Projekten sieht das häufig anders aus und man stellt sich eine Vielzahl an Fragen: Wie gravierend ist ein Fehler? Was wurde ignoriert? Kann man den Fehler noch kompensieren oder folgen ggf. gar keine gravierenden Veränderungen? Wann und unter welchen Umständen tritt der Fehler auf und wann wurde er bemerkt? Gibt es einen Kumulations-Effekt mit anderen Abläufen? Wäre der Fehler organisatorisch zu verhindern gewesen?

Hinzu kommt allerdings, dass wenige Menschen auf einen Projektverlauf zurückblicken, nur, um Kausalketten von Fehlern zu verifizieren und es dann alles -selbst im Fall bemerkter Defizite- unter dem Aspekt "das ist nicht meine Aufgabe" oder „das gibt nur Ärger" doch lieber laufen zu lassen. Zudem sinkt die Bereitschaft, sich eines Fehlers anzunehmen exponentiell, je weniger ein aus dem Fehler resultierender Zwischenfall wahrscheinlich wird. Kommt es ausnahmsweise doch zur inhaltlichen Reflexion, so werden dann die identifizierten Auswirkungen eines möglichen Schadensszenarios von den Zuständigen i.d.R. als zunächst unerheblich eingestuft. Meistens aus Unwissenheit - dafür aber nicht selten mit fatalen Folgen.

Zudem fehlt schlicht die Bereitschaft zur Übernahme von Verantwortung.

Im Arbeitsschutz sind insbesondere bei einem späten Projekteinstieg häufige Cross-Over-Abdeckungen -über alle Bereiche und Schnittstellen hinweg- gefragt. Im vorliegenden Fall des TDI-Projektes gab es viele dieser Schnittstellen. Notfallmanagement inklusive.

Ich kenne viele Facetten im Umgang mit derartigen Projektverläufen aus der Praxis. Manchmal begrenzt ein „spezieller" Umgang die Kooperations-Zeitfenster aufgrund unüberwindbarer Differenzen auf „sehr kurz", was grundsätzlich schade ist. Dann hat der Auftraggeber nicht den Sinn der eigens veranlassten Beauftragung erkannt und belügt sich nur selbst. Manchmal aber auch, wird aus einem kurzen Impuls als Troubleshooter ein Mehrjahres-Projekt.

Meine eigenen Projekterfahrungen sind umfangreich und vielfältig. Bei der Zuarbeit angefangen, über eigene Komplettausarbeitung bis zum Unternehmensausbau und dessen Leitung ist alles dabei.

Als Freelancer ist man nach einigen Jahren auch Ziemliches gewohnt. Beginnend mit Branchen-Deppen -auf deren Zuarbeit man trotz aller Unwägbarkeiten angewiesen ist- über Manipulationsversuche im Stil dreister Wirtschaftskriminalität und offenkundigen Repressionsversuchen (meist mit der „Androhung" des

Auftragsverlustes) bis hin zu zahlreichen, unbeglichenen Honorarforderungen mit Außenständen im Werte-Bereich eines sehr attraktiven, langen Luxus-Urlaubs für die Großfamilie, ist vermutlich alles dabei. Was die Honorarforderungen angeht, so scheint dies ein Hobby zu sein, Freelancer unbedingt in Bedrängnis bringen zu wollen und ihr Honorar zu unterschlagen. Ein Schulleiter erwähnte mir gegenüber einmal, dass ich mir für den Fall ausbleibender Zahlungen eben einen Puffer anlegen müsste. Ich glaube, er hatte die Ironie in seiner Aussage selbst gar nicht verstanden – ich hatte ihn schließlich aufgrund mehrmonatiger, ausstehender Rechnungen angesprochen.

Persönlich würde ich als gravierendstes Problem innerhalb eines Projektes den sinnfreien und nicht-konstruktiven Austausch unter sogenannten Fachleuten nennen. Dazu zählt sicher auch jede Art von Gesprächen, deren Inhalte nicht umgesetzt werden, weil das Gegenüber es einfach nicht will – bzw. einsieht. Diese häufig anzutreffende Beratungsresistenz wird erfahrungsgemäß immer wieder von sich ähnelnden Phrasen und Pauschal-Vorwänden à la "Also ich habe das aber anders gehört..." begleitet.

Insofern ist auch meine Erwartungshaltung aufgrund vieler "besonderer" Erfahrungen mittlerweile als sehr neutral gefestigt. So war ich beispielsweise Mitte der 2000er Jahre als Fahrsicherheitstrainer auf einer Trainingsanlage an einem offenen „Tag der Sicherheit" beteiligt, bei dem ich gleichzeitig früh morgens meine Kollegen aus der benachbarten Rettungsakademie begrüßen durfte. Dieses Mal nicht als meine direkten Kollegen, sondern als Bereitstellung zur notfallmedizinischen Betreuung des Sicherheitstages. Daran, einen Notfallplan, also einen Plan aus Geländeübersicht mit Zuordnung und Erreichbarkeiten zu erstellen, um im Bedarfsfall die notwendigen Leistungen und Verbindungen ohne Zeitverzögerung und therapiefreies Intervall zu gewährleisten, hatte jedoch keiner gedacht. Weder die anwesenden Führungskräfte der Akademie noch die des Trainingszentrums -allesamt aus den Bereichen Prävention, Sicherheit und Schutz- wurden am „Tag der Sicherheit" ihrer ureigenen Aufgabe auch nur annähernd gerecht – ein paar Tausend erwarteten Besuchern zum Trotz.

Nicht, dass es aus der Akademie keiner gekonnt hätte - es hatte nur keiner bedacht. Ein einfaches aber repräsentatives Beispiel schlechter Kommunikation innerhalb von Schnittstellen. Dabei stehen Problem, Aufwand und Gefährdung in keinerlei Verhältnis zueinander; die dann improvisiert folgende Ausarbeitung in Kladde hat eine halbe Stunde in Anspruch genommen, eine kurze Unterweisung der Beteiligten gefordert, hätte im Ernstfall eine Massenpanik mit all ihren Folgen verhindert und eine sichere, zeitnahe Versorgung möglicher Hilfebedürftiger gewährleistet. Wir mussten an dem Tag zweimal auf die Kladde zurückgreifen…

Entsprechend ist es für mich vorrangig und wichtig, dass Projekte interessant sein müssen. Mein persönlicher Fokus ist im Schnittstellenbereich HSE und operativen

Notfallmanagement zu sehen – als „SiGeMa", wenn man so will.

Ich bin als Freelancer seit Jahren in der Ausbildung und Qualifizierung von Fach- und Führungskräften aktiv - im Bereich Organisation, Rettungsmedizin, Arbeitsschutz, Katastrophenschutz und anderen Tätigkeitsfeldern. Insofern durfte es sich bei dem TDI-Projekt durchaus um ein entsprechend interessantes Projekt handeln, so hatte ich mir gedacht. Schließlich trafen hier einige meiner Ressorts aufeinander - z.B. die Kombination aus Org. LRD, SiGeKo & SiFA.

Aber bei aller eingestandenen Neutralität zur Erwartungshaltung - das sich später abzeichnende fachliche und organisatorisch verantwortliche Führungs- und Planungsdesaster in solchem Umfang hatte mich dann doch erheblich irritiert. Auch, wenn bis zu dieser Erkenntnis einige Zeit verstrich.

Es war eben auch genau dort durchgreifend vorhanden, wo man es am wenigsten erwartete; in einem Großkonzern, der mit vorgegebener, weißer Weste das Thema Sicherheit & Schutz wie kein weiteres Unternehmen propagierte.

Für Notfälle unterm Strich eine weitaus gefährlichere Ausgangsposition, als wenn man wüsste, dass keine Sicherheitsstrukturen gegeben sind; man verlässt sich nahezu blind auf Vorgaben und Angaben - ohne, dass diese tatsächlich existieren…

Projekt - Beschreibung & Eckdaten

Bei dem TDI-Projekt handelte es sich um einen Teil eines noch größeren Bauprojektes der BASF in Ludwigshafen, dem sog. Firebird-Projekt, dessen Kern die TDI-Anlage bildet. Die TDI-Anlage besteht aus dem Zusammenschluss mehrerer Gebäude- und Funktionskomplexe, die für die Herstellung des Stoffes TDI (Toluol-(2,4)-Di-Isocyanat) benötigt werden.

TDI -hier als Endprodukt- wird als einer der wichtigsten Grundkomponenten in der Kunststoffindustrie verwendet. TDI gehört der Gruppe der Isocyanate und somit einer höchstgiftigen Gefahrstoffgruppe an. Ebenfalls höchstgiftig sind die zur Herstellung von TDI notwendigen Ausgangsprodukte, wie z.B. Phosgene (zusammen mit dem Isocyanat MDI hatte die Stoffgruppe 1984 in Bhopal/Indien aufgrund eines Industrie-Unglücks bis zu 25.000 Tote und 500.000 Verletzte gefordert

(siehe auch wikipedia.org/wiki/Katastrophe_von_Bhopal)).

Für die Phosgene wiederum benötigt man zur Herstellung u. A. Chlor und Kohlenmonoxid - ebenfalls Stoffe mit hochgefährlichen Eigenschaften.

Überschlagen bedeuten die Stoffe hoch reaktive Charakteristika, wie zügige Giftgas-Bildung und höchste Explosivität. Die Kontamination bereits kleinster Mengen können Folgen vom "einfachen" Reizhusten über Bildung von Lungenödemen bis hin zum Tod durch Ersticken -z.B. aufgrund massivster Lungen-Verätzungen- führen.

Derivate der Isocyanat-Gruppe hatten zu Zeiten des zweiten Weltkriegs durch eines ihrer Cyanate unter dem Handelsnamen "Zyklon B" im Rahmen des Holocausts zur Vernichtung der Juden weltweite Bekanntheit erlangt. Die außerordentlich hohe, wirksame Potenz der Stoffgruppe ist somit historisch unstrittig.

Glaubt man Ressort-Experten, existieren bereits wesentlich Ressourcen-sparendere und deutlich ungefährlichere Herstellungsverfahren für TDI, als die BASF es mit der TDI-Anlage erst jüngst umgesetzt hat. Das hat - ebenfalls 2015, aber noch vor der BASF- die Bayer Material Science in Dormagen belegt. Dennoch: TDI ist heutzutage nahezu unverzichtbar. TDI ist einer der wichtigsten Grundstoffe in der Kunststoffverarbeitung und wird zur Herstellung von beispielsweise Schäumen und Matratzen, Klebern, Lacken, Fahrzeug-Innenverkleidungen oder anderen Polyurethan-Kunststoffen -z.B. in der invasiven Medizintechnik- verwendet.

Das geschätzte, industrielle Produktionsvolumen beträgt jährlich derzeit ca. 1,5 Millionen Tonnen weltweit. Das TDI-Projekt der BASF visiert ein jährliches Produktionsvolumen von 300.000 Tonnen an und stellt damit eine der beiden größten Produktionsanlagen weltweit dar.

Die reine Bauzeit der Gesamtanlage betrug etwa drei Jahre, wobei sich der Beginn immer wieder verzögerte. Die Inbetriebnahme erfolgte sukzessiv -auch unter laufenden Arbeiten-, was mutmaßlich nicht nur wirtschaftliche Gründe hatte, sondern auch juristische, um in bestimmten Anlagenbereichen nicht unter die Sicherheitsbedingungen der sog. "Seveso III"-Richtlinien zu fallen – welche im Juni 2015 in Kraft getreten sind. Zumindest wurde dies innerhalb der BASF so vertreten.

Das Investitionsvolumen betrug nach Angaben der BASF zwischen einer und 1,2 Milliarden Euro, interne Quellen sprachen von über 1,5 Milliarden.

Das Gesamt-Baufeld des TDI-Projektes bestand aus mehreren Komplexen mit etwa 25 Einzelgebäuden aus einer zu etwa ¾ genutzten Fläche bei ca. 200 x 200 Metern Seitenlänge. Es erreichte einzelne Höhen von rd. 60 Metern bei den Gebäuden und bis zu 70 Meter durch Kolonnen (Verfahrenstechnische Apparaturen mit Tank- oder siloartiger Form). Die einzelnen Haupt-Geschosse hatten i.d.R. eine lichte Höhe von ca. 9 Metern. Die Baukomplexe waren durch mehrere Rohrbrücken untereinander verbunden. Die Haupt- und Neben-Wegungen des Baufeldes waren nicht asphaltiert und unbefestigt.

Eine noch größere TDI-Anlage ist von dem Chemie-Konzern Sadara in Jubail, Saudi-Arabien, in einen Chemie-Park integriert worden. Der dortige Gesamtkomplex hat ein Investitionsvolumen von über 20

Milliarden US-Dollar. Deren Fertigstellung und Inbetriebnahme wurde noch für das Jahr 2016 publiziert.

Die Besonderheit des Baufeldes in Ludwigshafen war, dass es im Winkel zwei befahrener Straßen lag (darunter eine Hauptverkehrsstraße der BASF), wobei die Hauptstraße noch weitere Baufeldanteile von einander trennte. Weiter wurde das Baufeld etwa halbiert durch eine zusätzliche, unbefestigte aber (fremd-)befahrene Querstraße, die wiederum von zwei aktiven und parallel verlaufend, kreuzenden Eisenbahnlinien des Werkes flankiert war.

Die HSE-Büros waren fußläufig etwa 80 Meter (Haupt-Kontraktor der BASF) in nördlicher Richtung und 300 Meter (Sub-Kontraktoren) in südlicher Richtung vom Rand des Baufeldes entfernt. Umkleiden und Aufenthaltsraum für die Arbeiter und auch uns, lagen ebenfalls in dem 300 Meter entfernten Container-Komplex der Sub-Kontraktoren.

Die Arbeitszeit auf dem Feld war generell an sieben Tagen in der Woche zwischen 6:00 und 18:00 Uhr, später auch durchgängig nachts. Die personelle Quote lag bei bis zu über 1700 Arbeitern on Site. Die Gewerke deckten alle Ausrichtungen des Hochbaus ab und bestanden offiziell aus über 25 Nationalitäten. Projektsprache war Deutsch, resp. Englisch. Essen & Rauchen auf dem Feld waren strikt verboten.

Rechnerisch wurde eine Abdeckungsquote der Arbeiter durch HSE-Officer oder HSE-Supervisoren von 50 Mann angegeben und bis zu 100 Mann bei HSE-Managern. Die

Officer wurden von einem Sub-Kontraktor (unser Verein) gestellt und waren den -fachbezogen- weisungsbefugten Supervisoren vom Haupt-Kontraktor unterstellt. Eine HSE-Abdeckung während der Bauarbeiten war mutmaßlich durchgehend gegeben.

Der dem Feld nächststationierte Krankenwagen mit einer Krankenliege im Container war in etwa 80 Metern Entfernung zum Baufeldrand und löste sich unregelmäßig mit einem Rettungswagen ab. Das Einsatzfahrzeug war - entgegen formaler Planung- auch in das Tagesgeschäft der BASF eingebunden. Insofern war die einzige Anlaufstelle für Erste Hilfe unregelmäßig oft verschlossen. Nachts- und Sonntags-Besetzung in Erster Hilfe bestand nicht, sonnabends nur auf Anforderung. Qualifizierte Sanitäter für das Baufeld wurden nicht gestellt.

Ersthelfer gab es keine nachgewiesen Benannten, Auch im HSE-Bereich war die Sättigung als defizitär zu sehen.

Die Ambulanzen der BASF waren ca. 1,7 und 2,5 Kilometer vom Baufeld entfernt, was fußläufig etwa 20, bzw. 30 Minuten entspricht. Die Feuerwehren hatten im Einsatz ungefähr 2,2 und 4,5 Wege-Kilometer an Distanz zum Kernbereich des Baufeldes zu bewältigen.

Es gab zwei Sammelpunkte in jeweils ca. einem Kilometer Entfernung zum Baufeldrand (Nord: Rasen-Freifläche vor Restaurant, Süd: Freifläche innerhalb für Gefahrstofflagerung aktiv genutztem Zwischenlager).

In Notfallsituationen erfolgten die Lagebeschreibungen durch Nennung des Gebäudes, der Ebene sowie der vier Haupt-Himmelsrichtungen - was sich bei einem Baufeld mit um 35° achsversetzter Ausrichtung in der Praxis als sehr komplikationsbehaftet herausstellt, wie sich später auch zeigen sollte.

Je nach Fortschritt der Bauphase konnte an bis zu acht Holz-Unterständen (ebenerdig) auf Ohrschutz, Erste-Hilfe-Material oder Feuerlöscher zurückgegriffen werden. Bereits an dieser Stelle möchte ich in Erinnerung rufen, wie hoch und groß das Baufeld war, um dies mit sage und schreibe (bis zu) acht ebenerdig befindlichen Versorgungspositionen in Einklang zu bringen...

Ohne konkrete Tätigkeitsvorgaben war meine initiale Aufgabe pauschal mit Zuständigkeit im Arbeitsschutz/ HSE zu beschreiben, fokussierte sich jedoch im Verlauf auf das erweiterte Schnittstellen- und HSE-Management innerhalb unseres Vereins.

Die folgenden Darstellungen skizzieren (sich ergänzend) das gesamte Baufeld mit orientierender Benennung – unterteilt nach B-, C- und D-Baufeld. Das B-Baufeld ist erst im letzten Quartal sukzessiv und nachrangig verantwortlich erschlossen worden.

Zwischen den Komplexen waren nichtasphaltierte Zuwegungen, die Bahngleise waren intermittierend ohne Ankündigung aktiv. Die Gebäude waren durch die Rohrbrücken verbunden (1 – 12).

Kranaktivitäten waren nebst ihren Haupt-Standorten unstetig überall und ohne konkrete Planung und Koordination vorhanden (zwei Haupt-Standorte, vier Kräne an Wechsel-Standorten).

Der Pfeil mit B 700 bezeichnet die Lage unseres Büros nebst Containerburg der Arbeiter (Sub-Kontraktoren), der Erste-Hilfe-Container und das HSE-Büro des Haupt-Kontraktors lagen in gegenläufiger Richtung an der Anilinfabrikstraße, außerhalb vom Baufeld B – kurz neben dem Buchstaben „B".

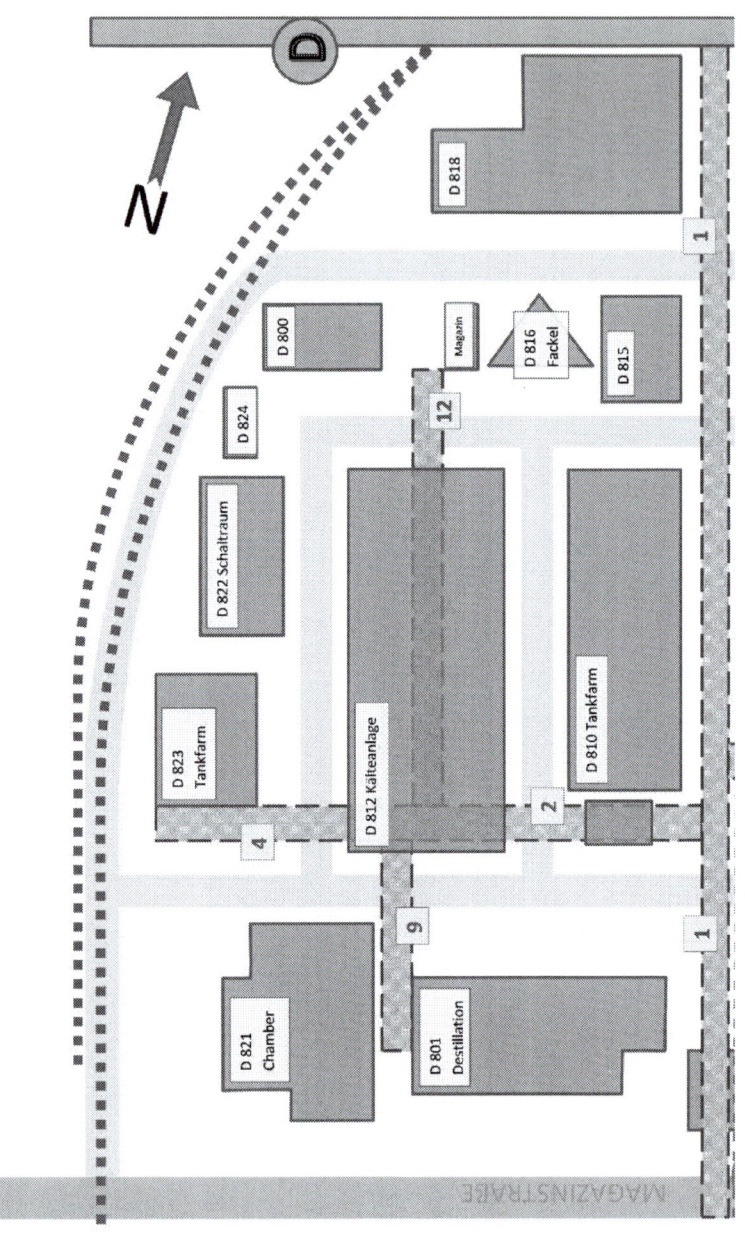

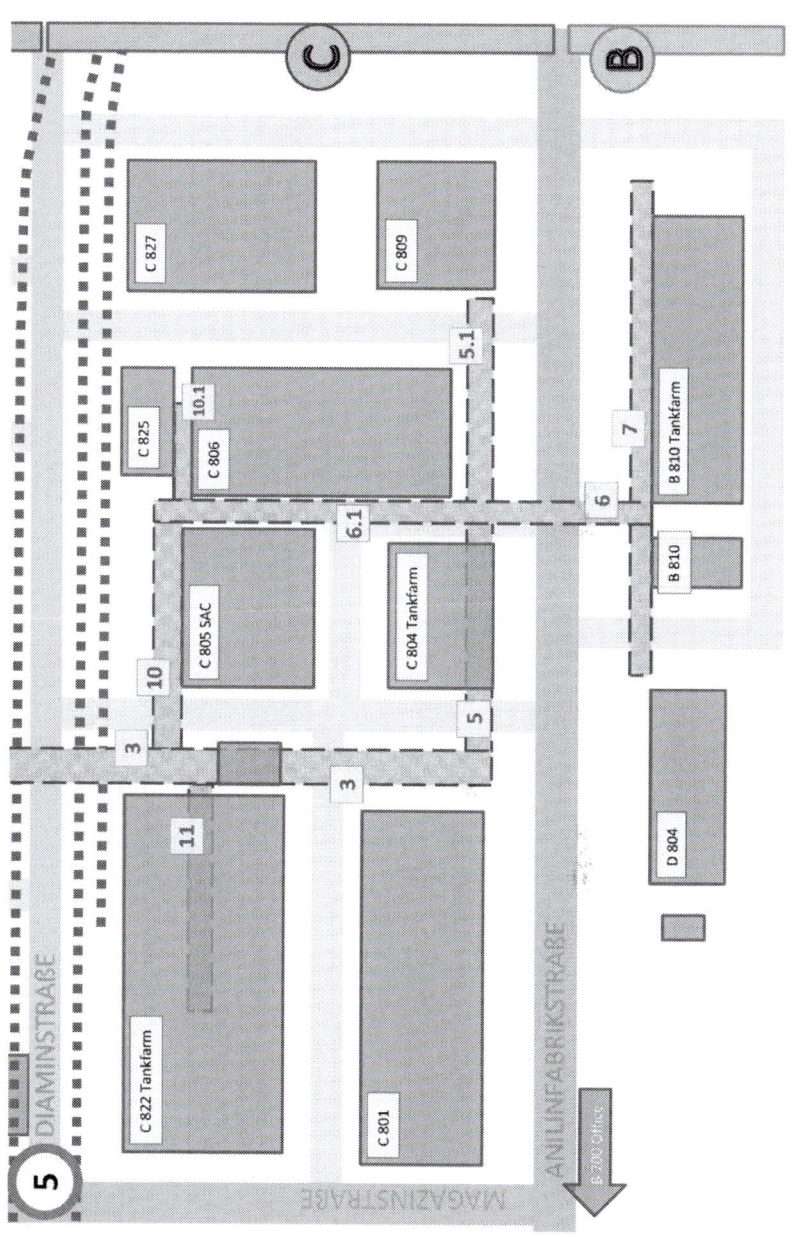

PSA & Arbeitsabläufe

Die für die Arbeiter obligate PSA (persönliche Schutzausrüstung) betrug neben Sicherheitsschuhen (Kategorie 3), langärmelige Oberbekleidung und Hose aus feuerhemmendem Material mit Schutz vor Brandloch-Entstehung durch Schweißarbeit und Funkenflug sowie Schutz vor Entstehung von Lichtbögen durch Elektrizität sowie Resistenz gegenüber Chemikalien. Ergänzt wurde die PSA durch einen zugelassen Bau-Helm, Augenschutz und Handschuhe sowie Gehörschutz nach Bedarf und -formal-eine Sicherheitsweste, wie man sie aus dem Auto kennt.

Jeden Morgen stand in Absprache noch vor Beginn der Arbeitsaufnahme ein sog. „Toolbox-Meeting" für die Arbeiter an. Thematisiert wurden darin stets aktuelle Gefährdungen oder Besonderheiten z.B. im Umgang mit Werkzeug oder auch das Verhalten in besonderen Gefährdungslagen. Da die Arbeitergruppen häufiger eine Mannstärke zwischen 70 und 90 aufwiesen, teilweise sogar über 100, musste man davon ausgehen, dass nicht ansatzweise alle Männer den Inhalt haben verstehen können – schon aufgrund der Gruppengröße. Die sprachliche Barriere hatte dann den Rest erledigt, um auch möglichst unverstanden zu bleiben.

Obgleich diese Unterweisungen eigentlich Aufgabe des Vorarbeiters gewesen wären, haben wir die Meetings dennoch ausgeführt. Einfach, um sicher zu gehen, dass der thematische Inhalt in allen Gewerken täglich wenigstens die gleiche Basis hatte.

Erforderliche Hinweise und Dokumentationen wurden anhand von Kärtchen oder umfangreichen Genehmigungen ausgeführt.

Die sog. Observation-Cards (auch „Time-out-Cards") dienten den Arbeitern dazu, Mängel auf dem Baufeld anzuzeigen. Es sind genau genommen Mängelrügen in einfacher Form, die aufgrund ihrer tlw. auflagenstarken Abgabe in Sammelkästen und Ausstellung in mehreren Sprachen jedoch nicht wirklich als Mängelanzeige anerkannt wurden – zu immens war der Auswertungsaufwand. In der Praxis hatte das im Verlauf entsprechend den sukzessiven Abbau ausgefüllter Karten zur Folge, da die Arbeiter gemerkt hatten, dass sich allein aufgrund ihrer Mängelrügen nichts ändert.

Die STA-Karten („Safety Task Assignment") hatten zusätzlich die Aufgabe der LMRA - der Last Minute Risk Analysis. Also einer Kurzkontrolle der täglichen Arbeitssituation mit der Benennung der Risiken und Schutzmaßnahmen, um nicht über die eigene Routine zu stolpern. Um sich also die Gefahren jeden Tag -oder beim Wechsel wesentlicher Tätigkeitsmerkmale- zu Arbeitsbeginn noch einmal vor Augen zu führen, musste die STA täglich neu ausgefüllt und vom Vorarbeiter unterschrieben werden. STA waren am Arbeitsplatz verpflichtend bereit zu halten.

Wenngleich diese LMRA als Instrument zur Gewähr der Arbeitssicherheit recht profan klingen mag, so ist ihr Gehalt unbestritten. Trotz sich ähnelnden Arbeitsablaufs, ergeben sich aufgrund ggf. täglich wechselnder Arbeitsbereiche auch unterschiedliche Aspekte der Gefährdung; wechselnde Höhen, erweiterte Schutzmaßnahmen, Wetterkapriolen, wechselnde Lichtverhältnisse, Nachbargewerke etc..

Insofern ist die LMRA ein probates Mittel, klassische Arbeitsunfälle durch Routine & Flüchtigkeitsfehler im Ausmaß zu mindern oder sogar zu verhindern.

Die Ptw - die Permits to work mussten als Arbeitsgenehmigung für jeden Arbeitsauftrag im dafür zuständigen Büro ausgefüllt sein. Auf DIN A3-Größe waren auf ihnen der Ort, das Zeitfenster sowie mögliche Risiken und deren Gegenmaßnahmen -auch spezifische- zu notieren, was wiederum von offizieller Seite (dem Haupt-Kontraktor) durch Unterzeichnung schriftlich autorisiert wurde. Üblicherweise wurden diese Genehmigungen auf die vollen Stunden um 6.00 Uhr in der Früh angesetzt oder mit dem Tagesablauf auf 24.00 Uhr begrenzt. Auch die jeweiligen Aussteller und Ansprechpartner waren hierin notiert. Die Ptw hatte immer am Einsatzort einsehbar bereit gehalten zu werden.

Werkzeuge durften -mit wenigen Ausnahmen- lediglich die aus einem zentralen Ausgabemagazin Verfügbaren benutzt werden. Selbst kreierte Hilfsmittel, wie Hebe- und Hebelzeuge, Messer, Säge oder Beitel waren nicht zulässig.

Selbstverständlich galt für alle Hilfsmittel, dass diese auch geprüft und zugelassen waren. So wurde beispielsweise quartalsweise um Slings (Rundschlingen, Hebebänder), Werkzeuge und Maschinen ein andersfarbiger Kabelbinder gehängt. Das kam der Suggestion gleich, dass die Materialien quartalsmäßig geprüft seien - was tatsächlich vermutlich nur im einstelligen Prozent-Bereich gegeben war.

Für spezielle Vorgänge -wie z.b. zum Zuschneiden von Öffnungen für Rohrdurchführungen in (Licht-)Gitterrosten- benötigte man spezielle Zusatz-Permits, die in Abstimmung der erforderlichen Sicherheitsmaßnahmen jeweils aktuell von mehreren "Safetys" unterschrieben werden mussten. Vor Ort.

Ähnlich vorgegeben war auch der Umgang mit Confined Spaces (Arbeiten in unzugänglichen, engen Räumen), Druckprüfungen oder anderen, speziellen Arbeitsabläufen. Diese erweiterten Arbeitserlaubnisscheine sind für derartige Arbeiten (per Definition als „Gefährliche Tätigkeiten" bekannt) erforderlich, da sich aufgrund gefährlicher Gegebenheiten (Luft/Atmosphäre, Brand und Explosion, Elektrizität, Absturzgefahr etc.) zwingend besondere Vorkehrungen ergeben und die ausführende Person i.d.R. über spezielle Kenntnisse und Qualifikationserwerb verfügen muss.

Das Zusammentreffen all der internationalen Gewerke unter vorgenannten Rahmenvorgaben, Normen und Gesetzen versprach für alle Beteiligten sehr lehrreich zu werden...

sicherheitsversagen eines weltkonzerns

FALLING HAMMER
Das TDI-PROJEKT

Chaos- meine Welt.

Der erste Tag fing mit meiner Bahnfahrt aus Hannover gen Süden an. Es war ein Montagvormittag im September 2014. In Ludwigshafen ausgestiegen, empfand ich die Umgebung als wenig attraktiv. Ich bin Hamburger und kannte mittlerweile viele Ecken Deutschlands. Aber an einen weniger einladenden Bereich konnte ich mich adhoc nicht erinnern.

Noch auf dem Weg zum Tor 11 des BASF-Werks, musste ich ein wichtiges Telefonat führen – eine Projektabsage.

Bereits vorm Wochenende musste ich Gleiches mit einem Leipziger Unternehmen machen – was ich aufgrund der vorherigen Gesprächsverläufe nur sehr widerwillig tat.

Ich hatte über einen langen Weg fast all meine Kompetenzen und Leidenschaften beruflich kombinieren können – mit entsprechender Nachfrage als Benefit. Ein Privileg, das ich durchaus zu schätzen weiß - aber auch eines, das entsprechende Entscheidungen einfordert.

Jetzt war es ein großes, grünes Busunternehmen in Berlin - es wollte mich unbedingt als Notfallmanager für die Markt-Expansion einkaufen. In dem X-ten Telefonat mit dem freundlichen Mann am anderen Ende, musste ich mir dann im Rahmen meiner Absage in einem latent vorwerfenden und dennoch nahezu flehenden Bitt-Ton anhören, dass wir uns doch soweit einig gewesen wären - und meine

Positionierung eben sehr überraschte... Ja, waren wir - aber eben nur mündlich. Und nur „fast". Aber für mich als "Projektarbeiter" zählt nun mal ein persönlich verhandelter und unterschriebener Vertrag mehr als eine telefonische Grundsatz-Zusage von Unbekannten - auch, weil ich mit dem Vertrauens-Prinzip bereits zu oft auf Kosten-Vorschüssen sitzen geblieben bin.

Ich wurde mir am vorangegangenen Freitag mit dem Recruiter des BASF-Projektes so weit einig, dass wir beide unterschrieben hatten. Sogar auf die Forderung einer Vorauszahlung bei Erstkooperation hatte er im Konsens eingewilligt. Da das Busunternehmen eben am Wochenende keine Personalfragen klären konnte, blieb nur die Absage am Montag. Daran änderte auch die freundliche Stimme nichts.

Mein BASF-Recruiter stellte sich -entgegen eigener Ankündigung- im Laufe des Projektes nicht gerade als Stern am Himmel der Energieversorger dar – also das, was er gerne vorgibt, zu sein. Sondern als durchgehend falscher Fünfziger - was wiederum aufzeigt, dass eine Forderung nach Vorauszahlung beim ersten Kontakt berechtigt ist. Gleiches Image gilt für den Haupt-Kontraktor, der -anders, als es seine Außendarstellung vermuten ließ- ebenfalls kein fluoreszierendes Chakra besaß. Das sei schon mal verraten.

Also auf zur BASF. Natürlich regnete es im späten September. Und natürlich nur die 20 Minuten, die ich zu Fuß unterwegs war. Das BASF-Gelände war bereits von außen beeindruckend - wenn man auch nur anteilig den Umfang, nicht jedoch die gesamte Größe wahrnehmen konnte.

Taxi kam natürlich genau in der Zeit keines - aber weit sollte es eh´ nicht mehr sein. Der Regen wurde plötzlich stärker und so sprang ich die letzten Meter doch noch schnell in eine Straßenbahn. Endlich am Tor angekommen, meldete ich mich dort und wartete auf den Fahrer, der mich als Ankömmling bestätigen musste. Ein Anruf vom Pförtner und der Fahrer begrüßte mich nach wenigen Minuten. Die Anmeldung klappte -obwohl ein falscher Ausweis für mich hinterlegt wurde- letztlich doch und ich wurde bei dem Projekt vor Ort abgeliefert.

Ein kurzes „Moin" im Büro-Container, zweiten Stock, sollte reichen.

Das erste Thema war natürlich das Problem mit der Administration des Ausweises. Sogleich stellte sich mir ein Kollege mit ausgeprägt bayrischem Akzent vor - Mitte 50 etwa, deutlich lichtes Haar. Er machte einen sehr freundlichen aber auch sehr unkoordinierten Eindruck - also in seiner Art. Er war schon in den ersten Minuten nur am „Herum-Koordinieren". Er hatte mich gefragt, ob ich rauchen würde - was ich verneinte. Selbst war er Raucher, begrüßte meine Aussage jedoch mit dem Hinweis, dass sich ein bestimmter Kollege freuen würde.

Zu den weiteren Kollegen hatte ich zunächst keinen engeren Kontakt - unsere Begegnungen waren zu flüchtig und es ging zu wie im Taubenschlag. Nach kurzer Zeit gesellte sich noch ein zweiter Kollege zu uns. Deutlich jünger als ich, untersetzt und glatzköpfig, mit ausgeprägt norddeutschem Akzent. Sympathisch dachte ich - wenn auch mit dem typischen "Das ist besser als wie..." - einem Slang, den ich eigentlich nur bei meiner Lieblings-Oma -wir nannten sie Momo- geliebt habe. Egal. Raucher - das verriet die Fahne, die mit ihm an mir vorbeizog. Und seine Finger. Hätte er einen hellen oder dunklen Schnauzer gehabt, wäre dieser sicherlich verräterisch gefärbt gewesen. So aber war der gesamte Bart -seines Genotyps entsprechend- rötlich-gelb. Er machte einen zugleich angespannten aber auch gesetzten Eindruck. So zusammen beschlossen wir drei, für einen Erstaustausch erst mal eine zu rauchen. Wir gingen zwei Etagen runter, über den Hof, eine Etage wieder rauf in einen Rauch-Container. Ich kannte aus meiner Rettungsdienst-Zeit Einsatzorte -unter Sozial-Gesichtspunkten bewertet-, die reichlich heruntergekommen wirkten. Wirklich schlimm heruntergekommen – so, dass sich dort eigentlich kein vernünftig denkender Bürger aufhalten wollte. Gegen diesen Container wirkten all jene Plätze rückwirkend, wie aus dem Ei gepellt. In dieser Baracke hätte man das Teer-Nikotin-Gemisch von den Wänden schaben und als Extrakt-Forte zum Einreiben „für Zwischendurch" auf dem Baufeld verhökern können. Auch egal. Erst mal eine Runde geschnackt- ich stand ja draußen.

Der erste Kollege versuchte zunächst, mir die Gesamtsituation etwas zu erklären – später sollte ich dann noch das Baufeld samt Umgebung kennenlernen. Der zweite Kollege fragte schließlich, was ich denn so machen würde - also als Schwerpunkt meiner Ausrichtung. Er hatte in meiner Vita irgendwo etwas von Sanitär gelesen - so sagte er. Ich dachte mir noch, dass Rettungssanitäter oder Rettungsassistent wohl zu hoch für ihn sei - passend zu seiner leicht prollig und prekär selbstdarstellend wirkenden Ausdrucksweise. Wir einigten uns hinsichtlich der Terminologie auf "Sani" - wenngleich er bereits ab Beginn unserer Zusammenarbeit immer wieder auf "Sanitär" rutschte.

Seine Fragen hatten aber tiefere Hintergründe. Es war schnell offensichtlich, dass er stets versuchte, strategisch zu operieren und dabei seinen Kopf unten zu behalten. Seine Ausdrucksweise war einfach und schlicht – eher gewöhnlich. Auffällig hingegen war, dass er eine deutlich höhere Vigilanz hatte als viele andere Menschen.

Ich bemerkte schließlich im Raucher-Container, dass der erste Kollege eigentlich der Zweite und der zweite Kollege der Erste war - also hierarchisch gesehen. Nennen wir den Kollegen aus Bayern einmal Conchita (weshalb, erklärt sich noch im weiteren Verlauf) und den eigentlichen Cheffe aus Norddeutschland einfach Fisch.

Von Fisch erfuhr ich dann, dass viele Dinge im Argen wären. Andeutungen über kollegiale Verlässlichkeit (insbesondere deren Defizite), das Team und schließlich sei man ja erst kurz hier, weil die vorherige Safety-Mannschaft aus mangelnder Kompetenz abgelöst worden sein. Ok. Aufgrund meiner zuvor geäußerten Schnittstellen-Affinität, erklärte sich dann auch sogleich mein zukünftiger Fokus: Schnittstellenbereiche - so betonte Fisch. Er schien darüber recht glücklich und zufrieden. Warum nicht, dachte ich mir -

hier bestimmt sehr interessant und abwechslungsreich. Jetzt bekamen auch die Hinweise des Recruiters Sinn, "ich würde dort meinen Platz schon finden". Und es wurde klar, warum die Entsendung und mein Start so plötzlich geschehen mussten. Wie sehr dort damals die Luft allerdings brannte, konnte ich zu dem Zeitpunkt noch nicht ahnen.

Das HSE-Büro wirkte wie eine Wochenend-Interim-Lösung. Neben üblichem Baustellen-Dreck, Staub und viel Siff in und zwischen den Ecken, beinhaltete es auf der Größe von drei zusammengeschlossenen Bau-Containern rd. 20 Arbeitsplätze, diverse Aktenschränke, einen Kühlschrank und eine Kaffeemaschine. Die Anordnung der Plätze war unstrukturiert. Bis auf ein, zwei historisch belegte Plätze, saß jeder, wo er wollte. Eine Zuordnung der Zuständigkeit war ebenso wenig gegeben – und man konnte die Funktionen schon gar nicht von den Plätzen ableiten. Was natürlich zur Folge hatte, dass jeder Besucher teilweise mehrfach im Container zwischen den Plätzen umherlief - bis er endlich dort war, wo sein Anliegen Gehör gefunden hat.

Die erforderliche Ablage für externe Formulare war in einer vom Eingang weit ab gegenüberliegenden Ecke. „Das macht Sinn", dachte ich mir - so muss jeder, der einfach nur die täglichen Berichte seines Arbeitstrupps bei uns abgeben musste, zum Feierabend einmal durch das ganze Büro. Bei entsprechend vielen Vorarbeitern von bis zu über 1700 Arbeitern on Site in der Spitze, waren das manchmal nicht wenig – und die auch noch nahezu zeitgleich. Natürlich gab es dann noch den ein oder anderen Plausch, weil man sich ja kannte – und vielleicht noch die ein oder andere Zigarette dazu. Nachfolgende Kollegen konnten mit ihrem Anliegen dann ja im Büro warten…

Es war mehr als offensichtlich, dass das Büro nach anti-effizienten Gesichtspunkten eingerichtet worden sein muss. Weder von Arbeits-Ökonomie, noch -Ergonomie hatte eine der hiesig beschäftigten Fachkräfte für Arbeitssicherheit Ahnung, soviel stand fest. Ein Hoch auf alle verantwortlichen Kollegen – und Augen auf bei der Berufswahl.

Vielleicht hätten wir mal eine Fachkraft für Arbeitssicherheit damit beauftragen sollen, unsere Arbeitsplätze zu beurteilen…

Bei meiner Einkleidung stellte sich heraus, dass nichts in meiner Größe vorrätig war - was angesichts der Standard-Erscheinung auf dem Bau von „2 mal 2" (zwei Meter und zwei Zentner) eher auf mangelnde Organisation zurückzuführen war, als auf gesteigerte Nachfrage.

Und bevor ich es übergehe; die für mich hergestellten Hosen wurden nach etwa drei Monaten geliefert – und waren zu groß.

Prima - der Winter sollte bald vor der Tür stehen. Aber anyway - ich hatte ja meine eigene Ausrüstung dabei.

Insofern führten an der Seite von Conchita die ersten Wege über das Baufeld. Für deutsche Verhältnisse groß, unübersichtlich und bzgl. der Gewerke mit durchgreifend unstrukturiertem Eindruck - um es nicht chaotisch zu nennen. Eine Projektübersicht des Baufeldes existierte nicht - mit Ausnahme eines entsprechenden Architekten-Ausdrucks in DIN A1 - also nicht gerade Taschengröße und für die schnelle Übersicht alles andere als brauchbar.

Conchita war sehr harsch, latent willkürlich und sprunghaft, neigte zur Projektion und ausgeprägter Selbstsuggestion. Um ein Baufeld im HSE-Bereich dieser Größe operativ zu leiten, eine tendenziell unvorteilhafte Charaktermischung.

Schnell wurde klar, dass Conchita sich vieles so zurechtgebogen hatte, wie es sich der jeweiligen Situation zuträglich zeigte. Zudem neigte er dazu, generell alles sehr persönlich zu nehmen und „dezent" cholerisch zu reagieren. Dabei hatte es von der Sprunghaftigkeit her durchaus etwas leicht Belustigendes – fand ich. Mit anderen Worten: seine Unbeherrschtheit hatte eine beinahe sympathische Verlässlichkeit.

Seine vermeintliche Stärke bezog er eigentlich nur aus seiner vorgenannten Verhaltensweise, dass alles -außer seiner Sichtweise-, Wurst war. Und daraus, die Schwächen der Anderen zu stärken. Also, die anderen anzuzählen – was ihm im Grunde genommen aber auch nur durch seine Position möglich war. Persönlich denke ich, dass ihn abseits dieser Position niemand für wirklich voll genommen hätte. Angesichts der sich hier schon eingangs offenbarenden Diskrepanzen, war er damit vermutlich dennoch recht erfolgreich – zumindest konnte er sich über Wasser halten.

Ich denke, er wird täglich einen Dauer-Blutdruck jenseits der 200 mm/Hg gehabt haben.

Auch teilte er kein Wissen - zumindest mochte er das nicht gern und zog dennoch immer alle Arbeiten an sich, um anschließend darüber zu schweigen. Motivation: unklar – vermutlich aber das Zementieren seiner Machtstellung als Manager on Site und Erschaffung einer Art Unentbehrlichkeit. Die Folge war, dass alle Dinge den ersten Schritt gemacht haben und danach liegen geblieben sind. So auch Termingeschichten und fast alle Inhalte der unzähligen Meetings.

Apropos Meeting. Die gab es zuhauf – mit allen Gewerken. Meist mit sinnbefreitem Inhalt, Geplänkel, manchmal lautem Austausch von Missgunst und infantiler Rechthaberei. Soweit ich mich erinnere, hatte in keinem einzigen Meeting wirklich konstruktiver und thematisch verwertbarer Austausch stattgefunden - gleich, ob in Deutsch oder Englisch gehalten. Zumindest nicht, wenn man an Meetings den Anspruch hat, mindestens 10-15% der aufgewandten Zeit mit einem Benefit versehen zu wollen. Der überwiegende Informationsaustausch bestand nahezu immer aus einem kurzen Resümee eines jeden Einzelnen der vergangenen Tage – etwas, für das man keine 15 bis 30 Führungskräfte mobilisieren musste. Und schon gar nicht bezahlen – das war unternehmerischer Nonsens. Reale Versuche, Ergebnisse zu erwirken, entsprangen zumeist der HSE-Branche. Wenn dann noch seitens HSE ein Benefit erwartet wurde, wurde nahezu kategorisch versucht, das zu verhindern. Inhaltlich real verwertbaren Austausch gab es eigentlich nur im kleinen Kreis.

Dem kommt hinzu, dass der gesamte HSE-Bereich in nahezu allen Konstruktions-Gewerken eher verhasst denn geliebt ist. Nicht substantiell verifizierbar aber historisch gelebt. Irgendwann wird aber auch denen der Sinn der Arbeitssicherheit einleuchten (sofern es nicht doch schon zu spät sein sollte) – da bin ich mir sicher.

Zumindest ziemlich sicher – manchmal reicht da ein Zwischenfall, um zur Besinnung zu kommen. Und wenn sie sich dann bis dahin noch nicht selbst nach der Darwin`schen Theorie der natürlichen Selektion zugeführt haben, werden sie „uns HSE" so lange noch als Bremsklötze ihres frei interpretierten „Arbeitsfortschritts" lieb haben (müssen)…

Es waren erst ein paar Tage vergangen, als jemand in das Büro hereinschneite und fragte, wo denn der Safety für das wöchentliche Construction-Meeting sei. Es gab keinen - also musste ich schwupps rüber. Meine Aufgabe dort war, vom Verlauf im HSE-Bereich zu berichten. Klar - was sonst. Mit vier Tagen am Start war ich ja schon lang genug dabei, um von Verläufen berichten zu können. Ich denke, mein dortiges Erstmeeting wird gegenüber meinen Folge-Meetings in positiver Erinnerung geblieben sein. Ich hatte nichts zu meckern oder anzumahnen und Fragen beantwortete ich aufgrund mangelnder Kenntnis über die Abläufe unkritisch. Alles etwas, was geliebt wurde - sich aber noch ändern sollte.

Irgendwann wurde Conchita zu mir auf eine besondere Art distanzlos-vertraulich, beinahe konspirativ-verschwörerisch und meinte, dass etwas gegen ihn vorginge und er sich das aber nicht bieten lassen würde. Außerdem bräuchte er einen zuverlässigen Vertreter, wofür ich ihm angeblich als der bisher Geeignetste erschien. Also angesichts der damaligen Struktur hätte das auch ein Blinder mit 'nem Krückstock erkannt. Insofern empfand ich es nicht wirklich als echte Wert-Schätzung. Aber gut, es war wirklich einiges im Gange.

Die Art seiner Mitteilung erinnerte mich an meinen Beginn im Soltauer Rettungsdienst 1993. Noch bevor ich damals das Haus betreten und mich allen Kollegen vorstellen konnte, zog mich der damalige, stellvertretende Rettungswachen-Leiter zur Seite und hauchte mir ins Ohr, dass es drei Kollegen gäbe, die man los werden wolle. Er nannte sogar die Namen der Betroffenen – übrigens die einzigen Kollegen, mit denen man ein freundschaftliches Verhältnis aufbauen konnte, wie mir später klar wurde.

So etwas binnen weniger als 5 Minuten aus erster Hand zu erfahren, war schon harter Tobak. 30 Jahre später war es Conchita, der mir bereits nach kurzer Zeit berichtete, wie es „um ihn stehe" und dass er Hilfe bräuchte. Unverblümt – mitsamt namentlicher Benennung der vermeintlichen Revoluzzer.

Inzwischen war ich mit dem Baufeld etwas vertrauter und auch hatte ich -neben unseren eigenen- mittlerweile einige der HSE-Kollegen des uns übergeordneten Haupt-

Kontraktors sowie die dort verantwortlichen HSE-Manager kennengelernt. Diese Kollegen waren zumeist administrativ beschäftigt, scheuten sich aber auch nicht, mal in die Rohre hinaufzuklettern. Deren Haupttätigkeit war jedoch Planung, Delegation und das Abhalten von Meetings. Zumeist für die Praxis, um via Delegation an uns, beschlossene Anforderungen umgesetzt und überwacht zu wissen. Die HSE-Kollegen des dortigen Teams waren zunächst sehr begeistert, uns immer wieder in bestimmten Situationen auflaufen und doof dastehen zu lassen - und sich dabei selbst hochzuloben, so schien es. Der Konkurrenzkampf wurde bei fast jedem Treffen offensichtlich - nur vor Fisch & Conchita hatten sie entsprechenden Respekt.

Eigentlich schade, man hätte sehr gut zusammen arbeiten können. Natürlich gab es dort -wie auch bei uns- wirkliche Top-Leute, die fachlich 1a und menschlich sehr angenehm waren. Eben Kollegen, mit denen man verzahnt arbeiten konnte - mit einem hohen Kommunikationswert und in Dingen Zuverlässigkeit und Lösungsorientierung ohne Allüren. Ohne konspirative Aktionen um des Willens, seinen eigenen Marktwert durch offene Bekundung heuchlerischen Loyalität-Gebarens zu steigern.

Interessant war auch die Gesamtkonstellation der Arbeitsverhältnisse. Es gab die BASF. Nicht als unmittelbaren Auftraggeber, aber als weisungsbefugten Bauherrn. Es folgte -wie normal für Großbauprojekte- ein Haupt-Kontraktor, der eigentlich in allen Bereichen weisungsbefugt ist und den Hut auf hat. Dem folgen -je nach

Gewerk- weitere (Sub-) Kontraktoren. Das sind manchmal mehrere auf gleicher Ebene nebeneinander, manchmal aber auch ein paar Große, wenn diese ihrerseits viele der benötigten Dienstleistungen auf dem Feld abdeckten - so, wie der Verein, für den ich eingebunden war.

Wenn diese Vereine dann bestimmte Personalkontingente nicht abdecken konnten, bezogen sie die Ressourcen i.d.R. über Recruiter. Der Recruiter, für den ich tätig war (es zeichnete sich wirklich früh ab, dass er kein leuchtender Stern am Energie-Himmel war), bediente im HSE-Bereich sowohl meinen Verein, als auch den Haupt-Kontraktor. Das allein barg systemimmanent erhebliche Spannungen in sich und war Garant für Interessenkonflikte in unseren Auftragsverhältnissen.

Was an diesem Projekt auffällig war, war, dass es viele Sub´s untereinander in einer Linie gab. Vier oder fünf Sub´s waren häufiger - d.h., unser Verein hatte in einzelnen Gewerken vier oder fünf -manchmal auch zweistellig- nachrangig arbeitende Unter-Auftragnehmer, die eigentlich kaum einer kannte. Auch nach über einem halben Jahr hatte man noch die Chance, neue Sub´s unter dem eigenen Verein kennen zu lernen, die bereits länger im Werk aktiv waren als man selbst. Eine suffiziente Übersicht gab es nicht.

Natürlich möchte jeder verdienen - und vermittelt nicht so einfach aus Nächstenliebe heraus Personal. Wenn also vom Haupt-Kontraktor für die Position X 50,00 Euro brutto ausgelobt wurden, und man findet die Position mit der 5. Unterbeschäftigung in Linie besetzt, ist der Restlohn für den

Ausführenden bei angenommenen 15-20% Marge je Vermittlerstufe leicht ermittelbar – bei dem Margenminimum bleiben dem letzten Sub dann noch ca. 18,50 EUR netto.

Entsprechend leidet die Qualität der Arbeit zwingend darunter, weil hoch qualifiziertes Fachpersonal für die entsprechenden Restlöhne i.d.R. nicht arbeitet und man muss unweigerlich an Katastrophen durch Pfusch am Bau denken. Die gibt es zuhauf – weltweit und in allen Größen. Entweder wird am Material oder Personal gespart. Das Ergebnis ist dann häufig das Gleiche.

Nicht selten überkam einen das Gefühl, dass der Ein oder Andere mal schnell in der Kneipe am Wochenende für Schweißarbeiten angeworben wurde, nur, weil er vor 20 Jahren mal einen Auspuff geschweißt hat. Dass die vorgegebenen Vertragsbedingungen von der BASF an den Haupt-Kontraktor weitergegeben werden müssen, ist klar. Dass diese dann im Schneeballprinzip von jedem Sub unterzeichnet werden, ist auch klar.

Dass sie aber eben nicht erfüllt werden, sondern die Unterzeichnung nur eine Formalie darstellt, muss zumindest jedem wirtschaftlich denkenden Menschen ebenso klar sein. Auffallen tut es erst, wenn sich ein Zwischenfall ereignet, und in Folge alle Papiere überprüft werden. Also oft – aber noch lange nicht oft genug.

Entsprechend wartete eine spannende Zeit auf mich – wenigstens das war sicher...

We create catastrophy

Doch zunächst stand für mich der Sicherheits-Test an, als dass ich mich jetzt schon um strukturelle Organisation hätte kümmern können. Ein Test, den (fast) jeder, der länger bei der BASF sein wollte, ablegen muss.

Die Qualität des Tests hinsichtlich Inhaltsgestaltung, Thematik & Fragestellung, wohlwollend gewertet und aufgerundet: schlecht. Egal. Der Test wurde aufgrund der Eingangs-Problematik mit meinem Ausweis, mehrfach verschoben. Auch schick – geht ja nur um Sicherheit.

Den Fragenkatalog musste ich mir selbst suchen - ausgedruckt war er nicht. Es wirkte in der HSE-Abteilung, als ob ich auf dem Baufeld erster meiner Art gewesen wäre und Vorbereitung noch nie notwendig waren. Weil ja alles so überraschend kam – wie Ostern. Oder Schnee im Winter. Im Computer ausgekannt hatte sich auch keiner. Richtig. DEM Computer. Einige Kollegen arbeiteten an Laptops - eigenen Laptops. Und es gab sage und schreibe einen PC, in dem alle anderen Safetys z.B. ihre Tagesberichte einpflegten, allgemeine Berichte erfasst wurden und auch die entsprechenden Gefährdungsbeurteilungen dokumentiert und hinterlegt werden mussten. Von lediglich allen Gewerken bei bis zu über 1700 Arbeitern. Der PC war also „extrem leistungsfähig" und immer belegt. Musste man kurz weg, war der PC-Platz danach ebenfalls weg. Und die eigenen Laptops hatten alle das Problem, dass keiner einen

Zugriff auf die Projekt-Daten besaß, weil sie nicht an das Netzwerk angeschlossen werden durften.

Es war mein erstes Projekt, bei dem ein Computer von der Vor-Firma übernommen wurde und jeder, der ihn bediente, auf alles Zugriff hatte. D.h., wenn jemand die Verträge der Vor-Firma hätte einsehen wollen -verfügbare Zeit vorausgesetzt-, hätte ihn nichts daran gehindert. Da vom Laptop wiederum, kein Zugriff auf das System möglich war, war die Folge ein systemisches Chaos. Diverse Namens-Ordner, alle Daten mindestens ein Dutzend Mal zu finden und ausgeprägter Übersichtsverlust. Irgendwann hatte ich diese 120 Testfragen dann, um sie mir mal anzuschauen. Zeit dafür hatte ich nicht. Egal dachte ich mir, meine Führerschein-Prüfung hatte ich seinerzeit auch bestanden, ohne auch nur einmal geübt zu haben. Und obwohl ich früher selbst eher der faulere Schüler war - durchgefallen bin ich -soweit ich mich erinnern kann- danach auch nirgendwo. Dafür hatte ich aber auch nie den Anspruch, irgendwo mit einer Eins heraus zu gehen…

Dummerweise ging es bei dem Test um auswendig lernen - also um eine Prüfungsweise, mit der ich seit jeher auf Konfrontationskurs stand, da ich eher der „verstehen-wollen-Typ" bin. Bisher war mir im realen Leben grundsätzlich derjenige lieber, der eine Prüfung -mit egal was- bestanden hatte, aber wusste, warum Dieses und Jenes passiert – als derjenige, der mit „sehr gut/1" durch reines Auswendiglernen seinen Abschluss erreicht hatte und später nicht in der Lage war, Zusammenhänge erklären zu können. Von beiden Arten habe ich im Laufe der Jahre viele Exemplare kennen gelernt.

Natürlich gab es auch beim Test wieder mal Probleme bei der Anmeldung, bis sie mich in der Kartei endlich gefunden hatten. Der Test wurde am Wand-Touchscreen ausgeführt und war ok - bestanden. In meiner Nachbarkabine war der Bildschirm defekt. Der Prüfling war Kroate oder so und sprach kein Deutsch. Pech gehabt - durchgefallen. Der angewandte Prüfungs-Algorithmus wurde von den Damen dort auf imponierend rigorose Weise umgesetzt. Defekte Screens sollten eigentlich keinen Durchfall-Grund darstellen. Leider kamen aber technische Defekte in deren Abläufen einfach nicht vor. Ergo zählte nur ein Ergebnis, das vorlag - und Tschüss. Dass ein anderer dort in nahezu volltrunkenem Zustand den Test ablegen wollte, interessierte dafür niemanden. So etwas sah der Algorithmus wohl auch nicht vor – interessant war nur das, was hinten herauskam.

Diese Tests haben immer mindestens einen halben Tag Zeit gekostet - und waren im Ablauf vorstellbar wie die KFZ-Zulassung in einer typischen Zulassungsstelle vor 20 Jahren.

Also wieder zurück. An dem Tag -weil durch den Test zerrissen und unverplant- konnte ich mich gleich mit mehreren Kollegen austauschen. Das, was im Gange war, war wirklich die Thematik der Besetzung des HSE-Managers. Offensichtlich hielten fast alle Conchita für nicht kompetent genug und wollten aber selbst den Platz einnehmen. Weshalb, weiß ich bis heute nicht – attraktive Arbeitsplatzgestaltung geht anders.

Das Arbeitsklima im Büro war etwas "Besonderes".

Der Eine schimpfte über den Zirkus dort ohne Ende, der Andere fing fast an zu weinen und bemerkte, dass, wenn der Schimpfende jetzt HSE-Manager werden würde, er lieber aufhören wollte. Der Schimpfende aus Sachsen, der Weinerliche aus Mecklenburg-Vorpommern. Ganz toll…

Immer noch in der Startphase, fielen zwei Dinge besonders auf. Erstens hatten wir -den Berichten und Unterlagen zufolge- eine erhebliche Mitarbeiter-Fluktuation. Zweitens war die Abdeckungs-Quote zwischen den "Safetys" - also HSE'lern und den Arbeitern ungewohnt. Wir hatten zu meinem Start eine etwa 10-12 Mann starke Mannschaft. Für den ganzen Tag, Wochenende bei Bedarf und Krankheit mit eingerechnet. Für -bereits zum Start- 800 Mann (+), eine erfahrungsgemäß defizitäre Quote.

Zumal die Fluktuation nicht gerade zur Mannschaftsstärke beitrug – bevor jemand Neues kam, ging jemand. Wenngleich sich die Fluktuation simpel erklären ließ: Etwa 50% der HSE-Belegschaft waren "brauchbar" und erledigten die Arbeit nach Schulnote irgendwo zwischen 4+ und 1. Diese Hälfte war überwiegend von dem Projekt nicht begeistert – verrichtete aber dennoch die Arbeit entsprechend im Rahmen gegebener (und eigener) Möglichkeiten.

Die andere Hälfte erfüllte die Anforderungen nicht und verursachte mehr Arbeit, als sie zu erledigen hatte – thematisch mit unterschiedlichster Fokussierung. Oder aber die Kollegen waren in ihrem Bereich sehr gut, wussten das und verhielten sich auch entsprechend - was Fisch dann nicht gefiel und das Heimticket sehr zügig in greifbare Nähe rückte.

Es gab zwei Kollegen, die gerne Cheffe hätten werden wollen. Nennen wir sie Ernie & Bert. Ernie war der Schimpfende aus Sachsen und mit Conchita spinnefeind und der Weinerliche mochte ihn auch nicht. Mit Bert hatte ich nicht viel zu tun. Er war -mir gegenüber- stets ruhig. Einen fachlich souveränen Eindruck machten beide. Beiden sagte man schwierige Charaktere nach - Ernie eher mit Tendenz zu cholerisch-rechthaberischer Kritik an jeder Kleinigkeit, Bert mit latentem Potenzial, zum undiplomatischen Vulkan zu werden - wenn man nicht seine Meinung teilte.

Aber wie erwähnt; das sagte man ihnen nach – bestätigen konnte ich das nicht wirklich, da die wenigen, geführten Gespräche mit beiden fachlich profund verliefen. Aber in einem von Konkurrenz durchzogenen Bereich ist der Neidfaktor nun mal nicht zu unterschätzen.

Beide verfügten jedoch über ausgesprochen hohe Fachkompetenz - etwas, was jeder gesunde Organisator in vorliegendem Projekt niemals hätte aufgeben dürfen. Schließlich ist es ja auch eine Haftungsfrage der eigenen Mannschaft, gut zu sein. Aber diese Beiden wurden als quengelig empfunden. Also wurde beiden kurzerhand gekündigt - Bert binnen zwei oder drei Tagen, Ernie "musste" noch zwei Wochen bleiben...

Schade, ich konnte beide nicht ausreichend kennenlernen - denn meine Erfahrung zeigt mir, dass man durchaus auch mit kritisierenden Charakteren zurechtkommen kann (sofern es sich um berechtigte Kritik handelt und man selbst souverän agiert). Zudem polarisiert der HSE-Bereich von Haus aus. Die Kollegen, die nicht polarisieren, sind einfach falsch am Platz. Falsch am Platz deshalb, weil bereits unser beruflicher Auftrag verlangt, dass man es nicht allen recht machen kann und somit Polarisation zum beruflichen Grundprinzip erklärt. Die Frage ist aber eigentlich nur, wie man damit umgeht.

Wie sich aber noch herausstellen sollte, hatten wir von Kollegen, die falsch am Platz waren, überraschend viele.

Als Bert mir seinen Büroschlüssel zuwarf mit der Bemerkung, dass er ihn jetzt nicht mehr brauchen würde, hatte ich mir erstmals intensive Gedanken über meinen Recruiter gemacht – der auch der von Ernie & Bert war. Sicher, den Recruitern sind vielfach per Kundenwunsch die Hände gebunden – aber auch hier kommt es auf die Art der Abwicklung an. Und von heute auf morgen jemandem zu kündigen, der sich nichts hat zu Schulden kommen lassen, hat schlicht keinen Stil.

Bei den beiden ist es letztlich nicht geblieben, wie ich noch mehrfach feststellen musste.

Natürlich hatten wir gänzlich unterschiedliche Charaktere an Bord. Einige könnte man aufgrund ihrer extremen Einstellungen sogar als diametral positioniert bezeichnen.

Aber damit umzugehen, zeichnet eine gute Führung eigentlich aus. Bei der erforderlichen Personal-Integration im Verlauf noch mehr, als zu Beginn eines Projektes.

Auch zu Ernie & Bert hatten wir in unserer Abteilung zwei Pendants, die bereits ihrem Ruhestand entgegenfieberten. Sie waren fast immer zusammen - im Büro nebeneinander und zeitgleich beim Mittagstisch. Auch außerhalb des Werkgeländes sah ich beide öfter zusammen.

Ich mochte beide - sie waren ruhig und in ihrer Art souverän ohne den Humor verloren zu haben. Generell waren sie in der Gemeinschaft eher still - wenn sie dann aber etwas sagten, hatte das zumeist auch eine entsprechende Gewichtung. Mich haben die beiden immer an Waldorf & Statler erinnert. Sie waren -mit Ausnahme der Gehässigkeit- wie die beiden Muppets. Natürlich hatten auch wir unsere Differenzen - aber auf wertschätzende Art und Weise. Meinungsverschiedenheiten halt - so, wie es sein sollte.

Fisch gab mir bereits recht zügig zu verstehen, dass "die Beiden" weg sollten – raus aus dem Team. Häufiger hatten wir deshalb kleinere Differenzen. Also Fisch und ich. Waldorf & Statler hatten ihre Bereiche - und die liefen. Beide waren zuverlässig und so ein „Jungspund" wie ich konnte sich bei den beiden in ihm unbekannter Materie durchaus den ein oder anderen Rat holen.

Die beiden haben Vorgaben nicht immer umgesetzt. Einfach, weil sie ihnen tlw. zu blöd waren – aber haben dann auch nie öffentlich daran herumgemeckert. Anders, als so viele andere, die meckerten ohne dabei eine bessere Lösung zu präsentieren – oder gar, ohne aktiv zu sein. Ich konnte die beiden gut verstehen. Ihrer Erfahrung dürfte es geschuldet gewesen sein, dass sie Dinge, die liefen, einfach laufen ließen. Schließlich brachten Änderungsvorschläge -so gut sie auch waren- zumeist eine plötzliche Struktur-Veränderung mit sich, was wieder zu Problemen in der Gewöhnung und im Arbeitsablauf führte. Eine häufig unerwünschte Situation. Darum wissend, haben Waldorf & Statler sich viele dieser Unannehmlichkeiten bereits von vornherein erspart.

Fisch hatte ein Problem mit ihnen - 20 Jahre mehr an Erfahrung als er hatten die beiden - jeder für sich, versteht sich. Fisch war bei den beiden zwar als Taktgeber anerkannt. Nicht aber mit seiner Effekt-haschenden und nach Bestätigung suchenden Führungsart als wirkliche Autoritätsperson – sondern als solche eher belächelt und hingenommen. Das wusste auch Fisch. Ergo waren sie für ihn unangenehm - weil er es nicht vermochte, sie zurechtzuweisen.

Und Kompetenzen mit ins Führungsboot zu holen, als lateral ausgerichtete Führung – das hatte Fisch im Rahmen seiner Bundeswehrzeit nie gelernt. Schade, die Beiden hätten das Ein oder Andere gut beisteuern können. Aber diese -hier eigentlich angebrachte und geforderte- Souveränität einer Führungskraft, besaß Fisch eben nicht ansatzweise.

Ich habe es nie erlebt, dass Fisch auch nur einen von beiden vor versammelter Mannschaft angegangen ist - oder noch schlimmer; sich auf einen Austausch eingelassen hatte. Vermutlich darum wissend, im direkten Austausch unterzugehen, hatte er diesen stets vermieden.

Geschafft jedenfalls, die beiden abzuschieben, hat Fisch nicht - gleich, wie sehr er es wollte oder was er auch anstellte. Nur einer von beiden ist aufgrund familiärer Hintergründe vorzeitig gegangen - ich hoffe an dieser Stelle, es ist wieder alles im Lot.

Das Chemikantenstadl

Bux & Ködel hatte ich bereits kennen gelernt. Es waren die beiden HSE-Manager des Haupt-Kontraktors, bzw. der Manager und sein Vertreter. Beide waren in ihrer Art grundsätzlich sympathisch - wobei der eine wirkte, als hätte er dauerhaft einen gewissen Sättigungs-Spiegel cannabinoider Substanzen im Blut. Vielleicht lag aber diese Assoziation auch nur an seiner Herkunft und sein grober Ganzkörper-Tremor hatte andere Ursachen – sicherlich sogar. Zusammen hatten sie was von Lolek & Bolek...

In jedem Fall sollte sich noch herausstellen, dass ich durch diese Beiden das „Peter-Prinzip" (die „Hierarchie des Unfähigen" n. Laurence J. Peter) umfangreich bestätigt wissen und in noch völlig neuen Dimensionen kennen lernen sollte.

Bei der täglichen Arbeit folgten die Klassiker.

Morgendliches Toolbox-Meeting - also die klassische Unterweisung der Arbeitergruppen mit Sicherheitsschwerpunkten für den Tag. Gruppengröße: bis zu über 100 Mann. Wie bereits eingangs erwähnt, sollte man sich an dieser Stelle über die Effektivität der Vorträge im frühen Morgengrauen mit einem Redner in der Mitte -auch angesichts der sprachlichen Barrieren bei über 25 verschiedenen Nationalitäten- keine Gedanken machen.

Natürlich wurde immer unterschrieben, dass alles von jedem verstanden wurde. Nachfragen? Selten. Bei gewöhnlich abfälligen Bemerkungen oder Gestiken von den Arbeitern, konnte man diese ganz gut vor dem Rest der Meute strammstehen lassen - mehr Handhabe für mögliche Zurechtweisungen hatte man zunächst kaum. Aber es reichte aus, um sich seiner ernsthaften Wahrnehmung sicher zu sein – wenn man es denn machte. Die Kollegen, die das unterließen, erinnerten bereits nach kurzer Zeit an die Kinder, die früher auf dem Schulhof immer gehänselt wurden.

Unser täglicher Job war, zu beraten, zu dokumentieren und unsichere Situationen anzumahnen. Offizielle Weisungsbefugnis? Hatten wir grundsätzlich keine - nur in akut gefährlichen Ausnahmefällen. Unser eigenes Instrument bestand eigentlich nur aus der Beratung, begleitet von der Hoffnung auf Einsicht der Ermahnten.

Natürlich konnten wir alles weitermelden. Und dabei fühlten sich auch ein paar Wenige von uns wohl. Es hatte so etwas von "Ich hole gleich meinen großen Bruder.". Für uns war es die einzige Möglichkeit, eine gewisse Form des Durchgreifens zu signalisieren. Und für härtere Verstöße auch ohne Wenn und Aber angebracht – aber eben nicht bei rein menschlichen Verfehlungen.

Wieso hätte ich einen Arbeiter nach Haus schicken sollen, wenn er hinter ein paar Vorhängen einen Müsliriegel verhaftet – nur, weil wir es nicht schaffen, für ausreichend und zügig zu erreichenden Aufenthaltsraum zu sorgen, in dem man auch essen kann? Wie so oft war mein Gedanke, dass BASF & Co. eigentlich froh sein konnten, dass ihnen nicht reihenweise Strafanträge ins Haus flatterten, weil gegen viele Grundprinzipien des Arbeitsschutzes auf eklatante Art und Weise verstoßen wurde. Nicht fahrlässig – sondern wissentlich mit klarem Vorsatz. Arbeitslager 2014.

Operativ verantwortlich an der Front zu arbeiten, war für mich keinesfalls ungewöhnlich. Und der Facettenreichtum Fach- und Gewerke-übergreifender Gefährdungen war äußerst interessant. Alle Gewerke so kompakt und umfangreich konzentriert sieht man in Deutschland selten. Allein das Umfeld und die organisatorische Struktur waren zutiefst marode, um ehrlichen Spaß an der Arbeit auf dem Feld zu haben. Alle Verbesserungen, die man anging, wurden seit Projektbeginn auf unterschiedliche Weise konterkariert - so die Erfahrung auch anderer. Dazu trug bei, dass es ständig andere Ansprechpartner gab, unsere Zuständigkeit beinahe täglich wechselte und zwischen den einzelnen Baufeldern hin- und her sprang. Verlässlich war etwas anderes.

Allerdings muss erwähnt werden, dass bisherige Änderungsversuche keinerlei Struktur aufwiesen und auch eben nur das waren: punktuelle Versuche.

Intern stieß dann noch ein hochqualifizierter Kollege mit Fokus im Gerüstbau zu uns. Einer der wenigen, wirklich Hochqualifizierten. Er war freundlich aber distanziert. Schnell wurde klar, dass auch er sich als zukünftige Erfüllung des HSE-Managers on Site sah. Er war gut, hatte aber ein Problem. Er war auf oberlehrerhafte Weise korrigierend und kompromisslos in seinen Maßnahmen. Eine Eigenschaft, der ich grundsätzlich erst mal meinen Respekt zolle - die dort jedoch immer zu Lasten der Arbeitnehmer -und somit deren familiärer Existenz- gegangen wäre. Nennen wir ihn Ahab - er hatte etwas von der Verbissenheit des sagenumwobenen Kapitäns, der einst Jagd auf Moby Dick gemacht haben soll...

Conchita war dann irgendwann ohne meinerseits wahrgenommene Vorlaufzeit aus Urlaubsgründen 2 Wochen unterwegs und Fisch hatte ebenfalls wichtige Auswärtstermine. Beide waren weg und schon ging es los - es wurde gelästert und bemängelt bis zum Geht-nicht-mehr. Die vorher latente Anspannung zwischen einzelnen Kollegen war jetzt förmlich fühlbar.

Das Problem: es gab keinerlei Übergabe. Die Übergabe von Conchita lautete sinngemäß: "Arne, Du machst das schon." als einziger Kommentar. Am kommenden Morgen bin ich früh ins Büro hereingeschneit - schließlich bin ich von einer suffizienten Projektübergabe ausgegangen. Und zwar nicht an mich - sondern eigentlich an seinen offiziell zuständigen Stellvertreter. Der war ein lieber Mensch - nennen wir ihn Rudi. Rudi war allerdings ohne notwendige Standfestigkeit und Geradlinigkeit in und für irgendwas ausgerichtet. Seine interkollegiale Kommunikation und "Führung" beruhte auf Sympathie - gewonnen durch immer wieder zum Besten gegebene Witze und Konsum der allerflachsten YouTube-Videos. Seine Erscheinung war insofern eher zu vernachlässigen - auch, wenn Rudi ein feiner Kerl war.

Nicht im Entferntesten hätte ich auch nur angenommen, dass Conchita bereits weg sei. War er aber - ein Telefonat gab Aufschluss. Fisch war bereits zuvor abgehauen und die Katastrophe schien vorprogrammiert. Na, hatte ich mir so gedacht - mal sehen, ob sich auch dieses Chaos in meine bisher erfolgreich abgeschlossenen Projekte einreihen kann.

Der PC: ein Desaster.

Laufende Prozesse: keine Ahnung.

Struktur: keine.

Ärger: zuhauf.

Kollegen: nicht alle kompetent, dafür aber untereinander ausgeprägte Zwietracht.

Vertretungs-Chef: Rudi (alles am Vermeckern aber auch gegen alles, was Unruhe brachte und Entscheidungen oder Übernahme von Verantwortung einforderte) mit ausgeprägtem Willen, Entscheidungen am besten über die Zeit zu schieben.

Es passierte: nichts... bei Nachfrage an Rudi, wer, was, wo, wie, und wann: nichts.

Ok, also musste irgendwas angegangen werden - das erste war mal eine Ist-Analyse. Neben der eben erwähnten Situation kam noch die "Ich-Situation" hinzu. Meine Kenntnis über Baufeld & Struktur: nur Grundlegende – die zweier Kollegen dafür umso besser. Nennen wir sie Hanni & Nanni. Die beiden -Bengels wohlgemerkt- wurden damals zusammen aus der vorhergehenden Firma übernommen - und waren unzertrennlich. Und gut. Beide noch jung, aber draußen zuverlässig. Was ich also hatte, waren zwei Asse im Outdoor-Bereich mit breit angelegten Sprachkenntnissen und Kenner der Leute, Abläufe und Zuständigkeiten.

Das, was später im Verlauf erfolgte, fasste weder auf meinen Bestrebungen Fuß noch war es im Ursprung gewollt. Es war nur das, was unmittelbar notwendig war. Über Maßnahmen wurde Rudi stets in Kenntnis gesetzt. Das ging ja bei ihm ganz gut – schließlich war er einfach „nur da".

Also musste ein Briefing her. Möglichst mit allen.

Das erste Briefing für den eingangs erwähnten, weinerlichen und jetzt murrenden Kollegen aus Meck-Pom und eines noch immer nicht überzeugten Rudis (bei ihm zog aber die Masche mit seiner Haftung und Absicherung als offiziell Verantwortlicher der Abläufe) war zwingend erforderlich. Rudi und der Weinerliche deckten sich hier in ihren Ansichten voll und ganz. Egal.

Der Weinerliche war zu meiner Startzeit schon fast erbost bei meiner Frage nach einem täglichen Briefing. Er wollte keins und brauchte auch keins. Sein Argument war immer wieder das Gleiche; "Wir sind alle erwachsen und brauchen so etwas nicht." Wie krude, dass ausgerechnet eine Fachkraft für Arbeitssicherheit (ich gehe auch heute noch davon aus, dass seine Angabe stimmte) sich gegen die Einführung neuer Modalitäten wehrt. Und das mit profaner Begründung -also vielmehr einem Vorwand- dazu.

Nachdem es sich Ahab bereits mit dem Weinerlichen und anderen verscherzt hatte, hatte der unsere, erste Disput ein paar Tage auf sich warten lassen und verstand sich offensichtlich als Kräftemessen – während des Briefings vor unseren Kollegen.

Er signalisierte mir ausdrücklich, dass er hier erst mal aufräumen würde. Na ja, unstrittig - aufräumen musste wirklich jemand. Wichtiger als die Frage nach dem WER war aber die Frage nach dem WIE. Ich musste daraufhin einiges klarstellen und es wurde einmal kurz etwas energischer - danach war alles gut. Sollte er gerne HSE-Manager werden - bitte. Aber später. Ich hatte keine Ambitionen, hier Titel zu ergattern. Zumal es für mich weder monetär noch haftungstechnisch reizvoll gewesen wäre. Aber dann bitte mit entsprechender Prioritätensetzung und nicht der Aussage "Ich habe einen Dickkopf und den setze ich in jedem Fall durch.". Planung und Struktur sollten schließlich auch uns nicht schaden.

Ahab schaffte es binnen allerkürzester Zeit, auf dem Baufeld eine ausgeprägte Antipathie auf sich zu ziehen. Leider übten alle Kollegen ihre Kritik auf emotionaler Ebene - etwas, dass Ahab völlig schnuppe war. Dummerweise führt dann mögliches Konkurrenzdenken stets in einen Circulus Vitiosus - einen sich selbst erhaltenden "Teufelskreis". Erst später haben die Arbeiter und Kollegen gemerkt, dass man auf fachlicher Ebene mit ihm extrem gut auskam. Ich hatte mir öfter eine Zusammenarbeit mit Ernie, Bert und Ahab vorgestellt... Aufgrund der kaum vorstellbaren Symbiose auf emotionaler Ebene, den Gedanken dann aber immer wieder schnell und schmunzelnd verworfen.

Zunächst reduzierte ich meine Meeting-Teilnahmen auf die unbedingten Notwendigkeiten, teilte den Kollegen für die Zeit als Interim-Manager feste Aufgabenbereiche zu und widmete mich der Überarbeitung der Administration. Hanni und Nanni wurden in der Zeit meine Hauptansprechpartner - auch erhielten sie Aufgaben in der Evaluation auf dem Baufeld, um drohende Probleme bereits im Keim angehen zu können.

Über meine partielle Meeting-Aussetzung wurden die zuständigen Kollegen informiert, ich nahm nur noch an einem Meeting und dem Management-Walk teil, um auf dem Laufenden zu bleiben.

Der PC kostete uns mittlerweile viel Zeit – ergo stand es oben auf der to-do-Liste, ihn in den ungenutzten Zeitfenstern zu strukturieren. Tagespensum von 14-15 Stunden waren normal - ohne Pausen, versteht sich.

Bereits wenige Tage nach dem („Neu"-) Start, machte sich die Wahrnehmung breit, dass vieles geschmeidiger lief als vorher. Als einziges Problem erwies sich die immer noch fehlende Übergabe. Allen voran; die Ausarbeitungsprobleme mit den Method-Statements, den spezifischen Ablauf- und Gefährdungsbeurteilungen. Method-Statements können sehr umfangreich sein. Eine unerwartete Nachfrage über ein Method-Statement, was plötzlich fertig zu sein hatte, ist vergleichbar mit der Anforderung an einen plötzlich eingeforderten Businessplan. Nur schlimmer, wenn man bis zu dem Moment der Nachfrage nichts von der Anforderung wusste und auch nichts darüber findet. In Folge hatte ich aufgrund permanenter Nachfrage des Haupt-Kontraktors - neben dem Tagesgeschäft- im Wesentlichen damit zu tun. Schließlich durften bestimmte Arbeiten ohne vorab vorliegendes (also genehmigtes) Method-Statement nicht ablaufen.

Eine Besonderheit im Tagesgeschäft war ein alkoholisierter Arbeiter. Genaugenommen nur deshalb besonders, weil er erwischt wurde. Eines Vormittags kam einer meiner erfahrenen Kollegen zu mir mit dem Verdacht eines alkoholisierten Arbeiters im Baufeld und fragte, was er denn machen solle. Wir hatten das Thema X mal durchgekaut - mit Fisch. Es hieß stets, dass nichts gemacht werden sollte von uns. Wenn wir Glück hätten, würde der BASF Werkschutz einen Alkohol-Test durchführen. In jedem Fall aber gab es Anweisung des Haupt-Kontraktors, hier nichts zu machen - zudem waren wir ja nicht weisungsbefugt.

Man muss sich einmal vorstellen: man übernimmt in Zuständigkeit die Beratungsverantwortung für technisch orientierte, tlw. hochkomplexe und gefährliche Arbeitsabläufe zur Sicherheit der Arbeiter. Dann verdächtigt man jemanden, ordentlich einen gedieselt zu haben – was erst mal ja nichts Dramatisches ist. Dramatisch wird es nur dann, wenn man es „übersieht" – was mein Kollege glücklicherweise nicht getan hatte. Und jetzt gibt der Haupt-

Kontraktor die Anweisung, denjenigen unbehelligt zu lassen und öffnet damit Tür und Tor für den Zusammenbruch ganzer Sicherheits-Systeme (an dieser Stelle wusste ich noch nicht, dass die BASF über keines verfügt). Und zugleich überträgt uns der Haupt-Kontraktor eine Handlungs-Verantwortung, der wir niemals hätten gerecht werden können. Was, wenn der betrunkene Kollege plötzlich jemanden sichern sollte und dabei versagen würde?

Offensichtlich hatte noch niemand von Gefahr im Verzuge -einer außergewöhnlichen Rechts-Konstellation- gehört. Oder gar von der Garantenstellung im StGB – dem „Tun durch Unterlassen". Angekündigte Unterlassung ist kein Kavaliersdelikt...

Also gingen wir auf das Baufeld und zogen den Arbeiter unter einem Vorwand raus - es haben ja nicht alle seiner Kollegen mitbekommen müssen, weswegen wir ihn rausnahmen. In einem Vier-Augen-Gespräch verdeutlichte ich ihm die Situation. Seine Fahne war extrem und eindeutig. Zudem wies er körperliche Anzeichen des regelmäßigen Alkohol-Konsums auf (womit er allerdings nicht alleine war).

Als er verneinte, schlug ich ihm vor, einen Test zu machen, damit auch wir uns absichern. Er wusste, dass er dann mit positivem Ergebnis fliegen würde und knickte ein. Er gab zu, getrunken zu haben. Ich schnappte mir Arbeiter und Vorarbeiter. Wir vereinbarten zusammen, dass der Arbeiter den begonnenen sowie zwei Folgetage daheim bleiben müsse - andernfalls und auch bei Wiederholung, würde er vom Baufeld verwiesen werden.

Gesamtdauer des Szenarios: keine 15 Minuten - also kurz, knapp und effektiv.

Obwohl wir HSE-seitig keinen Ton verlauten ließen, machte es schnell die Runde. Von einigen Seiten wurde mir noch -unabhängig voneinander- zugetragen, dass es in der Familie des Arbeiters einen Todesfall gegeben hätte, was ihn zum Trinken bei der Arbeit verleitet haben soll. Spätestens damit war wohl die Sanktion gegenüber eines Komplettverweises in der richtigen und fairen Dosis zu sehen.

Während eines obligatorischen Rundgangs auf dem Feld, bat mich dann auch einer der HSE-Manager des Haupt-Kontraktors zu sich, um mit mir den Rundgang fortsetzen zu können. Es war Ködel. Auf einer erklommenen Rohrbrücke erzählte er mir sehr viel - von sich, von seinem Bruder und seiner Firma in dem Nachbarland. Er erklärte sich und dass er gar nicht immer so hart sei, sondern alles gespielt wäre. Also so ein bisschen "guter Bulle - böser Bulle" in Personalunion. Es wirkte auffällig vertraut - und ungewohnt vertraulich. Aber nicht authentisch. So kam denn auch prompt ein Ratschlag hinterher. Ich solle aufpassen, denn das, was ich tue, sei gefährlich... Ich hatte ihm lediglich geantwortet, dass ich -entgegen seiner Befürchtung- überhaupt nichts bezwecken würde. Sondern ausschließlich das mache und umsetze, was erforderlich sei. Und, dass ich das weiterhin machen würde.

Ich habe ihn als freundlich und eher lustig empfunden. Leider aber auch als wenig ehrlich. Allerdings keinesfalls als hart. Genaugenommen führte diese seinerseits völlig obstruse Selbsteinschätzung dazu, ihn noch weniger ernst zu nehmen, als ich es vorher schon tat. Wie wenig Ernsthaftigkeit ihn begleitete, wurde mir mit Fortschreiten des Projektes immer klarer.

Binnen der Abwesenheit von Conchita kamen ein paar neue Kollegen. Wir arbeiteten auf dem Projekt im HSE-Bereich mit nur zwei Recruitern zusammen. Mit einem Verhältnis von 80:20 war das Gros des einen Recruiters fachlich und menschlich recht verträglich - beim Anderen war das Verhältnis andersherum. Dessen Name erweckte in mir automatisch die Assoziation zur cerebralen Total-Insuffizienz – also quasi dem Denkausfall. Unerklärlicher Weise hatten so einige der Kollegen von dem zweiten Recruiter einen sozial manifestierten Defekt. So war nicht nur meine Wahrnehmung, sondern auch die vieler anderer. Jeder Recruiter stellte etwa die Hälfte unserer gesamten Mannschaft.

Der erste Neue, der nach mir ankam, war Alkoholiker. Natürlich wollte das keiner so recht wahrhaben. Der Kollege stellte sich mir vor und der Drops war gelutscht. Ich sprach ihn zeitnah in einem Vier-Augen-Gespräch an und wurde bestätigt. Alkoholgenuss jedoch leugnete er. Nun hatte ich lange Jahre mit entsprechender Klientel zu schaffen, so dass das Leugnen sinnlos war. Am Abend hatten wir den gleichen Heimweg und ich verdeutlichte ihm noch einmal seine

Situation. Es ist eine schwierige Situation, weil ich bisher versucht hatte, Lösungen für solche Sachverhalte zu finden, die den Betroffenen nicht noch weiter ins Abseits stellten, sondern ihn aufbauten. Hier war das nicht möglich. Skurrile Arbeitsverhältnisse, so dass bei Anfrage jeder seine Zuständigkeit verneinte. Zudem ging es um eine für Arbeitnehmer fachlich verantwortliche Position in der Arbeitssicherheit obendrauf. Sein Ende war also schon sichtbar – an seinem ersten Tag.

Der zweite Kollege gab vor, Gelenkprobleme zu haben und hinkte deutlich. Das, allgemeine Gebrechlichkeit und weitere Probleme machten ihn zur Gefährdung auf dem Baufeld. Nach dem ersten begleiteten Rundgang mit ihm, habe ich ihm gegenüber klar und deutlich jede weitere Zusammenarbeit abgelehnt. Noch auf dem Baufeld hatten ihn Arbeiter angesprochen, ob sie ihm helfen könnten – so unsicher hatte er gewirkt. Schlaganfall-Patienten haben eine ähnliche Gangart. Zwischen zwei Feldern knickte sein eines Bein weg und er fiel Richtung Gleisbett. Glücklicherweise direkt vor mir und in meine Richtung. Ich konnte ihn gerade noch auffangen, so dass er sich den ersten eigenen Arbeitsunfall ersparen konnte. Der Weinerliche sah den Vorfall aus ein paar Metern Entfernung und rief so etwas, wie "Na, hast´ betreuten Heim-Ausgang?" zu mir.

Ich bin ihn daraufhin deutlich angegangen, dass ihm derart spöttische Aussagen wohl kaum zustünden - über seinen buckeligen Rundrücken würde ja auch niemand lästern...

Erich, so nenne ich ihn mal, hatte eine ausgeprägte Tendenz zum Lästern – gar nichts mehr mit weinerlich, sondern schon ausgeprägt konspirativ. Deswegen auch nicht der Mi-Mi-Mi-Beaker der Muppets, sondern Erich. Everybody's Darling als eigenes Sozial-Ziel, aber lästern auf Teufel komm' raus. Nichts wirklich Tiefsinniges - eher unteres Niveau. Es ist -unabhängig der persönlichen Hintergründe- sozial ein unsägliches Versagen, jemand anderen aufgrund eines (offensichtlichen) Handicaps öffentlich derart bloß zu stellen – und von unserer Seite aus nochmal unverständlicher. Dass ich davon kein Freund bin, hatte Erich spätestens durch den Vorfall gemerkt.

Wenn er allerdings subtile Sprüche gemacht hatte, ohne, dass er mal jemanden angefeindet hat, konnten wir seinetwegen herzhaft lachen. Generell war er eigentlich einer der ruhigen Vertreter unserer Gattung. Die, die ihn als Kooperationspartner im Intervall zu Gesicht bekamen, liebten ihn sogar förmlich – auch (oder besonders), weil er anpassungsfähig war. Genaugenommen sogar extrem anpassungsfähig.

Nach und nach kristallisierten sich viele seiner "besonderen" Eigenschaften heraus. So war ihm fürs Lästern über andere kein Tiefschlag zu schade. Natürlich nie couragiert und direkt, sondern immer hinten herum. Schade.

Eine weitere Unart von Erich – spontane Gesprächsabbrüche. Wenn man sich unterhielt und sein Telefon klingelte, entschuldigte er sich, das Gespräch unterbrechen zu müssen, nahm das Telefonat an und drehte sich um. Nichts gegen Anrufe aus unseren Reihen, die dringend sind. Aber egal, ob es ein Kunde war, ein bekannter oder sogar seine Frau und egal, wie wichtig unser persönliches Gespräch gerade war - er telefonierte. Irgendwann ging mir das derart auf den Sack, dass er danach hinter mir herlaufen musste, weil ich unseren Austausch regelmäßig daraufhin einfach beendet habe.

Das machte er grundsätzlich bei jedem - und fand es offensichtlich auch überhaupt nicht verwerflich. So was war mir einfach zu blöd. Das hatte weder Art noch Anstand - nicht einmal ein kurzes Vertrösten des Anrufers war drinnen. Derart wenig Professionalität im Rahmen geschäftlicher Kommunikation hatte ich bis dahin noch nicht erlebt.

Ich weiß nicht, ob Erich zusätzlich ADS hatte - ablenken ließ er sich hervorragend und von Vereinbarungen waren später nur noch Fetzen ersichtlich.

Der Dritte Kollege -er stieß allerdings deutlich später zu uns- ist zwar nicht sonderlich erwähnenswert aber dennoch im Gedächtnis geblieben. Neben ständigem Pessimismus und negativer Einstellung, wurde er für seine fachliche Inkompetenz, Widersprüchlichkeiten, Lügen und Ausraster auf dem Feld bekannt. Klingt unwirklich - und so war er auch.

Es störte ihn überhaupt nicht, trotz ausdrücklichen Verbots, Privat-Telefonnummern an Fremde weiterzugeben oder, dass man in einem engen, überfüllten Büro eigentlich aus Rücksicht auf die Kollegen keinen geräucherten Fisch essen muss. Oder zumindest diesen geschlossen entsorgen könnte. Auch war es nicht möglich, ihn davon zu überzeugen, dafür Messer und Gabel zu benutzen und die Finger nach Makrelengenuss nicht in der Hose abzuwischen. Ebenso wenig, wie ihm auszureden war, mit seinen Fischfingern den PC, das Telefon, den Schreibtisch oder die Türklinke anzufassen, sondern sich erst mal die Hände zu waschen.

Geblieben ist auch die Erinnerung an seine Versuche, sich im Garantieanspruch befindliche Elektrogeräte reparieren zu wollen und diese nach missglücktem Reparaturversuch nicht wieder in den Ursprungszustand zurückversetzen zu können. Als gelernter Elektriker, versteht sich. Als erweiterte Maßnahme, das Gerät vor Benutzung zu sichern, diente dann kurzerhand das Kappen der Stromversorgung, um schließlich alles zusammen im Schrank unter „defekt" zu verstecken. Sein in jeder Hinsicht untragbares Verhalten beförderte ihn nach einem kurzen Gastspiel wieder hinaus.

Skurril indessen war, dass all diese Pappenheimer von einem einzigen Recruiter stammen. Insofern war meine erste Assoziation mit der cerebralen Total-Insuffizienz durchaus begründet -auch beim Recruiter.

Nachdem sich auf dem Feld mittlerweile abzeichnete, dass sich die ersten, groben Strukturänderungen im Ansatz durchsetzen würden und die Veränderungen auch einigermaßen rund liefen, arbeitete ich -mit Unterstützung der Kollegen- eine Agenda über die profunden, strukturellen

Defizite aus. Es gab ein Meeting zu dieser Agenda, bei dem etwa 70% der Mitarbeiter anwesend waren - 9 Mann.

Die Agenda wurde auch sehr gut angenommen und die Themen mit Zeitfenster konstruktiv bearbeitet. Endlich hatten wir etwas, was von allen angenommen wurde und umgesetzt werden konnte - den Beginn einer Struktur.

Nachfolgend sehen Sie eine Grafik des BASF-Werkgeländes in Art eines „Topographie-Organigramms".

Die Feuerwehr fuhr auch außerhalb des Werks Einsätze, die Kollegen des Rettungsdienstes aus dem Erste-Hilfe-Container waren ebenfalls nicht ausschließlich für das Baufeld aktiv – sondern im gesamten Werk.

Im oberen Feld finden Sie den überwiegend administrativen Teil des Baufeldes – darunter den primär operativ aktiven Teil.

Die zahlreichen Hierarchie-Verbindungen bleiben Ihnen hier erspart, da diese ohnehin häufig wechselten und sich überschnitten.

Imponierend neben den Aktivitäten des Rettungsdienstes sind insbesondere der nicht installierte Sanitätsdienst sowie der ebenfalls nicht verfügbare SiGeKo – in der Grafik zusätzlich dort platziert, wo die Funktionen originär zu finden sein sollten.

Bzgl. des SiGeKo ruft allein die falsche Funktion in Verbindung mit Fehlpositionierung massive Interessenkonflikte hervor, da dieser regulär die (Haftungs-)Interessen des Bauherrn vertritt.

Wie unschwer zu erkennen ist, stellt sich unser Verein als größtes der eingebundenen Subunternehmen dar (dunkelgrau).

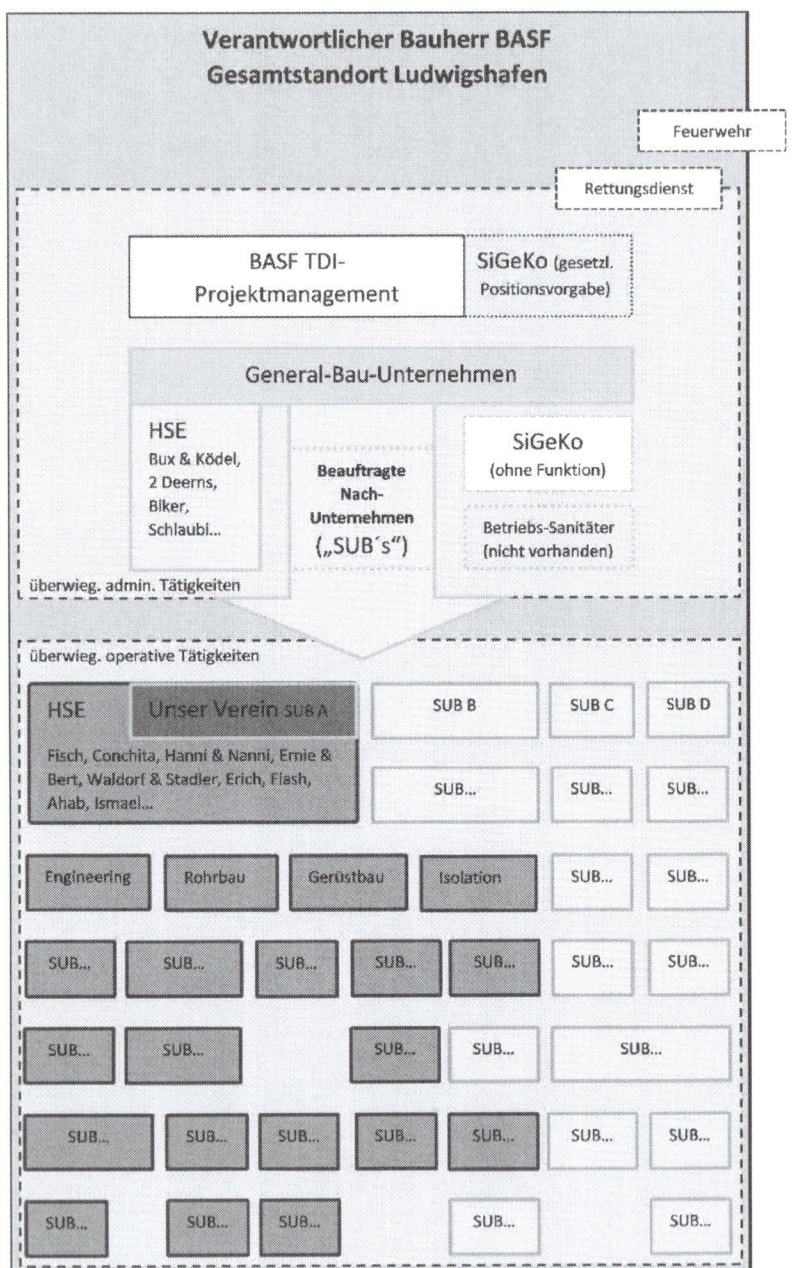

>format c:

Nach Ablauf der Urlaubszeit kamen Fisch und Conchita zeitgleich wieder. Von meinen Kollegen wurde ich noch gewarnt, die Agenda nicht wirklich anzusprechen – weil es nach hinten losgehen könne. Was für ein Kindergarten-Denken. Natürlich konnte ich solche „Ängste" nur wenig berücksichtigen – schließlich ging es um unsere Arbeit und nicht um die Tagebuch-Geheimnisse einer 16-Jährigen. Zumal die Änderungen ja bereits partiell erfolgreich umgesetzt wurden.

Als erstes wurde Conchita auf den Topf gesetzt - und zwar ordentlich. Ich bin selten sauer, laut oder unfreundlich. Laut und unfreundlich war ich nicht – aber sauer für zwei. Ein Projekt in einem derartigen Zustand ohne Übergabe zu überlassen - mit zusätzlich gefühlten 98000 Defiziten im Hintergrund, ist unter aller Sau. Conchita war überraschend einsichtig und versprach mir sofort, dass das so nie wieder vorkomme.

Folgend habe ich die Agenda angesprochen und Fisch war bereit, sie umzusetzen. Alles, was irgendwie umsetzbar sein würde, sollte umgesetzt werden – inkl. Beschaffung einer Sekretärin. Prima - damit war der weitere Weg im Groben geklärt.

Es folgte sogleich die Information über die neuen, „kranken" Kollegen. Conchita war die Entscheidung zu groß

- er entzog sich (mehr oder weniger geschickt) seiner Verantwortung durch immer wieder sich aufdrängende Probleme mit vermeintlich höherer Priorität. Also musste Fisch wieder her - schließlich war er der Übergeordnete.

Im Rahmen eines folgenden Besuchs meines Recruiters hatte ich zwei Tage später in einem persönlichen Gespräch noch einmal auch auf die Haftungsproblematiken hingewiesen, die eine alkoholisierte und eine stark gehbehinderte Fachkraft für Arbeitssicherheit auf einem derartigen Baufeld mit sich brächten - abgesehen von der Image-Entwicklung und dem damit verbundenen Schaden für die gesamte HSE-Riege. Eine mögliche, alternative Tätigkeitsübernahme von Büroarbeiten stellte sich für die beiden Kollegen aufgrund mentaler Diskrepanzen bereits zuvor als nicht umsetzbar heraus.

Es folgten nach längerem Ringen die Entlassungen der beiden Kollegen. Der eine sehr schnell, der andere bekam noch etwas Zeit. Ich hatte noch darum gebeten, es in Absprache mit den beiden ggf. als arbeitnehmerseitige Kündigung zu gestalten – sofern die beiden wollten. Dass das aber so ausgeführt wurde, bezweifle ich rückblickend.

Unser Recruiter feierte gern - sowohl der Geschäftsführer selbst als auch seine Angestellten. Entsprechend war er, resp. das ihn vertretende Personal etwa alle acht Wochen für rund zwei Tage bei uns vor Ort. Sofern der Recruiter sich mit jedem Mandanten ähnlich verhielt, würde er im zweitägigen Acht-Wochen-Turnus allein aus Sicht der Party-Auslastung mit bereits 20 Mandanten die Grenze des Machbaren erreicht haben. Und das, ohne dabei suffizient gearbeitet zu haben.

Grundsätzlich gut gemeint, konnte es aber durchaus zu viel werden. Es war mitunter etwas ausschweifend und wohl auch beabsichtigt, auf privater Ebene das kitten zu wollen, was auf Beruflicher misslungen war. Da "mein" Recruiter sowohl beim Haupt-Kontraktor als auch bei uns vertreten war, lag es ihm wohl sehr am Herzen, hier eine Kohärenz zu schaffen. Allerdings fiel ein weiterer Effekt auf. Recruiter sind nahezu allesamt sehr oberflächlich und vertriebsorientiert - mitunter schon äußerst penetrant. Insofern lag es natürlich nahe, sich hier als Recruiter auch selbst seine "Schäfchen" moralisch binden zu wollen.

Je später es für das Projekt wurde, desto wichtiger war die emotionale Bindung des Personals - schließlich gab es viele Unwägbarkeiten, die man nach einem feuchten Abend per "Du" besser verkaufen konnte als es jedes mit entsprechender Distanz versehene "Sie" jemals könnte. Und auch Interna ließen sich mit dem „Du" einfach kumpelhafter austauschen.

Skurril war, dass das Recruiter-Team eine spätere Berichterstattung von mir über den Zustand des Baufeldes als belanglos anzusehen schien - obgleich es den Bericht dazu im Rahmen einer Gefährdungsbeurteilung auf sehr, sehr reduziertem Vordruck von uns allen schriftlich eingefordert hatte. Genau genommen unterlagen wir ja aus Sicht der Arbeitssicherheit den gleichen Pflichten, wie alle anderen Arbeitskräfte auch. D.h., unsere Arbeitsstätte musste entsprechend beurteilt werden – idealerweise durch unabhängige Kollegen. In unserem Fall führten wir das per Eigenbegutachtung aus. Die Zustände mündlich mitgeteilt und den Bericht (etwas erweitert) eingereicht, blieb jedenfalls alles ohne Reaktion. Es wurde eben alles auf emotionaler Ebene "still" geschwiegen – ganz nach altem, vom Lagerfeuer flankierten Blutsbrüder-Brauch. Auch Nachfragen führten zu keiner verwertbaren Äußerung des Recruiters bzgl. notwendiger Maßnahmen.

Weil meine Ausführung (sehr) deutlich war und essentielle Diskrepanzen anging, hatte ich insgeheim bereits an dieser Stelle damit gerechnet, des Baufeldes verwiesen zu werden - und nicht nur ich, sondern auch zwei Kollegen steckten mir ähnliche Befürchtungen.

Weshalb, sollte klar sein; auch die meinerseits angestoßenen Prozesse „der Querulanz" würden den Leuten hier irgendwann zu viel werden. Der entsprechende Zeitpunkt wäre sicher spätestens dann gegeben, sobald sich bei Fisch, Bux & Ködel die deckungsgleiche Einsicht ergibt, dass ihr eigener Zugewinn an Absicherung, der durch meine Aktivitäten gegeben war, von ihrer Angst über disziplinarische Maßnahmen der BASF, übertroffen würde.

Rückblickend betrachtet, wäre mein Baufeldverweis für alle Beteiligten in der Riege der Verantwortlichkeit sogar das Beste gewesen. Für Fisch & Conchita, viele Vorarbeiter und Bauleiter, den Construction-Bereich und die BASF. Und natürlich für Bux & Ködel - die beiden HSE-Manager des Haupt-Kontraktors.

Vielleicht hätte das dann sogar für Ahab ein Sprungbrett zum HSE-Manager unseres Vereins sein können. Aber dann hätte bestimmt Erich wieder angefangen, zu weinen. Das waren aber alles Spekulationen im Konjunktiv und sollten mich zunächst nicht weiter interessieren – jetzt war es ja erst mal klar, wie sich die Sachlage entwickeln würde.

In der Folge versuchte ich, wieder öfter meiner ursprünglich anberaumten Aufgabe im Bereich "Arbeitsschutz" nachzukommen. Die neuen Strukturen wurden beibehalten und ich widmete mich zusätzlich der Notwendigkeit, den PC aufzuräumen und Method-Statements zu erstellen, um eine Basisstruktur zu kreieren.

Auf dem Baufeld zurück, war das Problem häufig, dass die Verstöße der Arbeiter mitunter dreist waren. Entsprechende Sanktionen waren ähnlich wie beim Fußball geregelt - da traf es sich gut, dass einige der HSE-Kollegen des Haupt-Kontraktors seinerzeit etwas von der StaSi der DDR hatten. Hoffentlich nicht hinsichtlich deren Gesinnung, sicher aber, was Präsenz und Machtausübung anging. Da war nichts mit Égalité seitens der Branchenkollegen. Es wurden willkürlich Exempel statuiert - je nach Unternehmenszugehörigkeit und Sonnenstand.

Da unser Unternehmen die größte Anzahl an Arbeitern stellte und die Kollegen des Haupt-Kontraktors sich mit uns im HSE-Machtkampf (Administration vs. Operation) sahen, fielen bei Klarheit über die Unternehmens-Zugehörigkeit als Sub unseres Vereins die Strafen manchmal auch drakonischer aus.

So sah man durchaus darüber hinweg, dass mehrere Arbeiter anderer Unternehmen, auf Stahlträgern in mehreren Metern Höhe und ohne Sicherung umherliefen. Lieber wollte man den Arbeiter, der sich hinter seinen besagten, in Höhe arbeitenden Kollegen engagierte und unserem Unternehmen zugehörte, des Feldes verweisen, weil er sich kurz zuvor die Brille und den Helm abgesetzt hatte, um sich den Schweiß abzuwischen. Es gab eine Zeit, da war für die Arbeiter das Entscheidende nicht die Schwere des Vergehens, sondern die Frage, welchen Stern sie auf ihren Arbeitsklamotten trugen. Aber mit Stigmatisierungen dieser Art kennen wir uns ja aus.

Insofern war hier gegenüber allen Arbeitern -gleich, welchen Gewerkes- Fingerspitzengefühl angesagt. Auch, weil die Launen in der Folgezeit stets schwankten und das Wissen um die vorherige Willkür von unseren Sub's wiederrum zur Pauschalbegründung erklärt wurde, sich grundsätzlich nicht korrekt verhalten zu müssen. Es wäre ja ohnehin egal – so die Einstellung. Genaugenommen auch eine Abwehrstrategie – nur ungewohnt für uns, vor derartigem Hintergrund auf einem Baufeld angepasst diplomatisch agieren zu müssen.

Die häufigste Ermahnung erhielten die Arbeiter, weil sie ungesichert in der Höhe gearbeitet hatten oder aber über gefährliche Bereiche geklettert waren, um sich Wege zu ersparen. Der Mensch ist eben faul.

Allerdings gab es im Umkehrschluss -und das nicht zu knapp- auch ausgeprägte Gefährdungen der Arbeiter, die in der Umfeld-Gestaltung der Arbeitsplätze ihren Ursprung fanden. Und hierfür war in erster Linie verantwortlich: unser Haupt-Kontraktor. Dazu zählten u. A. Dinge, wie

- unzulässige Beleuchtungssituation wesentlicher Zugangswege der Arbeitsplätze in den frühen Morgenstunden;

- nicht behobene Glättegefahr der Hauptwege -wie z.b. bei Treppen- in den frühen Morgenstunden im Winter;

- unverhältnismäßig späte Sperrungen glatter Bereiche;

- Verbote und ungenügende Bereitstellung von Werkzeugen, die für spezifische Arbeiten notwendig waren - gleichzeitig aber scharfe Sanktionen bei Gebrauch improvisierten Arbeitsmaterials;

- Enge der Arbeitsplätze - mit z.B. zwingender Werkzeughaltung 10 cm vorm Gesicht (ein solcher Gebrauch eines Winkelschleifers mit über 10.000 Umdrehungen/Minute kann zwar medizinisch interessante aber auch sehr unansehnliche Verletzungen mit sich führen) und folgendem Feldverweis bei gefährlichem Arbeiten – was ja aus der Zwangshaltung unweigerlich resultierte;

- fehlende Zugänge zu Arbeitsbereichen;

- gefährliche Wegebereiche in Zufahrten, defekte Treppenstufen etc.;

- ungenügende Anzahl von Feuerlöschern;

- acht (8!) Erste-Hilfe-Kästen im Hochbau mit bis zu über 1700 Mann on Site – tendenzieller Gebrauchszustand i.d.R. leer;

- keine Möglichkeiten der Augenspülung;

- qualitativ unzureichender Themeninhalt des Basis-Trainings für das Baufeld;

- strukturelle Intransparenz bei Sanktionierungen;

- Widersprüche durch die Kollegen des Haupt-Kontraktors zur Ausführung und Genehmigung erlaubnispflichtiger Arbeiten;

- nicht annähernde Vorgabenerfüllung der gesetzlichen Grundlage hinsichtlich Sozialräumen;

- keine Einrichtung einer regulären Kantine;

- ausbleibende Freimessungen gasgefährdeter Arbeitsbereiche (Gefahr des Erstickens, der Explosion), etc.

Sofern die Arbeiter bereit waren, all dies für sich bedingungslos anzunehmen, mussten sie nur noch hoffen, bei Verstößen (die ja unweigerlich Folge der vorgegebenen Situation waren) nicht erwischt zu werden oder sich selbst soweit zurücknehmen, dass sie grobe Missstände unerwähnt ließen. Zu schnell war der jeweilige Bau-, Bereichsleiter oder Vorarbeiter dabei, den verdachtskritischen Arbeiter selbst vom Feld zu schicken. In diesem System von Mängeln und Akzeptanz machten die meisten Verantwortlichen mit – allein, um aus diesem vermeintlichen Prestige-Projekt mit einer weißen Weste heraus zu gehen. Ich denke, dass sich bei Problemen und Aufbegehren ihrer Arbeiter vielleicht 10% der Verantwortlichen vor diese gestellt haben. Mein Respekt an die Wenigen für diese Geradlinigkeit!

Nicht selten kam es zu Verwarnungen, die nachher in einen Deal umgewandelt wurden, weil man wusste, dass der betroffene Arbeiter bei Bekanntgabe des Vergehens oder anderweitiger Sanktionierung, sofort sein Heim-Ticket nach Bosnien, Kroatien oder sonst wo hätte lösen müssen. Und das vielleicht nur wg. eines kurz abgesetzten Helms...

Wenn man den Druck der Arbeiter gesehen hatte, der auf ihnen lastete, konnte man angesichts der Rahmenbedingungen nur noch von menschenunwürdiger, tierähnlicher „Haltung" und Behandlung der Arbeiter sprechen. Und trotzdem - wenngleich sich terminologisch beide dieser Begriffe in dem Kontext mit Mensch und Arbeit eigentlich verbieten: es war ein modernes Arbeitslager.

Klar auch, dass der Haupt-Kontraktor nicht gerne mit derart unangenehmen Sachverhalten, die seine eigene Verantwortlichkeit und die der beiden administrativen HSE-Manager Bux & Ködel angreift, offen konfrontiert wurde. Am liebsten hätte man ja die ganze Zeit Ruhe geschaffen - durch Feldverweise beim kleinsten Verstoß und in Abhängigkeit der Zugehörigkeit.

Es spricht natürlich nichts pauschal gegen rigoroses Vorgehen und harte Sanktionen bei Verstößen. Nur so kann eine Arbeit vor derartigem Hintergrund einigermaßen sicher gestaltet und das Gefährdungsrisiko überschaubar gehalten werden - man steckte ggf. ja auch selbst in einer bedingten Haftung. Dann aber bitte mit transparenten Rahmenbedingungen unter gleicher Einhaltung von Rechten & Pflichten für alle – auch für unsere Seite.

Keine Lösung hingegen war es, die hierfür notwendigen Voraussetzungen selbst nicht zu schaffen, bei zwingend resultierenden Verstößen willkürlich nach Nasenfaktor Exempel zu statuieren und die sich trotz allem ereignenden Zwischenfälle zu manipulieren oder ggf. gar nicht erst zu erwähnen. Das hatte etwas von Wild-West-Manier, wenn der Dorf-Sheriff täglich wechselt und das Gesetz ebenso häufig erneuert und individuell auslegt wird.

Der Zustand war also nur ein Defizit in der Organisation und der Planung des Projektes zu Beginn. Etwas, was man zwar nicht mehr beheben aber dennoch bestmöglich hätte kompensieren können.

Ein HSE-Kollege des Haupt-Kontraktors hatte sich über mich recht tiefgründig erkundigt und platzte eines Morgens auf dem Baufeld damit heraus, was ich denn mit meinem Hintergrund auf der falschen Seite der HSE-Zuständigen suchen würde - bei dem "Deppen-Verein" und ob ich nicht viel lieber wechseln wollte. Zu den richtigen, wie er sich ausdrückte also zu seinem Verein. "Hmm - lieber auf der kompensierenden Seite aktiv Veränderungen herbeiführen können als auf der herrschenden Seite offensichtliche Missstände wissend zu verteidigen" - hatte ich so für mich gedacht – und ließ die Frage nur mit einem Schmunzeln (un-) kommentiert.

Es war ein komischer Kauz und erinnerte mich an Tier – den Schlagzeuger der Muppets. Er tat als Biker mit entsprechender Optik einen auf kumpelhaft und tolerant-anarchistisch, wurde aber in Stresssituationen, bei denen es an sein Fell ging, sehr schnell dünnhäutig, opportunistisch-loyal und ließ heraushängen, dass er uns selbst maximal als minderwertiges Surrogat der eigenen Truppe sehe. Modell; viel Reden schwingen in Volksmanier und den Leuten ganz oben zuarbeiten. Allerdings trotz allem jemand, der sich in der alltäglichen Praxis als umgänglich erwies.

Meine erste, wirkliche Veränderung auf dem Feld war es, mich mit meinem Kollegen Erich jeden Morgen an der gleichen Stelle zu treffen und auszutauschen. Stets zur gleichen Zeit, nach durchgeführtem Feld-Rundgang und ausgeführtem Toolbox-Meeting.

Ich war überrascht, wie einfach es war. Erich hatte sich ja zuvor vehement geweigert, Briefings umzusetzen und plötzlich ging es doch. Er hatte was zu erzählen, abzustimmen und zu klären. Ohne Zwang – einfach so.

Persönlich hatte ich noch kein vergleichbares Projekt kennen gelernt, bei dem nicht wenigstens ein Briefing täglich stattgefunden hat. Selbst in kleinsten Teams ist das Standard. Also schön, das hatte Erich gefressen - und fand es sogar gut.

Es sprach auch nichts gegen ein kurzes Briefen. Insbesondere, wenn Areale aneinandergrenzen -wie es bei Erich und mir der Fall war- oder man bemüht war, einander zu ergänzen, schadete ein regelmäßiger Austausch keinesfalls. Aber nicht nur uns, sondern auch den Arbeitern kam das zugute. Sie wussten, wann sie wen wo erreichen konnten und dass man Hand in Hand arbeitete. Zudem war man immer, wenn es Probleme mit Schutzmaßnahmen zur

Arbeitssicherheit gab, auf dem Laufenden – und die Arbeiter stets auf der sicheren Seite.

Ein Briefing gibt Sicherheit für alle Beteiligten und ist -erst recht für Projekte dieser Größenordnung- ein unbedingtes Muss in jedem Bereich. Von den damals Beteiligten hatte zuvor jedenfalls noch keiner der Verantwortlichen im Team gearbeitet, geschweige denn, eins geführt. Anders ist es nicht zu erklären, dass es über zwei Jahre benötigt, ein schnödes Morgen-Meeting auf dem Baufeld einzuführen.

Nach und nach wurde unser Briefing bekannt und wir haben sukzessive die Kollegen der benachbarten Bauabschnitte und des Haupt-Kontraktors -auch den Biker- dazu geholt. Unsere Briefings ergaben schnell ein Benefit- reiches Arbeiten, so dass ich mich wieder zunehmend der strukturellen Organisation im Büro widmen konnte.

Mit Fisch war das so eine Sache; er war zu etwa dreiviertel seiner Arbeitszeit in Leipzig. Eineinhalb Tage in der Woche war Fisch vor Ort, davon hat er rd. einen Tag mit den Recruitern vertelefoniert. Es waren sehr umgängliche Telefonate auf freundschaftlicher Basis. So lief es beinahe jeden seiner Anwesenheitstage – den Rest der Zeit stand er im Rauchercontainer und tauschte sich anderweitig aus.

Streng genommen, ein durchgreifend unstrukturiertes und ineffizientes Personal-Management. Ich weiß nicht, wie oft ich Fisch mittlerweile zu dem einen Recruiter sagen hörte, er solle ihm noch mehr solcher „Sanis" wie mich schicken und mich dabei lachend ansah.

Obgleich Fisch es ehrlich gemeint hatte - es hatte jedes Mal etwas von Fremdschämen. Dergestalt mutierten diese Momente zur Show. Zu einer Show, in der ich ungefragt der Protagonist war.

Die Durchschnittskompetenz in diesem HSE-Bereich war tatsächlich alles andere als helle. Allerdings habe ich mir mehrfach täglich die Frage gestellt, warum denn die zuständigen Manager - also Fisch & Conchita nicht das veranlassen, was ich bereits seit Wochen machte. Eine Strukturierung war weder Hexenwerk noch Zauberei.

Fisch betonte immer wieder, ich solle die Dinge übernehmen, die kein anderer managen kann. Was das genau wäre, konnte er auch nie konkret sagen. Wo der Fokus sei - ebenfalls nicht.

„Alles irgendwie - halt das, was mir ins Auge falle.", so seine wiederholten Vorstellungen. Also habe ich ihm immer wieder Vorschläge meiner Tätigkeiten gemacht. Abgelehnt hat er nicht einen davon. Ihm fremd war fast alles.

Herrschaftszeiten – das war doch keine Art, einen HSE-Trupp zu managen. Wäre mir so etwas jemals bei einem Großschadensereignis vorgekommen – ich hätte mit der Struktur Tabula rasa gemacht. Noch vor Ort. Und wäre über die Unfassbarkeit der personell-fachlichen Insuffizienz vermutlich in Tränen ausgebrochen – so meine grundsätzliche Positionierung. Seinerzeit noch unwissend darüber, dass derartige Situationen und Ausbrüche meinerseits prinzipiell gar nicht mehr weit entfernt sein sollten.

Neben meiner Außentätigkeit in der Arbeitssicherheit, hatte ich also freie Hand und war nur rudimentär an klassische Vorgaben gebunden. Auch gut – genörgelt darüber habe ich nicht. Auch konnte ich so die ganzen Kollegen sukzessive in die Bereiche holen, in denen ihre Kern-Kompetenzen lagen. Das tat schließlich allen gut und wir waren ja dafür da, um die Situation der Arbeitssicherheit zu verbessern.

Fisch war sichtlich glücklich, jemanden zu haben, der Dinge bestimmt angeht, weil sie erforderlich sind und sich dabei nicht von Lästereien beeinflussen lässt. Für Fisch war meine Tätigkeit mehr als eine Entlastung. Es war eine Absicherung. Eine äußerst wertvolle Absicherung sogar. Schließlich wusste er, dass er mit meinen Berichten die wichtigsten Sachverhalte mitgeteilt bekam - meistens zugleich mit der Lösung. Vor Schlimmerem und Überraschungen war er somit geschützt, selbst, wenn er nicht da war.

Und nicht nur das.

Sogar, wenn etwas passieren sollte, hatte er mit mir einen Experten für Notfallszenarien im Team, auf den er zurückgreifen konnte – oder dem er im Ernstfall hätte vieles in die Schuhe schieben können.

Es hätte in beide Richtungen funktioniert – und das dürfte er nur zu gut gewusst haben.

Äh, Relativitätstheorie?

Als operativer Schnittstellenspezialist hatte ich in den nächsten Tagen zunehmend größer werdenden Spaß an dem Gesamtszenario. Je mehr Ungereimtheiten es gab, je mehr Stress die Kollegen versprühten oder aufnahmen, desto zufriedener wurde ich. Nicht etwa, weil ich mich daran ergötzte oder dies irgendwie begünstigte - nein, meine Tätigkeit wurde zunehmend interessanter und herausfordernder.

Ganz gemächlich wurde es zu dem, dem ich quasi seit Anbeginn meiner beruflichen Aktivitäten zugeneigt bin; einer kritischen Struktur – mit dem Ziel, diese erheblich zu verbessern und unkritischer zu gestalten. Kritisch waren alle Sachverhalte dort seit jeher – allerdings wurde nun langsam eine Struktur im Chaos erkennbar. Ebenfalls förderlich war, dass die Kollegen bereits jetzt, nach wenigen Wochen deutlich merkten, dass es erhebliche Veränderungen gab. Ausnahmsweise positive Veränderungen - und Veränderungen mit Tendenz zur Verbindlichkeit und Nachhaltigkeit.

Der Kontakt zu Bux & Ködel wurde intensiver und meine eingeführten Strukturänderungen festigten sich zusehends. Die Agenda hatte aber noch viele Änderungen auf dem Plan; Einsatzgebiete, diverse Planungen von Abläufen und Zuständigkeiten, etc..

Zu Ahab hatte ich mittlerweile ein gutes Kollegenverhältnis. Aufgrund seines Fokus´ wurde er natürlich für den Gerüstbau eingeteilt. Bei seinen ersten Begehungen hatte er einige Gerüste sofort gesperrt - kompromisslos. In dem Fall habe ich seine Kompromisslosigkeit sehr begrüßt. Ich hatte mich intensiv mit ihm über die Fakten ausgetauscht - und ihn auch wenige Male begleiten können. Die festgestellten Probleme waren in einem Höchstmaß erschreckend - wie offensichtlich Gefährdungen durch fehlende Gerüstbefestigung, unzulässige, defekte oder fehlende Materialverbindungen, überschrittene Tragfähigkeiten, fehlende Kennzeichnungen, fehlende Stabilisierungen, unbefestigten -sogar verrutschten- Untergrund und vielem mehr einfach ignoriert wurden.

Hunderte von Gerüsten - und rd. 60% davon hätten gesperrt werden müssen, da sie grundsätzlich nicht zugelassen und/oder sich gefährdend dargestellt hatten. Das hätte für "unseren" Verein erhebliche Verluste bedeutet - und Strafen. Allerdings saß der Haupt-Kontraktor auch in der Klemme; kein Nachfolger hätte jemals ein solches Gerüste-Werk in Verantwortung übernommen - und die BASF drohte schon mit Auftragsentzug - so hieß es in der Gerüchteküche.

Unser direkter Verein brüstete sich jetzt bis dahin nach Außen, mit einem Experten des Gerüste-Ressorts unterwegs zu sein. Allerdings war es schon bitter, wenn ein erst spät (zu spät - wie dumm(!)) eingesetzter Branchen-Spezialist aufgrund materieller Zustände (fehlendes Gerüstmaterial) gezwungen war, die Gerüste des eigenen Vereins in großem Volumen zu sperren.

So etwas wird dann intern nicht als verantwortlich, sondern als illoyal gewertet – was natürlich Nonsens ist, da wir beim Thema Sicherheit mit dem Leben der Arbeiter spielen. Oder wie Ahab – eben auch nicht.

Ganz einfache Lösung: bei dem nächsten Projekt dieser Art, einzelne, Funktions-bezogene Ressort-Experten bereits zu Beginn der Maßnahme-Planung – spätestens aber mit Beginn der jeweiligen Baumaßnahme vor Ort zur Überwachung einsetzen. Das sorgt für Ruhe und effizientere Arbeitsabläufe, führt zu erheblich weniger Unstimmigkeiten und bringt Haftungssicherheit. Zudem spart es Zeit und Geld. Das Zauberwort heißt einfach: Planung.

Unser Verein hatte mittlerweile ein größeres Problem mit der Aktivität von Ahab und die Projektkündigung schien greifbar zu sein. Also für Ahab. Zunächst. Da aber die BASF direktes Interesse an ihm hatte, hielt die BASF bis dahin ihre Hand über ihn – so wirkte es.

Später "siedelte" Ahab langsam über und wurde -für uns immer noch unverändert erreichbar- zum gemeinsamen Erfüllungsgehilfen - insbesondere aber dem der BASF. So war es ihm möglich -wenn auch gemäßigt- gegen unseren Verein absolut offiziell zu intervenieren.

Und nicht Vieles war notwendiger als das.

Ahab deckte zahlreiche Ungereimtheiten auf. Auch kamen während seiner Arbeit offene Geheimnisse zum

Vorschein, so mutmaßte man z.b. hinter vorgehaltener Hand, dass der Vertragsschluss über die vielen Hundert Gerüste durch die Verantwortlichen im Rahmen eines flankierenden Bordellbesuchs ausgehandelt worden sein soll. So zumindest die Aussage einiger. Ob „könnte" oder „wurde" – darüber waren sich die Personen aus dem inneren Kreis uneins.

Einige Tage wurde gemunkelt, dass der -zweifelsohne nicht mit besonders viel Geist und Kompetenz gesegnete- Gerüste-Verantwortliche unseres Vereins, kurz vorm Abschuss stand. Es sprachen viele Gründe dafür: Gerüste entgegen Absprachen erstellt, berichtete Sicherheitsmängel ignoriert, gesperrte Gerüste ohne Mängelbehebung wieder frei gegeben, gefährdende, abbaupflichtige Gerüste in großem Umfang stehen lassen und so weiter. Dann war da noch seine fortwährende Beschuldigung anderer (das konnte er wirklich gut), das chronische Dementieren von Gerüst-Problemen und dem Gerüst fallenden Objekten etc., etc..

Es führte sogar soweit, dass wir unsere ausgeführten Gerüste-Sperrungen durch Einziehungen der jeweiligen Original-Freigabe-Karte dokumentieren mussten. Zuvor hatten wir sie ihm nach einer Sperrung direkt übergeben, um Zeit und Arbeit zu ersparen. Als wir aber mitbekommen hatten, dass die Freigabe-Karten einfach ohne erforderliche Gerüst-Korrektur und den notwendigen Vermerk an den Gerüstzugängen wieder zurückgesteckt wurden, entschlossen wir uns, die Karten nur noch als Kopie zu überstellen und die Originale bei uns zu archivieren. Umständlich - aber zielführend.

Aber auch dafür hatte unser Gerüste-Honk eine Lösung: ohne Zustandskorrektur wurden die besagten Gerüste mit einer neuen „Original-Karte" versehen. Also einem zweiten Original.

Das wäre etwa so, als wenn die Zulassungsstelle einen neuen KFZ-Schein nebst gültiger Zulassung ausstellt, weil dem Fahrzeughalter zuvor vom TÜV-Prüfer die Plakette für das Fahrzeug wegen diverser Mängel und Auflagen verweigert wurde.

Der somit erneut per Karte ausgewiesene Zustand der Gerüste: intakt. Natürlich.

Wenn man hier Absicht unterstellt -was angesichts der Anzahl still gelegter Gerüste nahe lag- wäre das sicherlich strafrechtlich relevant gewesen. Spätestens im Fall eines Schadensszenarios mit Verletzten, hätte unser Gerüste-Muckel dafür reichlich strammstehen – und hoffentlich in die Hosentasche greifen dürfen.

Wir, die draußen arbeiteten, waren zur entscheidenden Beurteilung der Gerüste natürlich entsprechend unterwiesen. Und wenn wir uns einmal im Unklaren über die notwendige Maßnahme waren, standen wir in regelmäßigem Kontakt zu Ahab. Nicht nur ich – mehrere HSE´ler. Insofern war unser Rückgrat bei entsprechenden Sperrungen auch recht breit.

Es gab indes viele fachliche Gründe, den Gerüste-Verantwortlichen abzuschießen. Allerdings war da dieses hartnäckige Gerücht von den Beiden, die sich den Handschlag für das Geschäft in Umgebung des verwegenen Horizontal-Ambientes gegeben haben sollen. So wurde gemutmaßt, dass die Freistellung zur Bekanntgabe des frivolen "Geschäftegebarens" geführt hätte und noch weitere Köpfe gerollt wären - auch weiter oben.

Persönlich ist es mir gleich, wo die Verantwortlichen ihre Geschäfte machen. Nur darf dabei natürlich nicht der Verdacht von Vorteilsnahme, Bestechlichkeit oder eines generell korrumpierbaren Verhaltens aufkeimen – und das dürfte im Rotlicht-Milieu schon von Haus aus gegeben sein. Und wenn dann noch an so einem inkompetenten Männchen bei derart umfangreich nachgewiesenen Verfehlungen festgehalten wird, drängt sich der Verdacht eines speziellen Interessenausgleichs sogar mit Nachdruck auf – Gerücht hin, Gerücht her.

Dabei dürfte die BASF in der Bewältigung derartiger Sachverhalte gar nicht so ungeübt sein. Immer wieder warten frei verfügbare Medien mit Korruptionsskandalen in der BASF auf – z.B. in 2010. Mit einem Gesamtschaden von 27 Millionen Euro. Natürlich begonnen bereits im Jahr 2000. Und - wen wunderts? Es war im Gerüstbau. Insofern kann der BASF hier schon eine entsprechende Reputation auf dem Gebiet zugesprochen werden.

Und während jeder normal verantwortlich Denkende, diese Situation zum Anlass der Kündigung betreffender Personen genommen hätte, durfte der "Kollege Gerüsthäuptling" bleiben. Warum? Man weiß es nicht – es war das klassische Peter-Prinzip.

Ahab hatte mittlerweile erreicht, dass tägliche Gerüstbegehungen im Beisein der BASF stattfanden. Es wurden in Folge einige Gerüste gesperrt und andere nicht. Geschätztes Verhältnis: 25:75. In Anbetracht Ahab's besonderer Art bei aus kommunikativer Veranlassung heraus erforderlichen Interaktionen: ein gut vorstellbares und auch akzeptables Ergebnis. Für alle Seiten.

Eine regelmäßige Rückmeldung durch Ahab sorgte endlich auch dafür, dass es zunehmend deutlich weniger Probleme in der Arbeitsstruktur gab. Die Beschwerden reduzierten sich, weil die Pläne der Begehungen und Sperrungen transparenter gestaltet wurden. Immer seltener gab es Adhoc-Sperrungen zu Lasten der dort aktiven Arbeiter. Es konnte nach und nach vor Ort tendenziell effizienter gearbeitet werden, so dass langsam eine Basis geschaffen wurde, die verzahntes Arbeiten zumindest ermöglichte.

Apropos verzahntes Arbeiten. Einen SiGeKo gab es nicht. Also doch, es soll ihn schon gegeben haben. Sagte man. Er war wie ein Schatten. Zuerst soll es Bux gewesen sein. Der hatte mir das auf Nachfrage sogar bestätigt. Aber er war es dann doch nicht mehr. Er wurde von der Aufgabe entbunden und folgend zum administrativen HSE-Manager erklärt. Gründe dafür äußerte er nicht. Jetzt war es jemand anderes, auch aus seinem SiGeKo-Verein. Ich hatte gehofft, mich mal irgendwann mit demjenigen austauschen zu können.

Richtige Besprechungen sollte es aber weder geplant geben noch bis dahin gegeben haben.

"Nöö", dachte ich mir so - "Warum auch?" Bei bis zu über 1700 Mann on Site, zig zeitgleich nebeneinander beschäftigten Gewerken, mehreren Sub-Kontraktoren in einer Linie, über 25 unterschiedlichen Nationen, überall präsenten, gefährlichen Tätigkeiten, Gefahrstoffen ohne Ende, dynamischen Kranaktivitäten und erheblicher Wochenendarbeit bei sich einstellendem Winter - warum also?

Es reichte ja schließlich aus, wenn ein bis aufs Unübersichtlichste gestalteter SiGe-Plan an zwei Stellen des Baufeldes hängt, dessen Status alles war - nur nicht aktuell.

Kennen gelernt habe ich ihn dann später doch noch - unseren SiGeKo. In meiner letzten Woche. Durch Zufall – bei Rot an der Ampel.

Die Begründung für jede Maßnahme -oder deren Unterlassung- war hier nur Eines: Kosten. Es gab auch keinerlei Priorisierung zwischen Geld und Termin. Dass Termine gehalten würden, war klar. Dass es kein Geld kosten würde, auch. Worüber sollte man sich also austauschen? Wenn etwas kostenintensiv war, wurde es gestrichen. Und wenn deshalb ein Ziel drohte, erst später erreicht zu werden, dann gab es trotzdem keine Verzögerung. Schließlich kann man überall Zeit einsparen - z.B. bei Vorbereitungen, die der Sicherheit dienen - da ist ja noch nie was passiert. Oder bei Trainings und den Toolbox-Meetings. Und wenn jemand bei dem künstlich erschaffenen, unsicheren Arbeiten "erwischt" wurde? Ja - der musste dann halt gehen. Es gab genug andere, die den Job machten – die Umstände waren egal. Vieleicht aus seinem Nachbarland. Oder dem Nachbarland des Nachbarlandes. Auch egal.

Der Kostenquell hatte hier einen skurrilen Verlauf - das hatte ich bereits bei meinem ersten Intensiv-Gespräch auf der Rohrbrücke von Ködel erfahren. Er sagte mir seinerzeit, dass mein Verein ins Rennen gekommen sei, weil es mit der vorhergehenden Firma Probleme gegeben haben soll. Insbesondere die HSE-Mitarbeiter sollten nicht akzeptabel gewesen sein (wie auch immer die Wertung zu interpretieren war). Bis auf die Beiden, die übernommen wurden – Hanni und Nanni.

Allerdings hatte mein Verein gesamtheitlich das größte Stück vom Kuchen bekommen - also inkl. der Dienstleistung für viele Gewerke (Sub´s). Der Zuschlag erfolgte sehr schnell - zu Discount-Preisen - so seine Darstellung. Zu Preisen, die niemals hätten eingehalten werden können, da angeblich bereits das initial monetäre Einnahmevolumen für das Unternehmen geringer war, als dessen Ausgaben. Allerdings hätte mein Verein angeblich ein Sicherheitsnetz eingebaut. Mit Fokus auf bestimmte Teilabschnitte seien diese unter fest definierten Kostenvolumina mit Terminvorgabe fertig zu stellen. Sollten diese Termine jedoch überschritten werden, so würde per Stunde abgerechnet - angeblich zu überhöhtem Lohn, so seine Version.

Bitte? Ich bestimme als Dienstleister meinen Termin selbst, beeinflusse die Voraussetzungen zur Fristeinhaltung auch durch meine Dienste und werde bei Überschreiten belohnt? Wie krude ist denn eine solche Inszenierung? Natürlich kann diese Angabe nicht belegt werden, da sich naturgemäß hierzu kein Verantwortlicher äußern würde. Allerdings fügt sich dieses Indiz nahtlos in die Vorgänge auf dem Baufeld ein, auf dem unser Verein einerseits die Arbeits- und Fertigstellungs-Verläufe in eigener Regie steuern konnte: es half dem eigenen Interesse, möglichst schnell aus dem defizitären in das profitable Baugeschäft zu gelangen. Andererseits erklärte es die -zumindest angebliche- Besorgnis bei der Korrektur der Sicherheitsmängel von Bestandsgerüsten. Deren Beseitigung -wie bekannt- tatsächlich unter fadenscheinigen Begründungen und Vorgängen facettenreicher Manipulation faktisch niemals durchgreifend veranlasst wurden.

Ebenfalls passte der dienstliche Umgang mit Ahab dazu, der unseren Verein aufgrund seiner profunden und umfangreichen Mängelbekundung in essentielle Interessenkonflikte gebracht hatte und der ihn daraufhin loswerden wollte. Abgerundet -man kann es auch als Bestätigung werten- wurde dieses Konstrukt durch das Interesse der BASF, das vorsah, Ahab wiederum in genau dem Sektor weiter zu beschäftigen. Die BASF schlug so zwei Fliegen mit einer Klappe. Mit ihm hatte sie jemanden, der bereits die gröbsten Probleme umfangreich dokumentiert hatte und sowohl den Zustand des Materials als auch das

Gelände kannte, wie kein anderer. Zudem konnte die BASF so dem Damokles-Schwert des drohenden Pay-per-Hour-Prinzips entgegenwirken – wenn es das denn überhaupt als „Strafe" gegeben hatte.

Nach Inkrafttreten des Pay-per-Hour-Prinzips wäre die Profitabilität für meinen Verein übrigens demnach besonders hoch gewesen. Grundsätzlich wäre jede reguläre Anwesenheits-Stunde bezahlt worden - zu mutmaßlich erhöhtem Tarif. De facto wäre jede Stunde nach pauschal durch die HSE-Abteilung erstelltem Wochenplan (z.b. 500 Arbeiter zu je acht Stunden) gegenüber der BASF abgerechnet worden. Die Arbeiter hätten indes nur ihre reguläre, tatsächliche Arbeitszeit vergütet bekommen - die mitunter trotz ihrer Anwesenheit auf dem Baufeld (z.b. bei einem spontan gesperrten Gerüst) auch mal gen Null ging.

Ein derartiges Prinzip auf dem Baufeld angewandt und eine effiziente Strukturlosigkeit demnach -wie umfangreich geschehen- selbst-verwaltend zu fördern, dürfte sich in der vorliegenden Größenordnung als recht lukrativ erweisen.

Entsprechend würde sich nicht nur das Desinteresse unseres Gerüste-Muckels daran erklären, Gerüste praktisch instand zu setzen und begehbar zu halten, sondern auch, warum der HSE-Bereich bis dato derart unstrukturiert war. Zumal unserem Häuptling Fisch bei unserem Verein durch seine Festanstellung beste Interventionsmöglichkeiten zur Verfügung gestanden hätten. Eigentlich. Dass mit Conchita dem hingegen ein überaktiver, sehr sensibler und unstrukturierter Freelancer das Chaos bestimmte -und dies auch kontrolliert erhalten wurde- erklärte sich demnach ebenso.

Sollten diese Mitteilungen und Annahmen der Wahrheit entsprechen, läge ein Vergleich mit den verwobenen Strukturen der FIFA nahe - ein brillantes Beispiel der Umweg-Rentabilität. Vielleicht nicht bis in jede Einzelheit durchdacht und geplant – dennoch durch die gegenseitige Ergänzung aller Einzelheiten gerne angenommen. Wenn es denn so war, wie Ködel seinerzeit angedeutet hatte. Vielleicht hatte er sich aber auch einfach nur falsch ausgedrückt. Oder ich mich verhört – und alles sind nur Zufälle. Ja, vielleicht...

Während von derartig skurril anmutenden „Interessenkonflikten" auf Management-Ebene diverse wahrzunehmen waren, wurden auf dem Baufeld die Strukturen immer klarer. Zuständigkeiten erhielten Gesichter und die Positionierungen -auch unserer HSE-Mannschaft- wurden immer verbindlicher.

Noch lange nicht verbindlich genug - eine klare Tendenz war aber immerhin erkennbar.

Mittlerweile musste ich wieder immer mehr Meetings wahrnehmen und auch Abläufe mit Bux & Ködel klären. Vierzehntägig hatten wir ein Meeting mit beiden HSE-Truppen. In deren Container stattfindend - mit manchmal über 20 Mann. Es gab belegte Brötchen und Kaffee für alle. Zuckerbrot & Peitsche - im wahrsten Sinne des Wortes. Und beim Betrachten der Verhaltensweise unserer HSE-Truppe, musste man peinlich berührt gestehen; es hat gewirkt... Es glich mitunter einer Orgie zum Fremdschämen - als wenn unsere Jungs sonst nichts zu essen bekommen hätten und im Busch leben würden. Je öfter man daran teilnahm, desto klarer und offensichtlicher war die Rollenverteilung.

Einige fraßen wie ich es nicht näher beschreiben mag und wenn sie redeten, dann mit vollem Mund. Thematisch war für sie dort vor Ort i.d.R. alles ok. Kritik kam dann, wenn das Meeting vorbei war - bei uns „zu Hause". Die Neuen saßen zumeist in der zweiten Reihe, waren still und schauten sehr verstohlen drein.

Und dann gab es die, die fast immer irgendwie teilnahmen - also auch aktiv. Wir aßen normal -wenn überhaupt- und begrenzten uns auf maximal ein Brötchen. Auffällig war, dass ich immer der Einzige war, der mitgeschrieben hatte – selbst, wenn mir mal nur eine Serviette zur Niederschrift diente, über die sich Bux amüsierte. Dokumentieren war wichtig. Überhaupt wurden Meetings viel zu wenig dokumentiert.

Ein dringender Vorschlag zur Qualitätssteigerung meinerseits war, das durch mich initiierte Morgenmeeting auf dem Baufeld, was mittlerweile zwar regelmäßig stattfand aber immer noch in der Teilnehmer-Anzahl überschaubar war, verpflichtend für alle zu machen. Der Vorschlag kam an und das Meeting wurde etabliert. Kurzum: ich war begeistert - fast. Dieses eine Mal.

Wie bereits erwähnt; es war für mich nicht nachvollziehbar, warum ein bis dahin über 2 Jahre laufendes Baufeld unter der Betreuung eines angeblich international sehr erfahrenen Haupt-Kontraktors bis dahin nicht mit regelmäßigen Briefings gearbeitet hat. Beschweren über mangelhaften Austausch ging doch auch – warum also nicht mal Ursachen-orientiert vor Ort und just-in-time arbeiten?

Vermutlich aber wurde der Konkurrenzkampf als so groß wahrgenommen, dass Wissensaustausch untereinander als No-Go angesehen wurde...

Vielleicht zählte aber das TDI-Baufeld für den Haupt-Kontraktors auch mehr als notwendiges Übel, denn als Referenz-Projekt? Oder wie wäre es sonst zu erklären, dass ein deutsches Milliarden-Bau-Projekt nicht auf dessen Internet-Präsenz gewürdigt und wesentlich kleineren Unternehmungen der Vorzug gegeben wurde?

Das Schweigen der Lämmer

Das Baufeld war also über zwei Jahre alt - und mir fielen immer mehr operativ-strukturelle Probleme auf, die für sich bereits zu Beginn der Bauphase abschließend und suffizient hätten geklärt werden müssen. Alarmierungen und Baufeld-Evakuierungen verliefen desaströs – eher unkoordiniert wie Räumungen unter dem Aspekt direkter Bedrohung. Hilfeleistung und medizinische Versorgung offenbarten sich als durchgreifend defizitär, zur Rettung notwendige Strukturen waren nicht einmal mit viel Phantasie zu erahnen, die Schulung der Arbeiter erwies sich in vielen Bereichen - geschmeichelt- als eher suboptimal. Derartige Basis-Mängel sollte es nach einem solchen, aktiven Zeitfenster, nicht mehr geben.

Nein, korrekter Weise muss es heißen: derartige Mängel darf es nach solch einem Zeitfenster einfach nicht mehr geben – ohne Ausnahme und ohne Zugeständnisse.

Als erster Trigger meiner diesbezüglich ausgelösten Neugier über die ganzen Notfallstrukturen fungierte eine aufgrund einer stattgefundenen Explosion ausgelöste Werk-Alarmierung. Verursacht durch Bauarbeiten in einem Wohngebiet außerhalb des Werkes. Bei der Explosion stieg eine weithin sichtbare Rauchsäule empor. Für auf dem Werkgelände Arbeitende war es in den ersten Minuten nach der Explosion nicht ersichtlich, wohin die Rauchwolke zog und ob die Ursache noch innerhalb des Werkgeländes zu finden sei – die Entfernung war nicht konkret abschätzbar. Ein Alarm wurde ausgelöst und das Baufeld geräumt. Ich hatte mich zuvor im Werk-Restaurant unweit des Baufeldes aufgehalten und wollte es gerade mit einem Kollegen des Gerüstbaus verlassen, als der Alarm startete. Der Sammelpunkt war bei exakt diesem Restaurant gleich um die Ecke herum. Aus der Ferne konnten wir die Alarmierung nicht dem Baufeld zuordnen - so wurde dem Kollegen des Gerüstbaus und mir erst durch die große Anzahl der Arbeiter, die gerade das Baufeld in unsere Richtung -also Richtung Sammelpunkt- verließen, klar, dass bei uns etwas passiert sein musste.

Man muss sich das vorstellen wie eine bunte Krabbenwanderung. Ein spontan ausgelöster Menschenstrom von rund tausend Leuten in eine Richtung.

Etwa als wir auf die ersten der Arbeiter trafen, hatte ich erstmals Sicht auf die Rauchsäule - sie lag schräg hinter uns. Aus der Menge hielt ich den Biker an und fragte, was los sei. Eine veritable Antwort erhielt ich nicht. Auf meine Frage, weshalb denn alle in Richtung der Rauchsäule laufen und meiner Kurz-Erklärung, warum dies falsch sei, erhielt ich so etwas wie "Anordnung von der Feuerwehr.".

Sie liefen alle in Richtung Rauchsäule. Keiner wusste, wo die Explosion war oder was für Gase freigesetzt wurden. Die Windrichtung war ebenfalls nicht erkennbar – auf den Baufeldern nachvollziehbar, weil sich der Wind stets wechselhaft in alle Richtungen bewegt. Auf der Fluchtroute, weil es die BASF -vermutlich aus Kostengründen- versäumt hatte, an den wichtigen Punkten Windsäcke zu installieren.

Von rund tausend Leuten liefen nur der Gerüst-Kollege und ich in die richtige Richtung. Zwei Promille – eine schlechte Bilanz. Selbst vermeintlich taffe Leute, wie der Biker schienen unstrukturiert und angespannt. Der mich begleitende Kollege meinte damals zu dem dahinwandernden Arbeiter-Mob: "Schau´ sie Dir an. Wie die Lämmer zur Schlachtbank." und hatte mit dem Vergleich durchaus Recht – Mainstream praktisch gelebt. Nicht auszudenken, wenn die Wolke in unsere Richtung gekommen wäre – obgleich auch die sichtbare Wolke nicht bedeutet, dass sich potenziell giftige und unsichtbare Gase eben ausschließlich dort in der Wolke befinden.

Auch gerne in der BASF als Hinweis auf die eigene Fehlerfreiheit genommen: „Das machen doch alle so." – und völlig irritiert, wenn man darauf hinweist, dass ein Fehler nicht dadurch besser wird, dass er häufig oder durch viele begangen wird…

Unterwegs trafen wir auf der Hauptstraße, die an dem Baufeld vorbeiführt, ein Einsatzfahrzeug der Werkfeuerwehr – natürlich in unsere Richtung fahrend. Wir wurden etwas belehrend angegangen, dass niemand mehr hier draußen sein dürfte. Dieser Rüffel galt natürlich insbesondere mir, der als HSE-Muckel an dem Helm in giftigem Orange - vergleichbar mit einem „Not-Aus-Knopf"- unweigerlich und eindeutig als ein Zuständiger des Ressorts HSE über die Weite einer Prärie hin zu erkennen war.

Ich stimmte zu – die Kollegen hatten ja Recht. Grundsätzlich. Auf meine direkte und unverblümte Frage hin, wer denn die dämliche Idee besessen habe, die Leute in Richtung Geschehen zu schicken, erhielt ich keine sachdienliche Antwort. Ja – in solchen Situationen hielt sich meine Diplomatie schon immer versteckt. Der Pöbler in Rot fuhr -sichtlich ertappt- die Scheibe hoch und gab Gas in Richtung des fliehenden Arbeiter-Mobs. Wir gingen weiter in Richtung unserer Büros. Derweil vermittelte der Alarmierungsumfang den Eindruck einer länger andauernden Geschichte.

Erich war im Büro und sichtlich sauer. Er hatte sich vor seiner Abreise ins verlängerte Wochenende verquatscht und musste nun durch den Alarm im Werk verbleiben. Vielleicht mal ein wenig sparsamer lästern, dachte ich noch. Auf meine Frage hin, ob denn jemand in unserer Containerburg herum gegangen sei und alle Kollegen zur Schließung der Fenster - auch auf den Toiletten- und zur Abschaltung der Klimaanlagen aufgefordert habe, antworteten mir nur zahlreiche, entglitten-fragende Gesichter. Dass Erich seine Untätigkeit und Verwunderung sogleich mit seinem eigentlichen Feierabend rechtfertigte, hätte ich bereits zuvor aufschreiben können. Auch, dass sein Dienstende -per kurzem Blick auf seine Anwesenheits-Liste bestätigt- bereits in der Zukunft lag, war auch schon zuvor klar. Vielleicht hatte der Erich ja sogar hellseherische Fähigkeiten…

Natürlich wurden dann noch schnell alle Fenster geschlossen – im ganzen Komplex. Das Gesamtszenario des Alarms dauerte etwa zwei bis drei Stunden an. Der Alarm wurde später ohne weitere Besonderheiten aufgehoben.

Die Kosten für einen Alarm kann man sich leicht ausrechnen. Pro 100 Mann bei einer durchschnittlichen Lohnbezifferung von ca. 40 Euro (an die End-Kontraktoren) ergibt jede Stunde 4000 Euro Kosten-Defizit. Allein meinen Verein haben die drei Stunden also -bei angenommenen 500 gestellten Arbeitern- etwa 60.000 Euro gekostet.

Ob „nur" bilanziert oder durch z.b. erforderliche Mehrarbeit tatsächlich geleistet, ist dabei unerheblich. Und schließlich kommt dann auch noch der Stillstand der Bauarbeiten auf die Rechnung.

Dieser Annahme vorausgesetzt ist, dass die Alarmierungszeit als Arbeitszeit gewertet werden würde und nicht nur in Rechnung gestellt (denn dann wäre es ja ein Gewinn...).

Es ist grundsätzlich ok und in jeder Hinsicht gerechtfertigt, wenn die Alarme begründet sind oder aus grenzwertig unsicherer Situation heraus ausgelöst werden - gar keine Frage. Wenn ich jedoch Alarm auslöse und die Betroffenen in die Richtung des Ereignisses schicke, entbehrt die Auslösung der Alarmierungskaskade bereits im Ansatz jeder Logik - und auch Notwendigkeit, da der ursprüngliche Aufenthaltsort allemal sicherer ist als die „Flucht" in Richtung Geschehen.

Und auch, wenn die Alarmierung bereits zum Zeitpunkt des Auslösens bei der Feuerwehr-Leitstelle als unnötig zu erkennen gewesen sein muss (eine punktuelle Baufeldräumung in zwei Kilometern Entfernung zum außerhalb des Werks und innerhalb eines Wohngebietes gelegenen Schadenbereichs macht nun mal keinen Sinn), muss man der Feuerwehr als Solches eines zugutehalten. Wenn ein Prozess in Gang gesetzt wurde, lief dieser komplett durch. Konsequent. In diesem Fall dummerweise die gesamte Alarmierungskaskade – für 1000 Leute.

Das bedeutet aber auch, dass seitens der Verantwortlichen (in diesem Fall die Feuerwehr-Verantwortlichen und die administrative HSE-Führung des Haupt-Kontraktors (Bux)) alle auszuführenden Maßnahmen veranlasst werden müssen, wie bei einem regulären Notfall auch. Oder eben unterlassen, wie im besagten Fall. Die Feuerwehrkräfte vor Ort wurden beispielsweise lange Zeit nicht über den Hintergrund der Explosion informiert.

Oder es wird einfach vergessen, zu entwarnen und die betroffenen Arbeiter dürfen formal die ganze Zeit auf einer Wiese stehen. Auch sinnbefreit. Und teuer.

Und leider durchlaufen auch ohne jegliche Veranlassung ausgeführte -also unbegründete und unnötige- Alarmierungsprozesse diese Kaskade bis zum bitteren Ende. Ebenso, wie sämtliche andere, interne Werk-Algorithmen, die nach einmaliger Auslösung ihre eigene Struktur durchlaufen und nicht mehr zu stoppen sind. Wir erinnern uns an die Abläufe mit den Prüfungsfragen…

Flexibilität -wie eigentlich insbesondere in der Planung von Notfällen und Katastrophen notwendig- ist in der BASF ein Fremdwort. Das ist unverantwortlich und auch deshalb doppelt tragisch, weil bereits die Infrastrukturen vom verfügbaren Platz her nur sehr reduzierte Möglichkeiten für Bekämpfungsstrategien für Schäden erlauben. Diese wenigen Möglichkeiten nicht schon in der Planung optimal zu nutzen, gepaart mit der mangelnden Flexibilität in der Ausführung heißt für die BASF, auf Chancen zu verzichten.

Zurück zu den Kosten eines solchen Alarmierungsfalls, wird natürlich auch mein unternehmerisch denkendes Herz gereizt, unnötige Kosten entsprechend zu vermeiden. Insofern kann man recht einfach die finanzielle Belastung solcher Szenarien querrechnen.

Für die BASF summieren sich zu den Kosten der untersten Kontraktoren, buchhalterisch noch die Vermittlungsaufschläge der höheren Sub-Kontraktoren hinzu sowie gleiche Kosten weiterer Kontraktoren, die nicht unserem Verein zugehörig waren. Geht man jetzt von 1000 betroffenen Arbeitern für drei Stunden aus, so sind pro derartigen Alarm das Doppelte der vorher 500 Arbeiter zzgl. der Aufschläge der Sub-Kontraktoren (im Gesamtschnitt angenommene 30%), fällig. Gesamt also gerundete 160.000 Euro.

Weiter angenommen, es gäbe pro Woche eine vergleichbare Baufeldräumung vorliegenden Beispiels, so würde letztlich die BASF inkl. der angenommenen Vermittlungs-Margen, pro Monat rd. 640.000 Euro für "Arbeitsfreizeit" durch

Alarmierungen begleichen müssen. Hinzu kommen die hierfür monatlich 12 Stunden aufgebrachte Zeit -also 1,5 Tage- an Arbeitsverzug. Dieser Aufwand entsteht und muss getragen werden – von wem auch immer.

Alarme gab es häufiger - nicht immer über drei Stunden, dafür aber ab und an auch mal zwei in der Woche.

Nach einem Jahr kämen so schlicht 7,68 Millionen Euro für diese Szenarien zusammen - und 18 Tage freie Zeit für alle. Das bedeutet an Arbeitstagen auch fast einen Monat Verzug. Unternehmerisch nur zu rechtfertigen, wenn es die Alarme auch sind.

Und hier beißt sich die Katze erneut in den Schwanz. Wir hatten regelmäßig Alarme. Die meisten Alarme haben sich als völlig ungerechtfertigt herausgestellt. Genau genommen, kann ich mich nur an einen einzigen Alarm erinnern, der zur Räumung gerechtfertigt war – und den musste ich noch selbst auslösen. Es hatte also sogar Situationen gegeben, bei denen es schlichtweg unterlassen wurde, notwendige Alarme auszulösen. Wer jetzt annimmt, dass dann die notwendigen, aber unterlassenen Alarmierungen finanziell die nicht notwendigen -aber ausgelösten- Alarmierungen kompensieren, der hat -bedingt- zwar rechnerisch Recht, der unternehmerische Sinn und Zweck für Alarmierungen ist ihm jedoch entgangen.

Mit diesen Vorfällen, wurde ich ein "enger Vertrauter" der Werkfeuerwehr. Das war sicher wider deren Willen und lag vermutlich auch daran, dass ich mich bei Zwischenfällen um einen sehr engen Kontakt zur Feuerwehr bemühte, in dem ich mich regelmäßig bei der Leitstelle nach dem exakten Status erkundigte. Genau genommen lag es nur daran.

Ich hatte festgestellt, dass man sich hervorragend Informationen hinsichtlich aktueller Alarme & Co. über die Leitstelle einholen konnte. Die Disponenten überraschten mich sogar zeitweilig mit ihrer Auskunftsfreude - die jedoch in dem Moment versiegte, als der Alarm vorbei war. Informationen über Alarmierungsgründe hatte man im Nachgang keine mehr erwarten können. Ob da ein Kubikmeter Salzsäure oder nur Wasserdampf entwichen war, erfuhr man nicht mehr. Die Aufklärung im Nachgang war also gleich null – wenn man aber gezielt bohrte, zuvor aus erster Hand.

Ich glaube, ich habe im Verlauf des Projektes die Leitstelle häufiger angerufen, als so mancher Kollege seine Frau.

Als zweiter Trigger meiner ausgelösten Neugier, mir die Gefährdungssituation innerhalb des Werks genauer anzusehen, ist mir ein Erlebnis mit Ahab in Erinnerung. Allerdings hatte ich bereits einmal zuvor das "Vergnügen", einen separaten Bauabschnitt hinsichtlich der Gerüste mit ihm zu begutachten. Jetzt stand eine große Freilagerfläche für Dinge des täglichen Baufeld-Bedarfs auf unserer Liste. Mit überdachten Teil-Bereichen - weit ab vom eigentlichen Baufeld und etwa 15 Minuten Autofahrt durch das Werk entfernt.

Bei dieser besichtigten Baukonstruktion mittels Gerüstkomponenten erstellter Dächer, Verschlägen und deren Absicherungen, wurden Erinnerungen an meine Kindheit wach. Erinnerungen an die Zeiten, in denen man Cowboy & Indianer gespielt und zur Stabilisierung von Wigwam oder Zelten nach immer neuen Befestigungsmöglichkeiten an Büschen, Ästen oder Dachrinnen gesucht hatte.

Der von Ahab verfasste Mängelbericht zu dem Bauabschnitt fiel entsprechend eindeutig aus und legte die partielle Schließung der überdachten Anlagenbereiche nahe, resp. die sofortige Mängelbeseitigung. Ich denke, die Anlage wird dort heute noch unverändert genutzt – sofern sie nicht bereits in sich zusammengebrochen ist. Oder weggeflogen.

Die Begehung mit Ahab war sehr interessant - und aufschlussreich. Allerdings war meine persönliche Motivation zum Besuch der Anlage eine Andere.

Unsere Mannschaft war mittlerweile in der Basis ganz akzeptabel aufgestellt - jeder von uns hatte so seine Schwerpunkte. Und wir hatten auch einige wirkliche Spezialisten im Team. Z.B. Ahab für den Gerüstbereich, einen weiteren Kollegen für die Elektrik (nein, nicht den mit den Fischfingern) oder mich für den Bereich Notfallmanagement. Diese Informationen gelangten nach und nach auch an die Ohren der HSE-Mannschaft von Bux und Ködel.

Ein Kollege darunter war -so sagte man- einstmals höher gestellt und irgendwann "degradiert" worden. Man merkte deutlich, wie sehr er sich um das Herausstechen seiner Arbeit bemühte. Er war an sich freundlich - wenn auch mitunter sehr penetrant. Nennen wir ihn -in Anlehnung an Inspektor Columbo- Colli. Colli war sehr genau. Und sofern er sich noch nicht verbissen hatte, konnte man ihn eigentlich auch von Kompromissen überzeugen.

Er hatte mich schon seit längerer Zeit darum gebeten, ihn in seinem Außenbereich mal wieder zu besuchen. Erich hatte es ihm schon diverse Male zugesagt – es war schließlich seine Zuständigkeit. Allerdings mochte unser Erich den Colli nicht besonders - hatte aber keinen Arsch in der Hose, ihm das ins Gesicht zu sagen. Bei dieser Zweier-Konstellation konnte man schnell merken, dass Erichs Freundlichkeit gespielt war, denn, wenn sie nicht wie gewohnt fruchtete und im freundlichen, aber lösungsfreien (!) Zustand endete, war er leicht genervt und wirkte angespannt. So sah er also zu, die Termine mit Colli möglichst galant zu umgehen.

Da es innerhalb des Bauabschnitts auch Defizite in der Alarmierungskaskade gab, ist Colli seinerzeit zu mir gekommen. Wir vereinbarten insofern einen Termin zur Begehung. Den Termin, an dem Ahab gleich die Gerüste und Dächer untergebracht hatte, nutzte ich also zusätzlich, um die Anlage unter dem Aspekt des Notfallmanagements unter die Lupe zu nehmen - was sich übrigens als Desaster herausstellte.

Den Werk-Alarm konnte man nicht vernehmen (wie erwähnt - es war recht weit entfernt gelegen), ein Notfall-Faxgerät funktionierte nicht mal im Normalfall, das Büro vom Außenfeld war selten besetzt, der Funkempfang reine Glückssache, die Arbeiter dort hatten keine Handys und sprachen weder Deutsch noch Englisch. Insofern wäre unterm Strich auch eine Räumung der Freilagerfläche im Ernstfall reine Glückssache gewesen. Bei Gasausbreitung wären die Jungs vermutlich einfach umgekippt - das Areal lag in einer von einem Wall umgebenen, leichten Senke. Immerhin – dank unseres wöchentlichen Besuchs hätten die Arbeiter in dem Fall vermutlich nur eine Woche vor Ort gelegen...

Natürlich war auch diese damalige Situation zuvor in ihrem vollen Umfang unbekannt. Also musste zur erweiterten Erhebung eines umfassenden Gefährdungsstatus´ die fokussierte Begehung her.

Zwar gab es vorab zwischendurch immer wieder Ungereimtheiten in grundsätzlichen Abläufen und der Versorgung. Jedoch etwas seltener in den Größenordnungen eines Gesamt-Alarms oder der geplanten Gerüstbegehung mit dem Kollegen. Insofern konnte ich aus den mir zuvor bekannten Begebenheiten keine grundsätzlichen Missstände für das Werk ableiten. Nicht bis zu diesem Zeitpunkt.

Wie erwähnt, hatte ich mehrere Begehungen von Ahab begleitet. Allerdings waren mir diese Begehungen ein Greul. Wohlgemerkt; nicht fachlich. Bei zwei Begehungen wurde ich bereits recht schnell am Anfang von den Kollegen wg.

irgendwelcher Probleme oder notwendiger Gegenzeichnungen anderweitig angefordert, so dass ich diese Form der Mobil-Meetings unterbrechen musste. Eine - die letzte- Begehung hatte ich selbst aufgrund fehlenden Benefits abgebrochen. Da das Einzige, was vorab jeweils definiert war, den Ort der Begehung betraf, konnte ich nicht beurteilen, was im Anschluss wie und mit wem ausgetauscht wurde.

Während einer anderen Begehung jedoch fiel auf, dass die vielleicht acht Mann starke „Begehungsgruppe" sich immer wieder in Grüppchen unterschiedlicher Größe spaltete. Zudem haben sich -i.d.R. die BASF'ler- häufiger separiert, um Interna zu besprechen. Und auch der Umgang mit den vorgefundenen Situationen war derart zäh, dass ein Entscheidungs-affiner Mensch wie ich es bin, schnell Unbehagen verspürte - was sich nicht nur in Sodbrennen äußerte, sondern auch klaren Worten.

Mit einer Gesprächsgestaltung, die von "können wir dann ja...", "ich glaube, wir sollten..." und "meinst Du nicht, es wäre vielleicht besser..." in der X-ten Wiederholung dominiert wird, fühle ich mich ausgesprochen überfordert. Hier kommt wieder meine Prägung aus der Notfallmedizin durch. Da werden Parameter erhoben, analysiert, Entscheidungen getroffen und ausgeführt – mit unmittelbarem Ergebnis. Schnell, transparent und gerade. Mit ewigem Herumgeeiere, zudem Karriere-technisch und Berufs-politisch begründet, werde ich einfach nicht warm. Das ist nichts für mich – nicht, wenn es um die direkte Sicherheit von Menschen geht. Wenn man dann noch diese Angst der BASF'ler förmlich schmecken kann, sich gegenüber ihrer Chefs bloß keine falschen Freiheiten herauszunehmen, wird das Ganze schier unerträglich.

So muss es Hunden gehen, wenn sie sich jemandem gegenüber sehen, der seine Angst durch Körperhaltung, Gestik, Atmung und Angstschweiß zum Ausdruck bringt. Wäre deren Cheffe jetzt ein Köter, würde er in solchen Momenten beißen. Vielleicht hat er aber auch schon.

Natürlich steht einem konstruktiven Austausch nichts entgegen – er ist sogar ein Muss. Aber bitte kurz, knapp und mit offenem Visier – und mit Ergebnis. Das Ergebnis kann auch ein Konsens sein oder die Feststellung notwendiger Nacharbeitung für ein später bleibendes Resultat. Ein Ergebnis ist jedoch nicht im Konjunktiv gehalten und auch nicht von Hypothesen und Eventualitäten flankiert. Den „mutmaßlichen Verdacht" einer „eventuell angenommenen Vermutung" kann man sich in solchen Situationen getrost sparen.

Ich habe mich oft gefragt, wozu die Leute hier sind - sowohl in meinem Verein, als auch bei allen anderen. Also wir, die HSE'ler, die Safetys. Ein Kollege hatte bereits einmal Ärger bekommen, weil er einen BASF'ler nebst seiner Begleitung auf dem Feld gerügt und angewiesen hatte, Schutzkleidung anzuziehen, wenn sich diese noch weiter auf dem Baufeld aufhalten wollten. Da waren die BASF'ler recht eigen - von Externen wurde da wenig angenommen - Ausnahmen erstmal außen vor.

Insofern konnte man bereits nach kurzer Zeit einen Strich unter den Bereich Arbeitssicherheit ziehen: Wir waren hier, weil wir hier sein mussten und nicht, weil jemand Interesse an Arbeitssicherheit hatte. Statisten waren wir, ohne die jedoch nichts ging - einfach, weil wir per Gesetz eine Auflage waren – ein notwendiges Übel.

Diese ganzen Vorfälle und Feststellungen zogen sich quer durch alle Bereiche - natürlich auch bis in den Gerüstbau. Oder vielleicht besonders in den Gerüstbau?

Konsequenter Weise hatte ich ein paar Mal Extra-Stunden mit Ahab, in denen wir u. A. ein besonderes Gerüst inspizierten. Während die anderen Begehungen aber -wie erwähnt- in ihrer Erträglichkeit für mich eher leidlich waren, glich diese Begehung im Zweier-Team einem Wachrütteln, einer Erleuchtung.

Bei all den Mängeln, Gefahren und überraschenden Unwägbarkeiten, denen ich mich in den Gerüsten gegenüber sah, erinnerte ich mich an die Zeit, als es für einen Jugendlichen faszinierend war, nachts auf Baustellen und in Baggern herumzukraxeln - ohne zu wissen, was in der nächsten Grube auf einen wartete.

Natürlich war das auch schon seinerzeit verboten. Aber spannend war es allemal – rückblickend und im Vergleich leider auch sicherer. Selbst im Dunkeln.

Das betreffende, ausschlaggebende Gerüst war um eine Rohrbrücke herumgezogen, zog sich über mehrere Etagen und lag im Kern zwischen geschätzten 15 und 25 Metern

Höhe. Es gab nur einen regulären Zugang - oder den Zugang über Nachbargerüste, die mit dem zu Inspizierenden verbunden waren.

Die Rohrbrücke hatte aufgrund ihres Verlaufs in dem betreffenden Bereich einen Winkel von ca. 25° Grad in horizontaler Ausrichtung und befand sich zwar im Baufeld - aber sehr randständig. Das übliche Treiben der Arbeiter gab es dort nicht. Vielleicht hat man mal jemanden unten herumlaufen sehen - alle halbe Stunde oder so, das war alles.

Dort, wo die Gerüste im Knick der Rohrbrücke zusammenstießen, gab es deutliche Höhenunterschiede der Gerüst-Beläge, vertikal verschobene Zugangs- und Übergangsbereiche und ungesicherte Durchstiege - mitunter alles zusammen. Die dortigen Arbeitsplätze waren eng. Sehr eng. Häufig gab es nur eine gute Handbreit Platz für die Schweißer, um Schweißarbeiten zu verrichten. Das Arbeiten ging fast ausschließlich in mehrfach verbogener Körperhaltung – auch über Kopf. Die dort tätigen Arbeiter waren grundsätzlich allein. Aus Gründen der – natürlich: Kostenersparnis.

Es hatte auf dem Baufeld standardisiert gefährliche Arbeitsplätze gegeben. Sehr viele sogar. Und auch viele, die noch wesentlich schlechter zu erreichen waren. Und viele, an die noch schlechter heranzukommen gewesen wäre. Aber dann waren die Arbeiter nicht allein oder der Bereich war inmitten anderer Arbeitsplätze. Oder sie hatten einfach ausreichend Platz, so dass die Arbeiter im Ernstfall Aufmerksamkeit erhalten hätten und eine -wie auch immer gestaltete Rettung- umsetzbar gewesen wäre. In manchen Fällen hätte man es auch vorgezogen, Verunfallte nach oben heraus zu retten. Hier war das nicht möglich. Nichts von all dem.

Wenn es also einen Arbeitsplatz gab, an dem alle möglichen Gefährdungen zusammentrafen, dann wäre es dieser gewesen. Dazu kamen Bereiche, an denen die Bodenbeläge nicht nur nicht ansatzweise ordnungsgemäß befestigt waren, sondern teilweise gar nicht, so dass einen die stetige Gefahr des Wegbrechens oder Einstürzens begleitet hat. Ahab hatte mich mehrfach darauf hingewiesen, aus bereits erklommenen Bereichen sofort zurückzukehren und hatte mir deren Gefahren sogleich direkt erklärt. Da war es wieder – das Spannungs-Gefühl aus der Jugend, wenn das Gerüst in 20 Metern Höhe wackelt wie eine Hängebrücke...

Unzulässiger Weise unterschiedliche Material-Hersteller verwendet? Dort kein Problem. Unterschiedliche Gerüste-Klassen kombiniert? Natürlich. Fehlende und/oder falsche Kennzeichnung der Gerüste? Ebenfalls Standard. Partielle Gerüstsperrungen? Egal – man kam ja trotzdem irgendwie drauf.

Zusammengefasst bedeutete dieser Platz für den Arbeiter, folgende Parameter akzeptieren zu müssen:

- Arbeit allein und ohne Hilfe vor Ort; im Ernstfall keine Versorgung durch Kollegen möglich

- nahezu ungeschützt den wechselnden Witterungsverhältnissen ausgesetzt

- ungesichertes Arbeiten in Höhe, da keine Anschlagvorrichtungen vorhanden waren

- extrem gefährliche Heißarbeit (Schweißen, Flexen)

- extrem enger Arbeitsplatz - teilweise mit Flex und Schweißgerät deutlich weniger als 20 cm vom Gesicht entfernt

- Arbeitshaltung extrem unergonomisch und belastend

- aufreibende Materialversorgung durch schwierigste Platzverhältnisse bereits im Zugang

- Einbruchgefahr der Tritt-Beläge im Gerüst, Bereichsbedingt des ganzen Gerüstes

- ein Bemerkbar machen wäre aufgrund von Umfeld und Lage nicht möglich gewesen

- ein zufälliges Auffinden eines Verletzten so gut wie ausgeschlossen

- Eigenrettung bei schwereren Geschehnissen aufgrund der Umfeld-Gestaltung nicht möglich

- die Rettung eines Schwerverletzten innerhalb eines adäquaten Zeitfensters von unten aus, wäre aufgrund des einen Zugangs und der verwinkelten Durchgänge nicht möglich gewesen

- eine Rettung aus der Luft via Rettungshubschrauber wäre aufgrund nicht vorhandener Landemöglichkeit, der dortigen Luftdynamik sowie nicht abschätzbarer Oberflächen-Beschaffenheit der Rohrbrücke für sich abseilende Rettungskräfte nicht möglich gewesen

- der Zugang wäre für Rettungskräfte mit enorm hohem Risikopotenzial eigener Verletzungen verbunden gewesen
- Rettungskräfte hatten keine Kenntnis über die örtliche Umfeld-Beschaffenheit

Selbstverständlich musste der dort tätige, osteuropäische Arbeiter unter dem bekannten Termin- und Zeitdruck arbeiten - und unter der Angst um seinen gut bezahlten Arbeitsplatz als fünfte oder sechste Sub...

Die meisten Arbeiter hatten nicht mal ein Handy zur Verfügung. Im Fall einer schwerwiegenden Verletzung, wie sich z.b. zugezogenen Rippenbrüchen mit folgendem Spannungs-Pneumothorax (Lungenkollaps) oder eine sich zugezogene, arterielle Blutung (z.b. durch Flex im Bein), wäre die Situation für den Betroffenen innerhalb des Gerüstes einer sicheren Todesfalle gleichgekommen. Selbst eine "einfache", an sich kurze Benommenheit nach einem Sturz oder Anstoßen mit dem Kopf, hätte durch Bewusstlosigkeit und verlegte Atemwege schnell zum Tod führen können – unbemerkt natürlich.

Die genannten Beispiele sind übrigens keineswegs fiktiv – sie entsprechen realen Einsätzen, wie ich (und sicher auch viele andere Kollegen in der Notfallmedizin) sie bereits erlebt habe. Entsprechend sind mir sowohl das mit den Verletzungsarten verbundene Umfeld als auch die Einsatzdynamik nebst weiterem Verlauf der Betroffenen sehr vertraut.

Das Erreichen eines dort verunfallten Arbeiters, betrug - gerechnet vom Start am unteren Leiterzugang bis zum Arbeitsplatz- mit Beeilung mindestens fünf Minuten. Das hatte ein eigens durchgeführter Versuch ortskundigen Personals gezeigt - ohne vor sich herzuschiebende Geräte. Wohl gemerkt: ortskundig, und ohne sperriges Rettungs-Equipment – also „nackig", sozusagen.

Stattet man die Retter jetzt mit ihrem Versorgungsmaterial aus und berücksichtigt, dass sie den mit einem Spiegellabyrinth vergleichbaren Bereich (man sieht, wo man hin muss, weiß aber nicht wie) nicht ansatzweise kennen, so kann man von getrost zehn Minuten (+) ausgehen, die die medizinische Erstversorgung benötigen würde, sofern sich die Rettungsmannschaft bereits am Eingang zum Einsatzort -30 Meter Luftlinie zum Verletzten-aufhalten würde. Dieser Annahme geht allerdings voraus, dass irgendwer den Rettungsdienst hätte alarmieren müssen – zu Fuß. Und dann müssten die Retter den Zugang zum Einsatzort erst einmal finden – was, wie die spätere Erfahrung lehrte, auch mal länger dauern konnte.

Die BASF wusste vom Zustand des Gerüstes. Ahab hatte bereits zuvor die Sperrung empfohlen. Aber auch meine zusätzlich gemeldete Besorgnis des Gerüstzustandes aus rettungstechnischer Sicht, brachte niemanden dazu, die dringend notwendige Sperrung und Überarbeitung des Gerüstes zu veranlassen. Und dazu, die Subunternehmer darauf hinweisen, dass Arbeiter wenigstens dort ausschließlich im Team zu arbeiten hätten, fühlte sich auch keiner berufen.

Für mich blieb dieses Gerüst der zweite Trigger, meine Nachforschungen über die Zusammenhänge von Notfallstrukturen bereichsübergreifend auf weitere Teile des Werks auszudehnen.

Dass Ahab in seiner Aktivitäten-Konstellation nicht mehr allzu lange aktiv sein sollte, dürfte schon fast einleuchtend sein. Um vorzugreifen; irgendwann war natürlich der Punkt erreicht, an dem aus Sicht der BASF keine Kompensation mehr erforderlich war. Zur Begründung hieß es, er solle sich angeblich für die BASF geschäftsschädigend geäußert haben. Natürlich beruht dies auf Aussagen, die man weder be- noch widerlegen kann. Wie soll man auch belegen können, etwas NICHT gesagt zu haben?

Auf meinen wenigen Begleitungen seiner Begehungen habe ich ihn jedoch als verhältnismäßig zurückhaltend erlebt - tendenziell sogar diplomatisch. Insofern ist er eines sicherlich nicht gewesen; so dumm, geschäftsschädigend über die BASF zu berichten - was übrigens auch von ein oder zwei seinerzeit anwesenden BASF'lern als Humbug bestätigt wurde. Auch hätte es für ihn zu dem Zeitpunkt lange keinen Sinn mehr ergeben – schließlich hatte er einiges erreicht.

Folgend war es ein geplanter Rauswurf, da der Mohr seine Schuldigkeit getan hatte. Ahabs Präsenz war also eher vorbei, als meine – eine Überraschung. Sein Rauswurf wurde innerhalb von drei Tagen umgesetzt. Ein paar Wochen später

wurden seine Qualitäten von einer anderen Firma genutzt -
ebenfalls im BASF-Werk. Qualitativ wäre es ein deutlicher
Verlust für einen seriösen Verein gewesen – aber so weder
für den Unseren, noch für die BASF.

Da ich Ahab gegenüber offen gestanden habe, haben wir
uns natürlich auch später ab und an getroffen. Das ließ sich -
Dank seines Folgeprojekts vor Ort- ganz gut umsetzen.
Einmal hatte er mich im Büro aufgesucht - den Termin hatten
wir gefixt. Es war ein untereinander herzliches Treffen. Bis
Fisch kam - dann wurde es eisiger, flankiert von einem
latenten Nachtragen auf Ahabs Seite und einem Verhalten
von Fisch, das von lauernder Abwehr, Unruhe und dem
Gefühl der Schuldigkeit und des „ertappt worden seins"
geprägt war. Sein Blick war verschlagen. Nicht, dass er ihn
rausgeworfen hätte - aber es war ihm sichtlich unangenehm,
Ahab in seiner Nähe zu haben.

Schließlich hatte Fisch damals nichts unternommen, um ihn
irgendwie zu halten, gab aber im Gespräch das Gegenteil
vor.

Peter-Prinzip[2]

Bux & Ködel wurden, je mehr man ihnen abverlangte, immer glatter. Während Ködel bei Manöverkritik auf die Mitleidstour ging, dass er ja selbst auch Familie hätte und gerne anders wollte aber nicht konnte, ging Bux die Sache grundsätzlich sachlich an. Er wäre nun mal von der Position her nicht in der Lage zur Korrektur bestimmter Sachverhalte – es würden auch ihn bestimmte Zwänge begrenzen.

Das war zwar formal richtig, inhaltlich jedoch falsch. Es hatte ja nie jemand von Bux verlangt, die Defizite eigenverantwortlich zu korrigieren. Es musste nur entsprechend weitergegeben werden – mit dem notwendigen Druck. Und dafür stand seine Position. Sicher, trotzdem hätte man dafür noch zusätzlich couragiert sein und einen Arsch in der Hose haben müssen - was leider beiden nicht anzudichten war.

Letztlich hatten auch diese beiden Angst um ihre Anstellung und ihre Reputation, wenn der Job schiefgehen würde. In der Konsequenz ließen sie selbst die gefährlichsten Dinge lieber einfach laufen - in der Hoffnung, es würde nichts passieren. Dass sie für diesen Fall -allen voran Bux- eine Mithaftung gehabt hätten und im Worst case sogar für den Tod eines Arbeiters (oder mehrerer) mitverantwortlich hätten gemacht werden können, hatte beide nicht sonderlich irritiert – es ist ja noch nie was passiert.

Es ist anzunehmen, dass für die BASF ein toter Arbeiter - z.b. im genannten Gerüst- im Grunde keine Folgen gehabt hätte. Und so drastisch es klingt; ein ausländischer schon gar nicht – zu weit wäre das Problem weg gewesen. Es wurde ja begutachtet und man hätte sich im Nachgang gegen die Sperrung entschlossen – unter dem Einbezug mehrerer (eigener) Stimmen. Das wäre mit der gegenseitigen Alibivergabe innerhalb Verwandtschaft ersten Grades zu werten. Externe Gutachter wären im Unglücksfall nicht mehr hereingeholt und weder meine noch Ahab´s Bedenken wären erwähnt worden. „Das Unglück ist trotz größter Vorsorgemaßnahmen nicht zu vermeiden gewesen" – so oder ähnlich wäre ein Zwischenfall dann beschrieben worden. Oder auch immer wieder gut als Begründung konsequenter Verweigerung von Schutzmaßnahmen: die bedauerliche Verkettung unglücklicher Umstände.

Daran zweifeln würde niemand – es ist ja die BASF.

Das ignorante Verhalten der BASF hat mit Verantwortung nichts gemein. Obwohl der Konzern eigentlich schon aufgrund seiner Brandmarkung heraus sensibler -und vor allen Dingen vorausschauender- hätte agieren müssen.

So ist innerhalb eines der ersten Baubereiche, bei Kranarbeiten ein Arbeiter aus großer Höhe abgestürzt. Er hatte sich wohl in einem der oberen Geschosse mit dem Fuß in Seilschlingen des Krans verfangen, als dieser nach dem Lifting seinen Ausleger wieder zurück schwenkte. Der dabei sich mit dem Fuß im Seil verfangene und mitgeschleifte Arbeiter konnte dann in der Luft den abrupten Stopp der

Kranbewegung wohl nicht mehr kompensieren und stürzte hinunter. Der Absturz sei über einem ebenerdigen Betonbett passiert und der Arbeiter wäre durch Zufall genau zwischen vertikal emporragenden Enden des Bewehrungsstahls aufgeprallt - so berichteten einige Augenzeugen.

Der Arbeiter hat die Verletzungen (ein sog. lebensbedrohliches Polytrauma mit div. Frakturen und inneren Verletzungen) angeblich überlebt und würde wieder in seinem Heimatland leben - "es ginge ihm gut", so der BASF-publizierte Tenor...

Zu glauben, dass man einen 20-oder-mehr-Meter-Fall auf Beton überlebt, ist das eine. Zu glauben, dass es dem Betroffenen gut gehe und er wieder seiner Arbeit nachkommen würde, eine ganz andere Geschichte. Bei Nachfragen wird diese Geschichte nur hinter vorgehaltener Hand erzählt. Von allen Zeugen aber im gesamten Sachverhalt etwa deckungsgleich. Von der BASF erhält man -wie erwartet- keine eigene Stellungnahme.

Entsprechend konform ist auch das Auskunftsverhalten bzgl. der auf dem Baufeld durch Arbeiten ausgelösten Explosion eines Bomben-Blindgängers aus dem zweiten Weltkrieg.

Dass industrielle Areale seinerzeit für Ziel- und Flächenbombardements fokussiert wurden, ist bekannt - so auch der BASF-Standort. Eigentlich sollten Werkbereiche, auf denen neu gebaut wird, durch den Kampfmittelräumdienst als von Altlasten befreit übergeben werden – erst nach Untersuchungen des Erdreichs, versteht sich. Irgendwie wird diese Pflicht im Werk mutmaßlich nicht so ernst genommen – anders sind die dort regelmäßigen „Zufalls-Funde" solcher Blindgänger kaum zu erklären.

So soll ein Arbeiter, der Bohrarbeiten beaufsichtigte, mit den Bohrern eine gewaltige Explosion ausgelöst haben. Um es medial vertretbar zu machen, ist hier immer wieder von „unterirdischen" Explosionen zu lesen, was weniger bedrohlich klingt – und vielfach auch geplante Sprengvorgänge suggeriert. Das Glück des Bauarbeiters soll gewesen sein, dass er angeblich just zum Zeitpunkt der Detonation kurz ein WC aufgesucht oder eine Zigarette geraucht habe, so dass er nur weniger schwere Verletzungen davongetragen haben soll. Selbst in einem vorbeifahrenden Bus sollen trotz hoher Schrapnell-Einwirkung angeblich keine Verletzten zu beklagen gewesen sein. Auch hier wurde die Abarbeitung des Zwischenfalls maßgeblich intern geregelt – öffentliche Hinweise und Informationen gibt es kaum. Nur von den seinerzeit dort tätigen HSE-Kollegen hört man die Geschichte, als wäre sie letzte Woche passiert.

Die BASF-Führungsetage scheint solche Vorkommnisse hingegen nicht ernsthaft zu beunruhigen. Es entsteht zwingend der Eindruck, dass aufgrund regelmäßiger Kurzmeldungen zu entsprechenden Zwischenfällen, die Anzahl an Unregelmäßigkeiten bereits ein derartiges Ausmaß angenommen hat, dass selbst solche Situationen, wie die Erwähnten, nur eine Meldung am Rande wert wären - aus „Gewohnheit". Und überhaupt, würde vermutlich alles viel zu hoch gebauscht -so überkommt einen der Gedanke-würden die BASF-Sprecher vermutlich reagieren, wenn sie gefragt würden.

Suspekt ist allerdings, dass bei Meldungen über Standard-Zwischenfälle (gleich, welcher Art) die Gründe häufig bei (Um-)Füllvorgängen von Chemikalien (natürlich mit unklarer Ursache) zu suchen sind und grundsätzlich keine erhöhten Schadstoffwerte gemessen werden. Außer bei Zwischenfällen, die sich aufgrund ihrer Offensichtlichkeit kaum mehr nur intern regeln ließen. Bei denen wiederum bestand aber bisher grundsätzlich keine Gefahr für die Bevölkerung – wie schließlich immer wieder zu lesen war.

Auch verspätete Meldungen an die Behörden sind in den Augen der BASF offensichtlich nur Kavaliersdelikte – schließlich werden ja keine erhöhten Messwerte festgestellt und eine Gefahr bestand auch nie „so richtig".

Meine Intention, einen umfassenden, auch weit über das Projekt hinausgehenden Gefährdungsstatus erstellen zu wollen, erhielt immer mehr Berechtigung. Die zahlreichen, massiven Fehlverhalten, die man bis jetzt zwar bewusst, aber dennoch nur randständig -und auch in ihrer Kausalität nicht zusammengehörend- wahrgenommen hatte, schienen einer Systemik zu folgen. Sicher nicht alle Vorkommnisse, sondern abhängig ggf. auch davon, welcher Vorfall wessen Zuständigkeitsbereich zuzuordnen war.

Ich hatte neben meinen für mein Bestreben auslösenden Triggern also mittlerweile einiges an Ungereimtheiten, einiges an Fehlverhalten und einiges an defizitären Sachverhalten, die so niemals hätten sein dürfen.

Ich setzte mich mit Fisch zusammen und erklärte ihm meine Sorgen. Er schien sogar froh über meine Aktivitäten zu sein - was auch erklärlich war. Ihm oblag bis dahin vordergründig die operative Verantwortung bezüglich der Sicherheitszustände auf dem Feld - natürlich getreu verlangter Etikette. Meiner festgestellten Sachverhalte hatte sich vor mir noch keiner angenommen - zumindest nicht im Gesamtzusammenhang. Und auch nicht professionell. Na klar machten alle HSE-Jungs ihre Arbeit - der eine mehr, der andere weniger gut, einige exzellent und andere desaströs und verschafften damit sogar Mehrarbeit. Aber eben alle in dem Bereich und für das, wofür sie als Fachkräfte für Arbeitssicherheit eingeholt wurden. In der Regulierung unterschiedlicher Präventionsmaßnahmen – im Kleinen.

Den Gesamtkontext der unzählig vielen Einzelaspekte unter Einbezug einer Kompensation von Ereignissen, war zuvor aber noch niemand angegangen. Auch nicht von der BASF. Konnte ja nicht - es fehlte schlichtweg für diesen Bereich die Fach- und Erfahrungskompetenz. Auch bei der BASF - wie sich später herausstellte und was entsprechend auch Vieles begründete. Hier kam dann noch die fehlende Vorstellungskraft, gepaart mit fehlender Bereitschaft und Einsicht für Missstände hinzu.

Insofern war es von der BASF nur die konsequente Positionierung, sich im Großen bedeckt zu halten.

Spätestens jetzt hatte ich also „meinen Platz" gefunden - als Schnittstellenspezi aller Gefährdungen mit fachübergreifender Ausrichtung bis zum Notfallmanagement im Worst case. Fisch gab mir weiterhin grünes Licht dafür, alles, was ich als entsprechend relevant ansah, anzugehen. Wie bereits erwähnt, war Fisch in seiner Clevernis eher von gewöhnlicher Bauernschläue geprägt - was auch seine Ausdrucksweise bestätigte.

Aber er war nicht dumm und keinesfalls zu unterschätzen. Und er wusste, wo seine Grenzen waren. Entweder kaschierte er diese seinem Gegenüber sehr effektiv oder -so war es bei mir- er fragte nach. I.d.R. behielt er auch das Gesagte dann in guter Erinnerung - was durchaus imponieren konnte. Ebenfalls beeindruckend war, dass er offen zu seinen Begrenzungen stand – wenn man ihn darauf ansprach.

Fisch hatte dergestalt mehrere Fliegen zugleich erwischt - er musste sich nicht um die essentiellen Dinge kümmern, sondern konnte sich gewiss sein, dass diese angegangen und dokumentiert wurden. Falls es gravierende Defizite gab, so konnte er sich ebenfalls entsprechenden Meldungen innerhalb der Verantwortlichen sicher sein. Und letztlich wurde er somit auch seiner diesbezüglichen Beratungs-Verantwortung gerecht. Zumindest in formeller Hinsicht.

Fisch erhielt regelmäßig Feedback von mir - auch, wenn er viele Zusammenhänge gar nicht begriff. Häufig ergaben sich Dinge als Missstände mit negativen Resultaten, weit über das Baufeld hinaus.

Die meisten Missstände hatten beinahe Bestandsrecht – und herrschten innerhalb eines Großteils des Werks. Ein systemischer Zustand, basierend auf verschleppten Defiziten in organisatorischen Abläufen (siehe auch Entwicklungsverläufe unter *Resümee (Stand 06/2016).*

Meine "neu gewonnene" aber alte, gewohnte Ausrichtung, ergänzte sich sehr gut mit der unverändert andauernden Aufarbeitung der Administration. Entsprechend war ich mit Schwerpunkt im Büro und Management tätig und -natürlich- auch noch zu etwa $1/3$ des Tages auf dem Baufeld. Mittlerweile war meine "Foto-Permit" eingetroffen. Ein bei der BASF sehr begehrter Erlaubnisschein, um -entgegen des allgemeinen Verbots des Fotografierens- offiziell Aufnahmen fertigen zu dürfen.

Für mich in Verbindung meiner Ausrichtung, eine Art „Persil-Schein", um meine investigative Arbeit auch belegen zu können. Schließlich erstreckten sich die Aspekte der (Arbeits-)Sicherheit unserer Arbeiter nicht nur auf das TDI-Baufeld und die Außenlager, sondern auch auf die Wege vom Passieren der Werkschranken bis zum erneuten Verlassen des Geländes - unter Umständen auch mit dem Bus.

Wenn wir innerhalb des Werks weiter unterwegs waren, wurden wir entweder mit den Bullis unseres Vereins gefahren oder nahmen den Werk-Bus. Generell ging das ganz gut. Später sattelten wir dann zunehmend auf eigenes Fahren um, was mir als Fahrsicherheitstrainer und angesichts aller Umstände auch deutlich entgegenkam.

Dumm war nur meine erste Fahrt mit 'nem Bulli. Dass ich wenigstens die Reifen kontrolliere, dürfte doch für einen Fahrtrainer selbstverständlich sein - oder? Ich hatte bewusst keine schriftliche Meldung gemacht, sondern nur einen Eintrag im Fahrtenbuch vorgenommen. Und kurz im Büro unserer Projektleitung Bescheid gegeben. Mündlich.

Der Assistent der Projektleitung war daraufhin ganz irritiert - so etwas hätte ich ihm doch direkt sagen können. Klar hätte ich. Aber wegen notwendigen Reifenwechsels aufgrund abgefahrenen Profils lange auf ihn warten? Warum? Weil es nicht offenkundig werden sollte? Aha, ich verstand. Fahrzeugmängel werden bei einer solchen Flotte vermutlich geheim geregelt. Unter vier Augen und mündlich? Könnte sein - im Fahrtenbuch habe ich außer meinem Eintrag dann auch keinen anderen gesehen. Kaum vorstellbar – aber vermutlich sind die Fahrzeuge immer wie aus dem Ei gepellt und werden nach spätestens 30 Kilometern Fahrleistung einer erneuten Hauptuntersuchung unterzogen?! Sicher nicht.

Ein paar Tage später hatte sich sogar ein zuständiger Werkstatt-Mitarbeiter beschwert - was Fisch mir gleich durchreichte. Fünf mm Profil wären ok, kam da zurück. Na ja, wenn man die Produktions-Nippel an der Reifenwand als Profil nimmt und die Lauffläche außer Acht lässt, ja. Aber egal, ich hätte ja nicht auf die Reifen achten müssen – klar, sorry - mein Fehler. Hat halt etwas mit Sicherheit zu tun. Vermutlich sind ja auch alle anderen Fahrzeuge tip-top.

Bestimmt wieder so ein Einzelfall.

Falling Hammer

Auf dem Feld hatten sich die wesentlichen Basisabläufe nun fast abschließend etabliert. Toolbox-Meeting, Begehung, Meeting und Austausch. Einen Vormittag sah' ich ein Deern auf dem Feld - alleine und etwas ratlos, so wie es schien. Es lächelte mich aus der Ferne an und wirkte, als hätte es sich verlaufen.

Ihre Kleidung war vom Haupt-Kontraktor- also gehörte sie irgendwie zu Bux & Ködel. Als ich zu ihr ging mit der Frage nach Unterstützung auf den Lippen, verschwand sie. Hmm - Ohrringe in der Größe, um Aras unauffällig schmuggeln zu können, offene Haare über der Jacke bis zum Po und Ringe an den Fingern, die in ihrer Größe an Rohrschellen heranreichten. Zudem eine Parfum-verursachte Aura, die man schon schmecken konnte. Sicherlich eine Besucherin, so dachte ich mir. Das Parfum war wohlriechend und Marke "Lecker Forte" mit Retard-Wirkung. In der Gesamt-Kombination auf 'nem Großbaufeld nicht allzu häufig anzutreffen. Kurz darauf lief ich wieder an ihr vorbei - sie unterhielt sich mit einem Kollegen auf Englisch.

Als ich sie später erneut alleine traf, bat ich sie im Vorbeigehen, sich doch sofort einen Zopf zu machen, da es auf dem Feld ziemlich gefährlich sein könnte mit ihren Haaren. Sie schaute etwas verstört und ging weiter.

Natürlich hatte ich auch noch mit Conchita zu tun. Mit ihm war es irgendwie nie wirklich ruhig. Mit uns war es wie

mit Sympathikus und Parasympathikus in unserem Körper -
ähnlich Plus und Minus. Er war stets auf über 180 im
Ruhezustand und unstrukturiert und ich fuhr ihn wieder
regelrecht runter - auf eine Dynamik mit Kollateralschäden
in verträglichen Volumina. Mitbekommen von seinen
Meetings hat man nur selten etwas. Und wenn, dann
zusammenhangsloses, wirsches Zeug.

Mit ihm hatte ich diverse Zwischenfälle aufgenommen.
Einige Male den berüchtigten "Falling Hammer". Ein auf
dem Baufeld häufig anzutreffender Zwischenfall. "Mein"
erster Hammer schlug zwischen Gerüsten ca. fünf Meter
neben mir auf dem Erdboden ein. Zufall? Aus 20 Metern
Höhe sind da bei einem Treffer schnell mal Kopfschmerzen
hervorgerufen oder Gelenke im Schlüsselbein entstanden.

Falls dem Hammer noch weitere Dinge folgen, kann es
zudem dumm ausgehen, wenn man in dem Moment auch
noch nach oben guckt – und nach demjenigen sucht, der dem
flüchtenden Material so hinterherflucht. Den seinerzeit
verantwortlichen Gerüstbau-Vorarbeiter hatte ich zur Rede
stellen können – was nur selten der Fall war. Er kam fast
sentimental daher – von wegen „wenn er gehen müsste, er
hätte doch Familie...".

Es sprach ja keiner vom Verweis - sondern von der Sicherung
des Materials - schließlich gibt es ja Werkzeug-Schlaufen. Da
diese nicht vorrätig waren, war das zunächst ein nicht
lösbares Problem.

Die Masche, auf die Tränendrüse zu drücken, funktionierte nur sehr bedingt. Er wurde häufiger auffällig, auch hinsichtlich seines rüden Umgangs mit seinen Mitarbeitern. Und als die Schlaufen schließlich da waren, wollte er keinen seiner Mitarbeiter zum Tragen der Schlaufen verpflichten. Es war ein recht deftiger Vorgang, dass sich zuerst auf deren Fehlen berufen wurde, später darauf, dass diese Schlaufen Zeit kosten würden beim Anbringen und beim Arbeiten umständlich seien. Natürlich wurde alles gelenkt von unserem charakterlich debil-verwachsenen Gerüstbau-Verantwortlichen. Diverse Dagegen-Haltungen meinerseits erfolgten - er war der Einzige, der nicht zu überzeugen war. Also, der nicht überzeugt werden wollte. Wer nicht will der hat schon - so haben wir die Geschichte als Anordnung definiert weiter verfolgt. Mit dem Ergebnis, dass einige, die die Schlaufen nicht getragen haben, des Feldes verwiesen wurden und sich die Arbeiter dann doch an die Schlaufen gewöhnen mussten.

Die "Falling Hammer" waren in der Tat ein Problem. Die, die wir als Zwischenfall mitbekommen haben, werden ja nur ein Bruchteil der Tatsächlichen gewesen sein. Nur allzu oft hatte man etwas in der Ferne das Gerüst beim hinunterfallen klimpern gehört – ohne es danach ausfindig machen und jemandem zuordnen zu können. Glücklicherweise erfolgte nie auf das Klimpern ein Schrei.

Weil wir entsprechend dagegen vorgingen, wurden auch unsere neuen Kollegen so eingewiesen, dass sie nicht nur auf die Gefahren am Boden achteten, sondern jedes Mal beim

Wechsel in einen anderen Bereich, die möglichen Gefahren aus der Höhe einschätzen sollten.

Es gab eine Zeit, in der sogar der Verdacht aufkam, dass der ein oder andere Hammer nicht unbedingt zufällig in unserer unmittelbaren Nähe herabgefallen sein würde. Leider ohne Spaß - immerhin sind wir gegen Beratungsresistente Gerüstbauer durchaus schärfer vorgegangen und deren meist südliches Temperament war nicht gerade für Ruhe und Besonnenheit bekannt. Davon ab, stand der Hammer nur als Synonym für Allerlei, das von oben kam.

Eine weitere -und häufig unterschätzte- Problematik bestand im Arbeiten innerhalb von Zelten und anderen Einhausungen. Diese standen häufig im Gefährdungs- oder Schattenbereich auch aus der Höhe fallender Teile. Vielfach waren Schweißer von dieser Gefährdung betroffen - schließlich konnten sie nicht über ihren Schweißer-Masken noch die normalen Bau-Helme tragen. Und „Dachplanen" hielten fallenden Teilen sicherlich nicht Stand. Zwar gibt es für das Baufeld zugelassene Schweißer-Helme - allerdings waren die wenigsten Sub's bereit, diese Sonderausstattung auf sich zu nehmen. Zudem war dies aufgrund der Hitzeentwicklung innerhalb der Arbeitsplätze auch kaum zumutbar. Im Sommer, bei 30° C in einem geschlossenen Zelt, einer Schweißer-Maske auf und der Schweißflamme 20 cm vorm Gesicht, standen die Jungs in ihren flammenhemmenden Schweißerkutten regelmäßig kurz vor der Hitzeerschöpfung oder dem Hitzeschlag. Nicht selten haben wir ihnen gesagt, sie sollen mehr trinken.

Ohnehin sieht der Arbeitsschutz den persönlichen Schutz gem. der TOP-Richtlinie als letzte Maßnahme der Vorbeugung an. Zuvor kommen noch eine organisatorische Lösung - z.b. dass während der Schweißarbeit niemand oberhalb des Zeltes arbeiten würde. Was angesichts der Baufeldstruktur natürlich nicht zu realisieren gewesen wäre. Und die technische Lösung -in dem Fall die erste Schutzmaßnahme überhaupt-; ein Schutzdach.

Ahab errechnete gutachterlich aus Zweck und Gesetzesvorgaben, wie das Dach auszusehen hätte - was Bux & Ködel viel zu aufwendig und teuer erschien. Sehr viel zu teuer und sehr viel zu aufwendig. Also ging man die Sache pragmatischer an.

Ich bin pragmatischen Lösungen grundsätzlich sehr zugetan, da sie meistens schnell umsetzbar sind, wenig Aufwand bedeuten und als Maßnahme einen tragbaren Konsens darstellen – zumindest temporär bis zur endgültigen Lösung. Allerdings muss man wissen, wann man pragmatisch agiert, ob es nur eine Interim-Lösung ist und in wie weit die Lösung als solche tatsächlich eine in jeder Hinsicht tragbare Ausführung darstellt.

Man ließ für ein Zelt Bleche anfertigen, hängte diese zwischen die Gestelle und ließ innerhalb eines kurzzeitig gesperrten Areals, einen Zimmermanns-Hammer auf das Zeltdach fallen.

Die Bleche hatten eine Stärke von drei mm – für den Haushandwerker ganz schön ordentlich. Allerdings mussten diese hier auch „fetteren" Objekten aus größeren Höhen Stand halten – und boten zudem große, nicht unterstützte Freiflächen, in denen sie -frei hängend- sehr leicht durchzubiegen waren.

Die vom Hammer verursachte Delle war absolut vertretbar - solange kein Arbeiter über 1,80 m genau dort auf Tuchfühlung zum Dach gestanden hätte. Zumindest mit dem geworfenen Hammer aus drei bis vier Metern Höhe. In diesem Fall hätte es für ein deutliches „Aua" ausgereicht – mehr vermutlich auch nicht.

Ok – es wäre dadurch noch eine -auf diesem Feld mit an Sicherheit grenzender Wahrscheinlichkeit tödliche- Epidural-Blutung möglich gewesen – rein theoretisch. Also eine Einblutung in Hirnhautregionen mit zeitversetzter Symptomatik. Allerdings -das muss man zugeben- entsprang diese Kombination in ihrer Wahrscheinlichkeit tatsächlich purer Abstraktion.

Also alles gut?

Nein - einen Haken hatte die Sache dennoch. Natürlich waren die häufigsten Gefahren die Hammer - aber eben bei weitem nicht die einzigen. Und welcher Hammer fällt schon aus drei Metern Höhe hinab, wenn die meisten Rohrbrücken erst zwischen 12 und 15 Metern Höhe ihre Unterkante haben und Arbeitsplätze auf über 30 Meter hohen Gerüsten erst oberhalb von 2,5 Metern beginnen?

Es gab ja nicht nur die Gerüstbauer, denen gerne mal Hammer oder Stangen und kleine Traversen herunterfielen.

Es gab alles an Werkzeug, was den Gravitationskräften frönte - wie beispielsweise Arbeitsmaterialien jeglicher Couleur; Rohrstücke und Rohre, Hilfszeuge, Schrauben, Muffen & Co., Pizzableche -also unbefestigte Gerüst-Beläge- und eines Tages schoss sogar eine 25 Meter lange Glasfaser-Ader aus 20 Metern Höhe peitschend zwischen uns zu Boden.

Bei den Schrauben sollte man sich jetzt nicht die kleinen M-8er aus dem Hobbykeller vorstellen, sondern darf ruhig ein paar Nummern größer wählen. Da wog eine Schraube oder eine Mutter schon mal gern mehr als ein Hammer. Von oben kam also viel und auch Schweres.

Freier Fall über 40 Meter verantwortet zudem nach einer Geschwindigkeitsaufnahme von rund 100 Km/h eine beeindruckende Massendynamik beim Aufprall, die mit einer Art ausgeprägten Kaltverformung abschließt.

Die meisten anderen Dinge waren also deutlich größer als ein Hammer - und auch mal einige Kilo schwer. Zudem fielen die meisten Teile eben auch nicht aus vier Metern Höhe, sondern einem Vielfachen dessen herunter. Das Synonym "Falling Hammer" terminologisch jetzt für alles gefallene Material herhalten zu lassen, schlug somit schon vom Grundsatz her fehl und an dem Ziel -ein sicheres Zeltdach zu konstruieren- vorbei. Aber Ködel und Fisch hatte es als Ergebnis im "Praxis-Test" gereicht.

Meine entsprechende Kritik mit vorgenanntem Hintergrund veranlasste Ködel wenigstens dazu, ein gebogenes

Rohrstück von geschätzten drei bis vier Kilogramm Gewicht fallen zu lassen. Leider war es ein Bogenwurf, so dass die gesamte Aufprall-Energie nicht einmal zentriert und vertikal abgebaut werden musste – so, wie im Real-Fall gefordert. Auch ist das Rohr leider nicht mit einer Kante, sondern mit dem Bogen aufgekommen. Das Ergebnis war dafür dennoch furchteinflößend. Ein eingeknicktes Dach um geschätzte 30 cm und das Blech aus der Position gehoben. Das war nicht das, was unter einem widerstandsfähigen Schutzdach zu verstehen war.

Der Real-Fall mit aus 40 Metern fallendem 3-Kg-Gegenstand schlägt bei ca. 100 Km/h mit rund 15000 Joule zentriert ein (etwa das 2000-fache der maximal zulässigen Mündungsenergie eines Luftgewehrs (das ist viel!)).

Der Test entsprach wohlwollend einem Aufprall von unter 30 Km/h mit 1000 Joule sich diffus verteilender Aufprallenergie. Vergleichbar ist das nicht.

Und trotzdem reichte es Ködel und Fisch für den „Falling Hammer". Ergo ließ man die Bleche jetzt für alle Zelte individuell anfertigen. Kein wahrer Schutz und weit unter den Berechnungen zur Erfüllung gesetzlicher Forderungen - aber die Maßnahme beruhigte das Gemüt. Ahab hatte noch ein Kurzgutachten zu der zweckmäßig mangelhaften Ausführung derartiger Schutzdächer gefertigt – es fand kein Gehör.

Zwischenfälle wurden wie eh und jeh vorzugsweise von Conchita aufgenommen. Irgendwann wurde offenkundig,

dass er -um Kollegen aus dem eigenen Verein zu schützen-
Sachverhalte schlichtweg änderte. Dabei ließ er nicht etwa
Dinge mit einem Augenzwinkern aus, die eh keinem
geschadet hätten. Nein, er bearbeitete Abläufe und Zustände
von Situationen so, dass die Frage nach dem
Verursacherprinzip bei Zwischenfällen, den Fokus auf
andere Beteiligte legte. Ergo war ab und an jemand für
Zwischenfälle verantwortlich, der ursächlich keinerlei
Verantwortung für den entsprechenden Vorfall hatte und
ggf. auch schon lange nicht mehr vor Ort greifbar war.

Natürlich gestaltete er das so, dass die Mitarbeiter unseres
Vereins dadurch keine weiteren Sanktionen mehr zu
befürchten hatten. Ein nach dieser Art hervorgerufener
Lerneffekt -sei er auch noch so klein- darf bezweifelt werden.
Wenig verwunderlich war es also, dass für dokumentierte
Zwischenfälle verantwortlich ertappte Arbeiter, mit sich
ähnelnden Verhaltensweisen immer wieder auffielen.

Seine Begründung war recht profan: Er wolle kein
Nestbeschmutzer sein. Über kausale Zusammenhänge
machte er sich keinerlei Gedanken. Und dass er so sogar
gegen das Prinzip des Arbeitsschutzes arbeitete, ebenfalls
nicht. Aber das war Conchita nunmal wurst.

Abschließend gespeichert in den weiten Welten des
ureigenen PC der eigenen HSE-Mannschaft, konnte man
diese Dokumente dann auch nur mit Glück wieder
auffinden. Nicht selten gab es zudem auch mehrere
Schilderungen eines einzigen Sachverhalts - es wurde jede

Berichtsrevision -und davon gab es mitunter einige- unter neuem Titel irgendwo anders gespeichert, als die Vorherige.

Wie auf Baufeldern häufig anzutreffen, gab es auch bei der BASF die eingangs erwähnten "Observation-Cards". Nur, war deren Sinnhaftigkeit hier alles andere als verständlich. Eigentlich angedacht, um von den Arbeitern regelmäßig ausgefüllt und dann analysiert zu werden, diente das umgesetzte Prozedere allem Anderen als der Verbesserung von Defiziten.

Viele Arbeiter haben die Karten nicht verstanden, weil sie nicht in ihrer Sprache vorlagen. Die Frage auf der Karte und die geschriebenen Antworten korrespondierten inhaltlich somit häufig nicht miteinander. Entsprechend war dann auch die Auswertung durch den Haupt-Kontraktor (wenn sie denn überhaupt durchgeführt wurde, was ich für meinen Teil sehr bezweifle) diesem mitunter nicht zumutbar.

Einige HSE-Kollegen haben sich den Spaß erlaubt, eine Karte mehrfach kopiert abzugeben, um so festzustellen, ob die Karten tatsächlich gelesen werden. Das Ganze haben sie ein paar Mal gemacht - es meldete sich aber niemand. Da der Name des Verfassers auf den Karten jedes Mal einwandfrei zu verifizieren war, lies das nur den Schluss zu, dass die Karten -entgegen der internen Mitteilung- nicht ausgelesen wurden.

Für den gemeinen Arbeiter stellte es sich ganz einfach dar; "Ich habe das Problem schon zehn Mal immer wieder in unterschiedlichen Bereichen aufgeschrieben - ändern tut sich nichts. Warum soll ich dann noch schreiben, was wo schlecht ist?". Solche oder ähnliche Antworten erhielt man zuhauf. Und es stimmte – wir kannten das Problem auch durch unsere eigenen Aktionen.

Während wir damit beschäftigt waren, tausende dieser Karten einzuscannen, wurde immer wieder dasselbe geschrieben:

Mangelhafte Beleuchtung; zu volle Busse; keine Aufenthaltsbereiche; Versperrung der Zuwegungen; spezifische Gefahren im Arbeitsbereich; keine Baufeld-Koordination der Kräne; keine Transportmöglichkeiten in die Obergeschosse; lang dauernde Gerüst-Schließungen; keine Aufenthalts- und Speise-Bereiche; keine Kühlmöglichkeiten; kein Trinken; kein Erste-Hilfe-Material; kein geeignetes Werkzeug; keine Kleidung etc., etc. ...

Allein über drei Monate hat es gedauert, eine scharfkantig gebrochene Treppenstufe zu reparieren. Scharfkantige und grob-splitternde Bereichs- und Pfützen-Abdeckungen aus Holzplatten in einer Zufahrt wurden nie behoben – weder im Herbst noch im Winter und waren Stolper-, Sturz- und Rutschfallen oberster Güte.

Geändert hat sich insofern -bis auf die neuen Busse und ein paar mehr Container- nichts. Und auch Busse und Container kamen erst kurz vorm Ende nach drei Jahren Projektlaufzeit an. Man kann sich folgend den Groll von bis zu über 1700 Arbeitern vorstellen. Und dass es keiner mehr einsah, die Karten auszufüllen, auch. Wozu auch...

Allerdings war auch hier wieder eine Statistik gefordert. Es sollte stets eine bestimmte Karten-Anzahl beim Haupt-Kontraktor eingehen - unerheblich deren Sinn.

Conchita war da recht pragmatisch veranlagt. Merkte er, dass die Karten nicht ausreichten, dann schrieb er schnell welche nach. Persönlich. Er - und wir auch. Die Karten waren ja nicht gefaked – nur ihres angedachten Zwecks beraubt, wenn sie alle von HSE´lern ausgefüllt wurden.

Im Laufe des Projekts wurden wir ohnehin ebenfalls heranzitiert, unsere Feststellungen aufzuschreiben und auf diesen Karten zu dokumentieren. Es reichte offensichtlich nicht, dass wir ohnehin unsere Feststellungen dokumentierten und weitestgehend versuchten, zu beheben. Wir führten sogar noch eine Liste, die die Anzahl aller Karten festhielt und sie dem verfassenden Gewerk zuordnete. Letztlich wurde sich dann noch auf wöchentlichen Meetings darüber ausgetauscht, bei wem die Quote stimmte und wo nicht. Eine unsinnige Forderung, die gesamtheitlich etwa ½ Planstelle zur Bearbeitung verschlang.

Und als das immer noch nicht die erhoffte Kartenzahl bescherte, lobte unser Haupt-Kontraktor über die Karten quotenbezogene Auszahlungsboni für die Sub´s aus.

Es hätte weitaus Wichtigeres gegeben, als dieses enorme Zeitbudget mit Statistik-Erstellung von Observation-Cards zu verplempern – weil sie (auf unserem Baufeld) schlicht nutzlos waren. Das dafür verschleuderte Geld wäre an anderer Stelle ebenfalls besser investiert gewesen.

Friendly Fire

Conchita wurde in seiner Vorgehensweise zunehmend unstrukturierter. Viele Dinge hatte er sich aufgeladen und er schien kurz vorm Implodieren zu sein. Immer wieder hörte ich von ihm, dass er Dieses & Jenes nicht mehr mit sich machen ließe. Nicht nur ich – jeder bekam das zu hören. Meist im Zusammenhang irgendwelcher Meetings. Er opferte sich märtyrerhaft. Für uns.

Fisch war ja auch nur ein, selten auch zwei Tage die Woche da - insofern eine zunehmend interessanter werdende Konstellation. Eines Donnerstags verabschiedete sich Fisch bereits früher. Und Conchita fuhr einen halben Tag später ins lange Wochenende - am Donnerstagabend, wenn ich mich richtig erinnere. Ich hatte am Wochenende Dienst mit einer Hand voll Kollegen. Conchita wollte ein paar Tage Urlaub machen und hatte das mit Fisch abgesprochen. Kein Problem. Urlaub in den Bergen - so erzählte mir Fisch am Telefon. Das passte – Conchita hatte mir mal was von der Bergrettung erzählt, in der er vermeintlich recht aktiv sein würde. Ich telefonierte regelmäßig mit Fisch. Wir hatten mittlerweile ein -wenn auch latent distanziertes und nicht transparentes- dennoch verlässliches und beinahe freundschaftliches Verhältnis. Beinahe…

Ich wählte trotzdem gerne immer den Arm Abstand zu ihm – im übertragenen Sinn.

Conchita erwähnte zu seiner Verabschiedung noch etwas, wie "Mich sieht hier keiner so schnell wieder - gekündigt habe ich ja.". Stimmt - dass er gekündigt hatte, wussten wir. Allerdings hieß es von allen Seiten -so auch später noch in einem Telefonat mit unserem gemeinsamen Recruiter- dass die Kündigung vom Tisch sei - man hätte sich geeinigt.

Also alles gut? Vielleicht auf den ersten Blick – genau genommen hatte ich ab da mehrere skurrile Sachverhalte zu klären:

- Fisch hatte noch vorm Wochenende mit Conchita gesprochen und alles für ok befunden;

- unser Recruiter erwähnte in einem Telefonat, dass die Kündigung geklärt und hinfällig sei;

- Conchita räumte am letzten Tag alles so weg, wie man es gewöhnlich für einen Urlaub nicht macht – er räumte nicht auf, sondern weg;

- er sagte, er komme so schnell nicht wieder - und wir sollten doch aber niemandem etwas erzählen.

- Conchita war telefonisch am Freitag und sonnabends nicht erreichbar;

- eine Übergabe hatte es (wieder) nicht gegeben...

Ich hatte es bereits zweimal mitbekommen, dass Conchita mit Kündigung und der Aussage, er komme nicht wieder, gedroht hatte. Beide Male war wohl sein chronischer Disput mit Ernie der Grund seines Ansinnens. Das erste Mal ist er gerade wieder an dem Tag eingetroffen, an dem ich gestartet bin. Das zweite Mal war das Tohuwabohu mit den zwei Wochen ohne Übergabe.

Nur war Ernie ja bereits lange weg, so dass dieser Grund schon mal wegfiel. Und Conchita hatte bei beiden Malen zuvor nichts weggeräumt. Und auch eine -zunächst- bestätigte Kündigung hatte früher nie vorgelegen.

Rudi eingeschlossen, waren wir die gewohnt überschaubare Anzahl von Wochenend-Kollegen. Bereits am Freitag hatten wir uns über den Zustand und die Situation ausgetauscht. Rudi erwähnte gefühlte 100 Mal, dass, wenn Conchita wirklich wegbliebe, er auch kündigen würde. Aber glauben würde er das ja ohnehin nicht. Er konnte mit Conchita ganz gut. Allerdings war Rudi bei dem anderen Recruiter – dem mit der Denkinsuffizienz. Und fest angestellt. Somit hatte er nicht die Sorgen & Nöte, die Conchita als Freelancer hatte.

Zwei weitere Kollegen, die alles von Conchita aus 1. Hand gehört hatten und schon länger dabei waren als ich, wollten Fisch partout nicht Bescheid sagen. Sie hatten in dem Fall Angst vor persönlichen Konsequenzen, falls Conchita wiederkommen würde. All die Darlegungen der Indizien, dass das höchstwahrscheinlich nicht eintreten würde, fruchteten nicht. Ergo blieb es an mir hängen - und Fisch musste informiert werden.

Es mutete an, wie ein Schlichtungsproblem im Kindergarten, bei dem es um „Petzen" oder nicht geht.

Verantwortungsgefühl? Auch da bei niemandem zu finden…

Sonnabend hatte ich also zwecks Klärungsversuchs letztmalig versucht, Conchita zu erreichen. Fehlanzeige. Wenn Conchita nicht erreichbar und wegbliebe, wäre es für Fisch ohnehin unerheblich gewesen, ob er Freitag, Sonnabend oder Sonntag Bescheid erhalten würde. Es ging ja primär um die Struktur am kommenden Wochenanfang.

Das nächste Telefonat war mit Fisch. Um Missverständnissen vorzubeugen, klärte ich Fisch zunächst nur über die Ist-Situation auf. Ich wollte mögliche Fehlinterpretationen meinerseits ausschließen - für den Fall, dass Conchita wiederkäme und ich ihn dann schließlich zu Unrecht des inakzeptablen Verhaltens beschuldigt hätte. In erster Linie war ich bedacht auf ein paar wichtige Termine am Wochenanfang und deren personelle Absicherung - Fisch hatte schließlich einige Tage frei.

Dann teilte ich Fisch meine Vermutung mit und er fiel aus allen Wolken.

Nach einigen Stunden, in denen er zwischenzeitlich vergeblich versucht hatte, Conchita zu erreichen, telefonierten wir erneut. Also das ganze Spiel von vorne. Die Termine wurden von mir geplant und wahrgenommen und Fisch kam, wie geplant, ein paar Tage später. Formal änderte sich nichts. Nur Conchita war nicht mehr da – die Situation dafür aber geklärt und transparent. Auch schick.

Er kam auch nie wieder zurück. Sein EDV-Vermächtnis glich einem Schlachtfeld - nachhaltig manipulierte, gelöschte, oder verschobene Daten en Masse. Und erst auf den zweiten Blick zu sehen. Nicht fein, so ein Abgang. Gleich, welchen Groll man hegen mochte - das war schlicht unprofessionell, denn getroffen hat sein Verhalten nicht die für seinen Unmut verantwortlichen Personen, sondern das Team.

Nachdem jetzt auch Conchita weg war, zog ich seinen PC zu meinem Platz herüber. Diese Maßnahme war zwar eine folgerichtige Notwendigkeit – letztlich hatte ich aufgrund meiner Ausrichtung im administrativen Bereich den mit Abstand größten Anteil an Computerarbeit. Leider hinterließ die Aktion aber ein paar unzufriedene und neidende Kollegen-Gesichter – die mir wohl sagen sollten, dass man so einen PC schließlich auch für YouTube-Videos hätte benutzen können...

Rudi kündigte tatsächlich zeitnah - aus gesundheitlichen Gründen, wie er bekannt gab. Er war -wie beschrieben- ein "Lieber". Profunde Zusammenhänge jedoch waren nicht sein Ding - das konnte man schon sehen, als er es einmal mit einem richtig starken Infekt nicht für nötig hielt, sich auszukurieren. Er kam durchgängig zur Arbeit und sorgte kurze Zeit später so für über 60% Krankenstand. Und das im HSE-Bereich. Eines der wenigen Male, wo wir ernsthaft aneinandergeraten sind – schließlich war das Gros von uns Freelancer und wurde somit nur bei Anwesenheit bezahlt. Im Gegensatz zu Rudi, dessen Fernbleiben unter dem Aspekt der Festanstellung als „bezahlter Urlaub" hätte gewertet werden können. In der von ihm gewählten Vorgehensweise hatte es jedoch einen asozialen Beigeschmack – durch herbeigeführte Personalprobleme und Einkommensverluste in doppelter Hinsicht.

Fisch und ich machten kurz darauf Nägel mit Köpfen, um kein operatives Vakuum entstehen zu lassen und "deklarierten" mich auch offiziell bei allen Kooperationspartnern als seinen Stellvertreter. In der nächsten Zeit agierte ich zusätzlich zu meinem bisherigen Tun als stellvertretender HSE-Manager on Site – Fisch war ja gewohnter Weise fast nur im Hintergrund. Meine Arbeit hatte sich ohnehin mittlerweile auf die Leitung der wesentlichen, operativen Vorgänge fokussiert - nebst Aufarbeitung der ganzen Daten und Korrekturen diverser Method-Statements.

Die Entwicklung meines Tätigkeitsfeldes änderte sich insofern nicht. Es war mehr die Außenwirkung, die durch die Benennung eine Beständigkeit suggerierte. Titel, Thesen, Temperamente, sozusagen - mehr nicht. Unter uns hatte er bereits mehrfach erwähnt, ich könne auch der offizielle HSE-Manager werden – was er allerdings nur ungern umsetzen würde, da er mich nicht „verheizen" wolle.

Niedlich. Was auch immer er damit gemeint hatte – er war ja soo gut zu mir...

Das Thema des HSE-Managers war dafür offensichtlich für viele andere ein Thema – zumindest die Benennung. Ich hatte weiterhin keine Ambitionen, diese Position zu besetzen. Fisch würde ja, wenn ich wollte, er selbst wollte aber nicht. Und ich auch nicht. Insofern waren Fisch und ich was das anging, absolut d'accord.

Wir erhielten neue Kandidaten, die ich mit Fisch zusammen ausgesucht hatte. Eine Unterlagensammlung als Start-Ordner für Neuankömmlinge gab es indes immer noch nicht.

Erich kam just von einer Fortbildung wieder - er hatte es für notwendig gehalten, eine lange vor dem Projekt angemeldete BG-Schulung wahrzunehmen und nicht abzusagen – was ihm zuvor immer noch kostenlos möglich gewesen wäre. Grundsätzlich war seine Einstellung dazu absolut in Ordnung. Wenn aber die Hütte im Projekt brennt, dann sollte man auch mal Verantwortungsbewusstsein, Gewissenhaftigkeit und Bezug zu den Umständen zeigen. Und dann war er auch noch sichtlich etwas beleidigt über die Führungs-Konstellation, die sich ergeben hatte - wagte aber dennoch nicht, sie zu kritisieren.

Erich vermittelte nicht selten den Eindruck eines unbegründet mauligen Teenagers, der sich mitten in der Ich-Findung befindet.

Was erwartet man in so einer Situation? Dass man befördert wird, wenn man eine Krisensituation zum eigenen Vorteil im Stich lässt? Nicht einmal sein geliefertes Tageswerk hatte zuvor überzeugen können.

Bei der Aufgabe, einen gescheiten Ordner für die Neuankömmlinge zu gestalten -mit allen Notwendigkeiten, wie "Muss"-Informationsabläufen und Fragenkatalog-, war er gescheitert. Und das war wirklich simpel. Seine durch ihn selbst so häufig gerühmten Ausbilder-Qualitäten müssen ziemlich früh auf der Strecke geblieben sein...

Ergo blieben auch solche Arbeiten an mir hängen - man hatte ja sonst nichts zu tun. Meine Arbeitstage gingen inzwischen standardisiert von 5:30 Uhr bis irgendwas um 20:00 Uhr. Als Nichtraucher und ohne Pausen. Gegessen wurde zwischendurch. Teilweise war der Beginn auch deutlich eher - bis vor 5:00 Uhr -je nach dem, was auf dem Tagesplan stand- und das Ende später. Wenigstens glichen die Zeiten auf dem Baufeld mit reichlichen Kilometern Laufweg und überwältigten Höhenmetern den Tag als so eine Art Fitnessprogramm wieder aus. Beinahe.

In Absprache mit Fisch hatte ich mittlerweile Bux über die umfangreich mit einander verwobenen Diskrepanzen in Alarmierungssituationen aufgeklärt - zumindest, soweit man es innerhalb einer halben Stunde machen konnte. Er hielt natürlich nichts davon, diese sogleich der BASF als unverrückbare Bestands-Defizite per se mitzuteilen, sondern hielt es für ratsam, sich in einem Gespräch mit der BASF über diverse Aspekte auszutauschen.

Prima – so ein persönlicher Austausch kommt mir immer sehr entgegen. Wir sind insbesondere der einen Situation, der durch die externe Explosion verursachten Alarmierung nachgegangen. Ich hatte ihm das Zuständigkeitsszenario bei entsprechenden Alarmen durchgreifend aufgedröselt – potenzielle Haftungsobliegenheiten inklusive.

Stets die Umsetzung vergleichbarer Situationen im Zivilschutz vor Augen, sollte eine etwaige Situation innerhalb eines Werkes aufgrund der gewachsenen Infra- und Kostenstruktur sowie der Verantwortung gegenüber dem Zivilbereich stets eine nahezu unerreichbare Referenz hinsichtlich Qualität und Quantität der Versorgung sein. Das zeichnete sich im BASF-Werk eben als nicht annähernd erreicht ab. Dort blieb alles deutlich hinter den Parametern des Zivilschutzes zurück.

Deutlich.

Und zwar so deutlich, dass beide Strukturen -wenn man die Abläufe bei der BASF denn überhaupt so nennen wollte- überhaupt keinen Vergleichsansatz zuließen – zu groß war das zum Nachteil der BASF zeigende Qualitätsgefälle.

Von Triggerreizen & Windelwechseln

Die Kausalität der im Rahmen einer Alarmierung innerhalb des BASF-Werks veranlassten Maßnahmen war für mich nicht nachvollziehbar. Zu unübersichtlich und intransparent war deren Ablauf hinsichtlich der Einbindung eines internationalen Baufeldes unter Einbezug diverser Sub-Kontraktoren.

Zunächst ist der Arbeitsschutz zu nennen. Dieser ist per Arbeitsschutz-Gesetz und gültiger Rechtsprechung "Chefsache" und liegt in der Verantwortung der obersten Unternehmensführung, resp. deren Vertretung. Der Arbeitsschutz reguliert Einzelaspekte und findet im rein präventiven Gesetzesrahmen statt. Nimmt man kein mindestens grob fahrlässiges Fehlverhalten einer beauftragten Fachkraft für Arbeitssicherheit in ihrer Beratung an, so ist davon auszugehen, dass dieser Bereich juristisch nie unter dem Dach der Strafprozessordnung behandelt wird. Es ist reine Vorsorge aufgrund diverser Arbeitsschutz-Regelungen in "Friedenszeiten" – also der Prävention. Und zwar solange, wie nichts passiert.

Dann gibt es den SiGeKo - den Sicherheits- und Gesundheitsschutz-Koordinatoren. Seine operative Aufgabe liegt -wie eingangs erwähnt- im fokussierten Schwerpunkt darin, die Gewerke-übergreifenden Gefahren herauszufiltern und durch Pläne (sog. SiGe-Pläne) zu visualisieren. Dies betrifft beispielsweise klassisch wechselnde Kran-Tätigkeiten während laufender Bauarbeiten in Verbindung anderer Gewerke innerhalb des Arbeits-Radius` vom Kran. Geplante Schutz-Maßnahmen muss der SiGeKo regelmäßig anpassen.

Seine Tätigkeit liegt - genauso, wie die der Fachkraft für Arbeitssicherheit, in der Vorbeugung und befindet sich ebenfalls nur bei nachgewiesenen, groben Versäumnissen unter dem Damoklesschwert der Strafgesetzgebung. Skurril: trotz einer etwas schärferen Haftungsauslegung, bedarf es per Gesetz beim SiGeKo nicht zwingend der Qualifikation zur Fachkraft für Arbeitssicherheit – ein Kuriosum in sich.

Die für beide Bereiche relevanten Gesetze (z.b. Arbeitsschutzgesetze, BG-Verordnungen, die SGB, die RAB, Baustellenverordnung, etc.) setzen alle voraus, dass kein Ernstfall -also ein Unfall oder gar eine Katastrophe- eintritt. Und klar – da Präventionsmaßnahmen ja immer greifen (wie naiv (...)), ist die Regulierung eines eintretenden Schadens auch rechtlich nirgendwo zugeordnet...

Sollten -entgegen vorgesehener Gesetzgebung- trotz der Prävention Notfälle entstehen, so treten automatisch sog. „interne" Notstandsgesetze in Landesverantwortlichkeit in Kraft (welche schlussfolgernd auch die vorbeugenden Präventionsgesetze außer Kraft setzen). Dies können sein; regionale Feuerwehr- und Brandbekämpfungs-Gesetze, Katastrophenschutz-Gesetze, eines der 16 unterschiedlichen Landes-Rettungsdienst-Gesetze etc.. Im Fall eines Schadenereignisses werden diese regelmäßig durch Alarm - z.B. werkintern wie bei der BASF- aktiviert oder können im

Fall einer Katastrophe ausgerufen werden – durch staatliche Einrichtungen, wie z.B. Ober-Kreis-Direktionen.

Im Rahmen derartiger Vorkommnisse übernimmt dann die eintreffende Einsatzleitung die Koordination und Organisation der Abläufe und Maßnahmen vor Ort. Sofern die Feuerwehr alarmiert ist, obliegt -zumindest die technische- Einsatzleitung automatisch der Wehr.

Andernfalls regelt auch der Rettungsdienst heutzutage seine Einsätze komplett eigenständig, sofern die Feuerwehr nicht nötig oder (mit-)alarmiert ist.

Hierfür gibt es (eingangs bereits erwähnt) sog. "Organisatorische Einsatzleiter Rettungsdienst" (Org. LRD, OrgL oder auch OLRD). Um weitere Einheiten zu leiten (z.b. aus dem Katastrophenschutz oder dem THW), verfügen die betreffenden Einrichtungen ebenfalls über weitere Führungskräfte, die mit dem Org. LRD und/oder der Feuerwehr die Einsatzleitung zusammen bilden.

Klassisch ergibt sich also die Einsatzleitung aus dem Technischen Leiter der Feuerwehr (TEL) und dem Org. L des Rettungsdienstes. Beides -gemäß ihrer nach curricularen Ausbildungs- und Anforderungs-Profilen- hoch fokussierte Führungs-Fachkräfte ihres Ressorts. Nach Informationseinholung bei der BASF sind dort beide Positionen vorhanden.

Um im Alarmfall notwendige Evakuierungen koordiniert ablaufen lassen zu können, müssen die möglicherweise eintretenden Szenarien regelmäßig geübt werden. Dies ist -

z.B. die Evakuierung betreffend- in vielen Kliniken intermittierend der Fall.

Übungen machen ja auch Sinn – selbst Fußball-Nationalmannschaften trainieren täglich das 11-Meter-Schießen, obwohl sie wissen, dass der Ball rund ist und in den Kasten muss.

Würde nicht geübt werden, würde das Ausleiten der betroffenen Menschen unkoordiniert geschehen - man spräche dann von einer sogenannten Räumung.

Eine Räumung sollte nur dann in Betracht kommen, wenn es sich bei der Notwendigkeit der Maßnahmen um eine Struktur handelt, die unter Zeitdruck evakuiert werden muss und die ggf. auch in ihrer Infrastruktur unbekannt ist (z.b. bei einer Geiselnahme in einer Behörde, plötzlich erkannten und unmittelbaren Explosionsgefahr in öffentlichen Räumen und Bereichen wie Einkaufszentren etc.).

Ist die Infrastruktur des betroffenen Areals hingegen bekannt, können alle Maßnahmen zur Evakuierung bereits planerisch erfolgen, so dass auch unter dem zeitlichen Aspekt eine koordinierte Ausleitung Betroffener erfolgen kann. Dies passiert immer präventiv und ist gegenüber einer unkoordinierten Räumung mit ihren nicht abschätzbaren Kollateralgefahren, grundsätzlich vorrangig auszuwählen. Zuständig hierfür ist vollumfänglich die bereits erwähnte Einsatzleitung.

Im Fall des TDI-Baufeldes entsprach jeder Alarm einer Räumung, obgleich mehrere Jahre Zeit für die

Planausarbeitung von Evakuierungslösungen gegeben waren.

Kommt es im Ernstfall zu einem Alarm, entfällt dem Akut-Szenario jedwede juristische Handhabe und Haftung der Bereiche Arbeitssicherheit -sprich SiFA und SiGeKo. Zumindest ab dem Zeitpunkt des Alarms. Mögliche Fehler der Vergangenheit, die sogar als auslösender Faktor rückwirkend herausgefiltert werden könnten, würden im Rahmen des Alarms unbewertet gelassen.

Mit dem Alarm beginnt eine absolute Ausnahme-Situation, für die die HSE-Kräfte per Curriculum nicht qualifiziert werden.

Juristisch sind auch für jeweilige Rettungseinheiten nur die Voraussetzungen für deren reinen Aktivitäten geschaffen - nicht hingegen für die Notfall-spezifischen Umstände und Rahmenbedingungen (welche schon aufgrund ihrer nicht abschätzbaren Vielzahl niemals zu definieren sein würden).

Soll heißen: der Retter kann zwar die Infusion legen und muss alles dafür Notwendige berücksichtigen. Dafür, dass es sich bei dem Patienten aber um einen in 20 Metern Höhe eingeklemmt und über Kopf hängenden Bauarbeiter im nächtlichen Regen handelt, hat er keine Rahmenvorgaben in seinen Abläufen.

Was in Kurzform bedeutet, dass die Rettungskräfte (fast) alles „dürfen" aber keiner gibt ihnen vor, wie sie arbeiten müssen. Ab dem Alarmierungsmoment sind zahlreiche

Aktivitäten vom sog. „Rechtfertigenden Notstand" (§ 34 StGB; auch § 16 OWiG) abgedeckt.

Die Maßnahmen laufen somit per se (durch die unterschiedlichen Notstandsgesetze zusätzlich abgedeckt) unter dem Einfluss des Strafrechts ab - ein somit für das in der Prävention tätige Personal, zunächst deutlich weniger relevanter Bereich.

Um es sich überspitzt vorzustellen, bedeutet das in Deutschland, dass ausnahmslos alle HSE'ler bei einem Unfallgeschehen die Meinung vertreten „Ich bin nur für die Prävention.", während die Retter (noch nicht vor Ort) häufig unter der Einstellung arbeiten „Ich bin nur für die akute Schadensbekämpfung.". Das ist, als würde es an der Ampel keine Gelbphase mehr geben…

Dabei ist Notfallmanagement -und seine Planung- gar nicht so schwer, wie allgemein hin angenommen. Grundsätzlich zumindest nicht – es hängt ja von vielen Begleitumständen ab.

Vielleicht hilft eine kurze Exkursion, die Strategie zu erläutern.

Ich denke, viele von uns führen eine Form des „Notfallmanagements" tagtäglich in vermeintlichen Kleinigkeiten und Alltagsdingen aus – ohne es zu wissen oder sich darüber Gedanken zu machen. Sicher, die Zusammenhänge sind dann ein paar Nummern kleiner und es geht auch meistens nicht darum, unter Zeit, Leistungsdruck und eigener Erwartungshaltung drohenden Schaden zu verhindern – vielleicht sogar körperlichen. Und dennoch sind die grundsätzlichen Abläufe deckungsgleich – die Abläufe zwischen tlw. banalen Alltagssituationen und den „wirklichen" Notfällen.

Glauben Sie nicht?

Stellen sich vor, jemand Bekanntes drückt Ihnen den eigenen Säugling in die Hand und guckt Sie dabei mit einem bettelnden Hundeblick flehend und nachdrücklich an. Kaum haben Sie das Kind angenommen, befindet sich das Elternteil unmittelbar im wohl wichtigsten Telefonat des Lebens und geht ins Nachbarzimmer.

Das Kind beginnt prompt zu schreien, angestrengt zu gucken, unruhig zu werden und kurz darauf umgibt Sie beide die Aura einer natürlich duftenden Ansage.

Sehen Sie jetzt auf den nachfolgenden Algorithmus – etwas schmunzeln ist ausdrücklich erlaubt.

Der Ablauf für den lauthals angekündigten Windelwechsel würde sich etwa so, wie im Prozess dargestellt, abspielen; nach der Orientierung folgen Organisation und Ausführung bis zur Übergabe. Dann endlich -von ungewünschten Begleitaromen quasi atmosphärisch „illuminiert"- endet alles mit dem Wederherrichten der mehr oder weniger improvisierten Arbeitsecke.

Wahnsinn werden Sie jetzt vielleicht denken - ein Algorithmus um Windeln zu wechseln...

Genau so sieht es aus. Und Sie sollten wissen, dass die Kaskade eines Notfallalgorithmus´ sich mit den Rahmenabläufen des Windelwechselns deckt – und zwar 1:1. Wenn Sie das nicht glauben, vergleichen Sie den Windelwechsel mal mit dem dann folgenden Notfallalgorithmus.

Gut – wie schon angedeutet, es gibt dort ein Zeit- und Leistungsproblem, das ich so in der Art beim Windelwechsel sicher (also vermutlich…) nicht habe. Und ich muss an vielen Ecken und wiederholend improvisieren, zudem habe ich jede Menge weiterer Algorithmen und begleitende Prozesse, die ich kennen muss, um professionell zu agieren. Und trotz der zum Windelwechsel nicht vergleichbaren Komplexität, sind die Grundzüge gleich.

Im Grunde genommen muss also niemand Angst vorm Notfallmanagement haben – die Profis erweitern schließlich auch nur gelernte Abläufe und übertragen sie auf abstrakte Situationen. Weshalb sich also in aller Welt die Menschen gegen Notfallmanagement sträuben, ist (mir) unbegreiflich. Schließlich wird die Wahrscheinlichkeit eines Notfallgeschehens durch das Vogel-Strauß-Verhalten nur noch größer und die „Chance" auf unverhältnismäßigen Schadenszuwachs nimmt ebenfalls zu.

Halten wir doch einfach fest: wer Windeln wechseln kann, kennt auch die Grundzüge des Notfallmanagements…

KIND SCHREIT

trotzdem nachschauen! ← Windel-Geruch?

beschaffen! ← Utensilien verfügbar?

herrichten! ← Platz vorhanden?

Windel-Wechsel

Kind übergeben

Aufräumen ☺

© Arne Koss | www.tdi-projekt.de

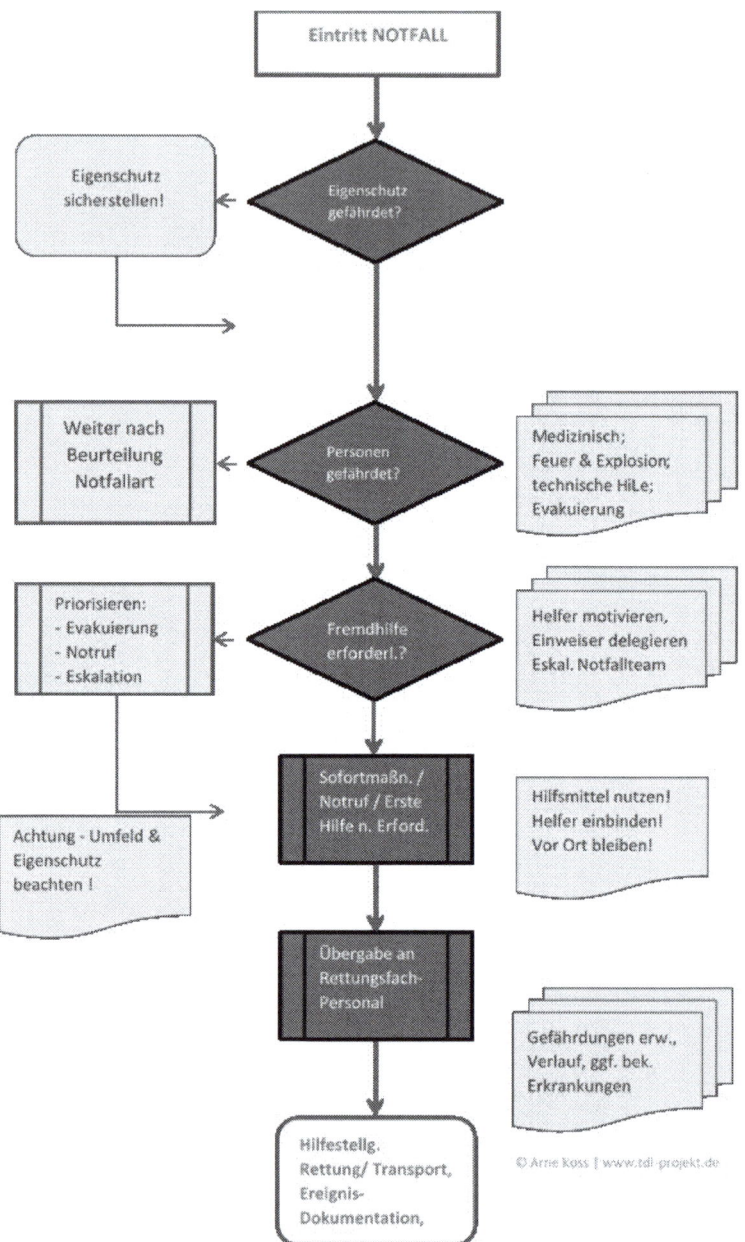

Eintritt NOTFALL

Eigenschutz gefährdet?

Eigenschutz sicherstellen!

Personen gefährdet?

Weiter nach Beurteilung Notfallart

Medizinisch; Feuer & Explosion; technische HiLe; Evakuierung

Fremdhilfe erforderl.?

Priorisieren:
- Evakuierung
- Notruf
- Eskalation

Helfer motivieren, Einweiser delegieren Eskal. Notfallteam

Sofortmaßn. / Notruf / Erste Hilfe n. Erford.

Achtung - Umfeld & Eigenschutz beachten !

Hilfsmittel nutzen! Helfer einbinden! Vor Ort bleiben!

Übergabe an Rettungsfach-Personal

Gefährdungen erw., Verlauf, ggf. bek. Erkrankungen

Hilfestellg. Rettung/ Transport, Ereignis-Dokumentation,

© Arne Koss | www.tdi-projekt.de

228

Originär ist für eine ungebriefte HSE-Struktur das Ergebnis im Ernstfall ein operatives Führungs- und Zuständigkeits-Vakuum zwischen Prävention und operativer Schadensbekämpfung - der Ereignis-Entstehung unmittelbar folgend. Dieses Zeitfenster des Vakuums muss durch Organisation, Planung und Training möglichst klein gehalten werden. Zu Gunsten Betroffener und auch, um den Unternehmens-Schaden und –Ausfälle zu reduzieren.

In vorbildlich geführten Bereichen, wird der jeweilige Org. LRD mögliche Schadensszenarien innerhalb seines Zuständigkeitsbereiches bereits präventiv definieren, diese gedanklich abspielen und höchstwahrscheinlich eintretende Situationen für den Ernstfall als Planspiel mit erforderlichen Maßnahmen dokumentieren. Sofern umsetzbar, werden sogar Dritte für mögliche Einsatzabläufe bereits bei Übungen mit eingebunden. Benefit: im realen Bedarfsfall kann sofort auf die Ressourcen und bereits ausgearbeiteten Maßnahme-Abläufe zugegriffen werden.

Beim Org. LRD wird dies in aller Regel bereits in der Ausbildung geübt und sollte -davon unabhängig- auch als Maßnahme in der Praxis vom jeweiligen Dienstherrn eingefordert, resp. durch ihn übertragen werden.

Auf die BASF übertragen würde das bedeuten, dass grundsätzlich immer die Feuerwehr die Einsatzleitung hat. Zwar sind dort -nach Aussage von Rettungsdienst-Mitarbeitern der BASF- Org. LRD vorhanden, diese im Realfall jedoch bisher nicht in die operative Einsatzleitung eingebunden. Vorlagen spezifischer Einsatz-Szenarien gibt es -obgleich sich gerade bei der BASF aufgrund der Infrastruktur und der ganzen Gefahrstoffe derartige Planungen aufdrängen- lt. Aussage des Rettungsdienstes nicht. Kenntnis zu dem TDI-Baufeld bestand bei dem Rettungsdienst ebenfalls nicht. Ungeachtet der erheblichen Gefahren auf dem Baufeld insbesondere auch für Retter – eine Unterlassung der Rettungsdienstführung, denn auch diese ist für die Gewähr des Arbeitsschutzes für ihre Mitarbeiter verantwortlich.

In diesem Fall bleibt zu erwähnen, dass ein Bauherr (BASF) gemäß umfangreicher Gesetzeslage Fremdfirmen in spezifischen Gefährdungen zu unterweisen und sich mit externen Hilfskräften bei besonderen Gefahrenlagen bzgl. der Rettungstechnik koordinierend abzustimmen hat. Und zwar bereits im Rahmen der Prävention, damit im Ernstfall auch alles „passt".

Der als mein Trigger erwähnte Alarm lief also -wie alle späteren auch- als Räumung ab, da die HSE-Mitarbeiter nicht eingreifen konnten. Im Verlauf hatte es zwar einzelne Versuche der Koordinierung hierzu gegeben - im Falle von Fehlverhalten oder eigener Schädigung wären die ausführenden HSE-Kräfte jedoch aufgrund fehlender Qualifikation und Beauftragung mutmaßlich nicht einmal für ihre Aktivitäten versichert, da diese originär der Feuerwehr zuzuordnen sind.

Die Feuerwehr hatte somit einem führungslosen Arbeiter-Mob eine (falsche) Fluchtrichtung vorgegeben. Am dortigen Sammelpunkt angekommen, verstopften dabei zunächst die

Ersteintreffenden den "Aufnahmetrichter" des Rasenplatzes vorm Restaurant, weil sich niemand imstande sah, die Arbeiter koordiniert zu schleusen.

Die Folge war ein Rückstau von mehreren Hundert Arbeitern auf die (Haupt-)Werkstraßen, Kreuzungen und Bahngleise. Ein zusätzliches und unnötiges Risiko.

Mitarbeiter des Restaurants wären daraufhin herausgekommen und hätten das Eintreten des Mobs in das Restaurant mit der Begründung verhindert, dass dort noch einige am Essen seien. So erklärte sich Bux mir später gegenüber bzgl. des Szenarios am für Zwischenfälle definierten Sammelpunkt.

Den Film muss man sich mal in Farbe vorstellen; 1000 Arbeiter werden via Alarm zum Sammelpunkt geschickt und nicht ins sichere Gebäude gelassen, weil dort innerhalb noch 20 andere Personen beim Essen nicht gestört werden dürfen... Schick.

Später habe Bux dann selbst entschieden, die Arbeiter in das vermeintlich schützende Gebäude zu geleiten. Aber auch hier; zunächst so lange abgewartet, bis ein absehbares Szenario tatsächlich eintritt – und erst dann eingeschritten.

Dieses Szenario zeigte die vorhandenen Diskrepanzen bei werkinternen Alarmierungen in durchgreifendem Maße und veritabel auf:

- Räumung ohne Führung statt geordneter Evakuierung;
- falsche Flucht-Richtung;

- keine Koordination und Absicherung im Straßenverkehr während der Fluchtmaßnahme;

- keine koordinierenden Wege-Posten;

- kein Ansprechpartner an der Sammelstelle vor Ort;

- keine Informationen für Flüchtende verfügbar;

- keine Verhaltens-Instruktionen an die Arbeiter;

- keine Instruktionen der Restaurant-Mitarbeiter;

- Fehlhandlung der leitenden Restaurant-Mitarbeiter;

- keine Information / Instruktion des einzigen verantwortlichen HSE-Managers;

- keine geordnete Registrierung;

- keine Kommunikations-Sicherung (z.B. Funk) zwischen den Verantwortlichen;

- zu späte Reaktion Verantwortlicher;

- keine gesicherte Meldung/Dokumentation der Betroffenen…

Und kein koordinierter Rückweg. Wesentlich mehr kann man als Feuerwehr in einem derartigen Szenario nicht verkehrt machen. Nichts geplant, keine Ablauf-Kenntnis und hoffnungslose Überforderung in offensichtlich allen Ebenen.

Würde die alte Schul-Benotungsskala nicht bis 6, sondern bis 8 gehen, wäre das eine gewesen – denn auch eine 7 müsste verdient sein.

Glücklicherweise stellte sich der Alarm relativ zügig als unbegründet dar. In einem Ernstfall hätten einige für ihre unterlassenen Maßnahmen geradestehen müssen –

zumindest in gehoffter Weise. Im Fall eines vermeidbar herbeigeführten Personenschadens vielleicht sogar so gerade, wie sie nie hätten stehen können.

In Erinnerung gerufen; die Bestands-Defizite zeigen unterlassene Maßnahmen von exakt dem Personenkreis auf, der es eigentlich gelernt haben sollte, mit solchen Situationen umzugehen: einem Kreis an Fachpersonal, der darin ausgebildet wurde, solche Maßnahmen zu treffen und für den die durchzuführenden Notfall-Maßnahmen und – Entscheidungen Tagesgeschäft sein müssen. Zudem entsprachen die unterlassenen Maßnahmen absolutem Anfängerniveau und hätten über Jahre vorab geplant werden können - sie mussten also nicht einmal unter realem Zeitdruck umgesetzt werden.

Wenn ein Feuerwehrmann im Dienst vor Ort zum Kollegen sagt: „Ruf´ mal schnell die 112, wir brauchen Hilfe.", dann müssen wir uns Gedanken machen – ernsthafte Gedanken. Wäre er ausgebildeter Geburtshelfer, würde er sicher auch keine Windeln wechseln können…

Es bleibt zu hoffen, dass die Verantwortlichen angesichts des Wissens um derartige Szenarien -wie z.B. möglichen Übungen- diesen gegenüber nicht bereits abgestumpft sind und sie in ihrer Ernsthaftigkeit als das abtun, was sie häufig darstellen: Übungen. Das vorliegend geschilderte Verhalten wäre dadurch allerdings einfach zu erklären.

Ein einziger, positiver Aspekt ist der Sache dennoch abzugewinnen. Wie bereits erwähnt, lässt die Feuerwehr nach einmaligem Beginn eines Alarms, die gesamte Alarmierungs-Kaskade durchlaufen.

Nichts Weltbewegendes und je nach Situation auch positiv wie negativ zu bewerten. In Anbetracht des restlichen Versagens aber immerhin eine Konstante und vor allem: konsequent. Ob gewollt oder nicht, bleibt vorerst dahingestellt.

Bux hatte ich daraufhin umfangreich instruiert, wie diese vorstehenden Zusammenhänge eigentlich in der Praxis auszusehen haben und dass derartige Situationen niemals wieder so vorkommen dürften.

Vermutlich, weil Bux bereits ein schlechtes Gewissen bzgl. seiner bisher mangelhaften Umsetzung zu der Thematik hatte, zeigte er sofortigen Aktionismus - leider etwas blind. Er "benannte" einfach zwei aus seiner Mannschaft zu sog. Organisatorischen Leitern. Nicht per Titel, aber er wollte eine ähnliche Funktion abdecken – zumindest in Form von verantwortlichen Koordinierungsposten.

Ich habe mir daraufhin den Biker und die betroffene Kollegin für eine Kurzunterweisung geschnappt. Die Kollegin war eine ausgesprochen "Gute" im Team von Bux. Sie war super verlässlich, integer und immer auf eine ruhige Art kompromissbereit ohne inkonsequent zu sein. Zudem sprach sie mehrere Sprachen und war direkt.

Von ihrer Art hätte es gerne mehrere geben dürfen – so ganz ohne prätentiöse Allüren hätte es sogar eine suffizient funktionierende Zusammenarbeit der Teams versprochen. Leider war sie in Bux` Team der Einzelfall schlechthin. Endlich mal ein positiver Einzelfall...

Diese beiden jedenfalls, konnte ich ganz schnell von ihrem Vorhaben abbringen. Die Motivation von Bux indes war klar - vor der BASF kuschen und nicht auffallen, trotzdem aber essentielle Notwendigkeiten abdecken. Zudem noch (mit-) haftend auf dem Rücken der beiden Mitarbeiter. Nach außen hin respektabel - in Wirklichkeit das übliche, ganz perfide Spiel zwischen Machtausübung, Unantastbarkeit und dem Versuch von Anerkennung durch vermeintliche Verantwortungs-Übertragung. Frei nach dem Motto: wenn uns eine Funktion fehlt, dann malen wir uns eine. Nur leider redeten wir nicht über Lego oder Playmobil, wo man sich das fehlende Bauteil einfach mal zusammenbastelt.

Und Pflichtenübertragung vorsätzlich zu missbrauchen, ist schon harter Tobak.

Es waren doch Verantwortliche für das Szenario da, es gab sie doch - die Feuerwehr der BASF, die sich immer so rühmte, unter den Besten eine besonders Gute zu sein. Aber eingeleitete Maßnahmen durch einen Häuptling wirken immer gut. Mangelnde Hintergrund-Kenntnisse und das auf den Schultern lastende Haftungspaket überzeugte die beiden HSE-Kollegen glücklicherweise schnell, dieser Form der Arbeitserfüllung nicht weiter nach zu gehen – sie sogar abzulehnen.

Die folgerichtige und einzige Aufgabe von Bux hätte zu dem Zeitpunkt darin bestanden, der Werkfeuerwehr, resp. der BASF auf die Füße zu treten und die Erfüllung ihrer Pflichten zu verlangen – wenn nötig auch mit Nachdruck vor der Geschäftsführung, bzw. dem Vorstand der BASF. Nur war das offensichtlich zu viel gefordert.

Die angegangene Problematik der Sicherheits-Diskrepanzen stand natürlich immer noch unverändert im Raum, so dass ich eine saubere Ausarbeitung meiner Fragen dokumentierte. Fragen, die ich von der BASF geklärt wissen wollte – notfalls auch von ganz oben.

Meine Fragenausarbeitung umfasste zunächst nur 58 Einzelfragen, vornehmlich Bezug nehmend auf die Strukturen einer akuten Hilfeleistung, wie beispielhaft:

- konzeptionelle Abläufe und Notfallstrukturen,

- medizinische (auch spezielle) Versorgung aller Arbeiter und Mitarbeiter,

- Präventionsmaßnahmen zu werkspezifisch dargestellten Schadensszenarien,

- spezifische Versorgungsmaßnahmen für in Anlagen und Baufeldern Verunfallte,

- Erreichbarkeit und Vorhaltung spezieller Hilfeleistungsstrukturen am Wochenende,

- Management und Notfallplanung für Evakuierungsabläufe in Alarmsituationen,

- Strukturen der Grund-Versorgung der Baufeld-Mitarbeiter oder die

-   An- und Abreise von Mitarbeitern.

Ohne, dass die BASF um die Fragen wusste, konnte ein Termin kurzfristig bereits in den nächsten Tagen umgesetzt werden. Das stimmte mich außerordentlich positiv. Der Termin wurde durch den Technischen Leiter der Werkfeuerwehr wahrgenommen und durch Ködel begleitet.

Das Gespräch sollte zu einer Wurzelbehandlung werden.

Aber nicht meiner…

Wurzelbehandlung

Als ich mich auf den Weg machte, sagte Fisch in seiner typisch Effekt-haschenden Art laut in die Runde, dass der Feuerwehr-Kollege noch nicht wisse, auf was er sich da eingelassen hätte. Es sollte wohl den Umstehenden suggerieren, dass ich ihn jetzt zerlegen würde – den Feuerwehrmann. Fisch kannte mittlerweile meine Ansätze ganz gut. Den Feuerwehr-Kollegen jedoch zu zerlegen, stand nicht auf meiner to-do-Liste. Eigentlich war zu dem Zeitpunkt das Gegenteil der Fall. Zumindest gedacht.

Es war -soweit ich mich erinnern kann- das erste Mal, dass ich von der Korrektheit meiner Fragen nicht mehr 100%ig überzeugt war. Also nicht inhaltlich und ich hatte auch nicht die Furcht einer Blamage. Sondern einfach nur Zweifel, da das, was ich festgestellt hatte, so einfach nicht sein konnte. Nicht hier. Und nicht in diesem Umfang. Genau genommen musste ich doch etwas übersehen haben – so meine selbstreflektierende Besorgnis.

Und siehe da: ich ertappte mich selbst beim klassisch beeinflussten Schubladen-Denken – der neuro-implementierten BASF – Affirmation…

Waren es etwa doch nur die Auswirkungen einzelner Situationen und all meine Sorgen würden später durch ganz klare Hintergrundstrukturen als unbegründet erscheinen? Vielleicht würde ich mir ja auch die größte Pappnase aufsetzen, die ich jemals tragen würde. Immerhin war der

Gesprächspartner der Technische Einsatzleiter der BASF-Werkfeuerwehr, eines der weltgrößten Chemie-Konzerne. Und das am Hauptstandort, dem vermeintlich größten Chemieareal der Welt. Der würde ja nicht blöd sein?!

Oder etwa doch? Vor ein paar Jahren hätte man bei der Headline „Abgas-Skandal bei VW" ja auch noch geschrien: Nie im Leben! Niemals und nie nicht bei VW! Genau genommen, hatte ich es zu dem Zeitpunkt sogar schon kommen sehen, dass mich der Feuerwehr-Kollege ggf. in vielen Dingen eines Besseren belehren würde. Was ja aber auch nicht schlimm gewesen wäre, denn es sollte sich ja nicht um einen Kampf drehen - mit Sieg oder Niederlage. Nein, es ging um die Klärung der Gefährdungssituation im Werk. Ganz banal – um nicht mehr oder weniger als die Klärung.

Letztlich, so hatte ich noch gedacht, würde eine Belehrung seinerseits ja sogar Sinn machen und schließlich zu einem einheitlichen Konsens führen - das sollte ja auch der Sinn des Austauschs sein. Und nicht, wie Fisch versucht hatte zu suggerieren, das gegenseitige Zerlegen.

Insofern hatte ich insgeheim sogar die verdeckte Hoffnung, dass mir ein in „seinen" Bereichen herausgeforderter und fachlich überlegener Kollege "über den Mund" fährt und sich Vieles in Wohlgefallen auflöst.

Es sollte alles ganz anders kommen...

Das Gespräch fand bei Kaffee und Keksen statt, in einem leeren Bauwagen-Büro - wo auch sonst. Ködel hatte uns gegenseitig noch einmal kurz vorgestellt. Ich habe dem

Feuerwehr-Kollegen noch einmal einen Abriss meiner Vita dargelegt, um ihm so meine Motivation zu erklären - man muss den Göttern der BASF ja nicht sofort vor den Kopf stoßen, so mein Gedanke. Letztlich ist es aber auch nur fair, wenn in derartigen Situationen das Gegenüber etwaige Kompetenzen einzuordnen weiß – wir spielten ja nicht „Undercover" oder eben „Katz und Maus".

Wir kannten uns zwar ohnehin flüchtig von einigen Meetings oder dem regelmäßigen Management-Walk, tiefere Gespräche blieben bisher jedoch aus.

Nach kurzer Einleitung folgten auch zielgerichtet meine Fragen, die ich folgerichtig und konsequent abarbeitete.

Resümierend betrachtet, konnte ich einige Fragen in Folge zügig abhaken, weil sich deren Antwort bereits aus der vorherigen Antwort oder Stellungnahme ergeben hatte - aber eben bei weitem nicht alle.

Bereits kurz nach Gesprächsbeginn habe ich allerdings feststellen müssen, dass mein Gegenüber keinerlei wirklich verwertbare und praktisch umsetzbare Kompetenz zur Thematik beisteuern konnte. Spöttisch müsste ich erwähnen, dass sich das Gefühl schon nach der Beantwortung der ersten oder zweiten Frage eingestellt hatte.

So, wie er antwortete, seine Ausschweifungen und sein schwammiges Gerede - das glich einem Verkaufsgespräch. Zudem einem wahrlich schlechten. Ich dachte damals, dass er sich so in seinem Presse-Modus verhalten würde.

Oberflächlich und herumschwafelnd – ohne Kernaussage oder die Frage inhaltlich zu beantworten. Auch fachliche Nachfragen brachten nicht die gewünschte -meine gewünschte- Tiefe.

Viele Fragen konnte er überhaupt nicht beantworten, bei anderen wiederum fehlte die Sachkenntnis oder er versuchte sich in Beschwichtigung durch Mitteilung des fleißig gelernten Presse-Schmus. In Kurzform: vernichtend desaströs - für ihn. Der und Feuerwehrmann? „Niemals." – so mein Gedanke; „Da wäre der nächste Abgas-Skandal bei Tesla-Autos wahrscheinlicher."

Ich war tatsächlich zutiefst erschrocken, dass jemand aus dem Ressort über so viele fachliche Dinge keine Auskunft geben konnte - und zwar schlichtweg, weil er es nicht wusste. Eher der Typ „Grisu", der noch Feuerwehrmann werden will. Ich musste mich vielfach beherrschen, um nicht seine Oberflächlichkeit als pure Dummheit zu interpretieren und ihm widerspiegeln zu müssen. Dann wäre es aber persönlich geworden und in Polemik abgedriftet. Das wollte ich in der gegebenen Situation allerdings unbedingt vermeiden – zu viel stand auf dem Spiel, um wegen möglicher Animositäten ungeklärt zu bleiben.

Allerdings: Schlau war eben auch anders.

Es war doch sein Ressort, sein Fachgebiet und ich trat ihm schon in der Erwartung gegenüber, mir eine gehörige Watsch'n abzuholen. Vielleicht erst nach kritischem

Austausch, ihm aber dennoch fachlich zu unterliegen und durch ihn zu Recht gewiesen zu werden.

Und was war? Nichts. Ich habe an ehemalige Auszubildende gedacht, die ich habe durchfallen lassen - obgleich sie um Welten mehr wussten als dieser Schönredner. Eine richtige Medien-Patsche, so mein Fazit.

Bereits die siebte Frage -thematisiert wurde die "Höhenrettung"- offenbarte ein durchgreifendes Desaster an Wissensdefiziten. Und Lügen. Mit seinen Antworten öffnete er sozusagen die Büchse der Pandora. Mehrfach hatte ich mir gedacht, dass das so doch nicht wahr sein kann – erst die Defizite draußen, jetzt noch bei ihm. Und es nahm kein Ende.

Schade, dass das Gespräch nicht auf Video festgehalten wurde. Zu gerne hätte ich im Nachgang mein Gesicht gesehen und meine Reaktionen auf die Antworten, die ich erhalten habe. Es werden Ausdrücke von einmaliger mimischer Wertigkeit gewesen sein – unbezahlbar.

So war überall im BASF-Werk klar, dass die BASF über eine Höhenrettung verfügt. Kein Zweifel. Wenn man sich das Werk mit seinen zahlreichen Bauten bis 50, 60 oder vielleicht mehr Metern Höhe ansieht, Baufelder mit gleicher Höhe oder entsprechenden Kolonnen, in denen gearbeitet wurde, ist nichts selbstverständlicher als eine Höhenrettung. Es war insofern auch nicht die leiseste Begründung zur Skepsis gegeben. Überall hörte man nur "...dann kommt die Höhenrettung..." oder "...mit der Höhenrettung kein Problem..." Von BASF'lern genauso, wie von Kontraktoren.

Mich persönlich hatte das beruhigt - immerhin weiß ich nur allzu gut, in welchen Situationen die "normale" Rettungstechnik ihre Grenzen hat. Zumindest, wenn man sie auch nur in den Bereichen anwendet, für die sie entwickelt wurde und eine möglichst schonende Patientenrettung als hohe Priorität ansieht. Natürlich kann man auch mit herkömmlichen Mitteln jemanden aus der Tiefe einer 40-Meter-Kolonne retten. Schonend für den Patienten ist das jedoch nicht. Und auch nicht zeitlich effizient oder sicher. Weder für Patient noch für die Retter. Also waren hier im BASF-Werk alle beruhigt - es gab ja für den Ernstfall die Höhenrettung.

Insofern sollte nach ein paar verkäuferisch orientierten Presse-Plattitüden wenigstens diese Frage für den Feuerwehr-Kollegen ein Heimspiel in der Aufklärung eines Ungläubigen werden. Dachte ich.

Früher wurde die Höhenrettung umgangssprachlich häufig durch eine bestimmte Mindesthöhe des Rettungsablaufs beschrieben. Das ist bereits länger nicht mehr so - schließlich kann auch bereits in 10 Metern Höhe jemand in einer sehr misslichen Lage eingeklemmt sein - z.B. in einem Baugerüst. Oder in der Tiefe.

Heutzutage wird die Höhenrettung als „Spezielle Rettung aus Höhen und Tiefen" (SRHT) bezeichnet und ist insbesondere durch spezielle Seiltechniken, Abseil-Geräte und Schutzausrüstung für den Retter sowie Rettungs- und Transporttechnik für den Betroffenen charakterisiert. Durch eine vorhandene Drehleiter mit Korb jedenfalls, war sie es noch nie.

Aus der sehr detaillierten Gesprächsdokumentation ergibt sich rückblickend nach der (meinerseits) bereits unter Schmerzen abgearbeiteten, sechsten Frage, folgender Gesprächsverlauf zur Siebten.

Ich begann den Fragenkomplex mit der Ausgangs-Feststellung, dass aus technischen Merkmalen heraus mögliche Rettungsversuche durch luftgebundene Rettungsmittel innerhalb des BASF-Werkes weitestgehend ausfallen und insofern in vorstellbaren Szenarien der Einsatz der Höhenrettung der BASF-Werkfeuerwehr notwendig wäre - was mir der Technische Einsatzleiter der Werkfeuerwehr (ff. „TELWF") pauschal und grundsätzlich bestätigte.

Ich fragte ihn daraufhin, auf welche Höhe denn die Höhenrettung der BASF ausgelegt sei, ob es ggf. Begrenzungen gäbe.

TELWF: "Generell kommen wir bis gut 30 Meter - auch durch die Drehleiter. Darüber hinaus arbeiten wir dann mit der Höhenrettung."

Ich: "Dem entnehme ich, dass Sie generell keine Begrenzung haben, was die Höhe angeht - richtig?"

TELWF: "Richtig - Begrenzungen in der Höhe gibt es nicht, die Höhenrettung deckt alle Höhenunterschiede innerhalb des Werkgeländes ab."

Ich: "Von welcher Vorlaufzeit muss ich beim Einsatz der Höhenrettung ausgehen?"

TELWF: "Vorlaufzeit gibt es da keine. Die Höhenrettung rückt sofort nach Alarmierung aus."

Ich: "Also keine klassische Ruf-Bereitschaft aufgrund der eher seltenen Alarmierungssituation, sondern die Anwesenheits-Bereitschaft?"

TELWF: "Ja."

Ich: "Wie muss ich mir die Alarmierungsvoraussetzungen vorstellen? Gibt es einen Indikationskatalog, so wie der "Brustschmerz" klassisch für den Herzinfarkt steht? Ich denke, es wird ja nicht bei jedem Alarm -z.B. Kollaps im Büro- die Höhenrettung mit ausgelöst. Und nicht jeder, der alarmiert, weiß um die technischen Lösungen einer Höhenrettung. Gibt's da ein Zauberwort oder fragt ggf. die Leitstelle konkrete Aspekte nach?"

TELWF: "Es gibt gewisse Indikationen, die sich im Gesprächsverlauf des Notrufs herausstellen - klar. An die meisten Stellen kommen wir aber mit herkömmlichem Gerät ran."

Ich: "Ok. Also keine klassischen "Schlüsselwörter" - dann schließe ich daraus, dass erst einmal mit Standard-Fahrzeugen rausgefahren wird und es erfolgt eine Nachalarmierung bei Bedarf?"

TELWF: "Ja. Und wenn wir mit unserer Leiter nicht heranreichen sollten, dann fordern wir die Höhenrettung nach."

Ich: "Ach so - schwierig - es hat ja nicht immer etwas mit der Höhe zu tun. Es ist ja auch 'ne Frage der Zugänglichkeit. Eingeklemmte Arbeiter auf Baugerüsten z.B., sitzen ja nicht immer außerhalb fest - da spielt die Drehleiter mitunter überhaupt keine Rolle. Im Chamber z.B. - jede Menge Gerüste innerhalb und ohne jeglichen Zugang von außen."

TELWF: "Dafür ordern wir dann die Höhenrettung nach."

Ich: "Kann ich also festhalten, dass im Regelfall der ersteintreffende Trupp vor Ort entscheidet, ob die Höhenrettung nachgefordert wird?"

TELWF: "Ja."

Ich: "In Bezug auf das TDI-Baufeld, kann das schon mal dauern. Da können schon 20 Minuten ins Land gehen - oder?"

TELWF: "Nein - die Einheiten sind ja schnell vor Ort."

Ich: "Na ja, wenn ich z.B. im TDI-Baufeld, Komplex D 801 / Übergang D 821, 4. Ebene Nordseite nehme, haben die Jungs ein Problem - geparkt werden muss vorne auf der Magazin-, vielleicht noch der Diaminstraße - die in dem Bereich wiederum häufig mit Kränen versperrt und so nur eingeschränkt oder gar nicht zu durchfahren ist. Unten ist das Gebäude an der Stelle häufig zu, so dass sie von außen herum müssen, um hochzukommen. Dort sind viele kleine, vereinzelte Freilager-Bereiche und alles unwegsam. Mit Versorgungsgerät ist es häufig sehr schwer. Also unter 15 Minuten wird da nichts laufen."

TELWF: "Ja, das sind die Ausnahmefälle - meistens kommen wir ja bis an den Eingang heran."

Ich: "Ausnahmefälle? Ja - wie jeder Notfall an sich auch. Genau darum geht es ja letztlich. Wären es alles keine Ausnahmen, würden wir hier ja gar nicht sitzen. Und die Flucht- und Rettungswege vor dem Komplex sind stets höchstens im Mindestmaß gehalten - und auch dafür kämpfe ich mit meinen Kollegen jeden Tag. Und die Lücke, die dort heute ist, ist morgen wieder zu. Übrigens nicht der einzige Komplex. Das ist in anderen Bereichen genauso - mit diesen Ausnahmen."*

TELWF: "Wir haben ja schließlich mehrere Möglichkeiten, an Verletzte heranzukommen."

Ich: "Da gebe ich Ihnen Recht. Voraussetzung natürlich, die Angaben und die Beschilderung sind absolut eindeutig und richtig und Einweiser stehen auch korrekt. Also gut, in der Höhe decken Sie alles ab. Ist denn jetzt die Höhenrettung technisch anderweitig begrenzt? Z.B., was das Umfeld -hier meistens Gerüste- angeht?"

TELWF: "Nein. Wenn die Höhenrettung angefordert wird, dann wird das Geschirr und alle möglichen Gerätschaften bereitgelegt und wenn die Kollegen eintreffen, können sie gleich alles nutzen."

Ich: "Moment - Sie haben die Mannschaft und die Ausrüstung getrennt?"

TELWF: "Ja."

Ich: "Welches Konzept steckt dahinter? Was versprechen Sie sich davon? Der Zeitgewinn kann es nicht bloß sein...?!"

TELWF: "Doch, genau - der Zeitgewinn."

Ich: "Wie viel Zeit denken Sie, einzusparen? 5 oder 10 Minuten?"

TELWF: "Ja, etwa - wenn die Kollegen eintreffen, können sie gleich loslegen."

Ich: "Warum nicht lieber alles zusammen? Immerhin geht kein Kollege gern in das vorbereitete Geschirr von anderen - meinen Fallschirm lasse ich mir ja auch nicht von anderen zusammenlegen. Und Konflikte gibt es auch nicht, wenn die Höhenretter beim Vorbereiten eintreffen?"

TELWF: Nee, das ist bewährt so, da hat es noch nie Konflikte gegeben."

Ich: "Ok. Den Satz "Da ist noch nie was passiert.", kenne ich irgendwie. Also gut- wie viel Personal haben Sie in der Höhenrettung – wie viel halten Sie vor? Wo ist es stationiert?"

TELWF: "Wenn wir sie vor Ort anfordern, dann sind die schnell da - je nachdem, wie viel wir benötigen."

Ich: "Habe verstanden. Aber das beantwortet nicht meine Frage – Wie viel sind es denn genau? Also tagsüber, ggf. auch nachts?"

TELWF: "Nachts würden die auch kommen - haben wir aber bis jetzt nicht gebraucht."

Ich: "Also - Sie wissen gar nicht, wie viel Höhenretter Sie haben? Ein oder zwei Trupp, 'ne Gruppe? Wo sind die denn stationiert? Vorhin sagten Sie, die rücken sofort nach Alarmierung aus und erwähnten zuvor in einer anderen Frage das Ziel, jeden Einsatzort binnen fünf Minuten zu erreichen. Dann sagten Sie, die ersteintreffende Mannschaft hat ausreichend Zeit, das Geschirr vorzubereiten und sie sparen dadurch fünf bis zehn Minuten. Hatte ich doch richtig verstanden- oder? Wo kommen die Jungs denn nun her?"

TELWF: Wir arbeiten sehr gut mit der Berufsfeuerwehr Mannheim zusammen - gleich hier gegenüber am Rhein. Mit denen haben wir eine Kooperation für die Höhenrettung. Die unterstützen uns."

Ich: "Das bedeutet also, dass die BASF gar keine qualifizierte Mannschaft zur Höhenrettung besitzt?"

TELWF: "Wir verfügen über ausreichend Equipment für die Höhenrettung und qualifizierte Kräfte hinsichtlich des ganzen Materials."

Ich: "Habe ich auch verstanden. Nochmal die Frage: Verfügt die BASF über eigene, der eigenen Werkfeuerwehr zugehörige und zur qualifizierten Höhenrettung ausgebildete Mitglieder? Hier, dauerhaft stationiert im Werk Ludwigshafen? Ja oder nein?"

TELWF: "Nein - die kommen von der Berufsfeuerwehr Mannheim und sind aber schnell hier. Fünf Minuten - ist nur einmal über den Rhein."

Ich: "Ich kenne die Strecke. Wenn es Stau gibt -derzeit sind gerade Baustellen-, sind da problemlos 20 Minuten drin. Oder mehr. Resümiert bedeutet das -wenn ich einmal einen zwar sichtbaren aber unzugänglich im Gerüst eingeklemmten Arbeiter erreichen will, ist die benötigte Zeit bis zur med. Erstversorgung problemlos weit jenseits der 30 Minuten - ich habe noch nicht einmal Verzögerung durch Notruf, insuffiziente Einweisung und die Vorbereitung des med. Equipments eingerechnet!?"

TELWF: "Nein, nein. Wir sind ganz schnell da."

Ich: "Aber diese Zeitfenster sind gegeben - die kann man nicht wegwischen oder danach gehen "Zusammen macht's 'n bisschen weniger. Wenn nach 15 Minuten der ersteintreffende Trupp sich für eine Nachalarmierung entscheidet, dann dauert die auch nochmal Zeit und birgt abermalige Fehlerquellen in sich - das wissen Sie genauso gut, wie ich. Und glauben Sie mir - ich kenne das Baufeld und ich kenne Rettungsabläufe zur Genüge. Ich meine, 30 Minuten irgendwo hängen - eher 45 Minuten Plus -wir reden hier ja nur von der reinen Zeit bis zum Erstkontakt-, passiert ist da noch lange nichts - das kann situationsbedingt für den Betroffenen den sicheren Tod bedeuten. Dann können sie ihren Realeinsatz als realistische Unfalldarstellung - als Übung abhaken und aus der Rettung 'ne Bergung machen. Hat sich denn noch keiner Gedanken gemacht, im Werk selbst Mitarbeiter der Feuerwehr auszubilden?"

TELWF: "Es war mal im Gespräch aber der Führung zu teuer. Da muss man ja auch noch regelmäßig Übungen absolvieren."

Ich: "Interessant - zehn Leute auszubilden und vorzuhalten -sie sind ja nicht extra, sondern zu ihrem Normaldienst zusätzlich qualifiziert- ist zu teuer. Na ja - stimmt. Eine Beerdigung ist günstiger. Ehrlich mal; das teure Equipment wird beschafft und gewartet - obwohl die Kollegen vielleicht lieber ihr eigenes benutzen. Die jährlichen Trainings sind auf diesem Gelände überhaupt kein Problem und deren Ausbildung ist zu teuer? Ich nehme das mal so auf."

TELWF: "Aber das liegt auch nicht in meiner Hand, solche Entscheidungen."

Ich: "Aber leben tun Sie auch ganz gut damit - oder? Ich denke, dass man als Technischer Einsatzleiter ein gewisses Gewicht in seiner Meinung mit sich bringt. Ist es nicht so? Genaugenommen müssen Sie doch zugeben, dass diese binnen jetzt zehn Minuten theoretisch geklärte Situation erheblich verbessert werden kann – die Diskrepanzen sind ja offensichtlich. Aber vielleicht noch ganz interessant; wie viel verletzte Personen können durch den Trupp (oder die Gruppe?) zeitgleich gerettet werden?"

TELWF: "Ich nehme an, dass die Kollegen nicht zeitgleich mit mehreren Trupps arbeiten können."

Ich: "Also immer nur einer zurzeit und alle Betroffenen nacheinander. Wie viel Personen werden denn im Werk für die Technische Hilfeleistung aktiv vorgehalten - inkl. Rettungspersonal?"

TELWF: "Das kann ich nicht exakt sagen. Komplett sind wir ca. 200 Mann auf 2 Wachen - im Vergleich eine ganze Menge an Personal."

Ich: "Inklusive Rettung?"

TELWF: "Ja, Rettung ist mit drinnen. Die sind ja bei uns an die Feuerwachen angeschlossen. Zwei haben wir - Nord und Süd."

Ich: "Hmm - wenn ich mal so überschlage; 200 Mann, abzüglich 10% Krankenstand, 15% Urlaub, bleiben 150 Mann zur Verteilung. Davon rd. 30 in der Rettung, verbleiben 120 für zwei

Wachen. Etwa ¹/₃ arbeitet im Nachtdienst..., bleiben im Tagdienst 40 Mann Besatzung je Wache. Also als wirklich viel für ein Großschadensszenario sehe ich das nicht - wenn etwas Großes in der Werkmitte entsteht und auch noch beide Bereiche trennt, sind die Möglichkeiten überschaubar, meinen Sie nicht?"

TELWF: "Von solchen Großschadensereignissen gehen wir hier nicht aus."

Ich: "Ja, stimmt. Sagten Sie ja bereits. Draußen ist überall zu hören, dass die BASF eine eigene Höhenrettung hat. Dem ist ja gar nicht so - das ist ja ein gewaltiger Trugschluss. Aber medienwirksam - muss ich zugeben. Wenn das die Mitarbeiter sogar als Affirmation in sich tragen und sich selbst innerhalb eines Fachgesprächs erst durch zähes Nachfragen die Wahrheit herausstellt, ist das Marketing gut."

TELWF: "Wir arbeiten in enger Kooperation mit Mannheim zusammen - das funktioniert sehr gut."

Ich: "Ja, ja - ich weiß..."

Mit (fast) all den restlichen Fragen erging es mir ähnlich mit dem großen Oberhauptbrandschatzjägermeister...

Ein paar Beispiele...

| Dekompressionskammer - zur Behandlung von z.B. CO/ Kohlenmonoxid- oder Zyanid-Vergiftungen?

Auf dem BASF-Gelände? Fehlanzeige - wusste er nicht.

Vielleicht in einer der benachbarten Kliniken? Fehlanzeige - wusste er nicht.

Oder in einer der Kliniken außerhalb Ludwigshafens? Fehlanzeige - wusste er auch nicht.

Jetzt weiß er es - in Heidelberg, aber keine 24 Stunden geöffnet – ich habe es ihm gesagt (Stand 2016).

| Qualifikation der Notärzte? Eine Auskunft des Rettungs-Fachpersonals ergab, dass auch nicht notfallmedizinisch qualifizierte Ärzte als "Notarzt" eingesetzt werden.

Hatte er keine Ahnung.

| Hilfsfristen? Gibt es bei der BASF nicht. Sein sportliches Ziel; binnen fünf Minuten jeden Einsatzort im Werk zu erreichen.

Fazit im Real-Life: 25 Minuten nach total verhauenem Notruf (hierzu später noch mehr).

| Bewältigungsstruktur z.b. bei massivem Säureaustritt – angenommenes Beispiel war ein Werk-Bus, der in einen Kessel mit 96%er Schwefelsäure fährt?

Nicht vorhanden.

Seine sinngemäße Antwort: "So etwas passiert hier aber auch nicht."

Anm.: Der Kessel ist ungeschützt sieben Meter plan und ebenerdig abseits einer hochfrequentierten Hauptstraße (30er-Zone) erreichbar. Mit 40 Km/h ungebremst und vollbesetztem Bus in den Kessel zu fahren, würde nicht abschätzbare Probleme verursachen...

| Verbrennungsbetten?

Wusste er keine konkreten Angaben.

Jetzt ja. Es sind acht für Erwachsene im BG-Klinikum Ludwigshafen (Stand 2016).

| Weitere Maßnahmen für spezifische Werk-Traumen? Z.B. Behandlungseinheiten in der Werk-Klinik?

Inhalationstrauma? Wusste er nicht.

Verbrennungstrauma? Wusste er nicht.

Verätzungstrauma? Wusste er nicht.

| Vorhaltung von speziellen Atemschutzmasken innerhalb des Werkes für den Fall von Säureaustritt und Gasentstehung in Kombination?

Wusste er nichts Konkretes. Ja, ein paar – wo, welche und wie viele, wusste er nicht.

| Schutzräume mit Überdruck-Atmosphäre gegen das von außen mögliche Eindringen von Gasen?

Auf dem BASF-Gelände keine.

| Schulungen von Kontraktoren und Sub-Kontraktoren im Umgang mit Lösch- und Rettungsmaterialien?

Nein, Mitarbeiter angeblich ja. Häufigkeit und Intervall konnte er nicht sagen. Während meines Aufenthalts hatte nirgendwo jemals eine Übung sichtbar stattgefunden.

| Vorhaltung von Sonder-Rettungsvorrichtungen (z.B. Bahn-Wagons zum Schutz, Transport oder um Löschvorgänge zu unterstützen)?

Nein - im Werk nicht.

Der gesamte Fragenkatalog kann in der Originalform der Gesprächsgrundlage unter www.tdi-projekt.de eingesehen werden (in der Form, wie er auch der BASF-Feuerwehr sowie dem Vorstand zur Bearbeitung unterbreitet wurde (beinhaltet zudem diverse Lösungsansätze)).

Dies ist ein Auszug – repräsentativ für annähernd alle Fragen. Es war eine Situation zum Fremdschämen. Ferner hat die Feuerwehr keinerlei Interesse an Rettungs-Demonstrationen im Baufeld, die Richtung der Sammelpunkte ist nach der angeblich dauerhaften Windrichtung ausgewählt und auf Nachfrage sagte mir der Kollege Grisu, dass es in den anderen Fällen (denen, in denen der Wind aus einer anderen Richtung käme) eben ein "wenig unglücklich" wäre.

Auch Verhaltenstrainings für den Notfall gab es nicht - lediglich solle die nächste Sammelstelle aufgesucht werden.

Über ein KIT (Krisen-Interventions-Team) für die posttraumatische Betreuung Betroffener verfüge die BASF nicht. Wohl aber über "irgendwie" geschulte Werkmitarbeiter, die die Anforderung improvisierend bewerkstelligen. Näheres wusste er aber -wen wundert's- wieder nicht.

Zu Trainings in Kombination mit dem Rettungsdienst sah man, wie bereits dargestellt, keine Veranlassung.

Meine Kritik an der Alarmierung konnte ebenfalls nicht ausgeräumt werden - warum denn eine Alarmierung grundsätzlich statisch ablaufe und man sie selten zuordnen oder -über die Lautsprecher ausgerufen- akustisch verstehen konnte.

Die Alarmierung läuft immer in einzelnen Quadranten ab, bei der der Nachbarquadrant automatisch in Folge ausgelöst wird. Die Durchsage sei unerheblich, man hätte sich in ausnahmslos jedem Fall zum nächstgelegenen Sammelpunkt zu begeben. Eine zusätzliche Einbindung einzelner Melde-Schleifen, in die z.B. die HSE-Abteilungen mit ihren Handys eingebunden werden könnten, wäre nicht umsetzbar, weil der Leitstellendisponent damit im Ernstfall mindestens einen zusätzlichen Alarm auslösen müsste – so seine Erklärung zu einigen, weiteren Nachfragen.

Warum dann vor diesem Hintergrund mehrsprachige Alarmierungsdurchsagen stattfänden, konnte er mir auch nicht erklären.

Zu dem Versagen des Alarmierungsablaufs nach der Explosion in der Stadt, versuchte er sich in der Verantwortungsumkehr und erwähnte, dass man wohl von Menschen in Führungspositionen erwarten kann, dass diese im Rahmen eines Alarms die Initiative ergreifen und notwendige Maßnahmen (z.B. koordiniertes Geleit in das Restaurant) veranlassen würden.

Kurz erinnert; die (verantwortliche und zuständige) Werkfeuerwehr hat es nicht geschafft, die Einsatzleitung zu stellen, geschweige denn abzustimmen, die Räumung zu begleiten und für Registrierung und Sicherheit der betroffenen Arbeiter zu sorgen. Jetzt wurde von eben dieser Feuerwehr erwartet, dass für das Notfallmanagement nicht qualifizierte und dieser Materie fremde Personen innerhalb eines Notfalls situativ angepasst richtig handeln – nur, weil sie Führungskräfte sind. Und diese weiterführend ggf. für weit über 1000 Leute unterschiedlichster Nationalitäten (mit-) verantwortlich haftend, koordinieren, sicher geleiten und sich gegen den Widerstand von BASF-Mitarbeitern Zutritt zu BASF-eigenen Häusern verschaffen?

Offensichtlich hat die Werkfeuerwehr der BASF ihren Sicherheitsauftrag und die damit verbundene Verantwortung nicht ansatzweise verstanden.

Werte Kollegen der BASF - das ist zu dem Versagen der Alarmierungskaskade nochmal das Sahnehäubchen oben drauf. Ist es nötig, das Versagen in der Verantwortung auch noch projizieren zu müssen? Der Alarm war quasi geplantes Versagen mit Ansage, nicht mal ein überraschender Real-Notfall – steht bitte auch dazu!

Dann kann man also getrost festhalten, dass, auch, wenn man sich im Büro befindet, die Fenster entgegen mancher Aussagen nicht geschlossen werden müssen, sondern man sich ins Freie zur nächsten Sammelstelle zu begeben hat. Immer. Wenn diese dann zufällig in ungünstiger Windrichtung läge oder nah an dem Schadensbereich, wäre es eben unglücklich – schade.

Ferner wäre der Leitstellendisponent durch Drücken eines zusätzlichen Knopfes nach dem Notruf überlastet.

Auch mehrere Verletzte zeitgleich gäbe es (im Zivilschutz sog. MAnV-Konzepte / Massenanfall von Verletzten) innerhalb des Werkes grundsätzlich nicht und ebenso ausgeschlossen ist, dass hier ein LKW- oder Busfahrer von plötzlichem Unwohlsein, Unterzuckerung, Herzinfarkt, Schlaganfall oder Krampfanfall betroffen sein kann. Und die Existenz einer BASF-eigenen Höhenrettung ist eine große, medienwirksame Marketingblase.

Das Gespräch im Fazit: menschlich enttäuschend. Auf das Fachliche reduziert, muss ich konstatieren, dass mir in den letzten 20 Jahren noch nie irgendwo derart viel Unwissen in so komprimierter Form binnen weniger als zwei Stunden entgegengeschleudert wurde. Ehrlich - nicht einmal bei den schlimmsten Prüflingen, die je vor mir gesessen haben. Wäre es dabei nicht um die Klärung wirklich essentieller Sicherheitsgedanken gegangen und hätte nicht jede neu gestellte Frage die Chance für sich gehabt, suffizient beantwortet werden zu können - ich hätte das Gespräch nach weniger als 15 Minuten abgebrochen. Sicher. Ich muss rückblickend gestehen, dass ich mir ein -vermutlich nicht unbemerkt gebliebenes- Lächeln beim Auflösen des Gesprächs nicht habe verkneifen können. Menschen, die mich nicht kennen, würden mir an dieser Stelle Schadenfreude unterstellen. Nein, es war Fassungslosigkeit. Pure Fassungslosigkeit über einen so umfangreich ungenügenden Status der Prävention und Gefahrenabwehr...

Es mag nicht ausgeschlossen sein, dass die BASF über gutes Potenzial verfügt. Wenn jedoch der Technische Einsatzleiter der Werkfeuerwehr, der kontinuierlich alle Feuerwehrtechnischen Angelegenheiten und Prozesse klärt und regelt, bei fachlichen Fragen derart versagt, wie geschildert, kann die BASF zumindest Eines nicht: mit ihren Ressourcen umgehen.

Dieser Schluss muss gezogen werden, andernfalls müsste man das Versagen des Grisu tatsächlich auf durchgreifende Kompetenzdefizite aller Kollegen seines Ressorts zurückführen, wie sie profunder nicht sein können. Denn ein Momentversagen war das nicht.

An dieser Stelle darf nicht unerwähnt bleiben, dass der Wind über dem Werk nicht zu rund 90% entsprechend der von dem Kollegen genannten Richtung folgt, sondern gemäß einer Deutschen Wetter-Datenbank nur zu rund ¾ . Insofern haben wir in bis zu 25% der Fälle eine "unglückliche Wahl" bei der Fluchtrichtung als unveränderliches Bestandsergebnis. Was übrigens bedeutet, dass nicht 25% der Flüchtenden generell Pech haben, sondern 25% der Alarme -also jede vierte Evakuierung/ Räumung- schief läuft. Die dann aber komplett. Rechnerisch bräuchten wir dann nach dem vierten „echten" Alarm mindestens 1000 neue Leute...

Zu den Kosten der Qualifizierung zum Höhenretter hat eine einfache Kostenrecherche zum Zeitpunkt der Fragestellung ergeben, dass ein Kurs für eine Person an der Referenzschule Deutschlands hierfür 1680,00 Euro netto kostet. Ein wahrlich hoher Kostenaspekt für einen Milliardenkonzern – man wäre glatt geneigt, ein Crowd-Founding-Projekt zur Finanzierung einzurichten.

Meine Hoffnung auf Klärung der Sachverhalte war ich los. Es war eine eiskalte und vollumfängliche Bestätigung meiner initialen Urängste. Kälter hätte mich auch eine ungeplante Ice-Bucket-Challange nicht erwischen können. Nicht einmal nackt und im Tiefschlaf...

Und dann -fast vergessen- war da ja noch Ködel. Ja, der hatte während seiner gesamten Anwesenheit nichts dazu gesagt. Es war ihm alles zu hoch und er verstehe davon sowieso nichts - wie er sich bei seiner Verabschiedung mit seiner typisch gutturalen Stimme entschuldigte.

Bux und Fisch wurden darüber informiert, dass ich dieses ganze Szenario erst mal aufarbeiten und dann dokumentieren musste. Mit dem Ziel, dies dann als Skript der BASF vorlegen zu können.

Natürlich warteten auch noch diverse andere Arbeiten auf mich. Insofern war meine Arbeit an dem folgenden Skript sukzessiv zu sehen – denn gerade erst wurden die ganzen Punkte der Agenda nach und nach angegangen. Der PC war noch immer ein digitaler Müllhaufen mit vielen Einzelbrandherden und das Tagesgeschäft wartete auch.

Mit dem vorangegangenen Gespräch hatte ich selbst eine gute Basis für die Behandlung einer PTBS (Post-traumatische Belastungs-Störung) gehabt. Wenn das denn seitens Grisu eine Art Verweigerungshaltung gewesen wäre. Durch das tatsächliche Unwissen meines Gegenübers wurde diese dann aber sogleich wieder kompensiert. Eine eigene PTBS – prima. Mit auslösendem Moment und Therapie innerhalb eines einzigen Gesprächs- das hatte eine besondere Tragik-Komik. Ich war fest entschlossen, weiter zu machen.

Mittlerweile waren meine Ambitionen nicht nur nicht unbemerkt geblieben, sondern weithin bekannt geworden. Auf dem Feld und auch bei einigen Kollegen aus dem Management.

Egal, welches Gewerbe, welches Unternehmen oder aus welchem Land – ausnahmslos alle, die davon wussten, dass gegen die Missstände angegangen wurde, traten mit der Bitte an mich heran, es schnell zu erledigen.

Der Tenor war überall etwa gleich: Derartige Zustände würden schließlich nirgendwo auf der Welt akzeptiert, mit welchem Recht nehme also die BASF für sich heraus, auf so wichtige Grundstrukturen zu verzichten?

Germanys next Top Safety

Bux fragte mich immer, wenn wir uns auf dem Baufeld trafen nach dem Stand meiner Ausarbeitung. Sein Ziel war es, als erster von meinen Ausarbeitungen zu wissen und zu profitieren - was vielleicht auch zu verstehen war. Schließlich hatten immer mehr Leute von meinen Aktivitäten zu hören bekommen und arbeiteten mir zu oder gaben Tipps. Sogar von anderweitigen Baufeldern gingen Hinweise ähnlicher Güte ein. Selbst von ausländischen Firmen, die mit meinem Verein nichts zu tun hatten, ebenfalls zu Hauf.

Aber bei aller Liebe - bei Fertigstellung würde Fisch als erster Bescheid erhalten. Immerhin war er nicht nur mein direkter Ansprechpartner innerhalb meines Vereins, sondern hatte mir auch die entsprechenden Freiheiten eingeräumt, innerhalb des Projektes quasi tun und lassen zu können, was ich wollte.

Auf dem Baufeld haben wir uns immer wieder gegenseitig neue Kollegen vorgestellt. Meistens bei dem morgendlichen Meeting für alle. Unter anderem auch einmal zwei Frauen als HSE-Supervisoren vom Haupt-Kontraktor - also unter Bux & Ködel.

Beides Portugiesinnen. Zusammen wirkten sie wie Bibi & Tina in reiferem Alter und sahen aus, als würden sie gleich auf dem Weg in eine Diskothek abgeholt werden.

Zugegeben, die Körpergerüche, die man auf dem Baufeld wahrnimmt, lassen so manches Mal vermuten, um die nächste Ecke herum mit einer Anhäufung dort wochenlang liegender Rattenkadaver konfrontiert zu werden. Und dann ist man immer wieder überrascht, wenn der Geruch mit dem eben noch gesprächigen Kollegen zusammen verschwindet. Insofern ist gegen angenehme Düfte überhaupt nichts einzuwenden. Zumindest nicht in Maßen.

Die Kleidung der beiden Deerns war entsprechend der Vorgaben ok. Nur waren da die langen, bunten Fingernägel, diverse Kettchen, Ringe und auch die schon mal erwähnten Creolen in ihrer vollen Pracht. Und Haare - bei beiden offen über der Jacke und bis zum Po. Wenn ich sie verstehen wollte, musste ich mich hinabbücken, so dass ich das Bild eines vom Hexenschuss geplagten Mannes in rechtwinkliger Haltung wi(e)der gegeben haben muss.

Natürlich kann keiner etwas für sein genotypisches Erscheinungsbild – ich wäre auch mit ein paar Zentimetern weniger deutlich glücklicher gewesen. Aber der Gesamteindruck in o.g. Szenario muss aufgrund seiner Gegensätze jedes Mal urkomisch gewirkt haben.

Die eine Kollegin war mir noch bekannt - es war die Irritierte aus der Situation mit den bereits zuvor offen getragenen Haaren. Sauer über meinen Spruch bzgl. ihrer Haare, war sie jedenfalls nicht. Umgesetzt hatte sie den wirklich wohlwollenden Ratschlag, einen Zopf zu binden aber auch nicht. Schade.

Mir kam bei der Verbindung mit langen Haaren immer wieder ein Einsatz-Szenario in den Sinn, von dem vor Jahren ein ehemaliger Freund berichtet hatte.

Damals rutschten die langen Haare eines jungen Mädchens beim Kart-Fahren unter ihrer Sturmhaube raus und gerieten während der Fahrt in die offene Antriebswelle mit mehreren Tausend Umdrehungen pro Minute. Das Mädchen wurde binnen Bruchteilen von Sekunden regelrecht skalpiert. Tragisch.

Derartige Szenarien zeigen auf, dass man in Verbindung mit offenen Haaren nicht vorsichtig genug sein kann. So anmutend solche Haarpracht auch sein mag, so latent gefährlich ist sie - jederzeit.

Und auf dem Baufeld kann man aufgrund der Enge schnell mal im Gerüst hängen bleiben – mit einer Windböe besonders witzig. Oder die Deerns könnten sich Funkenflug vom Flexen oder Schweißspritzer einfangen. Haarspray dürfte da bestimmt zusätzlich Wunder wirken und in kürzester Zeit auch die abstrusesten Wünsche nach Dauerwelle erfüllen.

Und auch, wenn alles nicht mehr explizit verboten ist – der Schutz sollte jedermanns eigenes Interesse sein. Das eines Safetys eigentlich selbsterklärend - egal, ob m/w/d.

Sie waren beide erst mal soweit ok. Fachlich waren beide gut - aber mit den deutschen Gegebenheiten und Gesetzen nicht vertraut. In Portugal herrschen eben gänzlich andere Richtlinien. Nicht besser oder schlechter - nur anders halt.

Das wurde im Verlauf bei beiden zu einer gewissen Penetranz. Das Deern mit den Creolen war im Büro und hatte fast ausschließlich mit Method-Statements zu tun - also deren Genehmigung, was in unzähligen Revisionen der eingereichten Unterlagen mündete und zwangsläufig im Kontakt mit mir endete. Das andere Deern war in meinem Baufeld als Supervisor aktiv und maßte sich an, dass alle nach ihrer Pfeife tanzen sollten.

Sie hatte viel von der Zeichentrick-Serie „Kleine Prinzessin". Wer die kennt, kann sich alles gut in Farbe vorstellen. Insbesondere das „ich will…" war authentisch.

Es ging bei beiden Deerns schief.

Es hatte nicht lange gedauert, da habe ich mich mit Bux über die beiden Mädels ausgetauscht. Es war bei keiner der Beiden das Fachliche. Es war deren Art. Sicher hatten sie es beide nicht leicht in einer derartigen Männerdomäne und dann auch noch in einem fremden Land. Aber wer bitte nimmt denn eine Kollegin für voll, die stets sich ändernde Aussagen für zulassungspflichtige Anträge macht - und dann auch noch abhängig vom jeweiligen Kollegen und der eigenen Tagesform? Und wer nimmt eine Kollegin auf dem Baufeld für voll, die mit derartigem Äußeren auftritt?

Authentizität ist gut, geht aber spätestens dann in die Hose, wenn jemand mit derart Äußerem gegenüber den Arbeitern absolut pingelig agiert und klar macht, dass Schutzmaßnahmen nur für die Arbeiter, nicht jedoch für einen selbst gelten.

Insofern hatten beide an ihrem Status selbst gearbeitet und Mitgefühl war sicher fehl am Platz. Hätten beide gewisse Grundregeln auch für sich selbst als Maßstab angewandt, wäre ihnen die Unterstützung der breiten Masse der Kollegen gewiss gewesen- meine inbegriffen.

Es gab noch vor einigen Jahren einfache Vorgaben, Ringe im Handwerk zu entfernen. Gleiches galt auch für lange Haare. Wie zuvor geschildert, zu Recht. Beides sind unnötige Gefährdungen.

Als die Eine der Beiden uns dann noch eines Morgens mit der Polizei des Baufeldes verglich, habe ich die Zusammenarbeit mit ihr beendet. Natürlich gab es noch immer Schnittpunkte - aber eben nur noch, soweit unbedingt notwendig. Fachlich gut, menschlich-sozial daneben und eine grundfalsche Einstellung zur Aufgabe. Das ist eine kontraproduktive Gesinnungs-Kombination - da muss schon was in der Erziehung schief gelaufen sein. So etwas lässt sich auch durch ein Gespräch nicht einfach kompensieren.

Neben der Bemerkung der Polizei und dem Behang wie ein Weihnachtsbaum, gab es viele Bereiche der beiden Ladys, die unpassig waren. Sie wirkten beide wie jemand, denen man als kleinen Menschen Macht gegeben hatte und die dieses in Folge maßlos ausnutzten - natürlich nur gegen unsere Arbeiter. Ihre Art war mit unter zwar taff aber dennoch Prinzessinnen-haft. Auch wollten sie gerne umsorgt und von allen Seiten bedient werden.

Ich wusste nicht, was sie zu Hause waren – auf dem Feld waren sie letztlich nicht mehr als jeder von uns anderen auch. Problematisch waren hier die Schnittpunkte zwischen den portugiesischen und den deutschen Richtlinien. Die Kollegin des Baufeldes hatte sogar angefangen, einen unserer Mitarbeiter dazu zu bringen, ihr immer wieder neue Warn-Schilder zu drucken und Absperrbänder zu besorgen. Was mich stutzig machte, waren nicht die Materialkosten. Zwar war die Madame ja nach dem Gespräch mit Bux nicht mehr in meinem Areal zu Wege aber so viele Schilder wie gedruckt wurden, konnte ich nirgendwo ausfindig machen.

Ergo sprach ich unseren Kollegen an, wo denn die Schilder seien. Der Kollege führte mich zu den Aufbewahrungsorten - es waren mehrere Taschen von der Lady versteckt. Überall in Arbeits-Bereichen, in denen man vielleicht einmal irgendwann derartige Schilder hätte gebrauchen können.

Aber „hätte" war nicht „war". Zusammengepfercht kam ich auf über 30 Warnschilder in ihren Beuteln zzgl. diverser Klebe- und Warnmaterials. Fassungslos war ich, als ich mitbekam, wie sie es schaffte, unsere Leute für ihren Eichhörnchen-Fimmel einzuspannen. Da saßen unsere Burschen mitunter stundenlang im Büro, um Schilder auszudrucken und zu laminieren - nur, damit die Dame die Schilder sammeln und verstecken konnte.

Offensichtlich hatte sie unser HSE-Büro mit einem Copy-Shop verwechselt und seitens unseres Kollegen war die Pheromon-Wirkung mittlerweile vermutlich außer

Kontrolle. Aber damit war Schluss. Kurzerhand hatte ich die Taschen eingesammelt und mit Nachricht an sie in unserem Büro verstaut.

Sie hätte sich die Sachen abholen können – was sie aber nicht wollte. Das war ihr wohl zu unangenehm – ich hatte ein Gespräch gefordert.

Natürlich sprach sie auch Erich an. Und entweder Pheromone wandern auch durch die Litzen herkömmlicher Analog-Telefonleitungen oder Erich war durch die olfaktorischen Reize der Marke „Lecker Forte" nachhaltig irritiert und anderweitig abgelenkt. Leider hat er bei diesen Spielereien ordentlich mitgeholfen, so dass das Prinzip weitergetragen werden konnte. Er hatte die Taschen eines Tages mitgenommen und ihr wieder zurückgegeben. Bestimmt hat er sich sogar entschuldigt. Vielleicht hat er ja ein Bienchen dafür bekommen – oder was auch immer.

Das tägliche Sicherheitsgeschäft auf dem Baufeld änderte sich nicht. Der Haupt-Kontraktor ließ gerne delegieren und sorgte selbst nicht für die Erfüllung eigener Pflichten.

Bei der Planung diverser Neubelange -auch aus der Agenda- hörte ich im Büro Fisch immer wieder sagen, dass er noch jemanden wie mich bräuchte. Für den Posten als HSE-Manager. Auf meine Frage hin, wen er denn mittlerweile im Auge hätte - es gäbe ja durchaus einige, die den Repräsentanten mimen könnten -nur eben mit vielen Einschränkungen im fachlichen Bereich außerhalb- fragte er mich erneut, ob ich denn nicht doch den Posten übernehmen wollte. Irgendwann war er wohl von dem Gedanken abgekommen, mich zu „verheizen", wenn ich denn den Posten annehmen würde.

Mir den Posten angeboten, hatte er ja bereits ein paar Mal. Mittlerweile sogar immer wieder mit dem Hinweis, dass er mir den Posten sofort geben würde, wenn ich nur wollte. Er war sich auch nicht zu schade, diese Aussage vor Kollegen zu machen – was seine Entschlossenheit bestätigte.

Aber nein, danke - ich wollte nicht. Da wäre meine Abwechslung dahin und ich könnte mich auch nicht mehr so sehr um "meine Dinge" außerhalb des Baufeldes kümmern.

Ich war froh, endlich einen Dienst- und Zuständigkeitsplan kreiert zu haben, der nicht nur die Zuordnung der Mitarbeiter im Feld verifizierte, sondern auch deren Einsatzzeiten in der Übersicht. Endlich hatten die Jungs Klarheit. Und zwar bis zum Projektende. Das Baufeld wurde dabei in zwei große Hälften geteilt. Für den Osten war ich verantwortlicher Field- oder Area-Manager und für den Westen Erich.

Erich war dort, weil ich bereits einige Wochen zuvor aufgrund der sich wiederholenden Angebote an mich, den HSE-Manager-Posten zu übernehmen, ihn als nicht durchgreifend ungeeignet ins Spiel gebracht hatte (seine Art einmal außen vor). Dabei hatten mich Kollegen mehrfach gefragt, ob nicht lieber ich allein den Manager-Posten übernehmen könne - ich hätte ohnehin die gesamte HSE-Abteilung umstrukturiert und insofern würden doch viele Aspekte dafür sprechen. Verständlich. Meine Entscheidung war trotzdem eindeutig: HSE-Manager wollte ich dort nicht sein. Zumindest nicht offiziell – ich hatte Gründe dafür.

Genau genommen war ich eigentlich zu extrem, zu integer und „laut" für den Posten. Vor allem aber zu transparent und verbindlich.

Mein Vorschlag war daher aufgrund der positiven Rückmeldungen, dass ich den Posten als Stellvertreter übernehmen würde – was ja dem HSE-Manager „on Site" gleichkam. Und zwar mit einem weiteren Kollegen als meine Unterstützung – sozusagen als Doppelspitze. Mit einem Kollegen, der passen würde.

Auch, wenn ich stets mit Lösungen aufwartete - die hier erforderliche Political Correctness, wenn man so wollte, war ich nicht gewillt umzusetzen. Nicht, dass ich sie nicht hätte umsetzen können – ich wollte nicht. Nicht hier. Es schien alles undurchsichtig, schwammig und verwoben. Mit dem Wissen um endlos viele Defizite – zu Lasten der Kleinsten. Kurzum: ich hatte Bauchschmerzen mit den Abläufen, wie sie vor sich gingen und machte daraus auch keinen Hehl. Das dann auch noch zwingend repräsentativ zu vertreten, war nicht meins. Im Gegenteil - ich dokumentierte, prangerte an und forderte. Und als funktionell verantwortliche Schnittstelle, hatte ich genau die Schlüsselposition, die mir passte; operativ erste Reihe, formal in der Zweiten.

Und Fisch wusste, welche Vorteile er durch mich genoss - das war offensichtlich. Und die Vorteile für seine Person waren allein anhand der Haftungsfreistellung durch meine Maßnahmen, sehr umfassend.

Der von mir zuletzt -ernsthaft- vorgeschlagene Kollege für die Doppelspitze war aus ähnlichem Holz geschnitzt, wie ich - nur spielte er nicht immer mit offenem Visier. Er sammelte die Missstände - was Fisch in der Konstellation nicht geschmeckt haben wird. Zudem war er Fisch, was seine Konsequenz angeht, sehr ähnlich. Somit war er nur schwer einschätzbar, wie weit er gehen würde, bis er jemanden verkauft. Das wird Fisch zu gefährlich gewesen sein. Er nahm lieber denjenigen, auf den ich einst -lange, sehr lange zuvor- als Unterstützung gebaut hatte, von dem ich jedoch aufgrund verschiedener Gegebenheiten und sich zuletzt herausgestellter Eigenschaften zwischenzeitlich etwas abgerückt war: Fisch wählte Erich, den Weinerlichen.

Erich sollte es sein. Erich? Na ja – mit großen Einschränkungen halt. Als Unterstützung – tolerabel…

Vorteil war aber wenigstens, dass ich ihn so besser im Blick hatte – von wegen Konspiration und so…

Erich hatte ja stets erzählt, dass er zu DDR-Zeiten auch Führungsaufgaben bei der Volksarmee übernommen hatte - natürlich nur in der untersten Ebene, so sagte er. Ja, nee – war klar. So, wie alle damaligen Führungskräfte eigentlich nur Handlanger waren in dem ach so schlechten System. Aber ok - Erich war lernfähig. Oder tat zumindest so. Er mochte zunächst keine Briefings und hielt später selbst welche. Und er war -an meinem Arbeitsmaßstab gemessen- faul. Faul aber geschickt dabei, sich nicht als faul bewerten zu lassen. Auf seine schon fast distanzlose Art war er immer super freundlich, so dass wirklich fast alle gut mit ihm auskamen.

Selbst den seinerseits verhassten Kollegen und denen gegenüber, über die er herzog, war er -sobald sie in Sichtweite waren- scheiß-freundlich. Nett. Und wie schon erwähnt; selten jedoch mit einer Lösung aufwartend. Aber gut - wenigstens war er nicht so, wie Conchita und verursachte Arbeit. Nein, er ließ sie einfach nur liegen – was abschätzbar war. Erich war steuerbar. Klar, er kannte so ein System noch von damals und schmiegte sich exzellent ein. Seine Anpassungsfähigkeit schien phänomenal – auf einer Blumeninsel hätte man ein Chamäleon leichter erkannt als ihn.

Ein Kollege fragte mich einmal, ob man Erichs Grundeigenschaften nicht in einem Viskositätsindex benennen könnte – so, wie Motorenöl. Also – ein Erich 20W-50, mit besonderer Sommergeschmeidigkeit, wäre in der Tat universell verwendbar…

Aber im Ganzen konnte ich damit noch ganz gut leben. Insofern blieb es dabei, dass ich Fisch vertreten habe und wenn ich nicht da war, war Erich Ansprechpartner.

Natürlich hatten wir immer wieder neue Mitarbeiter bekommen. Bei zweien hatte Erich sich mal mit der Einweisung versucht...

Ich hatte mittlerweile eine Mappe für die Neuankömmlinge zusammengestellt, in der -neben der zweistündigen Hau-drauf-Schulung vom Haupt-Kontraktor- alle wichtigen Dinge enthalten und auch zu vermerken waren. Eine wichtige - wenn nicht sogar DIE Wichtigste war, dass der Neuankömmling sofort seine Mobil-Rufnummer zu hinterlegen hatte. Sofort bedeutete etwa so viel, wie sofort und nicht am Folgetag oder in der nächsten Woche. Es sollte eben unmittelbar das Einpflegen in die Telefonliste erfolgen, sodass jeder Kollege eine stets aktuelle Übersicht hatte.

Zudem war es wichtig, um jeden Kollegen jederzeit auf dem Baufeld erreichen zu können. Nachfragen, Mitteilungen, Ablaufänderungen, notwendiger Austausch etc., erforderten es. Nicht zuletzt im Notfall hätte man auch seinen eigenen Aufenthaltsort oder Gesundheitszustand kommunizieren können müssen.

Die Erreichbarkeit war essentiell - doch auch bei den HSE'lern war diese Ansicht nicht überall geliebt. Nicht nachvollziehbar – gilt dieses Prinzip doch auf nahezu jeder Baustelle und ist alles andere als neu.

Zu meiner Ankunft waren die offiziellen Listen unterschiedlich aktuell - undatiert und teilweise im PC unter diversen Namen, Daten und Orten gespeichert. Mitunter war die aktuellste zwei Monate alt und gab ehemalige Mitarbeiter bekannt, die schon lange nicht mehr dabei waren. Und andere, die schon seit sechs Wochen dabei waren, benannte die Liste eben noch nicht. Jetzt war sie aktuell - und das sollte auch so bleiben.

Einige der Kollegen gingen ja auch sehr schnell wieder.

Der Grund für die interne Grundeinweisung liegt eigentlich auf der Hand - traurig, dass es immer noch Leute aus den eigenen Reihen gibt, die derartige Notwendigkeit für sich selbst nicht umsetzen mögen. Mit dem vorgegebenen Einweisungs-Ablauf hätten alle aufgelaufenen Anfangs-Fragen, Startprobleme und Unklarheiten behoben sein können - wenn er denn abgearbeitet worden wäre.

Mit Erichs Neulingen war irgendwie immer irgendetwas anders. Dabei wäre es so einfach gewesen, dass alle das gleiche Anfangs-Wissen hätten haben können. Diese beiden Versuche blieben -trotz Unterlagen- leider Versuche.

Unverständlich, weshalb eine Einweisung -eine Standard-Maßnahme einer SiFA- von eben dieser keine Akzeptanz erhielt, sobald es sie selbst betraf.

Winterzeit - Narrenzeit

Fisch und ich suchten die neuen Kollegen immer aus - jetzt legten wir eben auch deren Termine zum Starten so, dass ich die Neuen zunächst unter meine Fittiche bekam. Glücklicherweise hatten wir nach und nach weitere Kollegen bekommen – ohne, dass andere gehen mussten. Deren Einweisung allerdings übernahm jetzt grundsätzlich ich.

Einen Kollegen hatten wir bereits aus der "Ahab-Ära". Ein Kollege, der an allen Ecken der Welt schon tätig war - in leitenden Funktionen. Er lebte in Dubai. Er ließ sich die Butter nicht vom Brot nehmen und war -beruflich wie privat- mit Ahab verbunden. Und er war das, was sein Äußeres und sein offener Blick verrieten. Laut, extrovertiert und direkt. Gut so - endlich mal ein authentischer, direkter Jung mit Rückgrat. Gefühlt, sprach er ein Dutzend Sprachen. Oder zwei. Wenn er damit nicht weiterkam, konnte er sich irgendwie trotzdem suffizient verständigen. Natürlich ist er mit seiner direkten Art einigen auf den Fuß getreten. Aber er hatte dabei immer den Charme, es lustig zu verpacken. Na ja, meistens jedenfalls. Und er war in sich ruhig - ich kann mich nicht erinnern, ihn jemals aufgebracht erlebt zu haben.

Es dauerte etwas, bis er sich daran gewöhnt hatte, bei uns nicht erste Geige zu sein. Aber irgendwann lief es gut. Nachdem Ahab gegangen wurde, hatte er -nennen wir ihn aufgrund seiner Erfahrung als Kosmopolit und Bezug zu Ahab einfach Ismael- die Tagesausflüge in die Gerüste für

Ahab übernommen. Ansonsten war er zunehmend mit Ausarbeitung und Dokumentation beschäftigt und klärte auch noch diverse Missstände in einem seiner Lieblingsbereiche: der Krankoordination.

Ich wandte mich wieder nach und nach den internen Dingen zu - Strukturen schaffen, Agenda abarbeiten, PC aufräumen und mein Anliegen im Notfallmanagement ausarbeiten – bzw. das Grisu-Gespräch auswerten. Und dann kam laufend noch Fisch mit irgendwelchen Ausarbeitungen an. Statistiken, Schulungen, Unfallaufnahmen und so weiter. Schulungen standen sowieso diverse auf dem Plan - die verfügbaren reichten vorn und hinten nicht. Nicht für die Arbeiter und für uns auch nicht. Unser Vorteil war nur, dass wir innerhalb der eigenen Gruppe auf die entsprechenden Fachleute sofort zurückgreifen konnten.

Eines Abends kam Ismael zu mir und meinte, dass er in einem Bus mit gebrochener Achse, bzw. Aufhängung unterwegs gewesen sei. Auf Ansprache hätte der Busfahrer ihm gesagt, dass „Cheffe schon Bescheid" wüsste.

Ich hatte bereits einige Beschwerden und auch eigene Erfahrungen mit den Bussen gemacht - und auch im Gespräch mit dem Feuerwehr-Kollegen angerissen.

Es ging allgemein um den Zustand der Busse, der tlw. gefährlich war:

-   um den technischen Zustand - innen wie außen, auch hinsichtlich der Reifen für den anklopfenden Winter;

- die fahrerischen Qualifikationen der Busfahrer (häufig 50 statt 30 Km/h) und deren unzureichende Aufmerksamkeit;

- die Überfüllung (bis zu 120 Personen) bei ca. 80 zugelassenen Plätzen;

- die Überladung mit gequetscht stehenden Menschen bei deutlich über 100 Km/h auf der Autobahn (zugelassen sind gem. §3 StVO max. 60 Km/h mit Nahverkehrsbussen bei Stehplatznutzung) usw..

Die Frage auf die Haftung im Fall eines Unfalls bei Überladung mit unzulässiger Bereifung und überhöhter Geschwindigkeit war seitens des TELWF: "Irgendjemand würde schon haften."

Ismael hatte mir die Kennung des Busses mitgeteilt. An einem der kommenden Abende habe ich den Bus ebenfalls erwischt und konnte Ismael bestätigen. Wieder ein Baustein mehr für meinen Bericht, der kurz vor dem Ende stand.

Mittlerweile hatten wir vorgearbeitet, Nachtschichten selektiv abzudecken, weil immer mehr Arbeiten nach Fertigungsabschluss hinsichtlich ihrer Qualität untersucht werden mussten. Das betraf insbesondere Rohrverbindungen - also die Schweißarbeiten.

Diese wurden mittels Röntgenstrahlen einer zerstörungsfreien Werkstoffprüfung unterzogen. Und da machte es sich besser, wenn die Arbeiten durchgeführt wurden, ohne die Arbeiter nebenan mit zu durchleuchten.

Mitunter mussten schließlich große Bereiche, auch ganze Komplexe, dafür gesperrt werden. Da bot sich die Nacht an.

Die Röntgen-Truppe war schon eine besondere Spezies. Zwar ist die Quadrat-Formel für den Abstand in freier Laufbahn immer noch das Sicherste, um sich vor der Strahlung zu schützen – nur gibt es heutzutage ja auch andere Schutzvorkehrungen. Allerdings waren mir die diesbezüglichen Arbeitsqualitäten dieser „Fachleute" nicht so ganz geheuer.

Einmal "vergaß" einfach jemand einen Behälter mit einem radioaktiven Isotop früh morgens mitten im Baufeld. Ein anderes Mal schoss man die Röntgenstrahlen aus Versehen in eine falsche Richtung - dummerweise exakt auf Messsensoren der BASF, die natürlich sofort alles stilllegten und den atomaren Kriegsschlag ausriefen. Natürlich nur lokal.

Interessant war die Konstellation, auf einer eine Hauptstraße überquerenden Rohrbrücke, die Schussrichtung nach unten auszuloten. Das Areal für die Arbeiter war gesperrt - die Fahrbahn jedoch nicht. Auf Nachfrage hatte man mich „beruhigt", dass man schon aufhören würde, wenn dort jemand durchfahre. Andererseits hätte jemand, der unbemerkt durchfuhr oder gar parke, einfach Pech gehabt.

Ebenfalls waren Kanister mit Entwicklerflüssigkeiten im dortigen Labor nicht gekennzeichnet. Die Aussage, dass natürlich jeder dort die Flüssigkeiten kennen würde, interessierte mich nicht. Wenn ich dort Rettungspersonal zu ohnmächtigen Arbeitern hineinschicken müsste und die nicht sehen könnten, um was für Flüssigkeiten es sich handele, wäre das naturgemäß schlecht – aus Gründen des Eigenschutzes würden sie sofort den Einsatzort verlassen müssen.

Etwa eine Woche hatte es gedauert, um an zwei (!) Kanistern die notwendige Gefahren-Piktogramme anzubringen.

Dafür habe ich aber auch von einem Verantwortlichen des strahlenden Vereins Auskunft über den Großteil des Gesamt-Zustands des Werks erhalten. Der zeigte sich, angesichts des Alters der Rohrleitungen, in seiner Besorgnis äußerst erregt - um es mal sehr zurückhaltend auszudrücken. Seiner Aussage nach hatte es bereits häufig zu Kontrollen an Rohren geführt, die bereits aufgrund von Undichtigkeit seit Jahren nicht mehr hätten betrieben werden dürfen. Welche Medien in den Rohren dann geführt wurden, wollte man eigentlich gar nicht mehr wissen - Wasser wird es in den seltensten Fällen gewesen sein.

Auf dem Baufeld merkte man die Anspannung der Arbeiter. Mit Fortschreiten des Projektes wurde es immer hektischer, der Zeitdruck immer größer. Wurden an einer vorangegangenen Arbeit bei der Überprüfung Mängel festgestellt, so gab es deutlichen Arbeitszuschlag - unbezahlt, versteht sich. Ein Rohrbereich soll angeblich fünf Mal nachgeschweißt worden sein. Fast alle Arbeiter waren gereizt. Die Widersprüche zwischen dem was gesetzlich sein musste, dem was gefordert und dem was verboten war, wurden immer größer.

Um Schweißelektroden z.B. anzuspitzen, gibt es Schleifhilfen zur Befestigung von Gerät und Elektrode – was deutlich ungefährlicher ist als die Kombination "Flex und Elektroden in den Händen".

Wurden die Arbeiter ohne die stationären Vorrichtungen erwischt, wurden sie u.U. des Feldes verwiesen - dauerhaft. Die geforderten Vorrichtungen aber wurden nicht zur Verfügung gestellt und mit stumpfen Elektroden wäre die Arbeit nicht weiter zu verrichten gewesen.

Wurden die Arbeiter ohne die richtige Brille oder den richtigen Augenschutz erwischt, flogen sie - schon fast sicher.

Den richtigen Augenschutz aber hatten wir oftmals gar nicht vorrätig.

So konnte man das ein um das andere Beispiel nennen - die Diskrepanzen waren extrem. Es wurden Dinge gefordert, deren Voraussetzungen dafür, sie zu erfüllen, tlw. nie geschaffen wurden. Mitunter Schikane pur.

Als ich unter einer Rohrbrücke einem Hub-Stapler zusah, wie er Gerüstteile in die Rohrbrücke hob (etwa 12 Meter Höhe), musste ich einen Arbeiter unter der Last wegziehen und bin dabei (lt. Stapler-Fahrer) extrem laut gewesen. Generell wenig verwunderlich – es ist ein spannender

Versuch, gegen einen Diesel-betriebenen Hub-Stapler angröhlen zu müssen.

In jedem Fall wollte der Stapler-Fahrer sich das nicht gefallen lassen. Dass unmittelbar, nachdem ich den Kollegen unter der Last weggezogen hatte, ein Gerüst-Belag (sog. "Pizza-Blech" von drei Metern Länge und über 20 Kg Gewicht) von den Ladezinken rutschte und aus der vollen Höhe fallend am vorherigen Platz seines Kollegen einschlug, wurde erst einmal gänzlich vergessen.

Der Hintergrund war dabei durchaus verständlich. Weil bisher die Kollegen vom HSE-Haupt-Kontraktor (ebenfalls unter Druck stehend (dort muss es so etwas wie "Mitarbeiter des Monats" gegeben haben)) die Arbeiter vornehmlich drangsaliert hatten, dachte der Stapler-Fahrer, ich wollte nur wieder Fotos machen, weil die Absperrung des Bereichs eine Zwei-Meter-Lücke aufwies – wie er sagte. Als er sich beruhigt hatte, konnte er dann auch die Zusammenhänge zwischen den Dingen sehen - entschuldigte sich sogar für seine Überreaktion und bedankte sich abschließend. Aber es dauerte eben.

Kurz danach konnte ich beobachten, dass einem HSE-Kollegen ähnliches passierte: In einem engen Arbeitsbereich düste ein Stapler recht rasant zwischen den Arbeitern durch. Der HSE-Kollege unterhielt sich mit anderen Arbeitern am Rand des Fahrwegs und zog den einen gerade noch an sich heran, um ihn vor dem Stapler zu schützen. Der Stapler war auf und davon und der Arbeiter hatte von dem Szenario nicht wirklich etwas mitbekommen.

Er schnauzte den HSE-Kollegen total aufgebracht an, weil er sein "ziehen" als "schubsen" interpretiert hatte (warum, wusste nur er) und es als ehrverletzende Bevormundung interpretierte. Dass der Kollege ihm sicherlich dadurch schwer(st)e Verletzungen erspart hatte, würdigte der Arbeiter keinesfalls. Fingerspitzengefühl im Umgang mit anderen Kulturen kann schon sehr aufreibend sein. Manche mögen es vorziehen, ehrenhaft durch den Ladezinken eines Gabelstaplers ins Paradies zu gelangen – vielleicht wie im Kultfilm „Staplerfahrer Klaus". Andere hingegen versuchen, sich möglichst lange vor dem Paradies zu drücken.

Ich bin allerdings froh, dass wir HSE'ler versuchen, diese Darwin-Kandidaten von ihrem Bestreben abzuhalten. Bei dem Stapler-Kandidaten des Kollegen beispielsweise, wäre die abschließende Optik des Szenarios im Fall eines Treffers durch den Gabelzinken alles andere als hübsch gewesen.

Brustkorb von Staplerzinken durchstoßen. Eine Pfählungsverletzung der besonders herausfordernden Art – und ein sehr interessantes Verletzungsmuster. Ich befürchte aber, dass nicht viele bei dem überraschenden Optik-Wechsel des Arbeiters wirkliche Freude gehabt hätten – seine begleitende Akustik einmal außen vor.

Und der Staplerfahrer hätte bestimmt auch eher Feierabend gemacht.

„Immer 3 Mal mehr wie Du!"

Ein grundsätzliches Problem der Arbeitssicherheit, resp. des HSE-Managements im Projekt war die Umsetzung und Dokumentation der unterschiedlichsten Prozessabläufe.

Wie eingangs bereits erwähnt, existieren unterschiedliche Normen und Richtlinien - national wie international. Zusätzlich haben national auch noch viele Unternehmen - insbesondere Großkonzerne- eigens entworfene Standards. Abläufe, die sich -es verwundert kaum- immer wieder an großen Standards orientieren.

Das ist natürlich auch erforderlich, weil ausnahmslos jedes Unternehmen und hierin auch noch jeder Standort, eigene und individuelle Rahmenbedingungen aufweist. Sind die Standorte zudem noch international verteilt, gelten auch noch die landestypischen Gesetze und -entsprechend folgend- die flexibel auslegbaren Richtlinien der Dokumentationen.

DIE ultimative NORM, die für alle gilt, gibt es somit nicht.

Dass sich auch die individuellsten Rahmenbedingungen und Standards letztlich an den "Großen", wie OHSAS und NEBOSH orientieren, folgt zwingend systemimmanent - schließlich kann ein Rad nur einmal erfunden -in diesem Fall aufgeschlüsselt- werden. Ich kann das Design eines Rades beliebig ändern - die Grundform, der Zweck und der Nutzen bleiben jedoch -wenn auch in leicht veränderlichen

Prioritäten- immer erhalten. Ob Kfz-Alufelge oder Holzwagenrad; rund, rollen und Fortbewegung sind bei beiden als grundsätzliche Ansprüche gegeben.

So wundert es ebenso wenig, wenn auch OHSAS und NEBOSH sich in wesentlichen Bereichen ähneln, es aber trotzdem zig individuelle Ableger gibt. Letztlich ist es wie im Bereich aller Regelungsprozesse.

Insofern würden Arbeitsvorgänge und Ergebnisse nicht einmal verwundern, wenn man ohne diese Vorgaben arbeiten würde. Die Arbeitsabläufe indes würden im Wesentlichen dennoch diesen großen Standards ähneln, da sie in ihrem Aufbau immer (ggf. auch unwissentlich) unseren logischen Abfolgen entsprechen würden – die nun mal Grundbestandteil großer Normen sind.

Entsprechend funktionieren so ziemlich alle Regelprozesse nach dem SAMUEL-Prinzip. Bei der Bundeswehr kennt man ähnliche Abläufe als Befehlskette.

Ob hierbei die Status-Erhebung mit der Analyse in Personalunion innerhalb eines Gedankens folgt, die Unterweisung als Information oder Befehl weitergegeben oder die spätere Ergebnis-Evaluation als Kontrolle verstanden und durch die Leitung im Status erneut analysiert wird, ist unerheblich. Sie können je nach Bedarf beliebig viele Unterschritte an allen Positionen einführen - oder auch einige zusammenlegen. Der Grundprozess bleibt in seiner Abfolge sich gleichend erhalten und gilt für die körpereigene Blutdruckregulation, einen Befehl oder die Heizungssteuerung eines Einfamilienhauses gleichermaßen.

Dem Grunde nach muss man nur unterscheiden, ob es sich um einen dauerhaften, laufenden oder einmaligen Ablauf handelt. Die einzelnen Schritte sind in der Literatur umfangreich beschrieben und erklären sich von selbst:

Das SAMUEL-Prinzip

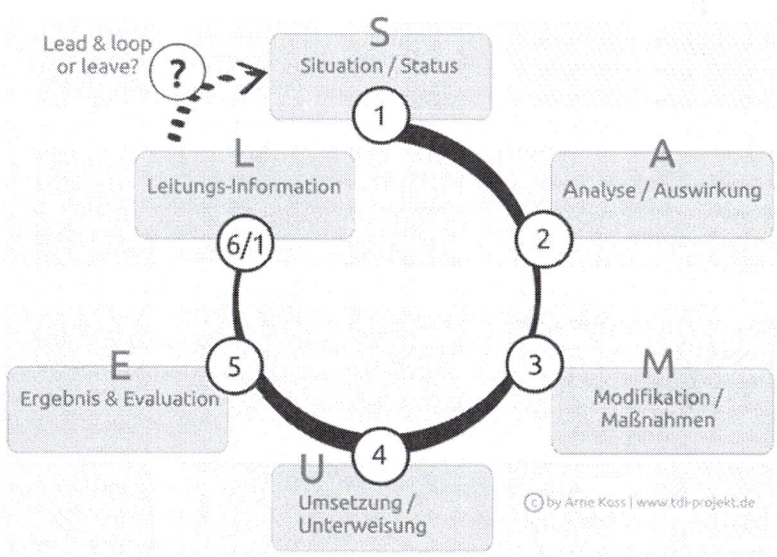

1. Alles sammeln, den Zustand ohne Wertung feststellen.

2. Diese Feststellung fachlich bewerten, im Idealfall gegen den üblichen Status vergleichbarer und/oder bekannter Sachverhalte abwägen.

3. Entsprechende Änderungsmaßnahmen festlegen, die zu einem gewünschten Ziel führen könnten. Je nach Bedingungen und Priorität (Kosten, Ziel, Dauer, Haltbarkeit etc.), ggf. Stufenplan erarbeiten.

4. Umsetzende Kräfte in Plan und Abläufe unterweisen.

5. Den Fortschritt (ggf. regelmäßig) überprüfen.

6./1. Loop & lead or leave? Information / Entscheidung durch den Verantwortlichen (Leitung) über Beendigung oder ggf. erforderliche Anpassung (Start bei 1).

Folglich sind auch aufgrund der individuellen Ausrichtung nahezu unendlich viele Prozessabläufe mit den wildesten Namensgebungen und Abkürzungen aufzufinden. So, wie beispielsweise mir gegenüber ein Auszubildender einmal erwähnte, er würde diesen Prozessablauf statt SAMUEL jetzt EIMER nennen.

EIMER stünde für:

Erhebung, Interpretation, Maßnahme, Einnorden und Rückversicherung.

Geht auch. Ich hatte ihn noch gebeten, das saloppe „Einnorden" gegen das etwas umgänglichere „Einweisen" auszutauschen – und ich denke, er wird es so weitergegeben haben. Ob er sich dafür einen „neuen" Prozess hat schützen lassen, entzieht sich meiner Kenntnis.

Das Gute sind zwar einheitliche Wesenszüge der Algorithmen, das Schlechte ist, dass sie überschlagen nur rund 80% der Erfordernis abdecken und entweder angepasst werden müssen - oder etwa 20% ungeregelt lassen. In BASF-Denke wäre das dann wieder etwas „unglücklich".

Es ist auch eine mentale Herausforderung – wenn einem über Jahrzehnte 80% aller Wege, Abläufe und Lösungen vorgegeben werden – wie soll man es dann schaffen, die übrigen 20% ausnahmsweise selbst zu kreieren? Ein Umgehen dieser „Probleme" liegt da näher – Komfortzone sei Dank.

Bei der Entscheidung der Prozess-Anwendung kommt es immer wieder zu Schnittstellen-Problemen - teilweise nur aufgrund unterschiedlicher Benennung bei gleichem Inhalt. Leider versucht jeder "seine" Version durchzusetzen – sie erscheint ihm ja als der „einzig wahre Weg" unter den Prozessen.

So sind wir nun mal von klein auf an konditioniert: das, was wir lernen, stellt den Gral der Weisheit dar. Es mag sein, dass es noch Alternativen gibt – aber die sind von ihrer Wertigkeit nachrangig.

Ergo wird -ohne Rücksicht auf möglichen Konsens- mitunter recht starrköpfig um das Durchringen eigener „Wertvorstellungen" gekämpft.

So oder ähnlich verhalten sich vielfach die „Spezialisten". Wir kennen es von Kindern: das, was Mami sagt, stimmt. Und wenn das Gras auch lila ist – egal.

Das ist (zumindest für Erwachsene) nicht nur schlichtweg dumm, sondern auch wenig praxisorientiert und schafft Probleme, wo keine hingehören.

Ein Musterbeispiel ist das bereits erwähnte HAZOP. Anlehnend an HAZOP verhält sich das Prinzip PAAG in Deutschland.

PAAG steht für

Prognose > Auffinden der Ursache > Abschätzen der Auswirkungen > Gegenmaßnahmen.

Dabei hat PAAG nicht zum eigentlichen Ziel, Ursachen-bezogene Korrekturen vorzunehmen, sondern lediglich die Auswirkung System-bedingter Fehlfunktionen in technischen Prozessen ausfindig zu machen - zumeist ohne ungesteuerte, variable Dynamik.

Und kann dabei in vielen zwingend klärungspflichtigen Bereichen Unklarheiten und Handlungs-Vakuum hinterlassen, obgleich es eine umfassend erfolgte Prozessbearbeitung darstellt.

Prognose:

Eine Prognose erfordert zuvor immer eine Status-Erhebung und eine Analyse, resp. den Soll-Ist-Vergleich mit entsprechender Ausarbeitung von Gefahren-Potenzialen.

Eigentlich logisch - wenn ich nicht weiß, was passieren kann, kann ich keine Prognose abgeben.

Auf Prozess-Ebene werden also Schritte eins und zwei formal übergangen (finden sich aber in der Beurteilung später wieder).

Auffinden der Ursache:

Hierfür müssen zunächst ebenfalls Schritt eins und zwei erbracht sein, inkl. des Wissens um das Schädigungspotenzial. Anders herum kann ich keine Prognose abgeben, wenn ich außer Status und Analyse, die Ursache einer Fehlwirkung nicht kenne.

Schließlich kann eine Ursache viele Folge-Auslöser für Schäden beinhalten - oder auch intermittierende Schäden hervorrufen.

Abschätzen der Auswirkungen:

Die Auswirkungen können nur dann effektiv benannt werden, wenn zuvor alles bekannt ist - also auch der Status des Umfeldes. Folgend etwas, was PAAG initial nicht als Einbezug sieht.

PAAG / HAZOP nehmen vornehmlich ein begrenztes Funktionsteil (z.B. innerhalb einer einzelnen Anlage) als Gefährdungsproblem wahr. Anders herum; wenn ich jetzt Auswirkungen abschätze - was prognostiziere ich dann im Vorfeld?

Gegenmaßnahmen:

Wenn keine Ursachen-bezogenen Korrekturen erfolgen sollen, ergeben sich ausschließlich "Symptom-orientierte" Handlungsweisen.

Überspitzt: man gibt dem Menschen mit akut, allergisch bedingten Asthma-Anfall lieber Medikamente, lässt ihn dann aber trotzdem auf der Blumenwiese sitzen.

Zudem stellt sich die Frage nach der Art der Gegenmaßnahmen. Präventiv? Sicher – aber für operative Gegenmaßnahmen im Schadensfall ein denkbar unausgegorenes Vorgehen zur Bekämpfung von Gefahren. Und dann auch nur für einzelne Teilbereiche gedacht.

Im Fazit ist PAAG für die Großindustrie ein denkbar ungeeignetes Prinzip zur generellen Gefahrenabwehr – aber dennoch sehr geeignet für die isolierte, spezifische Aktion, um prozessuale Gefahren einer Fehlfunktion zu definieren. Am ungeeignetsten scheint PAAG aufgrund der vorherrschenden, Bereichs-übergreifenden Gefahren für die Chemie. Paradoxerweise ist das Prinzip aber genau dort entstanden. Hätte es seinen historischen Ursprung nicht in Großbritannien, würde mein Tipp auf Ludwigshafen fallen.

Allerdings erklärt eben genau dieses Prinzip auch, warum bei der BASF so viele und so umfangreiche Mängel in derart erheblichem Ausmaß vorliegen. Und zwar genau in dem Bereich, in dem das HAZOP-Prinzip keine Arbeits-Vorgaben hat: Statuserhebung & Analyse, Zusammenwirkung &

Kumulation unterschiedlichster Gefahren und operative Bekämpfungsmaßnahmen im Havarie-Fall. In exakt diesen Bereichen konnten die umfangreichsten Zustände eines Handlungsversagens der BASF dokumentiert werden.

Auch lässt das Verifizieren des PAAG-Prinzips mutmaßen, warum sich bei der BASF alle einig zu sein scheinen, dass in Sachen Sicherheit keine Missstände herrschen. Vielleicht doch einfach nur, weil sie es nicht besser wissen?!

Meine persönlichen Erfahrungen sprechen da Bände - wenn auf einen von vornherein zu kurz (und „einzig wahren") gehaltenen Prozessablauf im Handlungsschema zurückgegriffen wird, werden in der Folge elementare Untersuchungsaspekte fehlen - logisch. Leider sind das klassischerweise immer wieder der Status und die Analyse.

Das wiederum führt zwingend dazu, dass ggf. bereits mit dem Erstbeginn eines Handlungsablaufs, spätestens aber ab der ersten Überprüfung auf keine (neue) Statuserhebung und/oder Analyse mehr eingegangen wird. In der Praxis kommt es so zu folgeschweren Fehlern, da auch bei Erweiterung einer Anlage und/oder Modernisierung diese beiden wesentlichen Ausgangspunkte fehlen und die daraus resultierenden Defizite in weitere Prozesse fortgeschleppt werden – sie werden schließlich als bereits „erfüllt" angenommen. Ergo kann es systemimmanent nur noch zu sog. Symptom-bezogenen Handlungen & Maßnahmen, nicht aber Ursachen-bezogener Analytik kommen.

Zudem ist es mit Prozessen auch vielfach so, dass sie immer weiter in den Superlativ der Tiefgründigkeit vordringen müssen und dabei ihren eigentlichen Zweck aus den Augen verlieren. Überschreitet man das funktionelle Optimum eines Ablaufs, steht am Ende immer die Dekompensation des Prinzips.

Genau genommen lernen wir das Versagen des immer schneller, größer, weiter-Prinzips bereits im Kindesalter. Sobald wir laufen, hat unsere Geschwindigkeit eine Grenze. Bergab können wir die Grenze höher setzen – aber nicht beliebig. Wird das Gefälle zu stark und wir bremsen nicht, haben wir das Gefühl, die eigenen Beine würden uns überholen. Die Folge ist, dass einzelne System-Komponenten ihre Leistungen den Anforderungen versagen. In diesem Beispiel schafft es der mechanische Ablauf unserer Beine nicht mehr, die physikalisch geforderte Geschwindigkeit im physischen Bewegungsablauf umzusetzen – wir stürzen.

Im technischen Bereich dient das ABS (Anti-Blockier-System) an Fahrzeugen als gutes Beispiel. Korrekterweise ist diese Stotter-Bremse ja eine Lenkhilfe, da das erklärte Ziel der Erhalt der Lenkfähigkeit eines bremsenden Fahrzeugs war (und ist). Zunächst nur wenige Male pro Sekunde bremsend -also Wechsel zwischen Bremsen und Freilauf-, wurde das Regulieren (also die Fähigkeit, während des Bremsens zu lenken) zunehmend gesteigert. Irgendwann wurden die Räder so oft pro Sekunde angebremst, dass die physische Umsetzung auf dem Untergrund funktionell einer Blockade gleichkam – dem, was eigentlich vermieden werden sollte: eine Lenkung war nicht mehr möglich, weil das System sich „totreguliert" hat. Gleichzeitig war aber aufgrund der Freilaufintervalle noch weniger Bremswirkung vorhanden als bei einer Blockade. Im Ergebnis war das Bremssystem damit schlechter als jede herkömmliche Bremse, so dass man die Systeme wieder auf weniger Bremsimpulse pro Sekunde reduzierte – auf das Optimum zwischen Brems- und Lenkwirkung.

Man sieht eindrucksvoll, wie allein guter Wille einen Prozess in sich kaputt regulieren kann – nur, in dem die wesentlichen Ziele außer Acht gelassen werden und der Fokus im Detail auf „immer mehr, schneller, weiter" gelegt wird. Dabei ist immer mehr nicht gleich immer besser.

Um die Loop zu PAAG zu schaffen; PAAG ist gut und auch nie als alleiniger Ablauf isolierte Ursache für Sicherheitsdefizite in Prozessen. Der Anwender muss nur wissen, welcher Prozess wo, wann und wie eine sinnvolle Anwendung darstellt. Die gute Arbeit meiner HAZOP / PAAG – Kollegen habe ich oft genug betreut. Allein die Außenwirkung auf die zuständigen, mitunter verantwortlichen Personenkreise bewirkt dort eine Fehlinterpretation – durch mangelhafte Aufklärung in Schnittstellenbereichen.

Die Gefahren bestehen also in dem Irrglauben, mit einer einzigen solcher Bewertung alles getan zu haben und alle weiteren Schnittstellen als nicht beurteilungspflichtig zu sehen. Die Positionierung *„Wozu benötige ich eine*

Arbeitsplatzbeurteilung - wir haben doch HAZOP!" ist schlichtweg schon im Kern falsch.

Mit diesem ganzen Durcheinander an Prozessabläufen im Nacken, war unser Gefüge auf dem Baufeld entsprechend diffus - man kann es sich wohl problemlos vorstellen. So kam es auch zu Diskrepanzen, als ein deutscher, international ausgerichteter Großkonzern seine Finger in unser Baufeld steckte. Ein wesentlicher aber nicht ausschließlicher Bereich dieser Truppe war das Tätigkeitsfeld, das mit Druckprüfungen zu tun hat.

Druckprüfungen können mit Luft, flüssigen oder anderen gasförmigen Medien erfolgen, um innerhalb eines Rohrsystems die Dichtigkeit zu prüfen. Die vorsorglichen Schutzmaßnahmen sind aufgrund von extrem hohen, atmosphärischen Drücken der Medien im dreistelligen bar-Bereich entsprechend umfangreich und bedürfen komplexer Organisation, Planung und Vorausarbeit. Nicht von ungefähr werden Arbeiten mit Druckgeschehen bereits per Gesetz als gefährliche Arbeiten eingestuft. Eine Leitung, die mit 200 bar platzen würde, ist nun mal nicht witzig.

Ich hatte später das Method-Statement für solche Druckprüfungen mitsamt Risikoplanung und allem, was dazu gehört, übernommen und zusammen mit Fisch in wochenlanger Aktion ausgearbeitet. Die Erstausarbeitung war durch einen Erfüllungsgehilfen des Haupt-Kontraktors absolut defizitär erledigt worden, Conchita hatte die

Einzelbausteine übernommen und es dann noch praktisch inhaltlich verknotet. Noch dazu in Klon-Versionen unterschiedlicher Benennung vielfach gespeichert. Unsere Arbeit wurde schließlich in der dritten Revision vom lütten Deern genehmigt.

Somit waren mir die enormen Vorbereitungsmaßnahmen, die im Stillen getroffen werden mussten, aber bei Bedarf aufgrund eines Zwischenfalls bereit zu stehen hatten, bekannt.

Bevor es soweit war, erhielt ich von meinen HSE-Kollegen in überwiegendem Maße die Rückmeldung, dass die Truppe, die die Druckprüfungen ausführe, unkooperativ wäre. Sie fühle sich als etwas Besonderes und bräuchte überall Extrawürste. Kurz: es gäbe mit denen nur Ärger. Querulanten halt, wie man sich im Mainstream gerne äußert.

Meine ersten Wahrnehmungen nach Kontakt stellten sich ähnlich dar - oberflächlich betrachtet. Bei intensiverem Austausch waren es allerdings keine wesentlichen Differenzen, sondern nur Kleinigkeiten, die Probleme bereiteten. Probleme waren es aber auch nicht wirklich. Eigentlich eher ein paar Unstimmigkeiten in den Reglements sozusagen. Klar - und die Reglements sind nun mal überall anders.

Wir waren es einfach nicht mehr gewohnt, mit Profis zu arbeiten. Bis dato hatte man manchmal das bereits erwähnte Gefühl, dass der vor einem stehende Arbeiter - gleich, welchen Genres- der Bekannte eines Freundes vom

Cousin des nebenan arbeitenden Hilfsarbeiters gewesen und gerade vom Holz hacken gekommen wäre.

Diese Truppe aber bestand überwiegend aus Profis. Sie führten Druckprüfungen seit Jahren durch - wie nur Wenige. Sie hatten ihre eigenen Standards und Abläufe - und die funktionierten in überwiegendem Maße sehr gut. Sehr gut bedeutet besser als gut. Wenn etwas schief lief, dann meistens nicht durch die Truppe selbst verursacht, sondern durch Deppen, die es z.b. nicht begriffen haben, dass man an fremden Schläuchen nicht herummanipuliert, sie wegräumt oder spitze Gegenstände darauf abstellt.

Unsere eigenen Kollegen rieben sich indes an Kleinigkeiten auf - einer STA, die kopiert war. Ok - das war nicht der Sinn der Sache. Die Kollegen sollten sich eben noch einmal vorm unmittelbaren Start ihrer Arbeit über die Gefahren bewusst werden - jeden Tag aufs Neue. Alle. Aber auch das klappte nach kurzen Unterredungen - genauso, wie das Vorhalten der notwendigen Permits vor Ort. Die spezifisch einzuhaltenden Sicherheitsaspekte waren später auch kein Problem mehr. Schließlich arbeitete man zunehmend sehr verlässlich zusammen - mit einem Partner, der einem die Zusammenarbeit so kontinuierlich und angenehm wie nur möglich gemacht hatte – eben sehr gut.

Ich jedenfalls hatte -wie irgendwann die meisten von uns- jedes Mal ein gutes Bauchgefühl, wenn ich wusste, wo das Unternehmen war.

Erstens war dort meistens großzügig gesperrt und zweitens machte diese Truppe ihre Arbeit so organisiert, dass man sich ziemlich sicher sein konnte, dass sich die Arbeiter keine großen Fehltritte erlaubten oder von irgendwas eine nicht einzuschätzende oder gar unnötige Gefahr ausging. Anders herum war der Kontakt zu der Truppe mittlerweile so gut, dass man sich sicher sein konnte, dass deren Verantwortlichen uns informierten, sollte einmal etwas in Abstimmung oder Gefährdungssituation nicht koscher sein.

Dadurch konnte ich mich vielen anderen Dingen widmen. Z.B. der fortführenden Ausarbeitung meines Gefährdungs-Manuskriptes.

Irgendwann hatte ich schließlich mein Manuskript beendet - es war für Bux & Ködel, Fisch und die BASF fertig. D.h. eigentlich nicht wirklich - da immer wieder und unregelmäßig etwas Neues dazu kam.

Aber es kam der Zeitpunkt, da musste ich einen Schnitt machen, um überhaupt etwas vorweisen zu können. Insofern beschränkte ich mich im Wesentlichen auf die im Gespräch mit dem technischen Feuerwehr-Häuptling gestellten Fragen.

Der spätere Umgang mit der -eigentlich beschränkten- Materie durch Verantwortliche zeigte auf, dass dies inhaltlich bereits weit mehr war, als die Empfänger jemals hätten verarbeiten können...

Souveränität & Defizite

Mein Manuskript umfasste ca. 30 DIN A4-Seiten. Zur jeweiligen Frage hatte ich die Antwort des TELWF dokumentiert – als Konzentrat zusammengefasst. Ich hatte den üblichen Umgang oder Status mit vergleichbaren Sachverhalten und Standards im Zivilbereich beschrieben und als letztes einen möglichen Lösungsansatz vor Ort eingebracht - mit Empfehlungen zur Umsetzung unter Berücksichtigung von Bestandsressourcen.

Hätte es ein umfangreiches Gutachten zum Gefährdungs-Status des BASF-Werks gegeben, so hätte dieses Manuskript das Abstrakt widergespiegelt – volle 30 Seiten. Man konnte es sozusagen als wegweisendes Handout betrachten, in dem das Problem nebst Vergleichslösungen und fachübergreifenden Kompensationsmöglichkeiten gebündelt vorlag.

Jeder mittelständische Unternehmer würde sich nach dieser Vorlage alle zehn Finger lecken. Nicht so die BASF – oder ihre Erfüllungsgehilfen.

Bux hatte es verstanden, dass ich vor meiner Information an ihn, die Unterlagen mit Fisch besprechen wollte. Zweifellos war er davon nicht begeistert. Allerdings hatte er das Skript wohl irgendwie als Instrument der Macht angesehen - was ausdrücklich nicht dessen Zweck sein sollte. Es war eine oberflächliche Bestandsaufnahme - gedacht als Einleitung einer umfangreichen Gesamt-Bestandserhebung zum Austausch über notwendige Maßnahmen. Als mehr nicht. Kein Schwert, Morgenstern oder Erpressungs-Tool. Nur ein Lösungsansatz. Sicher umfangreich und inklusive vieler Lösungsaspekte und diverse Sachverhalte abdeckend. Aber auch nur eines von vielen machbaren Konstrukten.

Ich hatte es abends fertig gestellt und Fisch gleich am nächsten Morgen vorgelegt. Er wollte es gar nicht erst durchgehen - und telefonierte nach zwei Minuten Draufsicht sogleich mit dem zuständigen und verantwortlichen BASF-Kollegen in Sachen Arbeitssicherheit. Unser folgendes Dreier-Gespräch startete unmittelbar zum Mittag hin.

Auch dieser BASF-Kollege war mir von diversen Meetings sowie dem Management-Walk bekannt. Schon etwas älter, lag seine frühere Karriere bei der Werkfeuerwehr der BASF, in der er -wie er bei jedem Vortrag stets ausschweifend erklärte-, über Jahrzehnte eine aktive Führungsrolle ausfüllte, bevor er im Bereich des Arbeitsschutzes als „Verantwortlicher" eingesetzt wurde. Meiner Erinnerung nach hatte er jedes Mal eine andere Anzahl an aktiven Jahren in der Werkfeuerwehr erwähnt - beim letzten Vortrag waren es gefühlt 130 oder so. Und schlimme Einsätze hatte er erlebt - ich hatte selten so viel Spaß bei Erzählungen aus den Feuerwehrreihen.

Als kurze Erinnerung fiel mir da nur ein Kollege aus dem Rettungsdienst Anfang der 90er Jahre ein. Er war gerade aus Frankfurt / Main von der dortigen Feuerwehr ins beschauliche Soltau gezogen und hatte Geschichten erzählt, bei denen die doch eher dörflich geprägten

Rettungsdienstler -ihn bewundernd- an seinen Lippen hingen. Die Situation war so, als wenn der Medicopter 117 plötzlich in der Steinzeit landen würde. Der Kollege aus Frankfurt war super – und kurz davor, mit einem Umhang fliegen zu können. Ich bin einen Monat später - ebenfalls aus einem Frankfurter Rettungsdienst kommend- auch nach Soltau gezogen - was dem Kollegen beileibe nicht gefallen hatte. Es ließ über viele (um nicht zu sagen alle) seiner Geschichten Fragen nach einer realistischen Interpretation aufkommen...

Manchmal kann ich mich des Verdachts nicht erwehren, dass in bestimmten Berufen dieses „Angler-Gen" als Einstellungsvoraussetzung gefordert sein muss.

Fisch hatte mich -dieses Mal ernsthaft und ohne ironischen Unterton- noch einmal eingehend gebeten, ich solle doch bei dem BASF'ler -nennen wir ihn mal Hiero, mit IE- bitte nicht zu weit nach vorne preschen - das wäre nicht wirklich gut.

Hmm - ich muss zugeben, ich war -von den bisherigen Gesprächen mit Hiero in Kenntnis um seine Dummhaftigkeit (klassisch praktizierender Peter-Prinzipler) gesetzt und dem vorangegangenen Gespräch mit dem ihn beerbenden Feuerwehr-Kollegen (TELWF)- nicht mehr so ganz unvoreingenommen.

Das wäre -angesichts der erlebten Extreme- auch für mich zu viel verlangt gewesen.

Aber beruflich bin ich Profi. Insofern kann ich sehr professionell Emotio von Ratio trennen und zumindest so tun, als wäre ich unvoreingenommen. Hiero also - mit IE. Nicht in Anlehnung an den Helden, den Hero. Sondern in Anlehnung an Hieronymus Carl Friedrich Freiherr von Münchhausen - das sollte passen.

Wir hatten den Meeting-Raum reserviert und fanden uns auch zügig zu dritt ein. Hiero wusste ja nicht wirklich, um was es ging. Sicherlich hatte er sich irgendwann mit seinem Feuerwehr-Erben kurz ausgetauscht - zumindest wahrscheinlich. Oder doch nicht? Egal, Fisch hatte ihm am Telefon kurz erzählt, dass es sich um ein paar Fragen handelte, die in seinen Bereich fielen. Nun gut - ein "paar" Fragen... War ja auch nicht wirklich gelogen.

Also übergab ich ihm einen gehefteten Ausdruck des Skriptes - Fisch ebenfalls. Noch am Morgen hatte Fisch gesagt, er wolle gar nicht so genau wissen, was da alles drin stünde. Ergo eine Überraschung für beide. Ich begrüßte Hiero selbstverständlich freundlich und bedankte mich, dass er so schnell kommen konnte – was nun wahrlich nicht selbstverständlich war.

Ich weiß nicht, ob ich mir binnen zwei Stunden für ein ausuferndes Gespräch Zeit genommen hätte, ohne konkret zu wissen, worum es gehen würde.

Hiero überflog die beiden Einleitungsseiten ohne weiteren Kommentar und las sich dann bereits an der zweiten Frage quasi fest.

Sogleich verdüsterte sich seine Mine und sein Gesichtsausdruck ging von freundlich, aber aufgeregt-gespannt in rot-verärgert über. Zur ersten Frage -sie betraf die wegfallende Haftung der Werkbusse- antwortete er nur, dass alles so in Ordnung und abgestimmt sei. Und falls doch einmal wirklich etwas passieren sollte, die BASF einspringen würde – die hätte noch nie jemanden hängen lassen.

Das war ziemlich viel Konjunktiv für meinen Geschmack. In der Literatur ist der Umgang mit Chemie-Opfern der BASF gänzlich anders beschrieben – und dabei dreht es sich sogar um ehemalige Mitarbeiter. Und „anders" bedeutete in diesem Fall weder zu deren Gunsten, noch verantwortungsvoll seitens der BASF.

Und die zweite Frage sei überhaupt absoluter Quatsch und was denn das solle - eine Frage nach einer Dekompressionskammer (seine Gesichtszüge entglitten förmlich). So etwas täte überhaupt nicht Not...

Ich ließ ihn komplett ausreden.

Es war anstrengend – aber notwendig. Es war ein Feuerwerk an Ausdrücken, zusammenhangslosen Darstellungen und Erfahrungen seiner aktiven Feuerwehrzeit (da war sie wieder, seine Kriegsberichterstattung). Und es war sehr interessant. Ich merkte mir die angesprochenen Punkte (so schnell konnte ich selbst mit meiner von Schülern oft gerügten Sauklaue nicht mitschreiben), wartete und trank meinen Kaffee.

Er agierte bei seiner Darstellung wütend und wild gestikulierend-aufgebracht - obwohl er eigentlich noch über 50 Einzel-Fragen vor sich und keinerlei Veranlassung hatte, ausfallend zu werden. Es waren noch keine zehn Minuten vorbei und er gebärdete sich gewissermaßen eindrucksvoll - fast imponierend- und erinnerte dabei an ein verletztes Tier. Klaus Kinski hätte sicher anerkennend applaudiert.

Ich weiß nicht, was ihn dazu bewogen hatte, derart unbeherrscht zu (re-)agieren – förmlich auszurasten. Er hatte gerade einmal zwei Fragen gelesen. Und ich? Ich hatte noch nicht einen einzigen Ton dazu gesagt. Noch dazu ging es um eine rein INFORMATIVE Frage, mit dem Ziel über Struktur und Abläufe – und nicht etwa um kritische Vorwürfe, weshalb nicht in jedem BASF-Block eine Dekompressionskammer eingerichtet war.

Aber die übersteigerte Aktivität seines Sympathikus` („Fluchtnerv") führte vermeintlich zu einer nicht weniger übersteigerten und verschobenen Verzerrung der Inhaltswahrnehmung.

Sein „sich gebärden" war allerdings irgendwann kein Spaß mehr - so etwas hatte ich bei allen hitzigen Diskussionen, die ich bisher hinter mich gebracht hatte, noch nie erlebt. Nicht ansatzweise und nicht einmal hier. Und in der Dynamik und ohne mein Zutun erst recht nicht. Dass ein Gegenüber mal ausfallend wird – gut. Dass aber das

Ausfallende noch unbegrenzt entgleitet bei einer bis dahin ausschließlich einseitigen Aktion, war schon außergewöhnlich. Schlicht unglaublich.

Wäre es eine Fernsehsendung gewesen, hätte man bereits nach kurzer Zeit ein Werbeblock eingespielt und die Wiederaufnahme der Sendung wäre später mit einem Hinweis der Besorgnis und dem Wunsch nach guter Besserung ohne ihn fortgesetzt worden – ohne Spaß.

Irgendwann war es aufgrund der Fülle an wahllos eingebrachten Äußerungen genug und ich nutzte eine Sendepause von ihm, um -en bloc- auf seine Tirade zu antworten.

Ich bin mir bis heute -ernsthaft- nicht sicher, dass er die zweite Frage überhaupt verstanden hatte. Es waren ja innerhalb der Frage auch die Erklärungen der Hintergründe dargestellt. Interessant aber war seine Gebärdung, als er über eine unmögliche Kohlenmonoxid-Vergiftung herzog (nur ein mögliches, genanntes Beispiel) und erwähnte, dass das ja Nonsens sei, weil der Mensch sogar Kohlenmonoxid zum Leben bräuchte...

Zu der ersten Äußerung -es ging um mögliche Busunfälle- stellte ich lediglich die Frage, ob er denn eine Haftungserklärung der BASF schriftlich hätte - was er - erwartungsgemäß- verneinte. Woraufhin ich ihm mitteilte, dass der Punkt dann unverändert kritisch betrachtet werden muss und weiterhin zeitnah zu klären sei.

Als er versuchte, mir ins Wort zu fallen, bat ich ihn bestimmend, mich im Gegenzug auch ausreden zu lassen - woraufhin er verstummte.

Das dürfte der Moment gewesen sein, in dem seine körpereigenen Stoffwechselvorgänge von der Diffusion in die Filtration wechselten – zumindest in eine Richtung: nach außen.

Fisch hatte ich im Augenwinkel - er schaute immer nur zwischen uns hin und her. Wie beim Tennis. Gesagt hatte er nichts. Nicht ein Wort.

Ich sprach unbeirrt den nächsten Punkt an, dass eine Kohlenmonoxid-Vergiftung -insbesondere (aber nicht nur) bei den Feuerwehr-Kollegen- im Werk durchaus vorkommen könnte und die angesprochene Therapie mit Dekompressionskammer die einzig mögliche wäre. Zudem gäbe es noch andere Indikationen für die Therapie (z.B. Zyanid-Vergiftungen (war da nicht was mit Kohlenmonoxid und Zyaniden im Werk?)).

Schließlich wiederholte er -sichtlich sauer- seine Meinung, dass der Mensch ja sogar Kohlenmonoxid zum Leben bräuchte und was ich denn da für einen Unfug aufgeschrieben hätte - da würde ja nichts stimmen. In Anbetracht der Situation, gerade einmal zwei Fragen "verarbeitet" zu haben, seinerseits eine gewagte These...

Ich fragte ihn, ob er denn das erwähnte CO (Kohlenmonoxid) nicht mit dem Kohlendioxid verwechselte, mit dem CO_2 - was er verneinte und woraufhin er nochmals aufgebrachter wurde.

Daraufhin schilderte ich ihm kurz die Physiologie der CO_2-regulierten Atemsteuerung und dass das CO nicht nur hochgradig gefährlich für den Menschen sei, sondern auch aufgrund seiner explosiven Eigenschaften und der Geruchslosigkeit ein in der Brandbekämpfung wesentlicher Wissens-Baustein - was ihm eigentlich geläufig sein müsse.

Anm.: Beide Gase können für den Menschen -Dosis-abhängig- lebensbedrohlich sein, wohingegen CO_2 tatsächlich in geringsten Konzentrationsschwankungen im Blut die primär atemregulierende Steuerungsfunktion mit Sitz im verlängerten Rückenmark besitzt und über eine dortige Fehlsteuerung mittelbar tödlich sein kann. Wohingegen CO -als klassisches Produkt unvollständiger Verbrennungen oder Verarbeitungsprodukt der Chemischen Industrie- eine direkt erstickende Wirkung durch eine Sauerstoff-Blockade im Blut besitzt und zudem höchstexplosive Gemische bilden kann. Als geruchsneutral gelten beide.

Nachfolgend sind die beiden Stoffe mit ihren aus Sicht des Arbeitsschutzes und Notfallmanagement wichtigsten Eigenschaften noch einmal gegenübergestellt – simplifiziert und ohne Anspruch auf Vollständigkeit, resp. wissenschaftliche Aufarbeitung. Es ist offensichtlich, dass hier in beiden Fällen der Prävention DIE erhebliche Rolle zukommt, um gesundheitliche Folgeschäden Betroffener möglichst gering zu halten.

Kohlen(stoff-)dioxd (CO_2)	Eigenschaft / Aspekt	Kohlen(stoff-)monoxid (CO)
Erd-atmosphärisch (0,04% ~ 400ppm), essentiell in Organismen; Feuerlöscher & -Einrichtungen; Industrie; konzentriert in tiefergelegenen Bereichen ohne Zirkulation; Bodenspeicherung; eig. Ausatemluft (~4%)...	*Vorhandensein*	in Wirkungsbereichen von Feuer/Bränden; Straßenverkehr; ggf. in Gebäuden; in Industrien als Zwischen- oder Endprodukt; norm-atmosphärische und (eu-) physiologische Konzentration ohne Bedeutung...
Stoffwechselvorgänge von Säugetieren u. a. Organismen; Verbrennung von Kohlenmonoxid; technische Verbrennungs-Vorgänge (z.B. Motoren); Bergbau...	*Entstehung/ Freisetzung durch*	Vorgänge unvollständiger Verbrennung (bei geringer O_2-Zuführung, z.B. Schwelbrände, Thermen...); Verbrennungsvorgänge (z.B. Motoren); Bergbau...
geruchlos, farblos	*Geruch & Farbe*	geruchlos, farblos
essentielle Reaktionen im Rahmen der Photosynthese	*Chemische Reaktivität*	höchstreaktiv mit Bildung hoch-toxischer Derivate
reguliert Atemantrieb (empfindliche Wertgenauigkeit)	*Atmungsbeeinflussung*	keine direkte; blockiert physiologischen Gasaustausch
wirkt je nach Blutkonzentration Atem-stimulierend (bis Hyperventilation mit muskulären Begleitkrämpfen) übergehend bis zur (ggf. tödlichen) Atem-Depression	*Toxizitätsmechanismus*	verhindert die Sauerstoff-Aufnahme im Blut durch (fast) irreversible Blockade (200-300 Mal schneller und fester als O_2) der Roten Blutkörperchen („inneres Ersticken")
konzentrationsabhängig; mehrere Minuten bis Stunden, da sich die Atemregulation erst adaptieren muss; div. Therapieoptionen; rel. langes Therapiezeitfenster	*Toxizitäts-Zeit-Fenster Therapie-Zeitfenster*	konzentrationsabhängig; wenige Atemzüge bereits schädigend, aufgrund starker Blutbindung ggf. tödlich; sehr selektierte Therapien; kurzes Therapiezeitfenster
unmerklich, schleichend, i.d.R. langsame Entwicklung	*rel. Toxizitätsdynamik*	rasch, merklich einsetzende Symptomatik
Kurzatmigkeit, Verwirrung, Zittern, Schläfrigkeit (...)	*Vergiftungssymptome*	Schwindel, Übelkeit & Erbrechen, Benommenheit (...)
nicht explosiv; löschend/ erstickend durch Sauerstoff-Verdrängung	*Explosivität/ beeinfluss. Brandverhalten*	hochexplosiv; konzentrations- u. temperaturabhängig: brandfördernd
ist lebensnotwendig; historisch (ehemals) verwendetes Anästhetikum; dient der Euthanasie von Tieren (z.B. Labor); Atemauswirkung bei atmosphär. Schwankungen	*Besonderheiten (Beispiele)*	O_2-Überdrucktherapie als derzeit essentiell wirksame Therapie (z.B. Dekompressionskammer); Hautfärbung bei Vergiftung auffallend rosig (postmortal)
Leckagen; Arbeiten in engen Räumen (z.B. Silos, Rohren, Brunnen o. Gruben); CO_2-Brandlöschung im Innenbereich o. Gaslösch-Anlagen in Elektrobereichen; Vergiftungen in der Industrie; Erfrierungen bei Vorliegen als „Trockeneis" als flüssiges oder sog. superkritisches CO_2	*Gefährdung durch/von/bei*	unvermittelte Explosion bei Bränden; Gefahr der Erstickung bei defekten Verbrennungs-Einrichtungen (z.B. Therme); Schädigung v. Brandbeteiligten (insbes. Feuerwehrleute („Rauchgasvergiftung")); Vergiftungen in der Industrie (z.B. bei unbemerkten Leckagen)
	www.tdi-projekt.de	© arne koss

Ich konnte mir dann nicht verkneifen, ihm vorzuhalten, dass selbst ein Rettungshelfer (erste Ausbildungsstufe in der Assistenz der Notfallmedizin (vier Wochen Ausbildung)) am Ende durchfallen würde, wenn er um den Unterschied und die spezifischen Gefahren nicht wisse – ein Feuerwehrmann erst recht.

Sein Gesicht mutierte zum Aschfahlen. Er schmiss das Skript auf den Tisch und warnte mich in Drohgebärde ausdrücklich, die Dinge weiter zu verfolgen. Und überhaupt wäre er gar nicht dafür zuständig.

Ja – guck einer an!

Er redete noch weiteres, wirres Zeug, während ich mich bereits erhob. Ich sagte ihm -freundlich aber bestimmend-, dass es unter den gegebenen Umständen und dem bis dahin gestalteten Verlauf keinen Zweck hätte, das Gespräch fortzuführen, da noch zu viele Dinge klärungspflichtig wären und ich darüber hinaus bis dahin keinen Ansatz für einen konstruktiven Austausch verzeichnen konnte.

Ich dankte ihm nochmal formal und höflich für seine kurzfristige Anwesenheitsbereitschaft, nahm meinen letzten Schluck Kaffee und verabschiedete mich von Hiero und dem mittlerweile sich in einer Art Trance befindlichen Fisch.

Es hätte mich nicht gewundert, wenn Hiero während des Meetings einen sog. blutigen Schlaganfall erlitten hätte und ein Äderchen geplatzt wäre – was natürlich keinem Menschen je zu wünschen ist. Und um aber dennoch der Situation eine gewisse Ironie nachzutragen, sei angemerkt, dass er bei mir dann wenigstens in guten Händen gewesen wäre.

Ein paar Minuten später kam Fisch -auch etwas bleicher als sonst- nach. Er teilte mir mit, dass er Hiero so noch nicht erlebt hatte und dieser auch ihn noch einmal ausdrücklich davor gewarnt hätte, die Angelegenheit weiter zu verfolgen. Und außerdem hatte er mich doch gebeten, Hiero nicht so anzugehen. Also bitte – angegangen bin ich ihn keineswegs. Aber zu dem Zeitpunkt wusste ich auch noch nicht, dass ich es mit dem Intellekt eines cholerischen Bratapfels zu tun bekommen sollte.

Nun ja, wir waren uns zumindest darin einig, dass Hiero bei dem -kurzen- Gespräch untergegangen sei. Fisch meinte noch, dass mir jeder andere aufgrund meiner herablassenden Art an die Gurgel gegangen wäre.

Herablassend? Na ja, ich habe mich dafür insgeheim selbst bewundert, dass ich angesichts des Verhaltens von Hiero derart souverän geblieben bin – die ersten Minuten sogar beinahe stumm. Ehemalige Schüler hingegen wären von mir enttäuscht gewesen.

Und ich kenne Leute, die hätten Hiero mit Salven an Backpfeifen eingedeckt, in der Hoffnung, er würde wieder zu sich finden - oder ihn gleich aus dem 2. Stock geschmissen.

Die legendären Wort-Duelle zwischen Helmut Schmidt und Helmut Kohl dürften im einseitig anfeindenden Charakter als Analogie herhalten – wenngleich sie in ihrer Führungsintensität im Vergleich zu den wüsten

Distanzlosigkeiten von Hiero geradezu wie ein Bruderschafts-Kuss anmuten.

Herablassend war ich bestimmt – 100%ig. Aber ich bezweifelte, dass Hiero all das überhaupt verstanden hatte. Zudem war bei jemandem mit derartiger Erfahrung auf einer solchen Position auch von einer gewissen Grundkompetenz, Souveränität, und Sozialkompetenz auszugehen.

Ok – hier nicht.

Aber zumindest meines Erachtens nach.

Bei jedem zukünftigen unserer Treffen war er jedenfalls ausnehmend freundlich und hatte nie mehr irgendetwas berichtet.

Ich weiß - unser Berufsstand polarisiert. Mitunter heftig - und das leider zumeist aus einer falschen Vorstellung des Gegenübers heraus. Letztlich schlagen wir nur vor, beraten und können dann zusammen eine Lösung finden.

Leider nimmt unser Gegenüber auch bei nahezu belanglosen Fragen, die lediglich der Information unsererseits dienen, um sich ein Bild zu machen, fast immer eine Art Abwehrhaltung ein. Grundsätzlich weder begründet, noch im späteren Verlauf nötig, weil wir weder „Gegner" bloßstellen wollen, noch persönliches Interesse am Denunzieren haben. Auch sehen wir unsere Aufgabe per se nicht als Kriegsauftrag mit dem Ziel eines Sieges. Unsere Fragen zielen ja nicht auf Schuld oder Unschuld ab. Sondern darauf, Fehler aufzudecken, um Geschehnisse gleicher Art zukünftig ggf. zu verhindern.

Nur selten kommt es durch uns zu sofortigen Maßnahmen, die tatsächliche Konflikte auslösen. So sollte es zumindest sein.

Bei der BASF gibt es kein Polarisieren. Es gibt Statistiken - die müssen erfüllt werden. Und das geht nur durch Mitschwimmen. Die Arbeitssicherheit ist da, weil sie da sein muss und weil die BASF damit wirbt, dass sie da ist. Und nicht, weil sie der Arbeit Sicherheit bringen soll – und den Arbeitern schon gar nicht.

In jedem Fall wäre es wieder ein geeigneter Punkt gewesen, mich rauszuschmeißen. Von mir bekannten BASF'lern wusste ich, dass mein Name bereits „oben" gehandelt wurde. Warum also kein Rausschmiss?

Fisch wird sich nicht für mich und mein Anliegen eingesetzt haben, vertragliche Verpflichtungen zur BASF hatte ich auch keine. Und meine Klappe habe ich auch nicht gehalten - in Zusammenhängen, die für die BASF grundlegende Veränderungen bedeuten würden.

Den Grund, weshalb immer noch kein Rausschmiss erfolgte, werde ich nie erfahren. Ein plötzlicher Arbeitsunfall meinerseits hätte jedoch auch nicht überrascht – mich vielleicht ohnehin gar nicht mehr.

Durch die Gesamt-Untätigkeit der BASF -auch mir gegenüber- wurde jedenfalls bestätigt, dass die Verantwortlichen die Themenbereiche *suffizientes Notfallmanagement* und *funktionierende Gefahrenabwehr* offensichtlich nicht wirklich ernst nahmen.

Shadow on the wall

Das Tagesgeschäft brachte uns wieder neue Kollegen. Fisch und ich suchten sie aus und ordneten sie entsprechend ihrer Qualifikation der Gruppe von mir oder Erich zu. Mein Ziel war es, in jeder Gruppe etwa das gleiche Fachspektrum von uns zu haben, so dass es auf dem Baufeld höchst unwahrscheinlich werden würde, irgendwann in der HSE-Betreuung auf ein fachliches Kompetenz-Vakuum zu treffen. Einen Kollegen wollte Fisch unbedingt haben. Ich empfand ihn als zu jung und unerfahren - wenn auch hoch qualifiziert. Egal - ich nahm ihn. Seine Qualifikation fehlte noch in meiner Gruppe.

Und wie es sein sollte, entpuppte der Kollege sich in der ersten Zeit im Umgang als sehr schwierig. Ich hatte die erste Woche wenig Zeit, um mit ihm eine Runde zu drehen und musste mich daher auf das von Arbeitern und Kollegen Gesagte verlassen – etwas, was ich höchst ungern tue. Insbesondere, was die Kollegen angeht - da war täglich Neid und Konkurrenzkampf spürbar und intrigiert wurde auch bis zum Anschlag.

Im Rahmen eines Abend-Meetings kam es dann zu Reibereien, bei denen sich der neue Kollege benachteiligt fühlte und das auch so sagte. Fisch wurde immer lauter. Das konnte er gut, wenn er sich in die Enge getrieben fühlte. Insbesondere sein Ego ließ es nicht zu, dass seine Autorität untergraben wurde.

Irgendwann titulierte Fisch den neuen Kollegen als Drei-Käse-Hoch, was dieser -sichtlich angefressen- sich nicht bieten ließ. Lautstark ging er auf Fisch zu und verlangte mit latenter, physischer Drohgebärde, dass er das zurücknehmen solle - was Fisch dann auch fast unterwürfig tat.

Es war ein absurdes Szenario.

Die Sorge von Fisch galt generell nicht im jeweiligen Moment dem Inhalt als solches, sondern seiner Fremdwirkung, wie er auf Außenstehende wirkte. Das merkte man insbesondere an seinen Augen, die immer wieder voll zustimmender Erwartungshaltung die umstehenden Protagonisten fokussierten. Und das, ohne dabei den Kopf oder seine Gestik sonderlich von seinem Gegenüber abzuwenden, um der eigenen Blickrichtung zu folgen. In diesem Fall hatte er keine Zustimmung der Außenwelt erfahren - und knickte unsicher ein. Chapeau an den Bengel – wenn es auch etwas kindisch erschien, sich wegen einer derart gewöhnlich geäußerten Pseudo-Beleidigung so zu echauffieren.

Ich bin am nächsten Tag mit dem Bengel eine Runde über das Baufeld gegangen. Er war engagiert, penetrant und belehrend - ohne Kompromisse. Mir gefiel das, wenngleich seine Art ohne die belehrende Penetranz deutlich besser angekommen wäre – es hätte ihm die „Drei-Käse-hoch-Aura" genommen. Er hatte generell zumeist Recht, musste aber bereits bei der ersten, großen Runde eingestehen, dass er vieles anders hätte machen können. Häufig verbiss er sich zu sehr im -für dieses Baufeld eher unwichtigen- Detail. Das machte ihm unser Rundgang deutlich, der mitunter leichten Prüfungs-Charakter aufwies – da konnte ich nun mal nicht aus meiner Haut.

Lernen durch erfahren halt.

Es wurde schnell klar, dass er aufgrund seines jungen Alters in Kombination mit seiner hohen Qualifikation unter reichlich Bestätigungs- und Erfolgsdruck stand. Ihm fehlten an sich nur die Gelassenheit und Souveränität des Erfahrenen. Wir hatten ein paar intensive -auch persönliche- Gespräche und sein Verhalten wurde zusehends respektabler und angemessener. Ich habe ihm irgendwann noch gesteckt, dass er bei der Diskussion mit Fisch zwar im Recht war, das Thema jedoch falsch angegangen hatte und es als Gruppendebatte ein absolutes No-Go gewesen sei. Es ging seinerzeit um nichts Fachliches, sondern um etwas Persönliches. Ich hatte ihm auch gesteckt, dass ich ihm gekündigt hätte, wenn ich an Fischs Stelle gewesen wäre. Ich hätte zwar meinen Tonfall nicht verändert, hätte ihn aber für seine der Situation unangemessenen Art rausgeschmissen.

Bei dem Disput wurde Fisch laut und pöbelhaft -was sicher auch erst die Reaktion des Kollegen provozierte- aber der Bengel blieb.

Und das war gut so.

Er erwies sich als integrer und verlässlicher Kollege, der Wissen nachfragte, teilte und Erkenntnisse für die Praxis wertvoll umsetzte. Zwischen uns entwickelte sich eine gegenseitige und hohe Wertschätzung.

Und es kamen weitere Kollegen. Ein Kollege davon war besonders. Und „besonders" ist nicht immer positiv besetzt. Irgendwie erinnerte er mich an die TV-Serie „Neues aus Büttenwerder". Dort hätte er gut hineingepasst. Wenngleich ich befürchte, dass ihn die dortigen Dorf-Charaktere aufgrund der ihnen zu eigen gelebten Hektik zu sehr gestresst hätten. Ich habe ihm kurz nach der später zum Jahreswechsel hin erfolgenden Büroumstellung an drei Morgen hintereinander ausdrücklich sagen müssen, dass das Frühstücken in dem neuen Büro jetzt zu unterlassen sei - was er tatsächlich erst beim vierten Morgen-Briefing umgesetzt hatte.

Dass er Aufforderungen immer erst beim vierten Mal nachkam, sollte später noch zum Running Gag werden.

Meine damals siebenjährige Tochter hatte eine Zeit lang immer wieder gefragt: „Papi, kannst Du nochmal Geschichten von dem Kollegen erzählen, dem Du immer alles viermal sagen musstest? Die sind immer so lustig."

Seine Denkweise und die Reaktionen, Gesagtes zu verarbeiten, bestätigte seine -bis dahin nur vermutete- Arbeitsweise. Ich hatte sie nur aus der Distanz kennen gelernt – allerdings hatten mich schon diverse Kollegen über seine "Arbeitsauffassung" informiert. Insofern erledigte er das, was er sollte, -im Rahmen seiner Möglichkeiten- zufriedenstellend. Gut, vielleicht eher ausreichend – aber er verursachte wenigstens (noch) keine Extra-Arbeit.

Es mutet traurig an, wenn man Mitarbeiter danach aussucht und hält, dass sie keine Arbeit verursachen, sondern einfach nur „da" sind. Das ist kurz vorm Peter-Prinzip. Es ist etwa so, als wenn man jemandem beim anstehenden Hausputz mit auf den Weg geben würde, dabei nicht so viel dreckig zu machen.

Irgendwie krude – aber keinesfalls unrealistisch.

So erinnerte ich mich an einen einige Jahre zurückliegenden „Hilferuf" eines Reinigungsunternehmens am Wochenende, weil Reinigungskräfte bei mehreren Tausend Quadratmetern genopptem Bodenbelag im Kundenbereich die Reihenfolge „Reinigung und Versiegelung" vertauscht hatten. Bemerkt hatten sie es erst zu Beginn der „abschließenden" Reinigung: sie hatten schlicht massive Probleme, den eigens zuvor versiegelten Schmutz zu entfernen...

Und es erinnerte mich an frühere Einsätze in der Notfallmedizin bei Hausstreitigkeiten, wenn mir verprügelte Frauen mitteilten, dass ihr Mann ja eigentlich ein ganz Netter sei – er würde sie immerhin nicht so oft schlagen.

Dufte Auswahlkriterien...

Das Problem bei dem Kollegen war, dass er von den ihm übertragenen Aufgaben max. 30% umsetzte. Vielleicht auch mal 40. Natürlich in der vollen Arbeitszeit. Das war das generelle Problem bei Phlegmatikern. Und er war einer. Wenn es bei uns einen gab, dann ihn. Vielleicht war er ein Schneller. Aber Phlegmatiker – mit einer Schnute, die an Calimero erinnerte. Nennen wir ihn mal Flash. Im Verlauf des Projektes hatte ich noch intensiver mit ihm zu tun.

Unterdessen fing Erich langsam an, sich an die Funktion einer leitenden Kraft zu gewöhnen. Er wuchs nach und nach in seine Position hinein. Wohlgemerkt; er wuchs hinein – ausgefüllt hat er sie leider nie.

Aber man kann ja -bei eigentlicher Schuhgröße von 39- auch mit Schuhen in Größe 47 vorwärtskommen. Man läuft sich halt Blasen, das Fortkommen ist nicht so effizient und man stolpert ein paar Mal mehr – auch in dummen Situationen. Wenn es dann aber gar nicht geht, nimmt man halt luftiges Füllmaterial als Puffer. Das fällt nicht gleich jedem auf...

Auf dem Feld rief er mich eines Vormittags zu sich in einen Kreis mehrerer Arbeiter - klassisch an dem Punkt unseres Morgen-Meetings. Er teilte mir mit, dass im Nachbarfeld irgendwelche Probleme und aktive Wachposten zu sehen seien und bereits einige Arbeiter über bissige Dämpfe klagen würden. Er wusste nicht, was zu tun wäre und fragte mich, was man machen sollte. Alarm bei uns war nirgendwo zu vernehmen. In dem Moment kamen weitere Arbeiter um die Ecke und bestätigten bissige Essig-Gerüche. Das passte - nebenan war ein Teil der Silikon-Verarbeitung.

Ich ging so weit in Richtung Nachbarfeld, dass ich sehen konnte, dass der dortige Koordinierungsposten keine Schutzmaske trug. Ich entschied mich, mich bei ihm zügig zu erkundigen. Er bestätigte mir die Ernsthaftigkeit der Lage - dass die ausgelaufene Menge noch nicht definiert und unter Kontrolle sei und es noch schlimmer werden könnte. Es handelte sich aber um Säuren aus der Silikonherstellung und die Gerüche waren unangenehm beißend. Ich entschied mich, die sofortige Baufeldräumung zu veranlassen und gab Erich Bescheid.

Die Gerüche wurden zunehmend intensiver. Wir begannen zügig und unproblematisch mit der Räumung - auch, da ohnehin bereits ein erheblicher Teil der Arbeiter unsicher oder neugierig in Fluchtbereitschaft gestanden hatte. Eine bis dahin fehlende Alarmierung führte ich auf einen Defekt zurück, da selbst der unmittelbar betroffene (Nachbar-)Quadrant ohne Alarm blieb, aber bereits BASF-Posten vor Ort waren. Folgend wurde unser Feld „manuell" geräumt - ich hatte allen Kollegen per Telefon und SMS Bescheid gegeben. Alarm kam weiterhin keiner.

Als das Feld leerer wurde und wir nochmal einige Bereiche abgesucht hatten, hatte ich Zeit, bei der Einsatzleitstelle der Feuerwehr anzurufen, um die Situation zu klären - es waren vielleicht zwei oder drei Minuten vergangen. Kurz darauf wurde dann Alarm ausgelöst. Also doch kein Fehler, sondern einfach für „nicht so schlimm" befunden.

Begeisterungswürdig? Nicht wirklich - jetzt reichte es offenbar nicht mehr, dass die Leitstelle von Zwischenfällen wusste, sondern es mussten die Betroffenen selbst noch Antrag zur Alarmierung stellen.

Unverantwortlich - obwohl... dass man seine Alarme auch noch selbst auslösen musste, war schon wieder irgendwie etwas Besonderes.

Mittlerweile war ich mit Bux das Skript angegangen und jetzt lag es als "HSE-Häuptling" an ihm, die Anliegen für das Projekt schnell anzugehen und Lösungsansätze oder Maßnahme-Planungen zu veranlassen. Vom Prinzip her wäre eine Konferenz mit den jeweiligen Beteiligten die effektivste Lösung gewesen. Hierfür hatte ich selbstverständlich zur Verfügung gestanden - um die Punkte noch einmal zu erörtern. So sind wir auch verblieben.

Für die BASF war die Situation eigentlich per Silbertablett dargereicht. Jemand Externes, der auf fachübergreifende Diskrepanzen zusammengefasst aufmerksam macht, diese Daten -trotz ihrer Offensichtlichkeit für über tausend Leute- im Wissen um ihre Sensibilität entsprechend vertraulich behandelt und auch noch innerhalb bereits abgedeckter Kostenbereiche -also quasi kostenlos- erarbeitete.

Mein Unternehmergeist jedenfalls, hätte sich über derartige Form professioneller Zuarbeit und Engagement gefreut.

Für mein Verständnis hätte die Konstellation dieser Konferenz durch teilnehmende Mitgliederbesetzung etwa ausgesehen, wie folgt:

- Verantwortlicher der GF/ des Aufsichtsrats / Ressort Arbeitssicherheit (o. Vertretung);

- Verantwortliche Werkfeuerwehr; Technik, Planung und Disposition, Einsatzleitstelle, Wachen-Leitung, Einsatzleiter;

- Verantwortlicher Arzt (ärztl. Leiter Rettungsdienst);

- Verantwortlicher Arzt Ambulanzen;

- Leitender Arbeitsmediziner;

- Verantwortlicher Leiter Rettungsdienst / ggf. Technik;

- Verantwortlicher Org.-Leiter Rettungsdienst;

- Jeweilige Wachen-Leiter Rettungsdienst;

- Betriebsleitung / Verantwortlicher Infrastruktur Werk;

- Verantwortlicher Schulungseinrichtung HSE;

- Verantwortlicher HSE-Manager BASF und Vertretung;

- Vertreter Betriebsrat;

- Alle Mitglieder des Arbeitsschutz-Ausschusses ASA (sofern nicht bereits erwähnt vorh., exkl. Sicherheitsbeauftragte);

- HSE-Manager TDI-Projekt (und Vertretung) und HSE-Manager der Sub-Kontraktoren;

- HSE-Manager weiterer Groß-Projekte;
- Vertreter Controlling / Standort-Investitionen;
- Vertreter der Umsetzungs-Verantwortung Störfall-Verordnung / Seveso III-Richtlinien

Diese Konstellation hätte eine Gruppengröße von etwas über 30 Personen für den Erstvortrag bedeutet, bei dem gleichzeitig eine Zuständigkeit, sowie eine Zweck- und Lösungs-bedingte Teilnehmer-Reduktion hätte beschlossen werden können.

Die weitere Teilnahme wäre mit geschätzten 10-20 Personen ausreichend gewesen, um für das folgende Vorgehen zielgereichtet Arbeitsgruppen mit entsprechender Umsetzung zu beauftragen.

Im Endeffekt wären mit meiner Zuarbeit vielleicht noch drei weitere Termine verblieben und die BASF hätte mit dem Thema fortan intern alleine weitergehen können – vorhandene Kompetenzen vorausgesetzt.

Ökonomischer hätte man diese Problematik nicht lösen können - so mein Gedanke. Übrigens das klassische SAMUEL-Prinzip. Im Gegensatz zu z.B. dem technisch ausgerichteten HAZOP aber, ein wenig um Status & Analytik zu Beginn sowie Notfallmanagement zum Ende erweitert.

Jetzt lag es an Bux, Vorgenanntes umzusetzen. Und ich war gespannt.

Friss oder stirb.

Das Tagesgeschäft hatte bis hierhin seine üblichen Attribute gefordert; neue Kollegen einweisen, einkleiden, Büro und Administration strukturieren, Schulungen konzeptionieren, Toolbox-Meetings modifizieren, Sanktions-System überarbeiten, Individualschulungen durchführen, Abläufe koordinieren, und, und, und...

Und Zwischenfälle und Unfälle aufnehmen, dokumentieren und ihnen ggf. zur Ursachenklärung nachzugehen, war auch erforderlich. Nicht etwa, um dann die Ursache auch dort technisch möglichst weitgehend unschädlich für die Zukunft zu gestalten - so, wie es das Gesetz nach dem TOP-Prinzip vorsieht. Diesbezüglich besann man sich BASF-seitig eigentlich zumeist recht formlos auf die Feststellung "ist halt so". Nein, um neue Verbote zu erlassen, wo die Arbeiter zukünftig einzuschränken wären, um sie dann im Fall eines Verstoßes feuern zu können. So die weit verbreitete Auffassung.

Zudem kam immer wieder eine Problematik zum Vorschein; das Gesetzt im Kontext der Dokumentation. Einige Kollegen weigerten sich aus unterschiedlichen Gründen, Unfallberichte in Englisch zu verfassen. Berechtigt. Das Arbeitsschutzgesetzt ist, trotz zunehmend internationaler Ausrichtung der HSE-Projekte, deutsch.

Die meisten Sachverhalte können im Englischen nicht annähernd so präzise wiedergegeben werden, wie es in

Deutsch der Fall ist – und es das Arbeitsschutzrecht als Vorgabe verlangt. Dieser Sprach-bedingte Spielraum könnte im Falle eines Prozesses sehr gut für den ein oder anderen Kollegen zum Fallstrick werden. Insofern gilt auf deutschem Boden das deutsche Gesetz und für jede „unmissverständliche" Dokumentation auch die deutsche Ausführung.

Im TDI-Baufeld galt, dass unsere Kenntnis von Zwischenfällen („Incidents") der HSE-Abteilung des Haupt-Kontraktors immer binnen einer halben Stunde nach Geschehen vorgelegt sein sollte. Es verstand sich von selbst, dass das -nach Willen von Bux & Ködel- für alle Sachverhalte galt. Also auch für die, von denen wir noch gar keine Kenntnis hatten.

Ein Schelm, wer Böses denkt.

Häufig war es aber so, dass Bux & Ködel zuerst von den Unfällen Kenntnis erhalten haben. Systembedingt unvermeidlich, denn die Erste-Hilfe-Station stand unmittelbar neben deren Büro auf dem Weg zum Baufeld, während wir mit einigen Hundert Metern Distanz in entgegengesetzter Richtung zu ihr positioniert waren und die Erste-Hilfe-Station sogar von uns aus betrachtet, hinter dem Baufeld lag.

Kein Arbeiter, der einen Schnitt oder Sonstiges Wehwehchen hatte, rief im Alltag als erstes seinen Vorarbeiter, damit der dann bei uns Meldung machen konnte, damit wir wiederum jemanden los schicken konnten um den Unfall aufzunehmen, um diesen dann wieder nach Rückkehr im Büro schriftlich fixieren zu können und ihn an Bux & Ködel zu mailen. Dennoch war es genauso, wie es sich liest, gefordert.

Nein - die Arbeiter gingen in Eigeninitiative direkt in die Station, um sich versorgen zu lassen. Und wenn diese verschlossen war, baten sie auch mal die HSE'ler um Hilfe. Natürlich i.d.R. die von Bux & Ködel – war ja um die Ecke.

Da die Erste-Hilfe-Station unter der Fuchtel der BASF stand, gab es natürlich bereits von dort aus Meldung - nur in umgekehrter Reihenfolge der Vorgabe. Entsprechend häufig haben wir uns dafür eine Rede anhören und uns rechtfertigen müssen, dass wir die Arbeiter nicht ausreichend instruiert hätten. Das vom Haupt-Kontraktor vorgegebene System war natürlich nicht daran schuld, dass das angedachte Prinzip laufend scheiterte – nein, es waren die Arbeiter. Und natürlich wir...

Es lag prinzipiell an der Schulung der Arbeiter, so die einhellige Meinung von Bux & Co. im Vier-Augen-Austausch. Dummerweise wurde die Grundschulung nicht von uns, sondern vom Team des Haupt-Kontraktors initiiert und gehalten. Schade, Eigentore sind immer blöd. Aber um 2 Ecken denken ist nicht jedermanns Sache - sitzt der Protagonist des Geschehens auch noch so weit oben. Peter-Prinzip pur und Dank Bux & Ködel mit zwei Verfechtern sogar im Quadrat. Natürlich ließ die unfehlbare Truppe unter Bux & Ködel derartige Kritik nicht an sich heran.

Meine Dokumentation bei Zwischenfällen war insofern - diesem völlig kruden System vor Ort auch Genüge tuend- entsprechend umfangreich: Erstmeldungen erfolgten in Englisch mit einem Zweizeiler. Folgend habe ich eine Dokumentation auf Deutsch -unserer Amtssprache- verfasst und -erst wenn es die Zeit zuließ- noch einmal ins Englische als Resümee übersetzt.

Auf diese Wertigkeit und Rechtssicherheit durch die deutsche Sprache hatte ich auch noch einmal in Verbindung mit dem verfassten Manuskript hingewiesen.

Das Wetter wurde zunehmend winterlicher und die Probleme auf dem Baufeld passten sich den Verhältnissen an.

Morgens konnten die Arbeiter nicht arbeiten - wesentliche Wegebereiche waren -wie partiell auch die Arbeitsplätze- unbeleuchtet. Für die Beleuchtung sah sich der Haupt-Kontraktor vertragsbedingt nicht zuständig - er verstand seine Verpflichtung zur Beleuchtungssicherung offensichtlich nur für die Zuwegungen zwischen den Komplexen. Licht in den Gebäuden? Musste doch nicht überall sein?! Selbst in Treppenaufgängen fehlte häufig Beleuchtung. Aber die 40 oder 50 Höhenmeter konnte man ja auch im Dunkeln hochrutschen...

Ungeachtet tatsächlich möglicher Vertragsparameter, die zwischen allen Kontraktoren vereinbart wurden – wenn diesbezüglich die Beleuchtung für den Alltag unzureichend geregelt wurde, hätte kurzfristig eine Zuständigkeit geschaffen werden müssen. Es geschah' jedoch nichts Nennenswertes – die Arbeiter waren durch Unterlassen gezwungen, unter beibehaltenen, (rechts-)widrigen und gefährdungsreichen Ausgangssituationen (Dunkelheit, Glätte etc.) zu arbeiten. Und das im bereits dritten Winter...

Das Agieren des Haupt-Kontraktors im Umgang der Arbeiter stand einer veralteten Massentierhaltung in nichts nach. In keiner Hinsicht. Bux & Ködel liefen ihren Grundpflichten -wenn überhaupt- nur sehr verzögert hinterher. Ihr Team war auf Sanktionen getrimmt. Die Voraussetzungen für sicheres Arbeiten haben sie -trotz umfangreicher Dokumentation und Hinweise- überwiegend nicht geschaffen.

Das galt für die Abnahme vom Zerschneiden der (Licht-) Gitterroste ebenso, wie für das bloße Ausfüllen der Ptw – der Erlaubnisscheine.

Bei den Gitterrosten hatte es ewig und drei Tage gedauert, bis endlich alle um die gleichen Maßstäbe in Sachen Sicherheit, Permit und Schutzmaßnahmen wussten, diese auch annähernd deckend kommunizierten und umsetzten - und bei Verstößen ggf. sanktionierten. Kaum wurde zwei Jahre an Gitterrosten geschnitten - schon wusste man um die Abläufe hierfür. Brillant.

Selbst die Ptw konnten zu Sorgenkindern mutieren. Wenn einem plötzlich eine Ptw vorgehalten wird, die von einem Deutschen in Englisch ausgeführt wurde, durfte man sich nicht wundern, wenn diese aufgrund ihrer zeitlichen Begrenzung nicht vor Schichtbeginn erneuert werden musste, sondern plötzlich zur Mittagszeit beendet wurde.

Manchmal konnte eben das *am* oder das *pm*, wie die Kürzel an die englische Uhrzeit für gewöhnlich angehängt werden, zu juristischen Fallstricken werden. Jede Versicherung hätte sich hinsichtlich eigener Leistungsfreistellung im Ernstfall daran festgehalten, dass 12:00 Uhr auch 12:00 Uhr heiße und nicht Mitternacht hätte bedeuten können. Hätte sich insofern aufgrund eines Arbeitsunfalls um 14.00 Uhr herausgestellt, dass die Ptw bis 12.00 begrenzt wurde (Tagesablauf, mit Vermerk „pm" vergessen), so hätte es -je nach Ausmaß eines Zwischenfalls- einen ggf. größeren Haftungsstreit gegeben.

Natürlich waren noch viele weitere Probleme auf dem Baufeld zu finden. Ebenfalls grundsätzlich waren es die Bauaufzüge – also die Außenfahrstühle an den Gerüsten. Selbstverständlich mussten die Benutzer eingewiesen sein und die Anzahl der Nutzer berücksichtigen - was kaum einer war oder tat. Entsprechend Zeit und Mühe hatte es immer wieder gekostet, dies zu kontrollieren. Dem Vorschlag, für jeden Fahrstuhl ein- bis zwei Arbeiter abzustellen, wollte man aus Kostengründen nicht nachkommen - welch ein Kuriosum.

Irgendwann wurde eine neue Richtlinie erlassen, die je Fahrt nur noch wenige Personen zuließ und Material zum Transport bis 20 Kg ausschloss – mit der Begründung, leichtes „Gepäck" könne hochgetragen werden. Das hatte zur Folge, dass die Arbeiter für jegliches Gebrauchsmaterial, wie Kabeltrommeln, Werkzeugkästen, Montagematerial - eben alles, was im Einzelpack keine 20 Kg wog-, bis zu über 50 Meter in der Höhe bewältigen mussten. In engen Treppenhäusern, mit tlw. Meter langen, scharfen Materialien, ordentlich Gewicht und bei Gegenverkehr. Im Winter. Bei Glatteis auf den Stufen und ohne ausreichende Beleuchtung am Morgen.

Bux & Ködel erfüllten das Peter-Prinzip wahrlich nicht erst jetzt im Quadrat. Ein folgendes Desaster war vorhersehbar und es wurde davor gewarnt. Und es wurde ignoriert. Dass sich aufgrund der Maßnahme niemand ein Bein gebrochen oder Schlimmeres zugezogen hatte, grenzte an ein Wunder. Es hatte etwa zwei Wochen gedauert, dann ging man wieder über ins alte Muster und schließlich -wie überraschend- wurden an den Fahrstühlen verantwortliche Einzelpersonen bereitgestellt. Dass es danach im Rahmen der örtlichen Verhältnisse richtig gut lief, braucht eigentlich nicht mehr erwähnt zu werden.

Allerdings änderten diese ausnahmsweise kompensierten Defizite nicht ansatzweise die Infrastruktur für die Arbeiter auf dem Baufeld. Der Weg zu dem einzigen Aufenthaltsraum war für die Arbeiter weit. Wenn jemand hoch oben arbeitete, waren es rund 500 Meter - oder auch deutlich mehr. 50 Höhenmeter inklusive. Der Aufenthaltsraum diente hier natürlich auch als Speisesaal und als Kantine einzelner Arbeitertrupps, die ihre Gulaschkanone mittags befüllten. Und wieder leer machten. Wir hatten etwa 250 m². Für alle. Bei angenommenen 1700 Arbeitern entsprach das umgerechnet 0,14 m² pro Person; dicht am Soll von 1 m² pro Person. Ganz dicht...

Die Umkleidekabinen waren einfachster Standard – ohne Haken für nasse Kleidung oder Abstellvorrichtungen für nasses Schuhwerk. Zum Winter hin kamen immer mehr Arbeiter und die Kabinen und Schränke reichten nicht aus. Es fehlten manchmal weit über 100 Schränke. Alles, was dort nicht halbwegs sicher deponiert werden konnte, wurde im Aufenthaltsraum -also der „Kantine"- gelagert. Feucht, matschig, kontaminiert mit irgendwelchen Arbeits-Chemikalien. Egal.

Der Aufenthaltsraum glich im Winter fast durchgehend dem Campingdebüt Jugendlicher zu viert in zwei-Mann-Zelten nach zwei Wochen Wolkenbruch.

Ergo wurden nach und nach die Umkleiden als Speiseraum umfunktioniert. Dem Geruch nach, auch als Lagerraum. Bei den Heizungen gab es nur an oder aus. Wie früher in der DDR, als die Energie nichts kostete. Die Temperaturen waren tlw. entsprechend hoch - ein Paradies für Keime, was einem unweigerlich und ohne Erbarmen durch den penetranten Gestank schon fast geschmacklich mitgeteilt wurde. In jedem Fall nachhaltig – mit Potenzial für einen Flashback. Zur Erinnerung; Gerüche entstehen durch den Zerfall von Bakterien. Hmmm - lecker.

Der eine wrang seine Socken aus und legte sein verschwitztes T-Shirt auf die Heizung, während der andere seinen Auflauf von noch vorm Wochenende auf der Heizung mit Stufe „voll" ess-warm herrichtete. Zauberhaft. Und verursacht durch einfachstes Missmanagement in der Planung – verantwortet durch den administrativen HSE-Bereich von Bux, Ködel und Entourage.

Ein Kollege erwähnte mal, dass es nur in einem KZ noch unerträglicher gestunken haben muss. Natürlich ist das damalige Leid der Menschen für uns aus heutiger Sicht nicht annähernd zu erfassen - in gewisser Weise und übertragenem Sinn, hatte der Kollege jedoch Recht. Weil man hier vom "Halten" der Arbeiter sprechen musste -was vom Begriff her schon als Perversion zu sehen ist und nur noch durch den Zusatz „artgerecht" hätte übertroffen werden können. So glich die Situation für die Arbeiter einer Internierung unter den Repressionen heutiger Arbeitsausbeutung. Die dabei anzunehmenden Rahmenparameter waren denkbar einfach.

"Dreck fressen und Maul halten." Untertitel: „Oder Deine Familie zu Hause krepiert." So einfach war die Formel. Es hätte fast ein Leitspruch werden können. „Anzubringen halbrund über der Zuwegung zum Baufeld", wie einst der erwähnte Kollege bemerkte.

Zu diesem „Leitspruch" gehörte Verzicht. Der Verzicht auf eine der Unternehmens-Zuordnung unabhängige Behandlung, der Verzicht auf reguläre Aufenthalts-und/oder Speiseräume genauso, wie der Verzicht auf angemessene Arbeitskleidung und PSA oder auf sicheren Transfer zur und von der Arbeitsstelle. Verzicht auf Beleuchtung, sichere Arbeitsmittel und auf die Gestaltung sicherer Arbeitsplätze. Der Verzicht auf eine Kantine oder alternative Versorgungsmöglichkeiten, auf den notwendigen Getränkebezug im Sommer und auf Jacken im Winter. Verzicht auf angemessene Erste Hilfe - und medizinische Versorgung. Der Verzicht auf Vergütung bei ausbleibender Arbeitsmöglichkeit usw. usw. ...

Auch die überfüllten Busse glichen eher einer Deportation denn einem Personentransport. Gequetschte Arbeiter ohne Ende und so lange hineingedrängt, bis die Türen spätestens nach dem fünften Zuschlagen schmerzbedingt die Gruppe der "Glücklichen" von der, die einfach "Pech" gehabt hatten, trennte – ohne Witz und mehrfach per Video dokumentiert. Meistens wurde das Szenario dann durch das Hupen des Busfahrers versucht, zu beenden.

Und neben dem pauschalen Hinnehmen dieser „Grundsätze", folgten auch noch diverse Gefahren auf dem Baufeld - auch unplanmäßig und von der BASF selbst verursacht.

Dass die BASF bzgl. der Erstellung von Richtlinien und Ausweisungen von Vorgaben gerne nach eigenem gut Dünken handelt, hatte sie täglich aufs Neue bewiesen. Natürlich muss in so einem Werk auch der Verkehr geregelt sein - die zuvor genannten Beispiele sollten dabei eigentlich bereits als Beleg reichen.

Leider haben die, nennen wir sie einmal Gestalter des BASF-Werkverkehrs, von der Ausschilderung im Selbigen so viel Ahnung wie eine Kuh vom Kreppel backen. Stets wurde seitens der Verkehrsteilnehmer darauf geachtet, die per Beschilderung ausgewiesenen Vorgaben penibelst genau einzuhalten. Natürlich nicht immer, sondern nur, wenn irgendwo der Werkschutz in der Nähe war. So kam es, dass sich der Werkschutz -gefühlt- zu bestimmten Zeiten -also früh morgens zum Schichtbeginn und abends zum Dienst-Ende hin- an bestimmten Stellen förmlich auf die Lauer nach Verkehrssündern legte. Insbesondere die Fahrradfahrer hatten es dem Werkschutz angetan.

Um Eines vorweg zu nehmen - ja, es ist eine Schweinerei, wenn ein Fahrradfahrer auf der falschen Seite rollt. Der Autofahrer rechnet nicht mit dieser Art Gegenverkehr und hat nicht nur im Zweifel bei einem Unfall Schuld, sondern grundsätzlich. Und er darf zahlen und der Fahrradfahrer zahlt 10 oder 20 Euro und das war´s. Aber man muss dann solche Strecken auch richtig auszeichnen und beschildern – das sollte Grundvoraussetzung dafür sein.

Eine Hauptstraße so zu sperren, dass aus ihr eindeutig hervorgeht, dass innerhalb eines Behelfsfußwegs keine Fahrradfahrer einfahren dürfen, macht Sinn. Sehr sogar. Befindet sich jedoch dieser improvisierte Fußweg bei einer zweispurigen Straße (also mit Gegenverkehr) ausgelegten Straße nur links und die Verbotsschilder ebenso, so gelten diese auch ausschließlich für die linke Seite - nämlich den Behelfsfußweg.

Fuhr man indes auf der Straße, so wäre die Durchquerung mit dem Fahrrad problemlos möglich gewesen - zumindest, wenn man davon ausgeht, dass die StVO innerhalb des Werks auch gilt - so, wie bereits am Werkeingang durch Beschilderung angekündigt.

Leider zogen die Werk-Sheriffs eben exakt an dieser Stelle gerne Fahrradfahrer raus. Schließlich hätte die andere Strecke einen deutlichen Umweg bedeutet, so dass der gemeine Fahrradfahrer zum Abend hin wohl etwas genügsamer wurde und den schnelleren Heimweg bevorzugte. Menschlich verständlich – wir sind bequem.

Trotz Rüge dieser Falschbeschilderung, haben die Verkehrsgestalter der BASF es nicht für notwendig erachtet, die Beschilderung gem. der VwV StVO, § 39, Abs. 9 Fahrbahnen mit Gegenverkehr an der jeweils rechten Seite anzubringen und diese nicht leer zu lassen. Das gilt übrigens für das gesamte Werk, in dem man immer wieder fehlerhafte Beschilderungen sehen konnte. Eine Falschbeschilderung ist nicht nur dumm, sondern im Ernstfall gefährlich. An deren Peinlichkeit hingegen hat sich niemand gestört.

Hier allerdings lief die Maßnahme glasklar unter Schikane.

Andererseits - Erich hat sich genauso dämlich verhalten. Der Zugang zu unseren Büro-Containern erfolgte über zwei Einfahrten. Morgens wie abends voll von gehenden Personen, mussten sich aber noch solche zweifelhaften Charaktere wie Erich ohne abzusteigen mit dem Fahrrad durchmühen - den Verbotsschildern für Fahrräder zum Trotz und durch bis zum Eingang.

Darauf angesprochen, sagte er mir voller Überzeugung, dass er ja um das Schild wisse, es aber -so, wie er einfahren würde- nie sehen könnte.

Autsch! Es wäre eigentlich (auch) seine Aufgabe gewesen, hier aufgrund der drohenden Unfallgefahr ein Fahrradverbot zu erwirken.

Allerdings hätte dies ja ihn selbst in seiner Komfortzone betroffen. Persönlich glaube ich nicht, dass Erich bis heute weiß, wie er seinen Status als Fachkraft für Arbeitssicherheit zu werten hat. In jedem Fall konnte sich Ködel an den immer wieder kehrenden Erinnerungen über die Fahrrad-Probleme vor den Containern mächtig erfreuen – weshalb, weiß nur er.

Ein Arbeiter hatte das eines Tages mitbekommen und sagte mir recht salopp, dass er -wenn es für ihn mal eng werden sollte- einfach seinen Ellenbogen „stehen" lassen und dann „drauftreten" würde...

Ob es noch irgendwann dazu gekommen ist, entzieht sich meiner Kenntnis.

Ich hätte es aber durchaus sehen mögen...

Ludwigswood & Hollyhafen

Das Entscheidungsproblem unserer Berufsgattung...

Für einen Sonntag wurde das Lifting einer 40-Tonnen-Lüfter-Anlage angemeldet. Völlig regulär - mit allen Arbeitserlaubnis-Scheinen, die verlangt waren. Ort war C 801 / die Kreuzung an der Hauptverkehrsstraße, die Platzierung war auf dem Dach - in etwa 50 Metern Höhe. Die Vorbereitungen und Sperrung der Hauptstraße wurden bereits Tage zuvor veranlasst. Sonntag war also passend. Eigentlich.

Noch lange vor dem geplanten Hebevorgang besprach ich ausgiebig mit dem dort verantwortlichen Kranführer die Abfolge. Er war noch recht jung - und motiviert. Zumindest schien bei ihm noch nichts von der weit verbreiteten Berufslethargie vorhanden zu sein - und eine Abneigung bzgl. des HSE-Personals war auch (noch) nicht feststellbar. Es tat richtig gut, mit so einem engagierten, jungen Kollegen eine Sprache zu sprechen.

Er verstand meine Bedenken, teilte sie jedoch nicht. Da er auf fast alle meine Fragen eine hinreichende und plausible Antwort hatte, war ich sehr angetan. Wir tauschten zur laufenden Abstimmung unsere Nummern und ich bemühte mich zu dem verantwortlichen Gerüstbaumeister auf der Freifläche des Oberdecks. Auch der Kollege war sehr auskunftsfreudig und auch hier stimmten alle Papiere. Was für ein Tag. Es musste am Sonntag liegen.

Nach etwa einer Stunde begann das Lifting und ich musste mir mit ansehen, wie die Gerüstbau-Jungs den ersten Part dieser fiesen Bauteile befestigten. Sie befanden sich schräg versetzt darunter, es ging um wenige Zentimeter, die das Zerquetschen von Hand oder mehr -vielleicht dem ganzen Körper- ausmachten. Was, wenn eine Windböe aufkam oder der Kranführer kurz niesen musste? Im Kran gibt es mittlerweile Steuerungstechnik, die beinahe jeden Kurzschluss-Impuls durch Sensor-Technologie vereitelt. Im Bereich des Wetters sind wir aber leider noch nicht so weit – unzählige Videos im Internet zeugen von Katastrophen mit Kränen der unterschiedlichsten Art...

Der Unterschied zwischen Theorie mit allen Genehmigungen und dem praktischen Arbeiten wurde hier wieder als Referenzbeispiel offensichtlich. Die Jungs arbeiteten wie die Wiesel - exakt aufeinander abgestimmt und nichts ließ den Anflug von Unsicherheit aufkommen.

Ich war wirklich positiv überrascht – trotz der mitunter kritisch zu wertenden Abstände zwischen Bauteilen und Händen.

Der dortige Meister-Kollege vom Gerüstbau kannte mich und meine Einstellung gut. Nachdem die erste Ventilatoren-Gruppe fest saß - es vergingen hierfür nur wenige Minuten, schnappte ich mir den Kollegen für ein Gespräch in eine Ecke.

Ein grundsätzliches, häufiges Problem war ein unsicher wirkender, aktiver Arbeitsablauf. Man musste seine eigenen

Maßnahmen stets wohl abwägen, weil man durch eine unvorhergesehene Intervention -und sei es nur ein lautes Ansprechen der Personen- im Zweifel auch mehr Schaden hervorrufen als Positives bewirken konnte. Insofern musste man durchaus auch zweifelhafte Arbeitsprozesse zunächst erst einmal laufen lassen, bevor man sie kritisch besprechen konnte – was vorliegend der Fall war.

Er wird gewusst haben, was kommen sollte und entgegnete mir sogleich: "Arne, es ist alles genehmigt - mehrfach." Das stellt die Basis dar – sicher. Im Zweifel jedoch ist mir das prinzipiell erst einmal egal. Zu viel verantwortliche Hornochsen säumten hier bereits meinen Weg, als dass ein paar Papiere allein hätten ausschlaggebend sein können, wenn mir die betreuende HSE-Zuständigkeit oblag.

Ich wusste, dass man mit ein paar wenigen Maßnahmen die Arbeit hätte sicherer machen können – zumindest auf dem Papier. Wieder mal nur dort. Wäre wirklich etwas eingetreten, wie befürchtet, wäre aber die Wirkung der zusätzlich getroffenen Maßnahmen angesichts der bewegten Masse Null gewesen. Und zwar nicht nur auf dem Papier. Und nicht nur etwa Null, sondern exakt Null. Das war eben der Unterschied zwischen Papieren und Praxis.

"Wenn Deinen Jungs hier irgendetwas passiert, haben wir ein riesiges Problem. Wir haben Sonntag - hast Du mal runtergeguckt? Dort drüben - der Rettungswagen ist weg - es gibt hier heute keine medizinische Versorgung. Und die Feuerwehr schafft es vielleicht gar nicht hier hoch. Deren

Besetzung wird auch nicht so sein, wie unter der Woche.", sagte ich etwa zu ihm. "Ich weiß. Aber dafür bist Du ja hier oben. Also - falls etwas passiert." entgegnete er mir ziemlich genau. Ich sah sein breites Grinsen im Gesicht – und er hatte es auch auf Nachfrage tatsächlich ernst gemeint.

Ich sagte ihm noch, dass ich bis auf wenige Kleinigkeiten ohne großartiges notfallmedizinisches Equipment da bin und ohne Hilfsmittel im Ernstfall für den Einzelnen auch nur sehr wenig machen könnte.

Er war unaufgeregt und sein souveräner Blick verriet, dass er sich der Sache sicher war, nichts machen zu können, was den Sicherheitslevel der Kollegen erhöhte. Und er war verlässlich – ein Guter halt.

Ich musste also abwägen - Maßnahmen (die im Ernstfall ohnehin wirkungslos gewesen wären) mit einer deutlichen Verzögerung des Liftings gegen eine bestehende und vollständige Rundum-Genehmigung. Wenn ich den Vorgang abgebrochen hätte, hätte das mit der erforderlichen Neugenehmigung Tage benötigt – ohne jeglichen, faktischen Benefit für die Sicherheit. Weshalb?

Recht simpel: durch die Änderung der Abläufe auf den Papieren hätten sich die Arbeitsabläufe nicht geändert – außer, für jeden Arbeitsablauf wären mehrere Kollegen genommen worden.

Das aber hätte bedeutet, mehrere Personen bewusst in einen Hochrisikobereich zu bringen, der nicht höherwertiger abzusichern gewesen wäre als er es ohnehin schon war.

Ich entschied mich trotz mulmigen Bauchgefühls qua Analyse dafür, nicht abzubrechen - was mir der Kollege dankte. Es war allerdings kein Gefallen. Es war die stoische Einsicht, auch mit weiteren Maßnahmen keinen Gewinn erzielen zu können - windstill und trocken war es zudem. D.h., wir hatten perfekte Rahmenbedingungen. Dass das aber der Kollege, der die Genehmigung erteilte, zu dem Zeitpunkt auch bereits sehen konnte, bezweifelte ich.

In keinem Fall aber hätte ich oben dabei bleiben können und entschied mich im Einvernehmen mit dem Gerüst-Kollegen, mir den Ablauf von unten weiter anzuschauen.

Das Vorhaben wurde abgespult und es passierte nichts. Alles so, wie geplant.

Die das Baufeld durchquerende "Straße" wurde immer wieder mal für den Durchgangsverkehr freigegeben - was nicht bedeutete, dass sie nicht auch so zwischendurch immer wieder von diversen Leuten -unzulässiger Weise- als Abkürzung genutzt wurde. Um dann nicht erwischt zu werden -so mag man denken- fuhren diejenigen dann auch deutlich zügiger durch den Bereich, als es das Schild vorsah. Auf dem Schild waren ausdrücklich 5 Km/h ausgewiesen. Zugegeben - ich hatte bereits frühzeitig vor Wochen auf dem Schild die "1" von der 15 abgeklebt.

Mein leidliches Wissen als Fahrtrainer führte mir immer wieder die Fahrphysik vor Augen, untermauert durch meine

Erfahrungen um die Ergebnisse „interessanter Verletzungsmuster" aus der Notfallmedizin, wenn die Physik ihr Recht bekommt.

Beide Erfahrungs-Bereiche sagten mir immer wieder, dass die das Baufeld trennende und unbeleuchtete Zuwegung mit durchzogenem Schienenbett, schotter-matschigem Untergrund, diversen Schlaglöchern und Hügeln für 15 Km/h viel zu gefährlich sei. Zu jeder Tageszeit musste man zudem mit dem spontanen Durchqueren von Arbeitern mit unterschiedlichsten Materialien oder der Konfrontation mit Auslegern einiger Baufahrzeuge -von langsam bis schnell- rechnen. Dafür waren bei 20 Km/h (+) überschlägig 10 Meter Anhalteweg (ebenfalls +) einfach zu viel.

20 Km/h? Richtig - denn, wo 15 steht, fährt keiner 15.

Wer jetzt denkt, dass doch die Arbeiter eine gem. EN ISO 20 471 zugelassene und für den Straßenbereich geforderte Warnkleidung tragen, irrt sich gewaltig. Die Kleidung war beim Gros der Arbeiter im Ganzkörperbereich im dunklen Rot versehen - flächenanteilig fast hälftig mit Schwarz kombiniert. Mit etwas Arbeitsdreck darauf, die beste Tarnung, um auf Baufeldern unerkannt zu bleiben und von ihrer Auffälligkeit her kurz vor Flecktarn anzusiedeln. Die zweite, dominierende Farbkombination war Mitteldunkelblau mit Schwarz - ebenso wenig geeignet, um im Straßenverkehr wahrgenommen zu werden.

Einige Arbeiter hatten noch die bereits erwähnten Warnwesten übergestreift – bzw. das, was davon mal nach geraumer Zeit des Schweißens, Schleppens und Umherrobbens übriggeblieben war. Also überwiegend den Trägerstoff - mittlerweile häufig eher „Tarngrau" statt Gelb. Entsprechend waren viele Warnwesten weder Warn noch Weste und deren Träger quasi unsichtbar.

Wir hatten halt keinen stetigen Materialnachschub...

Als wir eines Tages neue Westen geliefert bekamen, waren diese binnen weniger Tage wieder nahezu weg.

Natürlich waren es nur vielleicht 300- oder 400 Stück. Für über 1700 Leute on Site leider nicht genug – die Rechnung ist ja einfach. Unsere Kleidungs-Disposition war eben nur fast vorbildlich...

Die Akzeptanz der 5 Km/h klappte ganz gut. Bis da dieser Mercedes Vario von der Umweltstelle der BASF kam.

Ganze 5 Meter entfernt (also knapp eine Fahrzeuglänge) zu seinem parallelen Wege-Verlauf stand eine Gerüstreihe. Auch als Fahrtrainer konnte man die Geschwindigkeiten von Fahrzeugen nur vage schätzen - aus der Erfahrung heraus. Da kam das breite Gerüst parallel zum Fahrzeug, mit immer wieder kehrenden Stangen-Abständen von ziemlich exakt 3 Metern verlaufend, gerade recht. Ich nahm die Zeit, die der Vario zum Passieren einer bestimmten Strecke benötigte und signalisierte ihm zum Ende hin deutlich, anzuhalten. Warum er links fuhr, hatte ich nicht verstanden – aber es unterstützte die Zeitnahme und Messung ebenfalls sehr gut, weil es dichter an den Gerüsten war. Angehalten hatte er erst, als ich in seinem Fahrweg stand.

Natürlich interessierte mich nicht, weshalb ein Fahrzeug der Umweltstelle geschwindigkeitsüberschreitend für mehr Emissionen als notwendig sorgte und sich so wenig vorbildlich verhielt...

Auf die Frage, warum er so schnell unterwegs sei - mindestens 40 Km/h-, rechtfertigte er sich sogleich, in einem dringenden Einsatz zu sein. Meine Aussage, dass auch dafür die Geschwindigkeit für diese Strecke unverantwortlich hoch sei, quittierte er mit einem Kopfsenken. Meiner Aufforderung, dann doch wenigstens die Sondersignalanlage mit Folgetonhorn einzuschalten, um seine Inanspruchnahme von Sonderrechten gem. § 35 und 38 der StVO auch für alle anderen Teilnehmer sichtbar zu machen, kam er nicht nach. Er zuckelte danach mit Schrittgeschwindigkeit weiter.

Wohl doch kein Einsatz? Zumindest nicht so dringend!

Eine Strecke von 50 Metern unter 3 Sekunden ergab, dass der Fahrer eher deutlich über 50 Km/h gefahren sein musste*.

Nicht, dass ich Geschwindigkeit nicht mag – ich liebe Rennstrecken- und Kurventrainings. Allerdings muss man mit Geschwindigkeit und dem Fahrzeug umgehen können – und mir sind der Vario und sein Fahrverhalten aus unzähligen Einsatzfahrten und Fahrtrainings sehr vertraut.

Das hier durch den Fahrer abgelieferte entsprach dem Zehnfachen der Höchstgeschwindigkeit – dann wird ein

Auto zur Waffe. Bei einem Anhalteweg von über 30 Metern - unter Idealvoraussetzungen- eindeutig zu viel. Und wir hatten keine trockene Fahrbahn - sie war matschig, rutschig mit Löchern, Gruben und Schotter versehen. Zudem stand die Sonne tief – in einer Position, in der sie sich durch vielfältigste Lichtreflexionen häufig für Unfall-Szenarien auf Autobahnen und Landstraßen verantwortlich zeichnet. Und ESP gab es bei dem Fahrzeug schon gar nicht – bereits ein kurzes Ausweichen mit Gerüstkontakt hätte für die Arbeiter darauf schwerstwiegende Folgen gehabt.

In Erinnerung gerufen, baut der Bremsverlauf erst im letzten Drittel des gesamten Bremswegs ca. ¾ der Geschwindigkeit ab** – wohlgemerkt: bei einer Gefahrenbremsung, die die wenigsten beherrschen. Und auch die 30 Meter gelten für eine Gefahrenbremsung nur unter perfekten Begleitumständen. D.h., der BASF'ler in dem blauen Vario hätte in alle Frontal-Richtungen innerhalb von wenigstens gut 20 Metern eine nahezu unveränderte Geschwindigkeit gehabt und wäre quasi ungebremst mit jedem Hindernis kollidiert - gleich, ob Arbeiter, Gerüst, Baukomplex oder Fahrzeug. Die Aufprall-Geschwindigkeit hätte somit bei seiner realen Ausgangsgeschwindigkeit -ca. 50 Km/h- gelegen und er hätte alles rasiert. Einer Geschwindigkeit mit einer für ein Baufeld katastrophalen Auswirkung. Sofern er das in fünf Metern entfernte Gerüst getroffen hätte, wären in mehreren Parzellen nacheinander (geschätzt so ca. fünf) die unteren Stützen weggerissen worden – was den Einsturz eines Fassadengerüsts mit ca.

40m Höhe auf -ebenfalls geschätzten- 50m Länge (+) ausgelöst hätte. Mindestens. Und es hätte etwa ein Dutzend schwerstverletzte und tote Bauarbeiter bedeutet, die zu dem Zeitpunkt auf dem Gerüst arbeiteten.

Natürlich erfolgte eine Meldung als Zwischenfall. Regulär - wie gefordert. Und ebenso natürlich blieb eine Reaktion seitens Bux & Ködel aus. Es handelte sich ja um die BASF. Ein dokumentiertes, grobes Fehlverhalten, kombiniert mit Gefährdung - durch einen BASF-Mitarbeiter begangen? Nein - so etwas gab es nicht. Genauso wenig wie Fehlalarme.

Über Fehlalarme wurde damals schon öfter gesprochen. Erlebt hatte ich den ersten nach vielleicht drei bis vier Wochen – bis dahin waren meine Dienste stets so gelegt, dass ich mir das Desaster der Fehlalarme immer nur brühwarm anhören durfte. Der Alarm lief über die Lautsprecher auf und widersprach sich in den Durchsagen. Gemäß TELWF-Grisu hätten wir alle die Beine in die Hand nehmen müssen und in Richtung Sammelplatz laufen müssen. Ergo fragte ich bei „meinen Freunden" in der Feuerwehr-Leitstelle nach, ob der Alarm auch für uns gelte und wie er zu werten war. Ein „versehentlich" ausgelöster Alarm – so teilte man mir mit. Für uns ohne jegliche Bedeutung.

Offenbar waren die Leitstellen-Disponenten der BASF-eigenen Werkfeuerwehr im Alarmfall tatsächlich sehr schnell überfordert. Sichtlich sogar dermaßen, dass sie es schafften, in einen als autark laufenden und nicht zu stoppen geltenden Alarmierungsalgorithmus ein weiteres Feld zur

Alarmierung einzubinden, das der Algorithmus von sich aus gar nicht bei der Auslösung vorsah.

Also alle retour, die bereits Richtung Sammelplatz gehenden Arbeiter wurden wieder zurückgeholt – so etwas machte mein Unternehmerherz nicht mit. Mit Wissen um die Unsinnigkeit eines Alarms - offiziell durch die Feuerwehr bestätigt, konnte ich keine geschätzten 1300 Mann unbegründet freistellen. Kurz überschlagen für mind. 1,5 Stunden (solange benötigte etwa ein kompletter Durchlauf inkl. Registrierungen über den Rückweg bis zur Wiederaufnahme der Arbeit), macht gute 100.000 Euro eingespart - durch einen Anruf. Auf meiner Honorar-Abrechnung hatte sich das leider nicht bemerkbar gemacht – dabei wäre ich mit 10% Netto-Verprovisionierung ja recht genügsam gewesen.

Als ich eines Sonnabendmorgens bereits im Büro saß, fragte mich ein Kollege, ob ich denn wüsste, dass im Bereich C 801 auf der Anilinstraße geliftet würde. Er sprach von einem großen Kran, und dass die Straße eine Teilsperrung hatte.

Kenntnis hatte ich davon nicht wirklich. Ob Erich vielleicht etwas gewusst und vergessen hatte zu übergeben? Nein - unmöglich, Erich machte grundsätzlich keine Übergaben, wenn er sich frei nahm. Insofern konnte er es auch nicht vergessen haben.

Also hin zur besagten Stelle - einen Kollegen hatte ich dabei. Es war dunkel und man sah die Lichter bereits von weitem. Als wir ankamen, lichtete sich das Feld der Arbeiter um den Kran herum – plötzlich mussten alle sehr hektisch arbeiten. Ich hatte nach dem Kollegen verlangt, der den Hut aufhatte. Kurz angesprochen, forderte ich von ihm die Permit ein - die Arbeitserlaubnis, aus der hervorgehen sollte, was wie lange und wo unter welchen Gefahren und Einleitung welcher Maßnahmen anstünde.

Es wurde mir daraufhin ein Blatt auf einer Kladde gereicht, auf dem die Positionierung des Krans aus der Vogelperspektive zu sehen war – in Skizzenform und das auch noch mit Falschbemaßung. Weitere Unterlagen würde es nicht geben, die wären ja gerade mit dem Verantwortlichen unterwegs und eigentlich wäre mein Gegenüber ja auch gar nicht der Richtige - so ergab das kurze Gespräch.

Nun bekam es auch einen Sinn, warum bei unserem Eintreffen alle so hektisch zum Arbeiten durchgestartet sind - es lag nahe, dass man die Dunkelheit noch ausnutzen wollte, ein Kolonnenteil ohne Kontrolle einzuheben. Der angeblich in Kenntnis gesetzte Vorarbeiter war auch nicht zu erreichen.

Nach dem Motto >Das macht einmal „dumm gelaufen" zu viel, das ziehen wir ab. Das Gleiche gilt für „Zufall"<, veranlasste ich den sofortigen Stopp der Arbeiten und die korrekte Absicherung des Areals für den Zeitraum des Stopps. Der Kran wurde aufgrund der ohnehin falschen Positionierung vorerst eingefahren.

Man kann sich unschwer vorstellen, dass die Arbeiter sauer waren. Sehr sauer. Aber das Liften einer Kolonne in 30 Metern Höhe, noch dazu im Halb-Dunkel und ohne die nötige Absicherung aber ungenehmigter Teilsperrung einer Hauptverkehrsstraße - nein. Mit Sicherheit übernehme ich für derartige Zustände keine Betreuung hinsichtlich der Arbeitssicherheit. Der Vorgang jedenfalls war nirgendwo bekannt. Wir standen irgendwann in dem abgesperrten Bereich mit etwa acht Leuten - wie beim Fußballspiel, wo sich eine Meute aufgrund einer Schiedsrichterentscheidung bildet.

Obwohl die Arbeiter immer noch im Dunkeln standen, wurde es inzwischen etwas heller. Ich schaute auf einen sich uns nähernden LKW und auf eine zeitgleich in unsere Richtung einbiegende Scheren-Hub-Bühne - ohne Licht. Ich löste mich von der Gruppe, um den Fahrer der Hub-Bühne aufzufordern, das Licht einzuschalten. Die Geräte fahren so um die 5 oder 6 Km/h und sind ohne Licht und mit mehreren Tonnen Eigengewicht auf der Hauptstraße nichts, auf das man überraschender Weise treffen möchte – schon gar nicht im Dunkeln. In dem Moment schoss allerdings der LKW auf die Gegenfahrbahn und überholte auf den letzten Metern die besagte Hub-Bühne -im Kreuzungsbereich-, um dann wieder kurz vor dem Erreichen unserer Gruppe -etwa fünf Meter- von der für ihn jetzt gesperrten Seite auf seine reguläre Fahrbahn zu wechseln. Natürlich mit inakzeptabler Geschwindigkeit.

Und schon änderten sich meine Prioritäten…

Nachdem ich den LKW-Fahrer mit Müh und Not zum Anhalten bewegen konnte, sah dieser die Gefahr natürlich nicht ein - es hatte ja „noch gepasst" und es wäre auch „nichts passiert". Seine Argumentationskette vernahm sich, wie die vieler anderer Hohlhupen auch. Es war so klassisch - immer herumnölen über die Arbeitssicherheit, weil ja nichts passiert ist. Und wenn doch mal was passiert ist, wird auch genölt, weil das Kind in den Brunnen gefallen ist und warum denn niemand aufpasse. Ich mag dergestalt einfach strukturiert denkende Intellekte. Nicht.

Mittlerweile auf gleicher Höhe, signalisierte ich dem Fahrer der Hub-Bühne, das Licht anzumachen – was dieser sofort umsetzte.

Es wäre mit dem LKW eigentlich keine große Geschichte gewesen - wenn sich der Fahrer einsichtig gezeigt hätte.

Aber auch das kam wieder ganz anders.

Irgendwann reichten mir seine eingebrachten Vorwände und ich wollte seinen Werkausweis sehen, um die Geschichte - zumindest telefonisch- seinem Vorgesetzten zu melden. Manchmal reicht ja auch der kurze Dienstweg, um jemandem auf die Finger zu klopfen. Hier nicht. Nicht bei ihm. Ich bat ihn daraufhin, den Motor abzustellen - was er ebenso verwehrte, wie die Herausgabe des Ausweises.

Man muss sich nun vorstellen, dass ich mich immer, wenn der LKW-Fahrer etwas sagte, an dem Haltebügel in der Türöffnung hochziehen musste, um ihn zu verstehen – so laut war das Motorengeräusch.

Aber anstatt den Motor abzustellen, gab er Gas (!). Er fuhr plötzlich an - mit mir in der offenen Tür und am Haltebügel festhaltend. Beim Anfahren (noch dazu nach links einscherend) riss er mich aus dem Stand mit und ich konnte mich gerade noch in die Kabine ziehen, während er beschleunigte...

Es mag sein, dass ich ihn angeguckt habe, so dass er sich der Hölle nahe fühlte - jedenfalls gab er später panische Angst für seine Reaktion zu Protokoll. Gut - ich würde mich auch nicht wohl fühlen, zwei Zentner mich fies anguckendes Lebendgewicht unvermittelt auf meinem Schoß zu haben. Nur hatte er den auslösenden Moment auf seiner Seite. Und es war weder eine Bedrohung gegeben (obwohl ich ihm liebend gerne eine verpuhlt hätte), noch stimmte die angegebene Reihenfolge – mein Blick war ja nur Re-Aktion. Jedenfalls war ich auch nicht begeistert, halb draußen hängend mit offener Tür weiter zu fahren.

Ich zog es aber dennoch der unschönen Alternative vor, durch LKW-Reifen zerquetscht zu werden, falls ich mich zum Loslassen entscheiden würde.

Er benötigte etwa 25 Meter, um doch endlich anzuhalten.

Mein Kollege indes hatte von der gegenüberliegenden Fahrbahn aus gejohlt und bemerkt, dass das ja ein filmreifer Stunt gewesen sei. Unerheblich - auf so einen Stunt am frühen Sonnabendmorgen hätte ich gerne verzichten können. Vor meinem ersten Kaffee umso mehr.

Der gerufene Werkschutz nahm alles auf und wir ließen den Amokfahrer danach wieder in die freie Wildbahn.

Nach meiner persönlichen Einschätzung, hätte ich den Fahrer noch seinen LKW abstellen lassen und ihn zu Fuß aus dem Werk geschickt. Ohne ihm Böses zu wollen oder grundsätzliche Absicht zu unterstellen – die Situation war aus einer Nichtigkeit herbeigeführt und nötigte Menschen zu skurrilen Maßnahmen und gefährdete sie. Meinen Kurzzeit-Kollegen, der gehumpelt hatte, hätte es in gleicher Situation mit an Sicherheit grenzender Wahrscheinlichkeit unter die Antriebsachsen des Fahrzeugs gezogen und unschön zerrissen.

Auch nicht amüsant vorm ersten Kaffee.

Ein solches Verhalten im Straßenverkehr, was durch eine bewusste Entscheidung herbeigeführt wurde, ist m.E. nach MPU-pflichtig und schreit förmlich nach einer Eignungs-Prüfung. Aber die den Vorfall bearbeitende Institution war eben der Werkschutz. Und es war bei der BASF.

Die Story sprach sich schnell herum - es hatte ja reichlich Zeugen gegeben. Ich fertigte einen ausführlichen Bericht - auch an Bux gerichtet. Passiert ist nichts – es war ein direkter Dienstleister der BASF. Eine Nachfrage beim Werkschutz blieb ebenfalls unbeantwortet. Vertuschung im Tagesgeschäft war halt normal. Ganz die BASF.

Nach vielleicht zwei Stunden erhielt ich einen Anruf, dass die Permit für den Kran jetzt da sei. Die Jungs hatten Glück - das Permit-Büro wurde kurzfristig besetzt und es wurde eine

Arbeitserlaubnis ausgestellt. So konnten sie sogar ihre Gesichter wahren, weil ihre uns aufgetischte Geschichte zwar stank aber auch nur schwer zu widerlegen war. Es war halt unwahrscheinlich, dass jemand die Permit vor 6:00 Uhr abstempelt und danach wieder aus dem Büro verschwindet. Egal - eine spätere Nachfrage im Permit-Büro hatte ich mir erspart - ich wollte die Geschichte mit der Permit glauben. Auch, wenn im Anschluss alle Beteiligten offensichtlich ruhiger arbeiteten...

Die Abläufe mit dem LKW wurden als „Incident" gemeldet - aber von Bux & Ködel nicht weitergegeben. Entsprechend habe ich nach Beendigung des Projektes Strafanzeige mit Strafantrag gestellt - es gab ja genug Zeugen und dokumentiert war es auch.

Die Staatsanwaltschaft war allerdings etwas vorwitzig und vermochte keinerlei Nötigung im Sinne einer Gefährdung zu erkennen - so schrieb sie. Ich denke, als Sachverständige des Ressorts können wir so etwas besser beurteilen – und für gewöhnlich untergraben weder Staatsanwaltschaften noch Richter die fachlichen Ausführungen von Experten. Aber gut - es war Ludwigshafen. Und es war die BASF.

Ich hatte auch nichts anderes erwartet. Genau genommen, war es leider nur wieder ein Mosaikteil mehr, das die zahlreichen Vermutungen mutmaßlicher Kungelei bestätigte. Interessant war aber auch die Aussage, dass die Staatsanwaltschaft dort nicht zuständig wäre, weil es

Werkgelände der BASF sei. Und nicht etwa, weil es die Staatsanwaltschaft um die Ecke war.

D.h., Gefährdung und Nötigung dürfen auf Firmengrundstücken nach eigenem Ermessen ausgeführt werden – ohne Zugriff oder Schutz durch den Staat.

Natürlich – das klingt schlüssig...

* Koss, Arne (2006): *Lenkrad verrissen?! Zur Fahrsicherheit im RD, Teil 3: Fahrzeug und Fahrverhalten* in: *Rettungsdienst* 01/2006, 29. Jg. Seite 14-18; S&K-Verlag

** Koss, Arne (2005): *Lenkrad verrissen?! Zur Fahrsicherheit im RD, Teil 1: Fakten und Thesen* in: Rettungsdienst 11/2005, 28. Jg. Seite 24-26; S&K-Verlag

Progress & Statistik

Es ist Standard, dass Unfall-Statistiken heutzutage aus wirtschaftlichen Gründen „sauberer" gehalten werden, als sie wirklich sind – so, wie es im Verkauf häufig der Storno unberücksichtigt bleibt oder bei der Arbeitslosenstatistik sog. „Bildungsmaßnahmen" zu sauberen Quoten führen.

Die Prinzipien dieser Statistik-Manipulationen sind weltweit verbreitet und werden nach ähnlichen Prinzipien verfolgt;

Seit ein paar Jahren suhlen sich die UN & Co. öffentlich darin, Millenniums-Ziele in der Armutsbekämpfung erreicht zu haben. Diese wurden seinerzeit auch an der Bevölkerungsdichte von Slums definiert. Ergo wurden in einigen Ländern Slums einfach geräumt und schon gab es weniger „Arme" – wenn auch mehr Obdachlose. Aber die konnten nicht konkret erfasst werden und das Land stand statistisch besser (und „sauberer") dar.

Um Leitungswasser in Deutschland als Trinkwasser zu nutzen, hebt man intermittierend die Belastungsgrenzen der Schadstoffe an. Kontinuierlich, wenn feststeht, dass die bisherigen Schadstoffgrenzen nicht eingehalten werden können. Und schon gibt es weiterhin „sauberes" Trinkwasser – wenngleich die WHO-Belastungsgrenze von Deutschland seit Jahrzehnten um ein Vielfaches überschritten wird.

Das Prinzip gilt nicht nur für Trinkwasser, sondern für viele gesundheitlich orientierte Sachverhalte, die mit Grenzwerten arbeiten.

Dass derartiges Vorgehen weit verbreitet ist, macht den Zustand als solchen keinesfalls besser. Bei den Unfallstatistiken sind die Gründe häufig Zielprämien der Projekte, die in Verbindung mit möglichst großen Zeitfenstern unfallfreier Arbeitsstunden gezahlt werden. Somit wird sehr viel getan, um die Statistiken sauber zu halten. Und das, was getan wird, ist nicht immer legal.

Es ist ähnlich wie bei Behörden, in denen die Politessen ein Soll für Strafzettel als „Motivation" vorgegeben bekommen, weil die Stadt mit gewissen Einnahmen X aus dem Bereich der Verkehrssünden rechnet. Zu Unrecht ausgestellte Knöllchen sind da nicht schlimm – der Betroffene kann ja widersprechen…

Auf unserem Projekt wurde gedreht und Schmu betrieben ohne Ende. I.d.R. nicht durch uns selbst – aber es wurden unsere Daten genommen und diese anderweitig entsprechend „interpretiert". Selbst Conchita war nur ein kleines Licht im Karussell der Manipulatoren.

Letztlich waren die meisten dieser Manipulationen auch nicht illegal, sondern „nur" moralisch verwerflich - obgleich nicht mal wir alles mitbekommen haben, sondern uns nur einiges berichtet wurde. Teilweise sogar von dem unserem Verein vorausgehend aktiven HSE-Unternehmen.

Die Frage in der Praxis, die sich mir insofern immer wieder gestellt hatte, war, inwieweit -abgesehen von einer Statistik- der betroffene Arbeiter durch den Meldeablauf eines Vorfalls möglicherweise einen Nachteil gehabt hätte.

Das Gros unserer Fälle dürften durch das Team von Bux & Ködel irgendwie in ihrer Dokumentation geändert worden sein. Und festgehalten; das waren nur die bei uns Gemeldeten. Ich bin aufgrund der BASF-Philosophie ("Es kann nicht sein, was nicht sein darf") persönlich überzeugt, dass es BASF-intern bzgl. Arbeitsunfällen genauso zugeht, wie im Rahmen des TDI-Projektes. Es gibt zumindest keinen einzigen, auch nur klitzekleinen Grund, das Gegenteil anzunehmen.

Im TDI-Projekt wurden unsere Stunden-Statistiken zur Darstellung in der Außenwirkung hergenommen. 8000 Tagesstunden entsprachen somit eher geringerer Leistung, wenn z.B. drei Stunden Alarmpause für den Tag galt – ich hatte schon einige der Stundendiskrepanzen erwähnt.

Arbeiter mit kaputten Knöcheln wurden nur ambulant behandelt und es wurde ihnen ein Büro-Arbeitsplatz gegeben, bei dem der Schweißer das bandagierte Bein hochlagern kann - um Krankmeldungen zu umgehen. Dass das eine Heilung nicht fördert, dürfte selbstverständlich sein – der Betroffene muss ja auch irgendwie ins Büro kommen. Auch gerne wurden Arbeiter einfach unbezahlt in ihre Unterkunft geschickt, wenn sie akut erkrankten. Dann gab es den Arztbesuch und die Krankenzeit von „zu Hause" und es war niemals Sache mit Bezug zur Arbeit.

Vereinzelt hieß es sogar, dass im Fall bestimmter Krankmeldungen, den Betroffenen bereits tags zuvor „gekündigt" worden sei, so dass der Unfall nicht in der Arbeitszeit gelegen haben kann – auch eine schicke Version.

Oder man fuhr die Arbeiter aus dem Werk heraus und gab einen anderen Unfallort an - Hauptsache, nicht das Baufeld. Beweiskräftig nachzuvollziehen sind derartige Aussagen natürlich nicht – die Dokumentationen fehlen selbsterklärend. Oder der Berichtende ist jetzt irgendwo auf der Welt. Allerdings liegen entsprechende Vorgänge im Rahmen der Gesamtbetrachtung und als Berichte von Arbeitern -als authentisch zu werten- nahe.

Wie geschrieben – nichts grundsätzlich Illegales aber in Verbindung mit dem repressiven Hintergrund-Verhalten moralisch extrem verwerflich. So kann man dann später auch sage und schreibe 3 Millionen LTI-free Hours zelebrieren. Also Arbeitsstunden, die ohne durch arbeitsbedingte Krankmeldung beeinflusst zu werden und als "unfallfrei" geltend (Lost Time Incidents), geleistet wurden. Viva là Prämienzahlung…

Sollte man einmal jemanden vor sich sitzen gehabt haben, der definitiv arbeitsbedingt Augenreizung erlitten hatte, so wurde ihm trotz bereits erfolgter Unfallaufnahme durch mich und/oder meine Kollegen, solange durch einige der HSE-Brut von Bux & Ködel das Wort im Munde herumgedreht, bis der Betroffene dann einräumte, die Reizung ggf. schon in der Unterkunft verspürt zu haben, so dass es auf keinen Fall ein Arbeitsunfall gewesen sein konnte. Top!

Es ist für jeden Laien unschwer vorstellbar, dass jemand, der wochenlang im staubigen Umfeld und bei schweißtreibendem Wetter schweißt oder flext, bereits per se über Augenreizungen über die Gesamtdauer seiner Arbeit klagt – sodass bereits eine tätigkeitsbedingte Augenreizung zur ausgelösten Verletzung begleitend vorliegt. Aber derartige Einschätzungen sind eben Ansichts- und Interpretationssache des verarbeitenden HSE-Personals.

Und dann gab es noch diejenigen, die gewagt hatten, sich tatsächlich einen Splitter ins Auge zu holen - bei der Arbeit. Nun geht der physische Augenschutz nicht immer rundherum, sondern lässt auch Freiräume, wo die Splitter durchgelangen können (dann natürlich ohne die durch hohe Geschwindigkeit verursachten, typischen Penetrations-Charakteristika). Oder die Brillen werden kurz abgesetzt, so dass der Splitter vom Kollegen herübergeflogen ist. Auch massive Augen-Irritationen durch staubige Winde hatten wir öfter.

In keinem Fall aber wurde sich - so ist es stets durch bestimmte Kollegen dokumentiert worden, der Splitter bei getragener Schutzbrille eingefangen. Ergo war es dann immer ein Verstoß gegen die gültigen Arbeitsschutzbestimmungen, der einen Verweis des Baufeldes zur Folge gehabt hätte. Hätte, wohl gemerkt. Es ist ja die Frage, was dem Geschädigten lieber war - eine Meldung an die BG (wovon einige aufgrund kurioser

Arbeitsverhältnisse ausländischer Firmen noch nicht einmal etwas gehabt hätten) oder doch ein weiterlaufendes Projekt, um die Familie zu Hause weiterhin ernähren zu können.

Hatte ein betroffener Arbeiter die Ambulanz als ersten Anlaufpunkt gewählt und somit eine unerwünschte Meldekette in Gang gesetzt, erhielt er häufig allein hierfür einen Rüffel durch den Haupt-Kontraktor, der der Androhung eines „Fast-Rausschmisses" gleichkam. Den meisten Arbeitern fiel die Entscheidung zwischen zu Hause und Projektarbeit nicht sonderlich schwer, so dass sie die Deals eingingen, sich ärztlich lieber privat weiter versorgen zu lassen. Oder eben nicht – Augenschmerzen hatten sie ja so oder so...

Dass auch die ärztlichen Berichte dann häufig nicht mit den Schilderungen der Betroffenen übereinstimmten (und zwar häufig wiederkehrend im selben Sachverhalt voneinander unabhängiger Fälle), mochte dann nur noch nachrangige Aspekte der "Hand-in-Hand"-Arbeit positiv bedienen – wenn überhaupt.

Eines Tages wurde mir direkt ein Arbeiter mit unklaren Bauchbeschwerden gebracht. Ich habe ihn entsprechend untersucht und er wurde durch seinen Kollegen als Übersetzer befragt. Zunächst dachte ich an eine ernste, innere Geschichte – die dann aber anamnestisch nicht akut bestätigt wurde. Also doch eher ein „vergessenes" Trauma?

Egal. Unabhängig davon, musste er in eine Klinik zur Untersuchung und dem Ausschluss diverser Erkrankungen.

Es war Wochenende und ein paar gute Kollegen waren auch an Bord. Ich entschied mich, den Arbeiter ins Klinikum nach Ludwigshafen fahren zu lassen. Erstens hätte es bei seinem Bauleiter richtig Ärger gegeben, wenn der am Montag mitbekommen hätte, dass er sich offiziell gemeldet hatte – was über die BASF zwangsläufig der Fall gewesen wäre.

Und zweitens wurde gerade zuvor eine Geschichte mit der BASF-Ambulanz publik, wo ein ausländischer Arbeiter abgewiesen worden sein soll, weil er über keine Krankenkassenkarte verfügt hatte. Auch hatte die dortige Untersuchung den Ruf, nicht wirklich gründlich zu sein – aber hierzu später mehr.

Insbesondere aber wollte ich ihm die Repressionen hinsichtlich „Job oder krank?" ersparen. Dokumentiert hatte ich es notfalls auch, so dass im Ernstfall die BG der Träger hätte sein können. Also alles gut.

Es stellte sich nachher wohl als „reparabel" heraus – er wurde klinisch umfangreich untersucht und ihm wurde soweit geholfen, dass er weiterarbeiten konnte und auch wollte. Für den Fall, dass nicht, wäre u.U. die stolze Statistik von Bux & Ködel nachträglich zerfallen. Von 2,5 Millionen auf Null – wenn es sich als Arbeitsunfall herausgestellt hätte und er ggf. stationär hätte aufgenommen werden müssen.

Man muss sich die Statistik einmal real vorstellen. Als ich das Projekt verließ, waren drei Millionen LTI free Hours voll.

Drei Millionen Arbeitsstunden entsprechen bei einer 38-Stunden-Woche und 44 Arbeitswochen im Jahr einem

Arbeitspensum von 1794 Arbeitsjahren – was bei 45 Gesamt-Arbeitsjahren der Lebensleistung von ganz knapp 40 Arbeitnehmern entspricht.

Wie wahrscheinlich ist es -statistisch betrachtet- 40 Menschen, die ihr gesamtes Leben auf dem Bau nie länger als drei Tage am Stück berufsbedingt krank waren (entspricht der Meldepflicht für die BG) zu finden und vereint arbeiten zu lassen?

Sehr unwahrscheinlich? Richtig.

Zusammenfassend ist -insbesondere in Anbetracht der tlw. extrem gefährlichen Aufgaben auf dem Baufeld („Hochrisiko-Arbeit") - das generelle Erreichen einer derartigen Summe unter nicht manipulativen Einflüssen äußerst unwahrscheinlich. Sehr äußerst extrem unwahrscheinlich sogar...

Und unter BASF-Bedingungen nochmal umso mehr...

Aber dann das passt doch...

Erst kürzlich hatte die BASF eine Unternehmensstatistik publiziert, in der die der BG gemeldeten Unfälle am Arbeitsplatz mit einhergehender Krankmeldung (Lost Time Incidents / LTI) in 2015 um 0,1 Meldungen auf 1,4 je 1 Million geleisteter Arbeitsstunden zurückgegangen sei. Bei rd. 39000 Mitarbeitern und ca. 20% Anteil an Halbtagskräften, entsprach die Gesamt-Arbeitsleistung im Werk gerundet 55 Millionen Stunden in 2013, was gesamt 82,5 Meldungen an arbeitsbedingten Krankmeldungen (> drei Tage) bei der BG entspräche. Im Alltagsgeschäft.

Bei Reduzierung der Meldungen um „0,1 Mitarbeiter" je Million im Folgejahr, entspräche das 77 Meldungen in 2014 (0,1 x 55 (Millionen)). Also minus 5,5 Meldungen im Jahr. Könnte tatsächlich passen.

Nun sind diese Statistiken sehr leicht zu manipulieren - z.B. durch Veränderung der Ortsangaben bei Wegeunfällen, Unfallzeitpunkte, „Spielereien" bei Dienstreisen oder andere, bereits berichtete Abläufe & Vorgänge.

Allein das letzte TDI-Jahr bescheinigte über 3 Millionen LTI-free Hours auf dem Papier. Die für 2015 übergeleiteten 1,4 (bzw. in 2013 noch 1,5) Meldungen je Million Arbeitsstunden auf das TDI-Projekt übertragen, bedeutet das aufgerundet 5 unterdrückte LTI's, die statistisch hätten stattfinden müssen (!). Wenigstens - was angesichts der Risiken immer noch sehr wenig erscheint. In der Gesamtsumme geleisteter Arbeitsstunden (58 Millionen (55 Millionen BASF + 3 Millionen TDI)) läge dann die bilanzierte Quote aber damit weiterhin bei 1,5 und wäre ergo gleichbleibend.

Aber das wäre ja blöde - eine sich nicht positiv entwickelnde Schadensbilanz ist für Aktionäre schon irgendwie dumm. Summiert man die Arbeitsstunden des TDI-Projekts (3 Millionen ohne einen LTI-Arbeitsunfall) auf die 55 Millionen des Konzerns auf, so erhält man sauber bilanzierte 1,3xy-irgendwas als Bilanz. Haut also wieder hin - so macht man sich sexy für den DAX...

Natürlich liegt das geschilderte Vorgehen anhand der Parameter nahe – ist aber nur gemutmaßt. Dabei wäre das dann doch mal eine gute Quotenaussicht für die kommenden Jahre...

Es entzieht sich meiner Kenntnis, ob das TDI-Projekt mit in die Bilanzierung einfloss, jedoch wäre allein dieses Projekt ein geeignetes Tool, um auf Aktionärsversammlungen Wohlwollen zu erreichen – und das auf nicht einmal einer DIN A4-Seite regulär berechnet...

Zudem beeinflussen die vorgenannten Manipulationen der Statistiken aber auch einen besonderen Aspekt, der selten beachtet wird. Sie beeinflussen die Arbeitssicherheit und deren Fortschritt in erheblichem Maße. Und zwar negativ.

Nimmt man den Hintergrund der Unfallaufnahmen zur Hand, so wird offenkundig, dass durch eine exakte Aufnahme der Umstände, Grundlagen für Maßnahmen erstellt werden können, die potenzielle Gefahren in den bisherigen Entstehungssituation reduzieren oder sogar eliminieren. Die gewollte Folge in der Gesamtheit ist, das Reproduzieren ähnlicher Unfallabläufe zu verhindern.

Dieses Prinzip kann aber nur bestehen, wenn Abläufe ihrer Wahrheit entsprechend dokumentiert und nicht manipuliert werden.

Erst recht die Umgehung eines Arbeitsunfalls (durch Falschmeldung, Kündigung, Freistellung oder Ortsänderung) hebelt dieses Grundprinzip der Arbeitssicherheit und ihres Fortschritts gänzlich aus.

Jeder Kollege, der derartiges durch Aktivität oder Unterlassung mitträgt, arbeitet letztlich gegen seinen eigenen Berufs-Auftrag und enthebt das Prinzip des Arbeitsschutzes seiner grundsätzlichen Berechtigung. Denn wer glaubt schon an eine fachlich versierte Unfall-Analyse mit Ablaufevaluation und Befragung des Betroffenen, wenn dieser bereits nach draußen verbracht wurde und ohnehin auf eine Meldung bei der BG verzichtet wird?

Mit der Agenda in unseren eigenen Reihen sind wir bis dahin gut vorangekommen.

- Schulungsstruktur: laufend, in Ausarbeitung.

- Abteilungsstruktur: geklärt und definiert!

- Toolbox-Inhaltsstrukturierung: laufend, in Ausarbeitung.

- Toolbox-Dokumentation: ausgearbeitet!

- Beschaffungsstruktur Kleidung: geklärt!

- Ausgabe & Lagerbestand Kleidung: diskrepant.

- Sekretärin/Assistentin: geklärt!

- Funktionsübersichten HSE-Personal: ausgearbeitet!

- Organigramm-Erstellung der Subs: in Ausarbeitung.

- Task-Planung und Zuordnung Personal: geklärt!

- Klärung Weisungssituation / Sanktionen: in Ausarbeitung.

- Dokumentationsordner: geklärt!

- E-Mail-Accounts intern: geklärt!

- Räumlichkeiten HSE: geklärt - Umstrukturierung läuft!

- Bürobesetzung HSE: geklärt!

- Meetings - eigene & fremde / Dokumentation: geklärt!

- Offen einsehbare Dokumentationsmöglichkeit: geklärt (Whiteboards)!

- Büromaterialien (Verbrauch & Gebrauch): geklärt!

- Notfallmanagement: ausgearbeitet - Prozess läuft!

- Neumitarbeiter (Unterweisung & Schulung): ausgearbeitet!

Von 20 dringlich zu lösenden Problemen, sind binnen ca. sechs Wochen 14 abschließend geklärt und erledigt. Bei drei Prozessen heißt es weitere Betreuung, weil es laufende Projekte sind und in drei Fällen weitere Nacharbeit.

Mit einer Erfolgsquote von 85% in grundsätzlichen Problembereichen konnten wir insofern durchaus zufrieden sein - und das ohne Unterstützung, da die Sekretärin erst ab Jahreswechsel kommen sollte. Ergo hat es auch mit einer alles anderen als homogen zu beschreibenden Gruppe funktioniert, eigene Strukturen zu verbessern und Prozessabläufe reproduzierbar zu gestalten.

Für uns und auch für andere - ohne Zauberei. Immer häufiger habe ich von meinen HSE-Kollegen gehört, dass es immer besser würde und sie sich mittlerweile sogar wohler fühlten und richtig Spaß hätten, im TDI-Projekt zu arbeiten. Und Verwunderung pur; sogar Erich öffnete mir sein Herz und strahlte plötzlich vor Zuversicht.

Ein Hauptproblem für die Arbeiter jedoch blieb: die Kleidung. Über Jahre hinweg, wusste man um die mögliche Höchstbesetzung der Arbeiter: bis zu 1800 in der Spitze waren angedacht. Jetzt hatten wir bereits bis zu 1400 und die heiße Phase stand noch bevor. Zudem war auch die Verzögerung zum Projektbeginn verantwortlich dafür, dass wir die anvisierte Arbeiteranzahl aufgrund der Zeitfenster-Streckung glücklicherweise (noch) unter - und nicht überschritten haben. Wie hätte es im umgekehrten, angenommenen Fall ausgesehen?

Rechnet man eine prinzipielle Arbeiter-Fluktuation hinzu, kommt man sicherlich problemlos auf 2500 - 2800 Personen, die -nicht zeitgleich- auf dem Baufeld mal irgendwann aktiv waren.

Die Zahlen der Arbeiter in der Spitzenzeit waren seit langem bekannt. Trotzdem hatte die HSE-Abteilung -als ausgebende Abteilung und für die Beschaffung der Kleidung zuständig- deutlich geschlampt und nur dann bestellen lassen, wenn Bedarf und leeres Lager zusammentrafen. Manchmal kamen am Tag 50 Leute zum Einkleiden - bei zwei solcher Tage (oder mehr) hintereinander, waren Bestände dann schnell weg. Und die Bestellung nebst Lieferung dauert auch noch – manchmal Monate. Diese Situation war für die Arbeiter unzumutbar - wir mussten sie wissentlich ohne angemessene Arbeitskleidung auf das Baufeld lassen.

Der Winter stand direkt vor der Haustür und wir hatten keine Kleidung. Bereits zu Beginn kam ein Arbeiter ins Büro, der sichtlich fror. Dicke Kleidung? Gab es nicht, so Fisch! Vielleicht eine zweite Arbeitsjacke drüber - es waren eh nur etwas dickere "Jeansjacken"? Nein - der Arbeitgeber zahlt nur eine. Sofern der Arbeiter diese eine bereits hatte, war „alles gut" – obgleich die Gesetzestexte mit „geeigneter Arbeitskleidung" ausnahmslos anders zu interpretieren sind.

Die Kleidungsausgabe war noch immer ein Graus - weil kaum einer spontan in die Kleiderkammer wollte. Denn wer einmal da war, hatte kaum Chancen, zeitnah zurück zu kommen.

Als die ersten Winterjacken eintrafen -es war kurz vor Weihnachten-, waren diese für die HSE-Mannschaft mit Rückenaufdruck.

Und endlich auch drauf: reflektierende Streifen. Ein unglaublicher Fortschritt - in 2014. Manchmal hilft meckern. Eines Tages hatte ich mit drei weiteren Kollegen Dienst und es fing am späten Nachmittag an, in Kübeln zu gießen. Als HSE-Mannschaft hatten wir gegenüber den Arbeitern ja Glück und konnten uns zumeist den Ort der Tätigkeit aussuchen – mussten also nicht unbedingt im Regen stehen.

Am Ende waren drei von vier der neuen Jacken komplett durchnässt. Die Jacken: unzweckmäßiger Schrott. Und dafür benötigte der Hersteller jetzt sechs Wochen in der Lieferung. Unser Verein war eben nicht der einzige Kunde. Und wer billig will, bekommt auch billig. Und wer sich in der Baubranche vom Winter überraschen lässt, ist eben selbst schuld.

Bux hatte ich indes immer wieder hinsichtlich meiner Ausarbeitung angesprochen. Es tat sich: nichts.

Im Gespräch oder per E-Mail - absolut keine Regung. Und die Probleme nahmen zu - es kam zu immer weiteren, offensichtlichen Mängeln in der Zuständigkeit des Haupt-Kontraktors. Nicht nur, dass kein Licht am frühen Morgen in den Zuwegungen war, sondern die Treppen und zumindest die oberen Geschosse, waren morgens jetzt zusätzlich regelmäßig glatt - von Eis überzogen.

Mehrfach hatte ich aufgrund der desolaten Situation medizinischer Versorgung darauf hingewiesen, doch zumindest einen entsprechend ausgestatteten "Retter" im Baufeld zu postieren - bestenfalls sogar ein Team. Natürlich mit der Resonanz der Ablehnung. Das wäre der ideale Zeitpunkt gewesen - gleich ab Neujahr 2015.

Nein - zu teuer. 2.800 Euro Brutto inkl. AG-Anteile pro Monat - bei einem Milliarden-Projekt zu teuer? Situationen, in denen ich hätte kotzen können, gab es viele - diese war eine davon. Natürlich sind wir da, um Prozesse zu verbessern - das ist unser Job. Wenn einem aber immer wieder Baumstämme in den Weg gelegt werden, ist das mehr als unbefriedigend.

Es schien, als müsste der Berg zum Propheten kommen. Wenn man also daran gehindert wird, den eklatanten Missstand medizinischer Versorgung für die Arbeiter pragmatisch zu lösen, sollte zumindest dafür gesorgt werden können, dass die Anfahrten -also ein sog. Therapiefreies Intervall- für die betroffenen Arbeiter möglichst kurz gehalten sind. So mein Gedanke. Das macht man am besten, in dem die Rettungs-Teams auf das Baufeld eingewiesen werden. Das sorgt zugleich noch dafür, dass die Gefahren für die Retter möglichst gering gehalten werden – aktiven Arbeitsschutz im Rettungsdienst könnte man es nennen.

Also sprach ich mit einem Kollegen aus dem Rettungswagen über die Thematik. Er war hellauf begeistert. Schließlich seien sie noch nie darüber gelaufen – über das Baufeld. Nach kurzer Rückmeldung ging es seinen Kollegen ähnlich.

Wir hatten uns zuvor schon mal oberflächlich ausgetauscht - eher belanglose Fachsimpelei aus der Rettung. Im jetzigen Gespräch kamen jedoch viele, weitere Dinge zum Vorschein. Interna über den Verlauf und die Zusammenarbeit der internen Strukturen. Beängstigend weltfremd und konservativ – so war meine spontane Interpretation des Gehörten.

Dass das Fahrzeug auch im originären Tagesgeschäft der BASF eingesetzt wurde und somit dem eigentlich zugedachten Abdeckungsbereich -TDI-Baufeld- häufig nicht zur Verfügung stand, wussten wir bereits. Auch, dass das bei weitem nicht das einzige Manko war, wussten wir.

Der Versuch des TELWF, in einem zufälligen Randgespräch zwischendurch darauf hinzuweisen, dass das Fahrzeug nur durch Arbeiter des TDI-Baufeldes in Anspruch genommen würde, scheiterte kläglich. Dummerweise äußerte er diesen Versuch gegenüber demjenigen, der die ganzen auflaufenden Zwischenfälle von uns mittlerweile im größten Anteil seiner Arbeitszeit bearbeitete - mir.

Und gemeldet wurden die offiziell aufgelaufenen Zwischenfälle bei uns irgendwann alle - wenngleich mitunter nicht in der Reihenfolge und dem Zeitfenster, wie Bux & Ködel es gerne gehabt hätten. Sofern also kein Vorfall gemeldet wurde -auch nicht rückwirkend-, ließ die Abwesenheit des Fahrzeugs nur den Schluss der unzulässigen Fremdnutzung zu – was seitens der Mitarbeiter ohnehin regulär bestätigt wurde.

Der Erste-Hilfe-Container war Standard - mit einer Liege. In Anbetracht der Entfernung (im Fall einer ungünstigen Positionierung oben im Baufeld auch hier mehrere Hundert Meter) zum Arbeitsplatz der Bauarbeiter eher sinnbefreit - genauso, wie die Positionierung der Liege hinter dem Schreibtisch...

Das Fahrzeug hatte lt. Auskunft der Mitarbeiter feste Einsatzzeiten unter der Woche und orientierte sich nicht an dem Dienst der Arbeiter des Baufeldes. Interessant insofern, als dass die Arbeiter damit wenigstens eine Stunde nach

Arbeitsbeginn und über eine Stunde vor Ende der Tages-Schicht, medizinisch komplett unversorgt waren - wie auch später nachts und über das Wochenende. Das war -angeblich offiziell- so für das Baufeld vorgesehen.

Es war bis hierhin kaum vorstellbar, dass die Behörde und die BGRCI eine derartige Miss-Organisation wissentlich gebilligt hätten. Immerhin hatten sie selbst auch für die immer wiederkehrenden Genehmigungen zur Wochenend-Arbeit die Anzahl der Ausnahmegenehmigungen -und somit auch unsere daraus abzuleitende Abdeckungs-Quote der HSE-Betreuung- festgesetzt. Bei im Projektverlauf 168 wöchentlich erforderlichen Präsenzstunden der Arbeiter (24/7) sorgte diese „Regelung" mit 40 bis maximal 45 Wochenstunden für eine feste Abdeckungsquote der Sanitätsbetreuung von lediglich rund 25% (!). Der Betriebssanitäter ist bereits ab 100 Personen auf einem Baufeld vorgeschrieben. 25% Abdeckung bei der tlw. über 17-fachen Belegung auf dem TDI-Baufeld stellt sich als unwirklicher Wert da – noch dazu durch die Behörde legitimiert? Unwahrscheinlich...

Das Fahrzeug war nach Aussage eines Mitarbeiters im Ausstattungsvergleich zu herkömmlichen Rettungswagen des Zivilschutzes, deckungsgleich - was ich kaum glauben wollte. Immerhin gab es eine ganze Reihe sehr spezifischer Notfallpotenziale innerhalb des Werks. Leider musste ich mich durch eine ausführliche Inaugenscheinnahme selbst von seiner Aussage überzeugen...

Eine besondere Ausstattung für Patienten war bei oberflächlicher Betrachtung tatsächlich nicht ersichtlich - selbst die Antidotumfänge glichen den meisten bekannten Ausstattungen. Ganz so, wie es der TELWF seinerzeit geschildert hatte:

Etwas Besonderes für Verätzungen? Nein.

Etwas mehr an Ausstattung für Verbrennungen? Auch nicht.

Woran aber gedacht wurde, waren Ganzkörperschutzanzüge Marke „Baumarkt" für das Rettungspersonal - was -angesichts des verpflichtend einzuhaltenden Eigenschutzes- eigentlich (fast) obsolet ist. Unabhängig des dem Anzug nicht ernsthaft zugeschriebenen Schutzes - schließlich hat ein Retter dort erst mal nichts zu suchen, wo sein Einsatzbereich unter der kontaminierenden Einwirkung von Säuren, Laugen oder Gasen zu finden ist und ihn gefährdet. In solchen Arealen würde auch kein Patient zu Lasten des Eigenschutzes therapiert werden. Und um Patienten aus derartigen Situationen zu retten, ist dann die Feuerwehr mit Spezialausrüstung zuständig – keinesfalls der Rettungsdienst.

Aber gut - Ausstattungen sind -wenngleich genormt- nicht immer sinnvoll. Und ein Mehr an Ausstattung kostet ja Geld.

Wenn aber die Retter nun doch entsprechend präventiv ausgestattet sind, warum existieren dann nicht auch geeignete Ausstattungen zur Behandlung von BASF-

Mitarbeitern, die durch gleiche Gefahr bereits traumatisiert sind? Weil man sie in Schutzanzügen mit den (nicht vorhandenen) spezifischen Behandlungsmaterialien auch nicht behandeln kann und sie dann doch lieber unter der ungewollten Therapie (ohne Schutzanzug) der fortdauernden Einwirkung unbekannter Substanzen aussetzt? Eine Logik erschließt sich aus der Vorgehensweise jedenfalls nicht. Sofern wir in dem Anzug keinen (zugelassenen) Infektionsschutz annehmen, ist das fachlich nicht tragbarer Nonsens.

Interessant war auch der Hinweis, dass der Rettungsdienst dem Haupt-Kontraktor -in Vertretung also Bux & Ködel- die Ausbildung von Ersthelfern angeboten hatte, was über die gesamte Betriebszeit des Baufeldes ganze vier Mal wahrgenommen wurde. Mindestens das 30-Fache wäre gut & gern benötigt worden. Auch bei uns.

Fisch fragte sogar häufiger nach, ob ich denn Ersthelfer nicht hätte ausbilden können. Nach 15 Jahren Notfallmedizin? Klar. Aber nur inoffiziell - ohne Anerkennung der BG. Mein Lösungsvorschlag -eine ortsansässige Institution hierfür kommen zu lassen-, wurde trotz deren Benennung, von Fisch nicht umgesetzt.

Auf dieses Verhalten von Gleichgültigkeit und Ignoranz traf man in ausnahmslos allen verantwortlichen Bereichen. Es bestätigte sich der Verdacht, dass weder der Haupt-Kontraktor, noch die BASF oder die Behörden an wirklicher Sicherheit interessiert waren...

Trotzdem - nein, gerade deshalb schwebte mir vor, die Retter auf die wichtigsten Gefahren aufmerksam zu machen und in die Topographie der einzelnen Bau-Komplexe einzuweisen – das waren die Ziele. Und die Teams mit einem anständigen Plan auszustatten - möglichst sogar mit Koordinaten. Jedes dortige Rettungs-Team. Leider waren sie ja unter der Woche häufig intern vom Baufeld abgezogen - aber sonnabends, da waren Schulungen möglich.

Die Schulung & Unterweisung der Retter hätte ich übernommen - so, dass sie auch auf das Baufeld zu Besuchszwecken gedurft hätten und versichert gewesen wären. Das war mit Bux & Ködel abgesprochen – Inhalte waren auch definiert - ich hätte sie später kurz zur Absegnung vorgelegt.

Das folgende Telefonat mit einem Leiter des Rettungsdienstes, stimmte mich ebenfalls zuversichtlich - wir machten alle meine Sonnabends-Dienste zur Schulung pauschal fest, Abstimmung zum Start und persönlicher Austausch sollte später erfolgen. Es wurde später. Und später.

Er meldete sich nicht mehr und war auch nicht mehr erreichbar. Die Kollegen direkt vor Ort wieder angesprochen, hieß es, dass die Leitung (wer auch immer damit gemeint war) sich dagegen ausgesprochen hatte.

Gründe wurden keine benannt…

Manche Pfützen sind tief...

Einzelfälle? Mittlerweile erschien es so, als dass die gesamte Verweigerungshaltung der BASF gegenüber Neuerungen und Verbesserungen nicht nur System hatte, sondern systemisch implementiert war. Aber musste es denn wirklich auf dem Niveau sein? Hätte man nicht mal Mann sein und in einem Anruf sagen können, "Du, Koss, pass auf - wir können das nun doch nicht umsetzen, weil..." Aber sich verleugnen zu lassen gibt es doch eigentlich nur in schlechten Filmen oder?

Dafür entschärfte sich die Situation des Soll-Zustandes der Method-Statements langsam. Diese Kombination aus Gefährdungs- und Risiko-Analyse sowie Arbeitsabläufen, war hier außerordentlich komplex. Die Anforderung an dasselbe Method-Statement änderte sich bekanntermaßen bei der einen Kollegin von Tag zu Tag - was die Abläufe nicht vereinfachte.

Im Wesentlichen aber konnte ich die Arbeiten an einen neuen Kollegen abgeben, der bereits länger in diesem Bereich mit der BASF zu tun hatte und die internen Prozeduren gut kannte. Er hatte es schließlich irgendwann geschafft, mit der von Kollegen als zahnbehaart beschriebenen Portugiesin, im Ziel um die Lösungsorientierung, auszukommen. Respekt - versucht hatten es schon mehrere von uns...

Kurz vor Weihnachten stand die Umräumung des Büros auf dem Plan - es war etwas ruhiger geworden und ab Januar sollte es dann wieder "richtig" losgehen. Bis dahin wurde die Aussage nach Arbeit zwischen den Jahren in den letzten drei Wochen im Tagesdurchschnitt etwa alle zwei Stunden geändert. Ein Widerspruch jagte den Nächsten. „Struktur" pur - sozusagen.

Wir hatten durchbekommen, dass auf dem Baufeld noch einige Container zur Verfügung gestellt werden sollten - davon zwei für unser HSE-Team. Endlich.

Das bedeutete, dass das Gros unseres Teams das Büro verlassen musste. Die Kollegen wurden darauf hingewiesen, ihre Sachen so zu packen, dass sie ihnen zuzuordnen waren, um sie dann am Wochenende übergangsweise in das leerstehende Büro nebenan packen zu können. Oder sie mitzunehmen. Es gab einen Aufruhr, weil keiner aus dem Büro wollte - immerhin blieben ja auch ein paar von uns da. Etwa fünf Mann.

Einige waren bockig und wollten erst das Büro verlassen, wenn es gar nicht mehr anders ginge. Ich hatte für das Neben-Büro ein paar Gestaltungsvorschläge gemacht und darauf hingewiesen, sich dort für ein paar Tage -oder auch Wochen- im Neujahr einzurichten.

Nur 2 oder 3 waren clever genug und sahen das ein. Der Rest nicht - schließlich hatte man bis dahin ja auch immer gemeckert, dass man soweit laufen müsse zwischen Büro und Baufeld – warum also nicht mal aus exakt dem entgegengesetzten Grund meckern?

Genau genommen war es sogar schon mit der temporären Trennung gut. So konnte der Kern relativ ungestört arbeiten während sich die Kollegen im Nachbarbüro nahezu frei bewegen konnten.

Das schloss auch das Essen & Trinken mit ein - denn das bisherige Büro sah teilweise aus, wie Mc Donald's nach `nem Kindergeburtstag. Da fühlt sich ja auch irgendwie keiner fürs Aufräumen zuständig.

Als es soweit war, waren kaum Sachen gepackt - insofern hatten die Kollegen einfach Pech. Wir packten -wir, das waren nur ein paar Wenige- die Tische, die zu viel waren ins Nachbarbüro und die Sachen der Kollegen so gut es ging hinterher.

Danach wurde das Hauptbüro grundgereinigt und die Infrastruktur neu verlegt. Am Ende war das Büro in einem akzeptablen Zustand - entsprechend dessen, was die Ressourcen halt hergaben.

Der Platz für die neue Sekretärin war ebenfalls eingerichtet und die Funktionen wurden so platziert, dass verzahntes Arbeiten von Platz zu Platz möglich war – im Zirkel. Endlich. Und das Wichtigste war, dass alle Moment-Besuche bereits knapp neben der Tür abgefertigt werden konnten - zur Not am sich dort befindlichen Konferenz-Tisch.

Aufgrund der Weihnachtsfeiertage, die nun endgültig frei waren, haben die meisten der HSE-Kollegen die Änderung erst im neuen Jahr mit bekommen...

Am letzten Arbeitstag ging ich abends noch einmal über das gesamte Baufeld und schaute oberflächlich in bekannten Bereichen nach Auffälligkeiten, wie losen Gegenständen, unbefestigten Planen, offenen Gasflaschen, Beleuchtung etc.

Oberflächlich deshalb, weil ich auch die Jungs, die bereits in den partiell abzudeckenden Nachtdienst gegangen sind, immer wieder davor gewarnt habe, nicht in allen Strukturen des Baufeldes nach dem Rechten zu sehen. Dunkelheit, schlechte Zustände in Lagerbereichen, sehr schlechte medizinische Versorgung und der Aufenthalt weit ab vom Schuss und auch von Kollegen waren bei eintretender Hilfebedürftigkeit im Winter für niemanden eine beruhigende Kombination.

Auch für uns nicht.

Nach dem Rundgang zog ich mich um und schloss das Büro ab. Ich fuhr nach Hause, um Weihnachten und Silvester mit meiner Tochter zu feiern...

PROST NEUJAHR!

Spa ohne Wellnessfaktor

Wieder im neuen Jahr angekommen, erwies sich die neue Bürostruktur als ideal - die Probleme auf dem Baufeld hingegen, waren die Gleichen.

- Beleuchtung: schlecht bis gar nicht vorhanden
- Wegezustand: schlecht, teilweise glatt & gefroren
- Sicherheitstechnische Versorgung: miserabel
- Med. Versorgung: noch schlechter
- Arbeitskleidung: ungenügend
- ...

Unsere Sekretärin war eingetroffen - und wir freuten uns aufgrund der bevorstehenden Entlastungen administrativen Kleinkrams, der gemacht werden musste aber uns unnötig Zeit kostete. Wir kannten sie fast alle, weil sie zuvor für den Kontraktor aus dem jetzt Interim-weise von uns genutzten Nachbarbüro gearbeitet hatte.

Es fiel auf: sie war der Grammatik und Semantik der deutschen Sprache mächtig - auf einem Baufeld vielfach noch immer ein Genuss. Sie konnte neben Deutsch auch noch andere Sprachen recht gut – was sehr hilfreich war, wenn es mal wieder galt, längere Texte zu übersetzen. Irgendwann wollte ich sie einmal über das Baufeld schleifen, weil sie wissen sollte, worum es ging. Aber die Schuhe waren ihr nicht schön genug. Wohlgemerkt; wir sprechen nicht über High-Heels, sondern über Sicherheitsschuhe fürs Baufeld.

Ergo wurden von Fisch -viele kennen es von zu Hause- extra Schuhe für sie bestellt... Die somit verspätete Wanderung verlief gut – sie zeigte viel Verständnis für die Materie.

Ihrerseits stellte sich im Verlauf ein mitunter sehr eigenwilliges Verhalten ein. Zunächst nur ab und an. Prätentiösitäten und leichte Star-Allüren gab es gratis dazu. Privat ok - beruflich ist für so etwas auf dem Bau eigentlich kein Platz – auch nicht ab und an und auch nicht im Büro. Ich hatte schon genug Kollegen, die man rosa anfassen musste. Vermutlich hatten wir aber selbst Schuld – zu oft hatten wir hervorgehoben, dass wir ihre Arbeit sehr geschätzt haben. Dass sie sich insofern bei uns als Prinzessin fühlen musste, war also nur die herbeigeführte Konsequenz...

Allerdings kannten wir sie bisher eben nur in sehr begrenzten Arbeitsslots – und nicht dauerhaft über den Tag.

Dafür waren Ihre Qualifikationen gut und praxisorientiert – da sollte es uns doch gelingen, bei der Horde sehr spezieller Charaktere auch noch mit ´nem kleinen „Maria Carey-Verschnitt" klar zu kommen. Oder etwa doch nicht...?

Vielleicht war es aber auch gar nicht so sehr ihr Problem, dass sie z.B. bei auftauchenden Kolleginnen merklich und unmittelbar in einen Angriffsmodus wechselte. Das Konkurrenzdenken im HSE-Metier war an sich ja sehr ausgeprägt – und bei uns sowieso. Wieso sollte ich nur annehmen, dass es dann bei Frauen untereinander eher harmonischer denn konzentrierter ablief?

Es war sicherlich das „Futter", das sie durch uns bekam...

Man konnte es ja nicht verleugnen. Das Büro mutierte im Laufe der Zeit zum Friseursalon - es wurde getratscht und geklatscht, dass es nicht zum Aushalten war. Zumindest nicht für die Menschen, die sich darum bemühten, Struktur und Seriosität beizubehalten und nicht wieder in den altbekannten Ameisenhaufen zu verfallen. Wobei den possierlichen Tierchen ja -der optisch unstrukturierten Wirkung zuwider- eine äußerst organisierte Arbeitsweise nachgesagt wird.

Natürlich haben die Kollegen, die hereinkamen, mal einen lockeren Spruch gemacht – oberflächlicher Small-Talk, wenn man das so sagen kann. Wenn aber die eigenen Kollegen, die die ganze Zeit anwesend sind, auch eben diese gesamte Zeit nur im Friseur-Klatsch-Modus kommunizierten, gingen einem Normalmenschen mit Tiefgang in Denk- und Handlungsweise die Fontanellen wieder auf. Unschön.

Dieser kommunikativ speziell ausgerichteten Gattung allen voran; Erich und -wenn er da war- auch Fisch. Bei Fisch war der eine Wochentag vielleicht noch als Ventil für den auf ihm lastenden Druck zu sehen. Wissenschaftler konsumieren zum Entspannen nun mal auch ganz gern trivial gestaltete Medienformate – warum nicht auch ein HSE-Manager mit „Endzeit-Druck" in allen Körperzellen? Aber Erich? Der hatte ja nichts auszustehen und blühte förmlich auf. Das Büro hatte mitunter etwas vom Flair einer Olivia-Jones-Bar auf der Reeperbahn. Nüchtern betrachtet.

Ja – ich halte persönlich die Gleichberechtigung auch für eine wichtige Sache – in (fast) jeder Hinsicht, sofern sie nicht durch die Natur begrenzt wird.

Und Kleidungsfimmel, Austausch soziokultureller Abhängigkeiten divergenter Gesellschaftsschichten und den Umgang zwischen demnächst 28,5 unterschiedlichen Geschlechtern im Kontext des eigenen Erfahrungswertes vs. der Ansicht des Kollegen auszutauschen, ist bestimmt auch ganz wichtig. Sicher...

Aber nicht tagsüber im HSE-Büro auf Niveau einer Vorabend-Serie an fünf Stunden täglich und auch nicht jeden Wochentag.

Mir persönlich ist es egal, wo mein Kollege herkommt, ob er schwul, hetero oder bi ist, ob er/sie/es sich hat umwandeln lassen oder sich ein weiteres Geschlechtsteil zwischen den Schultern wünscht – nur die Arbeit muss akzeptabel verrichtet werden. Sowohl innerhalb als auch außerhalb des Büros. Den Rest hätten wir gerne bei einem Bier oder auch Piccolo am Abend beschnacken können.

Nachdem das Büro nun personell deutlich reduziert wurde, war ich mit dieser Ansicht bei einem Verhältnis von wenigstens 2:3 leider in der Minderheit. Und der Kollege, der mir hätte beistehen können, zog regelmäßig seine Joker-Karte und verließ -sobald er konnte- das Büro gen Baufeld.

Bestimmt war ich einfach nur zu penibel mit dem Anspruch an substantielle Konversation und effiziente Ablaufgestaltung des Arbeitsumfeldes.

Dabei hieß es bereits auf dem Feld, dass uns sogar die HSE-Meute von Bux & Ködel schon „Prinzessinnen" nannten. Warum, durfte spätestens jetzt jedem klar sein.

Das Niveau im Büro litt zunehmend deutlicher. Rückblickend denke ich auch, dass eher Maria Carey der Verschnitt war und wir das Konzentrat besaßen...

Unterdessen musste sich Bux wieder regelmäßig und leidlich meine Forderung nach Regulierung der Diskrepanzen in der Gefahrenabwehr anhören. Ködel hatte derweil mit dem Eruieren einiger Zwischenfälle zu tun - tlw. auch noch aus dem alten Jahr. Entsprechend des auf ihm lastenden Drucks, glich sein bis dahin an ein von Cannabis-Konsum beeinflusst erinnerndes Bewegungsmuster nun manchmal eher angedeuteten Streck- und Beugesynergismen – einem eher präfinalen Phänomen. Auch sein Gesicht verriet fast durchweg die Anspannung und mutete an, wie der Zustand eines gebotoxten Kollegen.

Genau genommen tat mir Ködel wirklich leid. Er war in eine Funktion gepresst, die er einfach zu erfüllen hatte. Und er selbst machte nicht den wirklichen Eindruck, als könne er sich gegen seine ihm mutmaßlich täglich von Bux verabreichten Cola-Schwenk-Einläufe zur Wehr setzen. Er war einfach das kleinste Rädchen im System. Zwar sehr weit oben. Aber eben das Kleinste.

Morgens waren die immer wieder gefrorenen Bereiche des Baufeldes ein großes Problem. Ich tauschte mich mit Bux aus für eine grundsätzliche Lösung. Mit einigen Gewerken wurde ein verspäteter Start vereinbart, um wenigstens erst im Schummerlicht starten zu können. Die Lösung aber war natürlich ganz einfach: die Bereiche sperren. So lange, bis es eindeutig nicht mehr gefroren war. Bestimmte Bereiche betraf das manchmal mehrere Stunden am Tag. Was für einige Arbeiter wieder entsprechenden Arbeitsausfall zur Folge hatte – natürlich bei unbezahlter Anwesenheitspflicht.

Für einige HSE-Kollegen war das Problem wiederum die Regelung, ab wann "glatt" denn "glatt" war. Keiner wollte eine Entscheidung treffen - zum Haare raufen. Auch hier gab es die klare Ansage: im Zweifel hatte die Sperrung zu erfolgen.

Aufgrund dieser zähen Entscheidungsproblematik erfolgte fast standardisiert nunmehr mein morgendlicher Rundgang auf den oberen Bereichen, um dann in einer Rundmitteilung allen Verantwortlichen sowie meinen HSE-Kollegen mitzuteilen, was gesperrt würde und was nicht. Das war immer gleich morgens – sobald ich da war.

Unsere Beratungs-Verantwortung überträgt der Tätigkeit juristisch immer das "unvermeidbare Restrisiko" als Ziel. Dazu, dies anzunehmen und abzuwägen, waren rund 90% unserer HSE-Kollegen gar nicht erst bereit. Auch hatten die meisten von der Begrifflichkeit *unvermeidbares Restrisiko* noch nie etwas gehört. Sie rechtfertigten sich mit ihrer per Gesetz definierten Beratungsstellung – ungeachtet der Tatsache, dass die Situationen im hiesigen Baufeld eine andere Struktur einforderte – eine, die auch mal fachbezogene Weisungen inkludierte.

Im Bereich Wetter kam es, wie es kommen musste. Der Schrei nach Winterjacken wurde lauter. Leider hatten wir keine.

Nach und nach wurde die Situation im Ausstattungsbereich immer schlimmer. Vorarbeiter sagten ihren Mitarbeitern, dass sie nur eine Schutzbrille erhielten, nur ein paar Handschuhe etc.. Was natürlich durchweg inakzeptabel war, da diese Materialien eindeutig unverhältnismäßig starker Abnutzung unterlagen. Ergo haben wir zahlreiche Arbeiter rausgezogen, die durch ihre zerkratzte Brille gar nicht mehr gucken konnten.

Natürlich gab es keine Sanktionen - sondern neue Brillen und ein Gespräch mit dem jeweiligen Vorarbeiter. Auch nicht so, dass der Druck auf den Arbeiter noch größer wurde. Sondern stets so, dass der Vorarbeiter im Fall weiterer solcher Vorfälle vom Baufeld fliegen würde - er musste schließlich seinen Pflichten nachkommen, Sicherheitsvorgaben umzusetzen und konnte nicht alles dem Arbeiter aufbürden.

Ein Vorarbeiter -einer Kugel gleichend- drangsalierte seine Arbeiter dergestalt, dass diese ohne jede Sicherung und

PSA in einem versteckten Bereich in der Höhe schweißen mussten. Bei genauerer Betrachtung stellte sich das Fehlen sämtlicher Qualifikationen -derer für Enge Räume eingeschlossen- heraus. Sofern seine Mitarbeiter irgendwie aufmuckten, wurden sie nach Hause geschickt. Auf einem Rundgang flehten sie Ismael und mich förmlich darum an, nicht gegenüber ihrem Vorarbeiter angezählt zu werden.

Da wiederum dessen Vorgesetzter, ein Bauleiter und äußerst seriöser, sachlicher und zudem mir gut bekannter Mann war, wandten Ismael und ich uns an ihn. Der Bauleiter hatte sich bereits seit Beginn als sehr zuverlässiger Kollege in Sachen Aufklärung von Missständen und auch wirklich sehr korrekter Mitarbeiter-Führung gezeigt. Für das Baufeld wäre er meinerseits in jeder Hinsicht als Referenz dafür genannt worden, wie ein Bauleiter zu sein hat. Über die Offenbarung und unsere Darstellung der Vorgehensweise seines Vorarbeiters gegenüber den Arbeitern, zeigte sich der Bauleiter sehr überrascht – und authentisch bedrückt.

Kurzum wurde der Vorarbeiter vor der gesamten Mannschaft von uns angezählt - und ihm wurde -im Einvernehmen mit dem Bauleiter- mit dem Verweis gedroht, falls ein weiteres Mal die Mitarbeiter unter seinen Repressionen leiden sollten.

Seit diesem Zeitpunkt schauten wir regelmäßig in diesem versteckten Winkel des Baufeldes vorbei - mit anhaltendem Erfolg. Viel mehr konnte man für die Arbeiter leider nicht machen.

Und es überkam mich jedes Mal ein beklemmendes Gefühl, wenn man dieselben Arbeiter wie zuvor gesehen hatte und diese sich nun fast unterwürfig und permanent bedankten. Bedankten dafür, dass man ihnen lediglich die Arbeitsverhältnisse normaler gestaltet hatte – nicht luxuriös. Nur menschlich etwas annehmbarer.

Krude Welt.

Als endlich dicke Jacken da waren, sprach sich das schnell herum. Binnen zwei Tagen war das Lager wieder leer. Danach gab es die Anweisung, dass nur noch die Vorarbeiter welche erhielten - oder auf Anweisung durch diese auch die "einfachen" Arbeiter. Schließlich mussten die Jacken der Subs auch unserem Verein gegenüber bezahlt werden - da machte sich Großzügigkeit sehr rar und das Gesetz wurde zunehmend dehnbarer.

Eine Schweinerei jagte die Andere. Nach dem Regen-Desaster hatten wir die betroffenen Jacken zurückgegeben. Eine Überprüfung durch den Hersteller ergab: ok. Unsere eigene, herstellerunabhängige und objektive Überprüfung durch real wetterbedingte Wassereinwirkung ohne Druck ergab: durchlässig.

Ein Schelm, wer Böses denkt.

Jedenfalls war mir dieses Gezeter um die Jacken zu blöd und ich zog wieder meine Gelbe an. Darin war ich nicht nur bekannt, sondern auch der Einzige, der an allen erdenklichen Körpereichen zusätzlich mit reflektierender Kleidung ausgestattet war. Selbst bezahlt - aber das war mir meine Sicherheit wert.

Als ein Arbeiter eines Tages ankam -er war sichtlich durchgefroren bis auf die Knochen-, gab ich ihm meine erste Jacke. Sie war noch ohne Rückenaufdruck, nagelneu und konnte auch so getragen werden. Was sollte sie schon ungenutzt im Schrank hängen? Meine Retoure -die Undichte mit Aufdruck- hing ja auch noch da...

Man war ja in erster Linie da, um die Situation zu verbessern. Und; wenn nicht wir - wer dann? Das Verhältnis zwischen unseren HSE'lern und denen des Haupt-Kontraktors wurde -im Ganzen betrachtet- wieder angespannter. Dort gab es zu viele, die sich unbedingt behaupten mussten. Ein hierfür wichtiges Instrument - für das Gefügig machen und zur Informationssammlung gleichermaßen, war unser obligatorisches Belegte-Brötchen-Mampf-Gelage bei Bux & Ködel.

Ich sorgte mich zunehmend um dessen Sinn und sprach mit Bux, ob wir diese Treffen denn mal ohne Brötchen, dafür vielleicht häufiger aber kürzer umsetzen könnten.

Nein - auf keinen Fall.

Letztlich war es die Bestätigung meiner Vermutung, weshalb die aus Sicht der Nahrungsaufnahme beinahe orgiastisch wirkenden Mampf-Gelage überhaupt stattfinden würden - denn organisatorisch oder fachlich nachhaltig gebracht haben sie nie etwas.

Ziel war die moralische Bindung unserer HSE'ler...

Von unplanen Plänen

Von den Kollegen wurde zwischenzeitlich bemängelt, dass die beiden neuen Feld-Container quasi nackig waren. Stimmt – das waren sie. Zumindest fast - für alle waren jedenfalls keine Stühle da. Allerdings wurde ihnen ein weiterer Container bereitgestellt, aus dem Tische und Stühle hätten rausgeholt werden können. Der sinngemäße, saloppe Kommentar einiger unserer HSE-Kollegen: "Ich schleppe hier doch keine Stühle und Tische umher."

Man mag sich diesen Film einmal in Farbe vorstellen: Größtenteils gestandene Kerle. Sich teilweise nicht zu schade dafür, zwei Stunden oder mehr Mittag zu machen, zehn Minuten zum nächsten Rauch-Container hin und das Gleiche wieder zurück zu watscheln. Dazwischen noch schnell zwei durchzuziehen und mit Kollegen zu quatschen. Das Ganze mind. vier oder fünf Mal am Tag. Dazwischen wiederum noch zum Büro zu gehen, um über die Strecke zwischen diesem und dem Baufeld zu meckern. Dafür waren sich die Kollegen nicht zu fein.

Dann aber meckern, weil die neuen Container eben -wie gefordert- mitten im Baufeld waren und sich einen Zacken aus der Krone brechen, wenn man aus einem acht Meter (!) entfernten Lager-Container einen Stapelstuhl leichtester Sorte entnehmen und diesen in den Container tragen sollte.

Ende vom Lied: gemacht hat es keiner. Als sich die ersten einsichtig zeigten, war der Lager-Container leider leer...

Dumm gelaufen…

Natürlich gab es Defizite – überall und jede Menge. Auch war ich immer der Letzte, der grundlegende Sachverhalte nicht angehen würde - immerhin hatten wir dadurch bereits Vieles geschafft. Aber diese Maßnahme hatte nichts Grundlegendes.

Es war etwas Prinzipielles, unserem Verein gegenüber Persönliches. Wie eingangs bereits erwähnt – die Unfähigkeit, Emotio von Ratio trennen zu können, mündete in diesem Fall in kindischem Trotz – vermisst habe ich bei den Kollegen nur die verschränkten Arme.

Der Aufwand, Möbelträger kommen zu lassen, stand in absolut keinem Verhältnis zum „Problem". Auswahl, Anfahrt, Wartezeit, Ausweis erstellen, Abholung, Ankleidung mit den nötigsten Materialien, ca. ½ Stunde für die Bestückung zweier Container (unter unserer Anwesenheit - das war vorgeschrieben), Übernahme, Ausfahrt, Ausweis-Abgabe und Rückfahrt.

So manches Mal habe ich mich gefragt, was die Kollegen glaubten, wo sie lebten - unsere Prinzessinnen…

Bei wesentlichen Dingen traute sich keiner Rückgrat zu zeigen. Fast keiner. Nur nölen konnten alle gut – Probleme angegangen sind die Wenigsten. Aber bei solchen Dingen ließen sie die Prinzipienreiter heraus und markierten den starken Mann - unsere Zarten…

Inzwischen war auch unser neuer Kollege für die Klamotten eingetroffen. Seine Aufgabe waren Hilfsarbeiten und sich in erster Linie um die Kleidungsausgabe zu kümmern. Starkes Ding - kaum zwei Jahre dabei, Kleidung auszugeben, schon kommt jemand, der extra hierfür eingestellt wurde.

Es war ein etwas jüngerer Kerl - total durchgeknallt aber sehr verträglich. Durchgeknallt im positiven Sinne. Wenn er nicht nur gequatscht hatte (das hatte sich später etwas reduziert, vermutlich nach meinem Weggang aber auch wieder verstärkt), konnte er gut zuhören – und inhaltlich verwerten, was vor Ort selten anzutreffen war. Er war kreativ und ließ sich -auf sehr sympathische Weise- die Butter nicht vom Brot nehmen.

Er sah die Arbeit, wenn sie da war und scheute sich auch nicht, über den Tellerrand zu schauen. Sein Hobby war Graffiti auf Künstlerebene und sein Traum war die Arbeitssicherheit.

Na, wenn das mal das richtige Einstiegsprojekt für ihn gewesen sein sollte...

Mittlerweile hatte sich der Nachtdienst als dauerhaft etabliert. Zu Beginn gab es heillose Dramen. Kaum hatte ich den Plan fertig, erfolgte eine Absage. Bestimmt sieben oder acht Mal hintereinander. Dann kamen die Kollegen des Nachtdienstes wieder an, weil sie Fehlstunden hatten. Dann wieder hieß es, kein Nachtdienst und am Folgetag sollte plötzlich doch jemand gestellt werden. Gut. Projektarbeit bedeutet Abruf. Aber das war zu viel.

Zunächst empfanden die Kollegen es als Druck und unfair, weil nie von Nachtdienst die Rede war. Später gab es dann Kollegen, die sich darum geprügelt hätten - Ruhe und bessere Bezahlung obendrauf, war ihre Hauptmotivation. Diese Kollegen wurden dann von mir angehauen, regelten folgend unter Stress und Problemen trotzdem alles mit ihrer Familie - und als der Plan morgens fertig war, gab es abends eine Absage, dass Nachtdienst nicht mehr erforderlich sei.

Zum Glück hatte ich den Plan modular ausgearbeitet, so dass wir nicht nur gruppentechnisch gleich betroffen waren, sondern bei Ausfällen auch sofort Springer aktiv werden konnten - Gleiches bei Absagen des Dienstes.

Also - irgendwann kam dann der Nachtdienst. Einer hatte sich mit Abstand zuerst gemeldet. Es war Nanni. Er wohnte in der Nähe, seine Freundin weiter weg und alles war gut. Er war einer der Beiden, die damals übernommen wurden. Von Fisch wurde er immer als Quoten-Erfüller seiner Herkunft bezeichnet, was bei allem Witz, dauerhaft reichlich diskriminierend ist. Ich hatte es Fisch bereits ein paar Mal gesagt, dass er sich zurückschrauben sollte. Hatte er auch gemacht - rausgeflutscht ist es ihm trotzdem ab und an.

Jedenfalls wollte Nanni nachts arbeiten - auch, weil er mit einigen Kollegen des Tages so seine Probleme hatte und bei der nun festgelegten Regelung auch immer gute Kurzferien zu seiner Freundin starten konnte. Fisch jedoch wollte ihn mittlerweile absägen. Er hat es nicht gesagt - aber es war offensichtlich. Natürlich auf seine vermeintlich bäuerlichsubtile Art – so, dass es so ausgesehen hätte, als wäre Nanni den Anforderungen nicht mehr gewachsen gewesen.

Besonders fies: er hatte Erich instrumentalisiert, Nanni abzusägen. Erich war sich keinesfalls zu schade, den Starken zu spielen – ob er darin wohl noch Übung von vor 1989 hatte? Er fragte Nanni eines Tages Sachverhalte, die der nicht wissen konnte – dabei verdrehte er ihm noch den Zusammenhang zwischen dem Geschriebenen und bestimmten Quellenangaben.

Ich war dabei anwesend und hatte Erich mit seinem SED-Spiel abschließend unterbrochen und Nanni rausgeschickt – es war schlicht widerwärtig. Erich selbst konnte im Vier-Augen-Gespräch seine Art nicht rechtfertigen und hatte seine Widersprüchlichkeit ebenfalls nicht eingesehen. Aber zumindest hatte er es nicht erneut versucht.

Fisch hatte Nanni einige Male in Situationen gebracht, die er nicht hatte bestehen können. Jedes Mal hatte Nanni mir davon erzählt. Fisch war Schwein - wenn er wollte. Und er wollte, soviel war klar. Die Motivation dahinter?

Reine Willkür, ohne Grund. Lust an der Demonstration.

Fischs sehr auffällige Autoritätsgehabe, das durch die Abwertung anderer gekennzeichnet war, dürfte bei ihm eine sicher exponentielle Stabilisierung des eigenen Selbstwertgefühls bewirkt haben. Eine solch „prekäre Männlichkeit" kennen wir im Verhalten von Menschen, die augenscheinlich versuchen, ihre eigene Schwäche durch Spiegelung und Verstärkung des eigentlichen

Sachverhalts, zu überspielen. Ähnlich z.B. bei unsicher homophoben Männern, die besonders männlich auftreten oder auch unsicheren Führungskräften mit ausgeprägter Autorität.

Nanni war sein Ventil zum Druckabbau geworden.

Ich hatte mit Nanni gesprochen, was Fisch für Hintergründe hätte haben können und er rückte damit raus, dass er gerade eine schwere Zeit durchmachen würde. Anhand seiner folgenden Erzählungen war das nachvollziehbar und verständlich. Die Erzählungen wirkten authentisch – es waren sehr private Gründe. Vermutlich hätte fast jeder so reagiert. Ein kurzes Nachlassen der Leistung war jedoch kein Grund, jemanden unbedingt fertig machen zu wollen – schon gar nicht in der Art & Weise, dass man Dritte mit einbindet.

Nanni war nicht einfach und war ein kleiner Vielschnacker. Aber er war nicht unrecht, hat nicht intrigiert und hat zudem seine Arbeit gut gemacht. Irgendwie ein drolliger Sympath.

Es gab also ein Gespräch mit Fisch und Nanni zusammen und wir entschieden -nachdem ich Fisch zuvor in einem Vier-Augen-Gespräch überzeugt hatte- ebenfalls zu dritt, dass Nanni sich im Nachtdienst in seiner alten Form beweisen könne. Was zunächst auch klappte.

Leider kam später bei einer Doppelbesetzung zur Nacht genau einer der Kollegen hinzu, mit denen Nanni Probleme hatte. Und es kam, wie es kommen musste - Nanni wechselte wieder in den Tagdienst und kapselte sich zusehends ab. Schade.

Seiner Loyalität Fisch gegenüber hatte das allerdings trotzdem keinen Abbruch getan. Ja – es soll die Hunde geben, die ihrem sie schlagenden Herrchen unbedingte Treue zollen.

Derartige Gespräche hätte Fisch mit seinen „Untertanen" viel häufiger machen müssen. Sie waren rundum und überall immer wieder erforderlich. Dann hätte es wesentlich weniger Knistern in der Mannschaft gegeben und viele Kompetenzen hätten deutlich effizienter eingesetzt werden können. Aber der gelernte „Führungsstil" von Fisch war eben geprägt durch die Bundeswehr – was eine Individualförderung von Mitarbeitern per se ausschloss und sich bekanntermaßen auch am Peter-Prinzip orientiert...

Nach einem -den Umständen entsprechend- gemächlichen aber guten Start ins Jahr, konnte ich mich wieder häufiger draußen zu Nutze machen und hatte da auch wieder einige Dinge dokumentieren können. Sachverhalte, die natürlich mangelhaft geregelt waren.

Wie eingangs erwähnt, hatten wir auf dem Baufeld 8 von den Holzverschlägen mit Ohrstöpseln und Co. wahllos auf dem Feld verteilt, wobei diese erst sukzessive mit dem Fortschreiten des Baus erstellt wurden.

Ich muss zugeben, dass mir zwei erst kurz vor meinem Projektausscheiden aufgefallen sind - sie waren gut zugebaut und nur mit schräg laufen und Luft anhalten zu erreichen, da sich Lagermaterialien davor befanden.

Eine kurze Übersichtserhebung sollte mal helfen, die Versorgungssituation für den Bedarfsfall in Ausnahmesituationen darzustellen – im Kontext jeweiliger Mindestvorgaben.

- Anzahl Erste-Hilfe-Raum (lt. DGUV V2 mind. 1):

    genau genommen Null, da der einzige Raum dem häufig verschlossenen Krankenwagen-Stellplatz zugeordnet war (>150 Meter Entfernung zum Kern-Baufeld)

- Betriebs-Sanitäter (lt. DGUV V1 ab 100 Arbeitern auf Baustellen mind. 1):

    Auf dem TDI-Baufeld: Null (bei über 1700 Mann)

- Anzahl Erste-Hilfe-Kasten (lt. DGUV V2 bei bis zu 1800 geplanten Arbeitern: 37 Stück in großer Ausführung):

    Auf dem TDI-Baufeld: < 8

- Rettungsgeräte (lt. DGUV V2 dem Bedarf entsprechend: Evakuierungs- / Tragetücher, Schien- und Bergungsmaterial, Spezialtragen etc.

    Auf dem TDI-Baufeld: nichts

- Feuerlöscher (lt. ASR 2.2 zwischen 3 und 6 Stück 6-Kg-Löscher je 1000 m² (je nach Löschmittel-Einheiten) bei normaler Brandgefahr:

    Auf dem gesamten TDI-Baufeld: 8 Stück bei hoher Brandgefahr auf rund 40.000 m²

- Evakuierungsübungen (u. A. lt. Arbeitsstätten-Verordnung "regelmäßig"):

  Projekt-bezogen: eine – mit desaströsem Ende

- Sicherheit bei Arbeit im Verkehr (lt. DGUV I 212-018 Warnschutzkleidung n. EN ISO 20471):

  Partielle Umsetzung der Warnwestenpflicht erst mit Jahreswechsel 2014/2015

- Pausenraum (lt. ASR A4.2: 1m² pro Person):

  ca. 20 Container en bloc mit je 14,5 m² abzüglich Küchenblock, Geschirrbereich, Gulaschkanone, Regale und Getränkeautomaten: max. 250 m²

An dieser Stelle muss noch erwähnt werden, dass von den acht Feuerlöschern zwei nicht zugänglich waren und immer mindestens zwei fehlten, weil sie vermutlich für Heißarbeiten geklaut wurden. Das Gleiche galt für die Erste-Hilfe-Kästen. Die Erste-Hilfe-Kästen waren grundsätzlich in einem Füllungszustand von im Durchschnitt deutlich unter 50% ihres Originalzustandes.

All das bedeutet im Gesamtverhältnis allerdings nichts.

Laut DGUV hätten wir über 37 (aufgefüllte) Erste-Hilfe-Kästen verfügen müssen - vorhanden waren etwa sechs halbleere, was einer erreichten Vorgabenerfüllung von rd. 8% entspricht.

Das Gesamtfeld erstreckte sich in den Komplexen über -sehr grob geschätzt- zwischen 35.000 und 45.000 m² - und erforderte also zwischen 140 und 180 6 Kg-Feuerlöscher (bei angenommenen 10 Löschmitteleinheiten je 6 Kg) bei normaler Brandgefahr. Und nicht eine Hand voll Feuerlöscher bei hoher Brandlast, jenseits der Arbeitsplätze im Bereich der Zuwegungen. Erreichte Vorgabenerfüllung: unter 5%.

Natürlich hatten die Schweißer & Co. auch ihre eigenen - zumindest hätten sie sie haben sollen. Vielfach waren die aber eben auch nicht vor Ort, sondern im Container vergessen, verlegt oder ebenfalls geklaut. Unabhängig davon, ist dies als Zusatzausstattung bei gefährlichen Tätigkeiten vorgeschrieben – die eigentliche Ausstattungsvorgabe bleibt hiervon unberührt.

Für die Arbeiter hätte eine verpflichtende Mindestfläche von 1800 m² Aufenthaltsraum vorhanden sein müssen. Tatsächlich hatten sie -wohlwollend geschätzt- 250 zur Verfügung. Und zwar sowohl für Aufenthalt als auch Speiseraum zusammen. Und aufgrund fehlender Umkleide-Räume teilweise von vielen Arbeitern zusätzlich als Lagerraum genutzt. Erreichte Vorgabenerfüllung: nicht messbar - mit Sozialräumen zusammen: deutlich unter 10%.

Natürlich kann im Ausnahmefall von Vorgaben abgewichen werden - wenn sie fachlich nachvollziehbar begründet und dokumentiert sind. Auch kann man in Absprache mit der Behörde „Pakete" schnüren und von den Vorgaben abweichen. In gegebener Größenordnung war es jedoch kaum vorstellbar, dass für derartigen Deckungsbereich auch nur irgendwo jemand in einer Behörde zu finden gewesen wäre, der eine

Vorgabenerfüllung, die sich konsequent unter 10% befindet, bei Feuerlöschern sogar unter 5%, abgesegnet hätte.

Selbst, wenn man die Anzahl der Feuerlöscher nach billigem Ermessen auf 100 reduziert und dies aufgrund der Mitführungspflicht von weiteren Feuerlöschern durch jeden Schweißer-Trupp selbst, nochmal halbiert hätte – wären 50 Stück als Vorhaltepflicht Satz gewesen. Wo wir mit rd. sechs brauchbaren Geräten immer noch „knapp" dran vorbeischrammten…

Zudem stellen die Vorgaben grundsätzlich erst einmal eine verbindliche MINDEST-Anforderung dar – gleich, ob vom Gesetzgeber oder der BG her veranlasst. Daten, Parameter und Darstellungen sind also immer Mindestanforderungen und keinesfalls als freundliche Einladung und Diskussionsgrundlage für ein Teekränzchen mit Austausch zu werten.

Die Arbeiter wurden indes -unter Missachtung diverser Vorgaben und Gesetze- regelrecht "gehalten". Bux & Ködel ließen sich zudem auch stets neue Restriktionen einfallen für die Jungs.

Da ja auf dem Baufeld Rauchverbot herrschte, gab es zwei (!) Rauchcontainer auf dem Feld. Diese waren zwingend fast immer voll besetzt - was natürlich Auswirkungen hatte. Insbesondere die Gerüstbauer liefen hier Gefahr, ihre Gurte durch die Zigarettenglut zu schädigen. Wenn ein Brandloch oder ein angesengter Bereich zu sehen war, mussten die Gurte ausgemustert werden - was nach dem Motto "das haben wir immer schon so gemacht" natürlich niemanden wirklich interessierte. Und unser Verantwortlicher von den Gerüsten hatte wieder etwas, was bekämpft werden musste - schließlich mussten die Gurte draußen ab- und wieder angelegt werden (was abermals Zeit kostete).

Statt aber zu veranlassen, ein paar weitere Container bereit zu stellen -Möglichkeiten hätte es gegeben-, sorgte man für Raucherpausen nach Plan. D.h., es gab Zeiten, in denen das Rauchen erlaubt war. Diese Zeitfenster überschnitten sich wiederum mit den in Folge auch gesplitteten Essenzeiten.

So hatte man gehofft, dass diejenigen, die ihre zugelassene Mittagspause in Anspruch nahmen (Kontraktoren-Weise in halbe Stunden geteilt), zuvor oder erst danach die Raucherpausen durchführten. Und da Bux & Ködel vor Bauernschläue grell fluoreszierten, kamen sie auf die glorreiche Idee, das Einhalten ihres Planes durch uns umsetzen zu lassen. Und durch Abschließen der Türen der Raucher-Container für deren Einhaltung zu sorgen.

Danke, liebe Leute!

Damit, dass dies auch tatsächlich einige aus unserer Truppe vollzogen haben, haben wir die bereits etablierten (Vertrauens-) Strukturen wieder heftig in Frage stellen können. Aber auch hatten diese Regelungen bei den durchführenden Kollegen etwas von einem Lageraufseher. Einige von ihnen frönten dann in den Containern auch außerhalb dieser Pausenzeiten selbst ihrem Laster – sie hatten ja die Schlüssel. Ich hatte ja bereits mehrfach erwähnt, dass auch die HSE'ler nicht alle wirklich hell leuchteten.

Bravo. Natürlich konnte man sich dergestalt auch die Erweiterung der Aufenthaltsräume sparen, da die Vorhandenen zum Teil im Rotationsverfahren genutzt wurden. So fiel wenigstens das Defizit zwischen Ist & Gesetzes-Soll nicht mehr ganz so eklatant auf – obgleich das Prinzip unverändert blieb.

Zusätzlich war auf dem Baufeld zu vernehmen, dass der Haupt-Kontraktor verlauten ließ, diese Maßnahme der Raucher-Rotations-Pause wäre von uns initiiert gewesen.

Leider hatten die Ideen wiederum zur Folge, dass die bisher nach dem „Sonnenliege-Badetuch-Prinzip" belegten Stamm-Plätze in der Aufenthalts-, Speise-, Ruhe- und Lager-Raum-Kombination wegfielen. Jeder konnte jetzt jeden Platz nutzen – nein, man musste. Auch, weil in den Umkleiden das Essen natürlich verboten wurde. Und weil aber in dem Aufenthaltsraum schon überall Tüten von anderen Arbeitern gelegen hatten, musste es natürlich im Ergebnis dieser bäuerlich-brillanten Umsetzung zu mehreren Diebstählen und sogar Raufereien unter den Gruppen kommen.

Es war auch zu herausfordernd gedacht, als dass man sich derartige Folgen bei den Maßnahmen bereits vorab hätte vorstellen können. Aber mit der ausschweifenden Brillanz famoser Ideen war noch lange nicht Schluss - es sollten noch weitere folgen. Und so Lustige...

Ist das hier „RTL NOTRUF" oder was?

Eines Morgens -das Büro war so gegen 7:00 Uhr durch eine Handvoll HSE-Kollegen besetzt- erhielt ich einen Anruf über mein Mobiltelefon. Es war ein Kollege vom Feld. Hektisch. Sehr hektisch sogar. Im Büro spitzten die Kollegen schon die Ohren, weil ich angefangen habe, meinen Gesprächspartner zu beruhigen und nachfragte, ob der Mann denn noch ansprechbar sei.

Bei solch spektakulärem Vokabular wurde es sehr schnell still um mich herum – verständlicher Weise.

Der anrufende Kollege wurde bereits ruhiger und berichtete mir von einem Arbeiter, der kollabiert wäre aber wieder ansprechbar sei. Und er bräuchte dringend einen "Krankenwagen". Er gab mir seinen Aufenthaltsort durch und ich sagte ihm noch, dass er dort bleiben und sich um den Mann kümmern sollte - ich würde alles veranlassen und umgehend auf ihn zurückkommen.

Natürlich kann man jetzt darüber meckern, dass der Kollege nicht gleich die Einsatzleitstelle angerufen hatte - so, wie man es in der Fahrschule und in jedem Erste-Hilfe-Kurs lernt. Allerdings sind die Kurse Theorie. Das, was jetzt war, war echt. Echte Praxis, ein echter Notfall.

Mit diesen Notfall-Situationen werden die Wenigsten in ihrem Leben jemals direkt konfrontiert. Es ist Aufregung, Panik, Unwissenheit und Machtlosigkeit – alles zusammen, was sich in Verbindung mit der Visualisierung zu einer ggf. einmaligen Lebenssituation paart und in der Realität die Wenigsten rational handeln lässt. Insofern war es sicherlich nicht die "Schul-Lösung", wie man sie fordert. Allerdings ist dem Kollegen eines hoch anzurechnen; er hatte bei allem Stress in der Situation sich direkt an denjenigen gewandt, bei dem er sicher sein konnte, dass er ihm -schon aus Erfahrung heraus- helfen konnte. An mich. Und ich war ihm in dieser Situation das einzig Vertraute, was er hatte.

Sofort rief ich die Kollegen in der Einsatzleitstelle an. TDI-Baufeld? War bekannt. Ok. Position des Patienten genannt. Bekannt - auch Ok. Jetzt fragte ich nach der Anfahrtsrichtung des Rettungswagens. Konnte mir der Leitstellendisponent nicht nennen. Interessant - die Leitstelle weiß nicht, von wo aus die Kräfte an das TDI-Baufeld heranfahren?! Nord oder Süd? Oder direkt von vorm Feld? So schwer konnte es eigentlich nicht sein. Und für mich war es wichtig, um zu bestimmen, wo die Einweiser hingeschickt werden sollten.

Also nochmal nachgefragt – wieder keine Information. Entsprechend konnte ich der Einsatzleitstelle auch nicht mitteilen, wo Einweiser positioniert würden. Möglichkeiten gab es 2-3 direkte innerhalb des Feldes und etwa 6 größere Zufahrten zum Baufeld selbst. Entsprechend groß waren die Kombinationsmöglichkeiten bis zum Ziel.

Grotesk war allerdings, dass wir auf Geheiß der Einsatzleitstelle das Telefonat spontan beendeten – ein Fauxpas, der schnell zum Kardinalsfehler werden kann q.e.d.

Bereits vor über 30 Jahren fingen die ersten Leistellendisponenten an, die Rettungskräfte noch während des Notrufs zu alarmieren - und damals gab es noch mündliche Durchsagen. Ursprünglich kam dieses Prozedere aus den USA, aus Seattle - wo man standardisiert anfing, Laien bei Wiederbelebungsversuchen in der Durchführung per Telefon zu instruieren – mit durchschlagendem Erfolg, wie man seit Jahren weiß. Dass man einen Notruf nicht einfach abwürgt – insbesondere dann nicht, wenn eine wichtige Frage noch zu klären war, war im Jahr 2015 offensichtlich noch nicht bis zur BASF durchgedrungen.

Mir kam abermals der Gedanke, dass der TELWF in unserem Gespräch damit Recht hatte, als er meinte, dass bei Alarmeingang die Anforderung, einen weiteren Knopf zu drücken, den betreffenden Disponenten überfordern würde.

Wie Recht er damit tatsächlich hatte, wurde erst mit diesem Notruf offensichtlich...

Per Rücksprache gab ich die Information sofort an den Kollegen im Baufeld weiter. Zudem beauftragte ich ihn, die beiden für ihn greifbaren Arbeiter-Kollegen des Patienten den beiden Hauptachsen zu seiner Positionierung entsprechend, als Einweiser los zu schicken - was er umgehend bestätigt hatte.

Das Telefonat dauerte ein wenig aber der Kollege war mittlerweile deutlich ruhiger. Auch war der Patient ja bereits wieder ansprechbar und orientiert, wenn wohl auch reichlich schlapp. Ich sagte meinem Kollegen noch, was er am Patienten machen könne und nach ein paar Minuten beendeten wir das Gespräch, da auch mein Kollege wieder recht gefestigt erschien und das Horn der Rettung bereits kurz zu hören war.

Vermutlich kam der Rettungswagen also von seinem Standort Nahe des Baufeldes. Dass das die Leitstelle nicht wusste, erschien sehr fragwürdig. Bereits vor über 20 Jahren erhielt der Digitalfunk in der Rettung langsam Einzug - und somit wurde durch einfaches Drücken einer zugeordneten „Status"-Taste, die Situation, resp. die Position des Rettungsmittels für die Leitstelle samt dessen Kennung ersichtlich (z.B. „Am Einsatzort eingetroffen" oder „Einsatzbereit am Standort"). Zumindest sollte das so sein.

Dafür, dass die Rettungs-Kollegen von direkt vorm Baufeld kommen könnten, war allerdings das Zeitfenster zwischen Alarmierung der Leitstelle und Beendigung des Telefonates mit meinem Kollegen mit ein paar Minuten deutlich zu lang. Könnte es also sein, dass der RTW wieder mal gar nicht an seinem angedachten Standort verfügbar war und die Information bewusst zurückgehalten wurde?

Möglich – aber egal. Sie waren ja jetzt auf der Anfahrt.

Was offensichtlich war, war, dass der Leitstellendisponent nicht damit umgehen konnte, dass kein Laie am anderen Ende des Telefons saß und somit seine "Struktur" nicht ganz standfest erschien, als er Vorgaben erhielt, statt selbst nach

Begebenheiten fragen zu müssen. Aber unerheblich, der Notruf war für mich erledigt und ich konnte mich wieder meiner Arbeit widmen.

So dachte ich. Aber weit gefehlt - bei der BASF konnte nun mal nichts klappen. Und schon gar nicht im Bereich der Sicherheit und organisierten Versorgung. DAS dürfte hier mittlerweile jeder gelernt haben.

Es kam einem Pseudo-Witz-Film der 70er Jahre gleich, als man sich noch über aneinandergereihte Flach-Witze à la Louis de Funès kringelig gelacht hatte.

Weitere Telefonate folgten – auch von einem weiteren Kollegen. Es war Ismael, der mich anrief. Er war nach meinem ersten Telefonat zu Fuß (!) gestartet und hatte das Baufeld bereits erreicht. Und er teilte mir mit, dass der Rettungswagen wild mit Blaulicht umher kurve, den Einsatzort aber nicht finden würde.

Nachfolgende Telefonate mit Leitstelle und dem Kollegen vor Ort erfolgten daraufhin ebenfalls. Leider ohne konkrete Lösung. In einem dieser Gespräche bestätigte der Leitstellen-Disponent bei einer erneuten Positions-Beschreibung sogar "Oach, die Fackel meinscht Du?" - was ich selbstverständlich bejahte. Denn der als Einsatzort genannte Komplex D 816 hieß umgangssprachlich auch "Fackel". Aber es war eben nicht die korrekt dokumentierte Bezeichnung. Die war „D 816". Und dass Notrufe konkreten Benennungen bedürfen, sollte dem Disponenten eigentlich geläufig sein.

Wenn ich einen Unfall auf einer BAB melde, gebe ich ja auch die exakte Kilometer-Benennung als Standort an und nicht „bei Peter's Hof" - nur weil ich weiß, dass wir alle bei uns im Dorf die Kurve der BAB dort so nennen.

Ich war lange Jahre in der Notfallrettung aktiv, habe Notrufe entgegengenommen, Alarmierungen der Leistellen organisiert und Einsatzstrukturen koordiniert. Klar - Missverständnisse hat es immer mal gegeben und man wird sie auch nie ganz ausschließen können. Ein solches Durcheinander aber wg. einer einzigen, klaren RTW-Anforderung habe ich in 15 Jahren nicht erlebt und habe auch nie davon gehört. Noch dazu künstlich erschaffen, weil ja angeblich alles bekannt war...

Aber als ob das nicht genug gewesen wäre, wurde ich bei meinem Erstrückruf an die Leitstelle tatsächlich aus einer Warteschleife (!) an ein Callcenter (!) der BASF weitergeleitet...

Stellen Sie sich folgenden Ablauf ernsthaft vor; Sie werden nach kurzer Abklärung der Einweiser (soweit es angesichts unklarer Auskünfte überhaupt möglich war) von der Leitstelle erneut angerufen. Nach diesem Telefonat wird dann für Sie aufgrund dringender Informationen ein weiteres Gespräch erforderlich. Jetzt drücken Sie Ihr Telefon auf Wahlwiederholung und landen bei einem Call-Center der BASF in der Warteschleife (!). Sie warten kurz und dann verbindet Sie ein freundlicher Call-Center-Agent zur Pforte (!) weiter – weil es sich ja um einen Notruf handelt. Hoffentlich sitzen die nicht im Ausland...

Das jedenfalls war Kino pur. In Farbe und 3D.

Zum Schluss hatte es über 25 Minuten (!) gedauert, bis der Patient erste, medizinische Hilfe erhielt. Ein abschließendes Telefonat mit dem hauptverantwortlichen Leitstellen-Grisu verlief ruhig, konstruktiv und ohne Vorwürfe. Es nährte sich der Verdacht, dass bei dem Notruf das C-Baufeld mit dem betroffenen D-Baufeld verwechselt wurde – obwohl man ja alles kannte.

Aber 25 Minuten für weniger als 200 Meter Luftlinie? Da sollte noch was gehen.

Irgendwie hatte ich ein Déjà-vu. Ich meinte mich zu erinnern, dass ich über genau solche Szenarien ein - wenngleich unbefriedigendes, so doch ausführliches- Gespräch mit dem TELWF-Grisu gehabt hatte. Waren die tatsächlich alle aus einer Familie? Musste wohl so sein…

Das Verwechseln kann natürlich viele Ursachen gehabt haben, wie Unkenntnis des Baufeldes, falsche Weitergabe, sich verhört haben oder auch, dass ich es falsch genannt hatte - wenngleich die meinerseits beschriebenen Container sowie die Zahl 816 im C-Baufeld gar nicht existierten und mir der Disponent die Bestätigung gab, das Baufeld und die Ortsangabe zu kennen. Auch fröne ich aus der Gewohnheit des früheren Funkverkehrs heraus noch immer, Buchstaben mit ihren Funknamen zu nennen. Und „Dora" für D ist phonetisch mit dem „Cäsar" für C nicht wirklich verwechselungsfähig - was ja auch der Sinn und Zweck dieses Prinzips ist. Dennoch - ausschließen konnte ich auch einen Fehler meinerseits nicht. Wir beide beschlossen, uns nochmal zusammensetzen zu wollen, um den Fall aufzuarbeiten. War ja in unser aller Interesse - in meinem insbesondere. Schon aus purer Neugier.

Es dauerte ein paar Tage, da kam Fisch damit an, dass die Feuerwehr eine Dokumentation des Notrufs verlange. Verlangen war schon mal nicht die gebotene Art. Aber gut - wenn auch die Leitstelle Notrufe bereits seit Jahrzehnten speichert -einstmals auf Magnetbändern, heutzutage digital- ich schrieb den Ablauf gerne nochmal nieder.

War ja kein Problem, da die Smartphones heutzutage jeden Anruf minutiös und in Dauer abspeichern. Zudem hatte ich mir Notizen gemacht und etliche Kollegen haben das Szenario live miterleben dürfen. Mit in der Verlaufsaufzeichnung hatte ich unsere Vereinbarung des Treffs zur Aufarbeitung des Notrufs noch einmal in Erinnerung gebracht und meine Bereitschaft hierzu abermals bekräftigt.

Die Feuerwehr hätte die Notrufe aus dem Speicher nochmal ablaufen lassen können - wenn nicht auch die dortige Technik bereits völlig verwest war. Die Aufarbeitung hätte schnell und rückstandslos geklärt werden können. Eine Rückmeldung zur Umsetzung durch die Feuerwehr erfolgte allerdings nie.

Eine Aufarbeitung auch nicht – trotz Bericht und Möglichkeit, den Notruf zu analysieren.

Da war er wieder - der Schelm...

Es stellte sich für mich die Frage, für was denn die Leitstelle überhaupt dort war – was waren ihre Aufgaben? Festhalten konnte ich bis dato Folgendes:

- defizitäre Gesprächsführung
- mutmaßliche Fehlinterpretation
- keine Kenntnis über Fahrzeugpositionierung
- abgebrochene Notrufe
- fehlende Ortskenntnis der Einsatzkräfte
- nicht verlässlich erreichbar
- nach eig. Angabe mit zweiten Aufgabe überfordert
- Nichteinhaltung von Klärungszusagen

Also zuverlässig ist anders – und zwar durchgreifend.

Unabhängig der Ursache oder möglichen Schuld - der Notruf hatte aufgezeigt, dass insbesondere dieses Baufeld aufgrund der Bezeichnungen, für Verwirrungen sorgen konnte. B, C und D - da verhörte man sich schon mal schnell - selbst, wenn der Anrufer die Buchstaben gewohnheitsmäßig mit Berta, Cäsar und Dora durchgibt, ist ein Verhören nachvollziehbar. Sicher... Und auch die folgenden Bezifferungen stellten aufgrund ihrer Ähnlichkeit 8 – 1 - 6 offensichtlich ein phonetisches Problem dar. Alles nur menschlich und nachvollziehbar – bestimmt...

Zumindest bei der BASF.

Ein weiteres Kardinalsproblem war, dass die Rettungskräfte das Baufeld nicht kannten - obwohl der Leitstellendisponent angab, dass das Baufeld bekannt sei.

Und hier schließt sich wieder der Kreis und es trennt sich die Spreu vom Weizen.

Ein viertel Jahr zuvor hatte ich den Rettungsdienst startbereit für Einweisungen auf dem Baufeld - die Schulungsmaßnahmen, Bekleidung, Versicherung und Termine- alles war gesetzt. Auch die Baufeldübersicht für den Rettungsdienst war damals bereits (fast) fertig. Wie bekannt, fiel alles aus - ohne Absage. Aber gut – der Obermufti der Rettung sagt nicht ab – der Obermufti der Grisu-Family auch nicht. Ich gehe mal von einem Erziehungsproblem aus. Oder einer Bereichs-spezifischen Elektrokonvulsions-Therapie beider – off topic, versteht sich…

Wie wäre der Einsatz verlaufen, wenn der Rettungsdienst die Topographie des Baufeldes gekannt hätte, was, wenn er einen Plan zur Hand gehabt hätte? Spätestens zu dem Zeitpunkt wäre den Kollegen klar geworden, dass es den vorgegebenen Einsatzort nicht gibt und es wäre eine Nachfrage erfolgt – gut, wenn das Gespräch dann noch nicht abgebrochen gewesen wäre. Schon schwierig, einen Einsatzort zu beschreiben, den ich kenne und den es trotzdem nicht gibt. Letztlich aber müßig, darüber zu spekulieren – allein durch Glück jedenfalls, ließen sich dort im Baufeld die wenigsten Einsatzorte auffinden. Eigentlich, wie überall woanders auch.

Mit Einweisung und Plan wäre die Anzahl der Bestands-Fehlerquellen deutlich reduziert worden, denn der Plan sollte auch ein Raster beinhalten, nach dem betreffende

Positions-Koordinaten durch Nennung eines Quadranten einfach hätten mitgeteilt werden können.

Einfach - für jeden und in (fast) jedem Bereich des Baufeldes. Selbst die Sprachbarriere wäre damit nahezu aufgehoben gewesen.

Lange vor der Zeit des heutigen Navis, gab es derartige Prinzipien bereits in jedem Falk-Plan für alle Autofahrer. Viele werden sich an die Pläne mit ihrer Patentfaltung erinnern. Nach Quadranten und Koordinaten waren alle Positionen ermittelbar – und verwunderlich: sie sind es noch heute.

Im Konjunktiv aber bleibend, hätte die Positionsweitergabe dann nicht "Ebene 0, vor den Magazin-Containern zwischen D-*ORA* 8-1-6 und D-*ORA* 8-1-2" geheißen, sondern "Ebene 0, Planquadrat G-*USTAV* 9". Missverständnisse nahezu ausgeschlossen und das Einsatzgebiet ganz klar und eindeutig begrenzt – auf einen Quadranten -je nach Maßstab- von maximal 20 x 20 Metern.

So aber war die Alarmierung mit einem Hinweis „Einsatzort im Wald, beim grünen Baum" vergleichbar.

Nicht unbegründet gelangen alle Rettungseinrichtungen (Feuerwehren, THW, Rettungsdienste etc.) des Zivilschutzes in unerschlossenen Gebieten immer noch über die Koordinaten zum Einsatzort. Und unerschlossen, war das Baufeld auch. Ergo - wenn eine Sache sich bewährt hat, kann man ruhig bei dem "das ist schon immer so" bleiben. Aber auch nur dann. Und bewährt bedeutet, mit mehrfach positivem Benefit kontinuierlich erprobt – und nicht nur „ohne Erfahrung vorhanden".

Auch nicht unerwähnt bleiben darf die mangelhafte Kenntnis der Arbeiter vom Baufeld. Sie wurde regelmäßig unterschätzt. Die meisten kannten nur bestimmte, alltägliche Wege - ohne aber um die Bezeichnungen der vielen, weiteren Komplexe auf den Wegen zu wissen, die sie nur als Zweck zum Erreichen ihrer Arbeitsplätze benutzten.

Im Ergebnis hätte eine Grobübersicht des Baufeldes in DIN A4 gereicht. Mit benanntem Raster überlegt und an alle Kollegen des Rettungsdienstes, der Feuerwehr und Leitstelle sowie die Arbeiter verteilt - that's it. Kosten für 1800 Blatt Farbdruck und zwei Stunden Arbeit für eine Sekretärin. Aber die BASF hatte es ja vorgezogen, kostenlose Verbesserungen zur Gewährleistung von mehr Sicherheit, stillschweigend zu übergehen - um dann später doch vor exakt der Monate zuvor prognostizierten Problematik zu stehen; in der Praxis zu versagen – zu Lasten eines Patienten.

Das hat bei der BASF freilich niemand so gesehen. Bux & Ködel auch nicht. Zu groß müssen offensichtlich die Anforderungen gewesen sein, kausale Zusammenhänge im Kontext folgerichtig interpretieren zu können.

Sorry – mein Versehen...

Der betroffene Arbeiter hat von dem Hintergrund-Desaster natürlich nichts mitbekommen. Am nächsten Vormittag saß er schon wieder vor mir - etwas erschöpft aber an sich zufrieden und gut gelaunt. Darüber war ich sehr froh

- es hätte auch gänzlich anders ausgehen können. Aber in dem Gespräch mit ihm stellte sich heraus, dass in der Klinik nichts Auffälliges festgestellt worden sei. Nun kannte ich ja mittlerweile das mangelhafte Sorgfaltsbewusstsein der BASF in vielen Facetten - was natürlich die Frage aufkommen ließ, was bei dem Arbeiter binnen weniger Stunden denn überhaupt untersucht worden sein kann.

Natürlich ein hoffnungsloses Unterfangen, dieser Wunsch nach konkreter Auskunft. Ich muss auch eingestehen, dass hier meine sehr opulente, klinische Berufsprägung der Motivationsmotor gewesen sein wird, Derartiges in Erfahrung bringen zu wollen. Und dass ich dabei vergessen haben werde, dass es grundsätzlich nicht dem Aufgabenbereich der HSE-Abteilung zufiel, medizinische Hintergründe zu eruieren oder analysieren. Und schon gar nicht, zu kritisieren.

Aber war nicht grundsätzlich wieder genau diese Einstellung "Das ist nicht meine Aufgabe." das, was viele Probleme erst verursachte? Immerhin könnten diverse Schnittstellen entschärft werden, wenn fachübergreifend und ohne Konkurrenzdenken gearbeitet werden würde. Und wenn man bestimmte Bereiche in Personalunion abdeckt, sollte Derartiges doch förderlich sein!? Die BASF entpuppte sich leider nach und nach als Brutstätte, entsprechendes Mitdenken auszuhebeln und mit allen Mitteln zu konterkarieren – ganz im Sinne des Peter-Prinzips.

Insofern begnügte ich mich mit der bereits erahnten Auskunft, dass die Ursache des kurzen Kollaps´ dem

Zusammentreffen von über 14 Tagen, durchgängiger Arbeit von ca. zehn Stunden am Tag mit wenig Pausen und noch weniger Essen, Trinken und Schlafen geschuldet gewesen sein musste. Als annähernd 60-jähriger Schweißer darf man da ruhig mal umkippen - so lange es nicht beim Schweißen mit Verursachung multipler Kollateralschäden sein würde, dürfte es den Verantwortlichen ohnehin reichlich egal sein.

Was neben dem üblen Beigeschmack des Notruf-Versagens bleibt, ist aber auch die Frage, weshalb ein Arbeiter mit knapp 60 Jahren in einem derartigen Zustand nach Synkope mit schaumigem Mund und „komischen Bewegungen" (so mein anrufender Kollege damals auf Nachfrage seines angegebenen „Zuckens" und „Krampfens") keine 24 Stunden nach Klinik-Aufnahme wieder beim Schweißen auf dem Baufeld vorzufinden war.

Bei dem Umfang an abzuklärenden Aspekten (Blutbild, EKG, EEG, internistisches, kardiologisches und neurologisches Konsil (mit ggf. bildgebender Untersuchung) nebst sämtlicher Diagnostik, verbleiben nur zwei Möglichkeiten des Verlaufs, mit denen ein derart kleines Zeitfenster begründet werden könnte.

Entweder wurden einige der genannten Standard-Untersuchungen unter dem Aspekt der Unterlassung als nicht so notwendig angesehen oder aber die klinische Ambulanz der BASF ist die bzgl. vorgenannter Untersuchungen mit Abstand schnellste Einrichtung Deutschlands und schafft es sogar, ein induziertes Langzeit-EKG von 24 Stunden auf 10 Stunden zu zippen. Denn

entlassen wurde der Patient angeblich noch am Vorabend – also dem Abend des Tages, an dem sich der Vorfall ereignete. Wird gestimmt haben - sonst hätte er auch morgens nicht von seinem Arbeitsplatz geholt werden können, um vor meinem Schreibtisch Platz zu nehmen.

Da ich die erste Variante des Unterlassens keinesfalls annehmen möchte, bleibt nur die Zweite. Allerdings war es angesichts der gegebenen Situation, keinesfalls zu rechtfertigen, den Betroffenen keine 24 Stunden nach dem Ereignis wieder zum Schweißen zu schicken. Nicht gegen ärztlichen Rat und nicht einmal beim Einsatz solch phänomenaler Effizienz klinischer Diagnostik.

Die Hintergründe eines solch einschneidenden Vorfalls mit möglichen Entgleisungen im Stoffwechsel kann man in dem Alter heutzutage offensichtlich problemlos binnen weniger Stunden rückstandslos klären und ggf. sogar kompensieren...

Und dass eine in Folge die verursachende, multifaktoriell belastende Situation unmittelbar wieder aufgenommen werden kann, danken wir ebenfalls der so überaus zügigen Diagnostik und Therapie...

Ok – mal Tacheles und die ganzen diagnostischen Ausschlüsse möglicher neurologischer und/oder kardialer Ursachen einmal außen vor gelassen - zum Schweißen hätte dieser Mann jedenfalls noch nicht gedurft.

Wo sind wir denn? Ach ja... BASF...

Gut. Ich musste also einsehen, meine ewige Kritik am deutschen Gesundheitssystem zu mildern - immerhin hatte mir der Ablauf doch deutlich aufgezeigt, wie effizient eine solch komplexe Diagnostik in der Praxis ausgeführt werden konnte. Zumindest bei der BASF.

Im Ernstfall - also in einem richtigen Ernstfall, bei dem der Arbeiter nicht nur eine kurze, mutmaßlich der temporären, körperlichen Konstitution geschuldete Synkope erlitten hätte, sondern beispielsweise einen Herzinfarkt, hätten die Abläufe (trotz quasi Sichtweite) rund 30 Minuten bis zur ersten medizinischen Grundversorgung bedeutet.

Wohlgemerkt; Basismaßnahmen – keine Ursachenkompensierende Therapie!

Vielleicht sollte sich mal ein örtlich ansässiger Bestatter darum bemühen, bei der BASF einen Bereitschaftsdienst einzurichten. Dumm nur, wenn dieser dann im Ernstfall vor den Rettern eintreffen würde - obgleich dann die Situation der „aktiven Sterbehilfe" mal aus einer bis dato gänzlich unbekannten Sichtweise beurteilt werden könnte. Zumindest wäre dann aber der kurze Dienstweg pragmatisch zu verstehen.

Das ist gehässig? Nun ja, es war nicht das einzige Szenario seitens der BASF verfehlter Notrufe – es zeigte sich vielfach ein erhebliches Versagen in der Kommunikation und Ortskenntnis, wenn es um Notrufe ging. Selbst mit Krankenwagenanforderungen (also ohne Zeitdruck) hatte die Leitstelle so ihre Probleme…

Da können alle Beteiligten -der Leitstellendisponent allen voran- sehr froh sein, dass der Arbeiter initial keine Medikamente benötigte und auch nicht in irgendeinem Komplex in der fünften Ebene gelegen hatte. Dann wäre die Verzögerung ggf. rasch auf 60 Minuten oder darüber angestiegen. Schließlich wird, wer schon vorgibt, das Baufeld zu kennen und sich mehrmals hoffnungslos verhaut, auch keine Beschreibung mit Himmelsrichtungen interpretieren können – so meine einfache und freche Konditionierung.

Noch weiter gedacht, hätte ein durch einen Kollaps bei der Schweißarbeit verursachter Brand -es gab immerhin viele Bereiche, in denen eine hohe Brandlast durch Hölzer, Paletten, Einhausungen (u. A. durch unzulässige, nicht feuerhemmende Planen), Chemikalien (z.B. Öle, Lacke, Kleber, Lösungsmittel etc.) und auch Gas-Bevorratungen gegeben war- ein wesentlich folgenschwereres Szenario nach sich ziehen können.

Ein derartiges Szenario wäre interessant in der Beobachtung gewesen – für dessen Abarbeitung nach BASF-Schema. Gewünscht hätte ich es freilich niemandem.

Zum Vergleich: Der Flughafenbrand 1996 in Düsseldorf fing auch sehr harmlos an - bis später mangelhaft umgesetzte Kommunikation und eine den Einsatzkräften fehlende Planübersicht (!) zur hoffnungslosen Überforderung der gesamten Flughafenfeuerwehr, der Düsseldorfer und weiteren Feuerwehren führten. Erst etwa fünf Stunden nach Ausbruch des Feuers war der Brand unter Kontrolle – durch etwa 1000 (!) Feuerwehrleute (zur Erinnerung: die

Werkfeuerwehr der BASF hat nach eigener Aussage tagsüber rd. 80 verfügbare Kräfte). Das Ergebnis seinerzeit waren 17 Todesopfer und 88 Verletzte – ohne die Dynamik eines hochgiftigen und hochexplosiven Umfelds, wie es bei der BASF gegeben ist.

Ein derartiges Debakel in ein für Ende Mai geplantes Szenario hineingedacht, bei dem unter einer absolut dilettantischen Ausarbeitung der Notfall-Prävention inmitten hunderter Arbeiter zwei Großkessel mit giftigen Chemikalien Tankwaggon-weise über Tage befüllt werden sollten - die Katastrophe wäre in ihrem Ausmaß nicht fassbar.

Im übrigen Tagesgeschäft wurde ein weiterer, recht junger Kollege -hoch qualifiziert- ausnahmsweise von Erich eingearbeitet. Als ich nach einem langen Wochenende zum Dienst zurückkam, stellte sich heraus, dass ich einiges nacharbeiten musste - mit der Erreichbarkeit angefangen.

Ergo machte ich zunächst einmal den Dienst mit ihm zusammen und begleitete ihn. Er war Deutscher, hatte Wurzeln im arabischen Raum und wohnte in der Nähe. Er war motiviert - und sprach mich sofort und offen über die ganzen Abfolgen hier an. Schnell wurde er konkret - auch mit seiner Ansicht, dass viele Dinge so, wie sie bei der BASF liefen, nirgendwo auf der Welt jemals durchgehen würden - wie er denn so etwas im Alltag zu händeln hätte.

Er hatte sich einige Dinge bereits in den ersten Tagen „geleistet". Es ging um die Regulierung von Sachverhalten, in denen er zu 100% Recht hatte. Nur die Art der Umsetzung gefiel nicht jedem. Insofern musste er daran arbeiten. Hat er auch. Und das war gut. Bei dramatischen Situationen setzte er sich unweigerlich durch - das Arbeitsschutzgesetz steht oben. Seine Reaktionen waren durchweg gerechtfertigt - schade nur, wenn man damit jemanden traf, der Fisch beruflich übergeordnet war - oder jemanden, der so einen kannte.

Welches Gewerk es auch betrifft, ob Geschäfte aus dem Puff oder "nur so" befreundet, ist grundsätzlich egal, denn Druck entweicht nach unten... Leider ist der vielversprechende Kollege wieder gegangen worden - Fisch mochte es nun mal nicht, jemanden da zu haben, der in seinen Fachbereichen nicht nur besser war, sondern ihn auch noch aufgeklärt hat (obgleich es davon viele gab). Insofern hatte Fisch nur Kollegen um sich geschart, von denen er nichts zu befürchten hatte oder von denen er sich Bereicherung versprach. Fisch war der Druck, den er hatte, anzumerken – immer deutlicher. Und er war ihm nicht gewachsen.

Schade um den Kollegen – er war exzellent. Seine Standzeit dürfte mit unter einer Woche den Rekord halten.

Wenn er auch keine wirkliche Führungsperson war - und derartige Qualitäten schon gleich gar nicht besaß, so hatte Fisch es dennoch geschafft, "seine" Leute entsprechend weitestgehend für sich einzuordnen - oder abzuschieben. Bei

Ahab war das der Fall durch aktives Unterlassen und auch bei mir würde es irgendwann der Fall sein - so dachte ich schon lange. Allerdings war offensichtlich noch nicht die Zeit gegeben, in der er aufgrund meiner Nischentätigkeit mehr an Druck von oben zu befürchten hatte, als er derzeit noch von ihr profitierte.

Der Druck, unter dem Fisch stand, wurde zudem zunehmend intensiver. Er ließ bei den Schwachen seinen Druck ab. Da war wieder unser Nanni - sein Quoten-Erfüller, der Vieles abbekam. Häufiger musste ich Fisch von seinen Ego-Trips herunterholen und seine Aussagen deutlich relativieren. Für Menschen, die ihn nicht so kannten, wie ich, war er unangenehm. Aber auch für ihn wurden immer mehr Dinge unangenehmer. Einfach, weil er sie nicht verstand.

Je näher das Ende des Projektes rückte, desto komplexer wurden Anforderungen an die Organisation und desto weiter distanzierte sich das operative Niveau von den Ebenen, die für Fisch noch nachvollziehbar erschienen.

Nicht schlimm, wenn man es gewohnt ist. Bei Fisch jedoch kam zunehmend seine Bundeswehrzeit durch. Umfangreiche und fachübergreifende Organisation? Machen andere, so muss er gedacht haben. Nachhaltige Entscheidungen zu treffen, kannte Fisch nicht. Für ihn war eine Entscheidung direkt und sichtbar, zunehmend seltener um eine Ecke gedacht. Es mündete zwar nicht alles in blindem Aktionismus, dennoch schien mittlerweile Vieles aus der Hüfte geschossen. Dem System hörig adaptiert und ausführend - so offenbarte sich sein Verhalten zunehmend.

Allerdings konnte ich bisher in meiner sehr speziellen Fachausrichtung noch immer davon profitieren, dass Fisch sich um eine laterale Führung bemühte. Bemühte heißt, er bemühte sich - nicht mehr. Genau genommen, ließ er die meisten Leute irgendwie "machen" und schiss diese wieder zusammen. Solange, bis ein Prozess nicht mehr kompensierbar war und von Prinzip wegen dekompensierte.

Dann gab es eine Neubesetzung und das Spiel ging von vorne los. Auf einem von Haus aus unorganisiertem Baufeld wie dem der BASF, durchaus umsetzbar, weil unauffällig. Und wie die Zeit zeigte, sogar recht erfolgreich. Bei einem langen, kontinuierlich progressiv verlaufenden Projekt mit "Rotem Faden", wäre Fisch vermutlich ganz schnell baden gegangen. Vermutlich aber hätte ihm ein entsprechendes Projekt auch niemand erst übertragen.

Es wurde ihm auch zusehends unangenehmer, wenn ich Dinge entschied und ihn vor vollendete Tatsachen stellte. Es waren stets Dinge, die notwendig waren und deren Umsetzung keinen Aufschub bedurften oder deren Aufschub deutliche Mehrarbeit bedeutet hätte.

Manchmal war es etwas Kleines - etwa eine Bestellung für das Büro. Manchmal war es etwas Organisatorisches in Abläufen.

Mitgeteilt hat er seinen Groll mir gegenüber nie - gemerkt hat man es trotzdem.

Der Kopf ist rund, damit das Denken...

Ismael kam eines späten Nachmittags ziemlich angefressen zurück ins Büro. Er teilte mir mit, dass in meinem Abschnitt ein Kranführer sei, der ihm gesagt habe, dass er für zwei Meter Flucht- und Rettungsweg nicht extra den Kran anders positioniere. Ismael war ein Ass in dem Bereich "Kran". Er hatte so ziemlich alle Führerscheine und ist per Kran jahrelang in ganz Europa unterwegs gewesen. Solche Aussage ihm gegenüber war schon frech.

Es war ein mir sehr bekannter Kranführer. Er musste sich meinetwegen bereits bei seinem Chef zweimal für deutliches Fehlverhalten und Ignoranz rechtfertigen. Ich bin seinerzeit mit seinem Chef so verblieben, dass wir ihn beim nächsten Vergehen vom Feld schicken würden.

Ismael durfte ihm formal keine Ansage machen - aber ich. Ich hatte praktisch wenig Ahnung von Kränen - aber Ismael. Also zog ich mich an und wir gingen zu zweit sofort wieder hin. In Kürze wäre Feierabend gewesen, da mussten wir zügig sein.

Beim Kran angekommen, fuhr der Kranführer den Ausleger gerade ein. Es stellte sich heraus, dass es doch ein anderer als der angenommene Bekannte war und der bereits Angemahnte temporär auf einer anderen Baustelle eingesetzt wurde. Clever - offensichtlich wollte man hier der nächsten und letzten Aktion unsererseits zuvorkommen.

Gut - nun zu ihm. Auf das Nachhaken, bestätigte er seine Einstellung, den Kran so belassen zu wollen. Er war reichlich beratungsresistent. Bis ich ihm gesagt hatte, dass die Aktion des Kollegen eine good-will-Geschichte wäre und wir ihm nicht zwingend entgegenkommen müssten, sondern im Zweifel die Karte des Gesetzes ziehen würden – und die wäre rot.

Arbeitssicherheit hat nun mal Vorrang.

Würde also seinerseits eine derartige Anweisung nicht befolgt, gäbe es eine Stilllegung und den Verweis vom Baufeld (was angesichts der ganzen Vorgeschichte um den Kollegen bei seinem Chef sicher keinen positiven Eindruck hinterlassen würde) – so die Ansage. Kein Wenn. Kein Aber. Sondern nur so.

Natürlich nur, wenn er nicht bereit wäre, den von Ismael vorgeschlagenen Kompromiss einzugehen.

Immerhin redeten wir über Flucht- und Rettungswege, die -wieder mal- nicht angemessen vorhanden waren. Ein Wissen, das zum täglichen Brot der Kranführer gehört und ohne dessen Gewährleistung sie ihre Monstren nicht einmal positionieren dürfen. In diesem Fall besonders schlimm, da dieser Kran den einzigen Fluchtweg aus dem Komplex versperrte hatte, weil der Komplex auf der anderen Seite derzeit baubedingt unzugänglich war.

Weil am nächsten Morgen aber sein Kollege den Kran bedienen sollte, hinterließ der Kranführer demjenigen eine Nachricht, sich vor der neuen Inbetriebnahme im HSE-Büro zu melden. Es verlief alles gut - der Kollege meldete sich, der Kran wurde umpositioniert und Rettungswege waren wieder da. Aber zuerst immer die gleiche Laier. "Aber dann komme ich da oben nicht ran." war verbreiteter Standard unter den hiesigen Kranführern.

Schön, dass Ismael dabei war und fachlich gesicherte Lösungen vorschlagen konnte... Immerhin war er einer der Wenigen, die alle Seiten kannten – von der Arbeitssicherheit angefangen über Bauleiter bis hin zum Kranführer. So waren sein Blick und seine Lösungsvorschläge eben auch deutlich umsetzbarer für alle als nur die Ansicht eines Kranführers.

Ismael erschien wirklich als universell einsetzbar - eines Tages kam er zurück von seinem Tages-Turn und berichtete von einem Feuer im Baufeld. In einem Generatoren-Haus hatte wohl ein Generator Feuer gefangen und in Folge brannte es ordentlich in der Anlage. Ich hatte es bereits tagsüber als Meldung vom Feld vernommen, wusste aber auch, dass es bereits wieder gelöscht war.

Glücklicher Weise waren (noch) nirgendwo in der unmittelbaren Umgebung Chemikalien eingelagert oder Mitarbeiter aktiv, so dass ein solcher Brand -zumindest noch- auf das Generatoren-Haus beschränkt war.

Ismael erwies sich auch in Ausnahmesituationen als Pragmatiker. Während alle anderen schnellstmöglich den Gefahrenbereich verließen, ging er dorthin und schaute nach -soweit er konnte-, ob sich dort noch Arbeiter aufhielten. Ich weiß nicht mehr, ob er auch aktiv versucht hatte, zu löschen.

In jedem Fall aber wurde er von einem Feuerwehr-Kollegen deutlich verwarnt, sich dem Feuer überhaupt genähert zu haben - dies wäre schließlich Aufgabe der Feuerwehr.

Aufgaben hin oder her – man muss sie ja auch erfüllen, seine Aufgaben. Und wie insuffizient diese Feuerwehr mitdachte, wussten wir ja Dank der Alarme, Notrufe, ausführlichen Gesprächsbereitschaften und Preis gegebener Inhalte bzgl. Krisensituationen nur zu gut.

Situationsbezogen wurde mir das sogar erneut bestätigt, in dem mir ein Feuerwehrmann später mitgeteilt hatte, dass die zu dem Generatoren-Brand anrückende Feuerwehr nicht -wie im Zivilbereich seit zig Jahren (fast) Standard- durch einen Rettungswagen begleitet wurde, sondern autark angerückt wäre. Auf Nachfrage bzgl. des fehlenden RTW war die Erklärung: "Es war ja kein Verletzter vor Ort."

Meinen Gedanken auszusprechen, dass man das erst mit Eintreffen hätte wahrnehmen können und es sich dann ggf. nicht mehr um Vorbeugung gehandelt hätte, hatte ich in Verbindung mit meinem Wunsch einer Aufklärung dann doch sofort wieder verworfen – es hätte sichtlich eine Überforderung des mir gegenüber stehenden Grisu-Kollegen bedeutet.

Welch eine Logik - der fehlende Gedanke suffizienter VORbeugung schien sich durch die ganze BASF zu ziehen - oder sollte man den Ablauf unter vorbeugender

Nachalarmierung einordnen? Vielleicht hätte man es auch sekundäre Vorbeugung nennen können.

Es dürfte evident sein, dass in den allermeisten Fällen von Brand, Rauch und Feuer auch mit Personenschaden zu rechnen ist. Entweder durch den Betroffenen vor Ort, eigentlich Unbeteiligten (z.B. Zeugen) oder auch Feuerwehrpersonal selbst.

Ach – guck´ an...

Insbesondere sollte auch dort mit Verletzten durch Rauch, Feuer oder auch die Druckwelle einer Explosion gerechnet werden, wo sich 1500 Menschen in 50 Metern Luftlinie Entfernung zum Brand oder der Explosion aufhalten, so dass sich die Vorhalten (im Fachjargon die übliche „Bereitstellung") eines RTW förmlich aufzwingt – auch, wenn diese Versorgungs-Ausrichtung nicht de ipso gefordert oder flächendeckende Gesetzesvorgabe ist.

Und wenn es gar keine Explosion gegeben hat und alles unnötig aufgebauscht würde?

In dem Fall sollte man sich lieber die Frage stellen, was man mit all den Grisus` machen würde, wenn es bei voller Brandausdehnung zu einer Explosion kommt.

Eine solche Wahrscheinlichkeit bei erhöhtem Vorhalteaufkommen von Gefahrstoffen soll ja durchaus gegeben sein – habe ich mal gehört. Und wie man diese Möglichkeit der Katastrophen-VORbeugung quasi gezielt versauen kann, hat die Explosion in 2016 gelehrt: Medienberichten zu Folge soll dort noch nachrückendes Feuerwehrpersonal durch eine Folgeexplosion tödliche Verletzungen erlitten haben...

So tragisch dieses fachliche Versagen ist – bei all der Ignoranz konnten Ismael und ich über diese wieder mal sehr praxisfremde Umsetzung der so umfangreich propagierten Gefahrenabwehr nur noch herzlich lachen. Gefahren-Betreuung hätte bei der BASF grundsätzlich besser gepasst.

Es war ein Trauerspiel; Arbeitsschutz, Alarmierungen, Planungen, Organisation, Struktur, Führung, Notrufe, Klinik, Fachkompetenzen, Feuerwehr - alles war ein Desaster. Ein großer Müllhaufen. Immer. Und jederzeit.

Eines Tages wanderten Fisch & ich wieder einmal zusammen über das Baufeld. Das hatten wir öfter gemacht, wenn es verschiedene Dinge zu besprechen gab. Und davon gab es viele. Sehr viele. An dem Tag gesellte sich Nanni zu uns und wir tauschten uns gemeinsam aus.

Wir überquerten eine Absperrung, um uns über bestimmte, operativ auszuführende Maßnahmen zu erkundigen. Abkürzungen nahmen wir nicht einfach querfeldein, denn auch für uns galten grundsätzlich die abgesperrten Bereiche als erst mal nicht zu betretendes Areal.

Einer der dort tätigen Arbeiter hatte uns gesehen - und kam auf uns zu. Er war schmächtig, durchschnittlich groß und erweckte einen eher unsicheren Eindruck. Respekt, dass er seiner Pflicht nachkam und uns auf die Absperrung aufmerksam machte - nur allzu häufig bemängelten wir zu nachsichtiges Verhalten in Bezug auf die Einhaltung gegebener Absperrungen. Sie hatten ja schließlich einen Sinn.

Er sprach uns in Englisch an und bat uns, das Areal zu verlassen. Freundlich und neutral. Bevor ich noch richtig Luft holen konnte, fuhr Fisch aus der Haut. Das war keine Reaktion – das kam einem Reflex gleich. Völlig unbegründet und ohne jedweden Anlass, schrie Fisch den jungen Arbeiter in einem gebrochenen und schlimmen Englisch an, dass dieser wie begossen vor uns stand.

Der Junge verstand die Welt nicht mehr – so viel war klar. Fisch fühlte sich als "alleiniger Herrscher" "seines" "eigenen" Baufeldes. Er hätte mit einem der obersten HSE-Manager des Haupt-Kontraktors gesprochen und es wäre "sein" Feld – so seine geschrienen Worte.

Geschrien wohlgemerkt - flankiert von der gewohnt-bekannten und nach Bestätigung haschenden Gesichtsmimik prekärer Männlichkeit, stand Fisch völlig neben sich und glich Asterix, wenn der seinen Zaubertrank verhaftete.

Nanni und ich schauten uns sehr verdutzt an - weder hatte der junge Mann uns unbegründet zurechtgewiesen, noch ist er uns sonst wie unfreundlich angegangen. Ganz im Gegenteil: Er hatte nur seine Pflicht erfüllt – wie von uns verlangt. Und warum wir das Areal betreten, stand ja nicht auf unseren Helmen. Auch nicht, wenn sie orange waren.

Ich schickte Fisch und Nanni vor und sagte, dass ich ihnen gleich folgen würde. Bei dem jungen Arbeiter verbleibend, rückte ich das Verhalten von Fisch gerade -soweit dies machbar war-, lobte ihn noch einmal ausdrücklich und dass er seine Aufmerksamkeit und Konsequenz auf alle Fälle auch beibehalten solle – auch gegenüber uns Safetys.

Ich hoffe, ich habe ihm damit nicht geschadet. Später gesehen habe ich ihn jedenfalls nicht mehr.

Sich dem Rundgang einige Tage später anschließend, folgte eine Baubesichtigung mit dem obersten Vorstand unseres Vereins - einem Deutschen und einem Niederländer. Trotz umfangreicher Vorplanung seitens Fisch, konnte er selbst ganz urplötzlich und überraschender Weise nicht mehr teilnehmen - warum auch immer. Ergo „fiel" die Wahl auf mich. Kein Problem - ich hatte noch etwas zu tun und wollte dann gleich starten.

Als ich wieder eingetroffen war, hörte ich, dass unser Projektmanager bereits hektisch nach mir suchte, weil alle starten wollten. Ja doch, gut - dachte ich mir. Ich ging nochmal kurz auf Toilette und danach konnten wir los.

Aber auch das war für den Guten wohl zu viel. Den Vorstand deswegen warten zu lassen, war ihm wohl unangenehm. Tja - so war das eben, wenn derart gewichtige Termine nur unzureichend koordiniert – oder eben ganz spontan abgesagt werden müssen.

Zudem handelte es sich um einen Vorstand. Einen von Millionen auf der Welt. Und nicht um den Dalai-Lama.

Wir starteten noch am späten Vormittag. Die beiden Vorstandmitglieder stellten sich als recht umgänglich heraus. Der Deutsche etwas weniger. Er stand womöglich unter der Fuchtel des Niederländers und musste sich beweisen - so schien es jedenfalls. Ich erzählte ein wenig zum Fortschritt des Baus, gab aber lieber dem Niederländer Auskunft auf seine Fragen (zumindest, soweit ich konnte). Der Schnack war angenehm - eine Mischung aus Deutsch, Englisch und Niederländisch – sehr sympathisch...

An der Kammer, dem Chamber angelangt -dem Herzstück der späteren TDI-Anlage-, erwähnte der deutsche Vorstand, dass er noch mehr Leute beauftragen müsse, die Aktivitäten der Arbeiter versteckt zu überwachen. Diese sollten nicht so viel Pause machen, sondern mehr arbeiten.

Und wer Pausen machen würde, solle fliegen - schon als Exempel, so etwa sein lauthals kund getaner Gedanke. Wo kam der her? Ach ja, aus Leipzig. Alter um die Mitte 50 - das erklärte natürlich seine mutmaßlich historisch bedingte, konspirative Grund-Veranlagung.

Er schien mir auch so ein leicht prekärer Zeitgenosse...

Ich entgegnete ihm, dass es angesichts derzeitiger Arbeitsumstände eher ein kontraproduktives Signal sei, Arbeiter aus Gründen einer vielleicht fünf Minuten überzogenen (Mittags-)Pause nach Hause zu schicken.

Kurz folgend, erklärte ich ihm noch einige Situationen, die eher menschenunwürdig waren und uns als Folge -auch unter Zuhilfenahme zurückliegender Diskrepanzen- eher in eine vulnerable Verteidigungs-Position verbrachten, als dass sie zuließen, sich auf die fordernde Seite zu stellen - und dies darüber hinaus durch Exempel offen zu demonstrieren.

Logisch – es war natürlich nicht das, was der Vorstands-Kollege hören wollte. Ich denke, er war da über einige Jahrzehnte hinweg eindeutig und gegensätzlich geprägt – vermutlich auch ein Erziehungsproblem. In seiner aktionistischen Art war er Fisch recht ähnlich.

So war die Situation – und Fisch war ja nicht da. Und Hygienetücher, um ihn feucht abzuwischen, hatte ich auch grad nicht zur Hand.

Der Konzern hatte schließlich nichts davon, dergestalt insuffizient weiter zu machen, wie bisher. Kurzfristig vielleicht. Langfristig: nein. Der Niederländer hatte geschmunzelt und es sichtlich genauso gesehen, der Deutsche wirkte etwas irritiert bis mental verkrampft – vielleicht hätten Feuchttücher bei ihm doch geholfen.

Wir gingen dann weiter - gesagt hat der Deutsche danach zu dieser Thematik nichts mehr. Still war er - schade.

Aber gut - bedankt haben sich dennoch beide für den Rundgang.

Von Bienen und Keimen

Es war etwa die Zeit, in der ich jetzt auch zum X-ten Male nach Augenspülflaschen gefragt hatte. Angesichts der Häufung, mit der meine Prognosen bzgl. Augenverletzungen eintraten -im negativen Ausmaß- hielten es Bux & Ködel jetzt wohl für ratsamer, tatsächlich Augenspülflaschen zu deponieren.

Nicht wirklich überraschend: die Menge der Verfügbarkeiten war klar: acht sollten es sein. In den Holzverschlägen.

Prima. Bei knapp 20 Euro Bruttokosten pro Flasche eine grenzwertige aber gerade noch überschaubare Investition in die Prävention.

Im Gegensatz zur Mystik, in der die 8 als Symbol des Unendlichen gilt, bedeutete die 8 bei der BASF alles andere als unendlich. Sie bedeutete, dass man sich im Kreis drehe. Und dass alles begrenzt war. Auf acht. Die Tatsache, dass man bei der 8 im Verlauf die Richtung wechselte, könnte man noch als gewollt interpretieren, damit die Wiederholungen im Kreis genauso wenig auffallen, wie die Begrenzungen in den Verfügbarkeiten...

Vielleicht bedeutete die 8 aber auch, dass am Ende nur acht überleben sollten?! So, wie es biblisch aus dem Kapitel mit Arches Noah überliefert ist...

Egal - für meinen Plan über das Baufeld - mit Raster, hatte ich auch grünes Licht bekommen. Noch besser. Bux, Ködel, Fisch und ich vereinbarten, den Plan entsprechend allen Verantwortlichen zu überreichen und auch der Feuerwehr als must-have vorzulegen.

Es war bis dahin tatsächlich so, dass sich einige meiner im Manuskript festgehaltenen Befürchtungen und Prognosen bereits ereignet hatten. Glücklicher Weise nur die Kleinen. Bei den größeren Szenarien wäre ich auch nicht wirklich gerne vor Ort gewesen - dann hätten wir von Explosionen gesprochen, Gasaustritten in großer Dimension und kompliziertesten Rettungsszenarien...

Die Anfertigung des Plans dauerte ein paar Tage, da ich ja auch noch andere Dinge zu erledigen hatte. Als ich die Augenspülflaschen erstmals auf dem Baufeld in ihrer ganzen Schönheit betrachten durfte, war klar, dass diese ein Dilettant angebracht haben musste. Natürlich waren zwei in den Häuschen, die ohnehin versteckt und kaum zu erreichen waren. Blieben sechs. Von denen wurden vier eben dort an der Innenwand der Häuschen angebracht, wo den halben Tag die pralle Sonne draufschien – bereits im März. Nicht gut für zugelassene Medizinprodukte - wenngleich es sich hierbei auch nur um die Variante einer sog. Kochsalzlösung handelte.

Ich unterstelle, dass fast alle Menschen (insbesondere die, die Kinder zu Hause haben) wissen, dass man die meisten angebrochenen Medikamente (und auch für den Verbrauch gedachten Medizinprodukte) nach Anbruch idealerweise in den Kühlschrank, auf keinen Fall jedoch in die Sonne packen sollte.

Als Faustformel in der Pharmakologie weit verbreitet gilt, dass sich der Reaktionsablauf bei der Vermehrung von Keimen, pro Erhöhung von 10° Celsius etwa verdoppelt. Einfach zu merken.

Einen linearen Verlauf in der Keimvermehrung angenommen (was natürlich unrealistisch ist, da sich die Vermehrung in Bezug zum Keim und weiterer Rahmenbedingungen individuell exponentiell verhält) und gleicher, fiktiver Annahme für Sonne und Schatten im frühen Frühjahr sowie um die 10-15°C tagsüber, hätten sich die Augenspülflaschen in der Sonne problemlos auf 40°C aufgeheizt. Und das bei gebrauchsfertigen Einmal-Artikeln.

Auf die Augenspülflaschen wurde seitens Bux & Ködel nicht wirklich hingewiesen. Deren Gebrauch, resp. Umgang wurde schon gar nicht erklärt. Wie auch - schließlich kannten Bux & Konsorten ihn offensichtlich ebenso nicht.

Das geht schon damit los, dass man solche Produkte nicht in die pralle Sonne packt...

Insofern dürfte sich aufgrund deren Positionierung an ¾ des Tages die potenzielle Verbrauchsfähigkeit der Spül-Lösungen deutlich und weiter zunehmend reduziert haben. Vermeidbar – und nur durch die Vervierfachung des Keim-Wachstums in der prallen Sonne herbeigeführt.

Was sich zunächst als Pedanterie darstellen mag, wurde aufgrund meines damaligen (noch-) Verdachts etwas später dann wie befürchtet, allein durch die Art der Anwendung real bestätigt.

Bei medizinischen Einmal-Artikeln, liegt die Betonung (und auch Zulassung) auf EINMAL und nicht Produkt oder Artikel. Derartige Produkte müssen zwingend nach einmaligem Gebrauch entsorgt werden. Vermutlich war das aber wieder zu teuer. So kam, was kommen musste - jeden Tag war eine andere Spül-Lösung mehr benutzt, als zuvor.

Es ist mehr als verständlich, dass täglich mehrere Arbeiter das Bedürfnis hatten, sich die Augen zu spülen. Schweiß, Schleifstaub, Funken und Sandstaub oder Getier bringen die Augen schnell zum Brennen - auch, wenn keine Verletzung vorliegt.

Nach den ersten Tagen waren die ersten Flaschen fast leer und im Augen-Spültrichter versifft, bekleckert und verklebt. Man stelle sich vor, der vielleicht achte Nutzer des Tages zu sein, der mit verschwitzten und noch nicht vom Dreck des Tages (dazu gehören auch multiforme Kolibakterien vom Baufeld-Klo) befreiten Fingern, den Augenaufsatz öffnet, dabei Reste der vorgenannten Mehrkomponenten-Schmiere genetisch unterschiedlichster Organismen am Trichter abstreift und sich diesen auf sein eigenes, verschwitztes und von Schmutz verklebtes Auge unter Ausübung leichten Drucks selbstdichtend aufsetzt.

Vielleicht hatte der Vornutzer neben übermäßiger Talgproduktion und schuppender Akne auch ein wässerndes Gerstenkorn – oder bereits eine eitrige

Bindehautentzündung (was angesichts der Häufung der Bindehaut-Reizungen vor Ort sogar recht wahrscheinlich war). Das Ergebnis einer eitrig-talgig-verschwitzten Dreck-Emulsion dürfte man nicht wirklich mit "lecker" beschreiben können – zudem bei 30 bis 40°C in der mitunter prallen Sonne noch quasi als „Kultur" angelegt. Jeder Laborant dürfte sich angesichts dieser simplen Abläufe Gedanken machen, ob seine Art einer Kulturanlegung mit Petrischale im Brutschrank noch „up to date" ist.

Vielleicht hätte man den Prozess noch als eine Form der „aktiven Immunisierung" rechtfertigen können – ich bin mir sicher, die meisten hätten es geglaubt.

Bindehautentzündungen lassen sich im Sommer schon hervorragend durch Sonnenbrillennutzung allein übertragen – dazu benötigt man nicht noch Augenspülflaschen, um den Prozess einzuleiten.

Einige solcher Hinweise verleiteten Bux & Ködel dann doch tatsächlich dazu, die Flaschen nach dem ersten Anzeichen der Benutzung auszutauschen - wider Erwarten. Das aber war täglich notwendig - manchmal sogar mehrmals. Was zur Folge hatte -man ahnt es schon-, dass irgendwann ein weiteres Austauschen wieder nur noch dann erfolgte, wenn die Flaschen leer waren.

So wurden die (also meine) Erwartungen dann doch noch erfüllt - zumindest bedingt. Anders herum wäre die Enttäuschung für mich auch zu herb gewesen…

Den Hersteller auf den Gebrauchszustand angeschrieben, bestätigte dieser noch einmal den meinerseits angemahnten Umgang mit den med. Verbrauchsprodukten – natürlich als EINMAL-Artikel.

Im Ergebnis waren die Erste-Hilfe-Ausstattungen also nach wie vor defizitär in der Ausführung und durchweg Mängel-behaftet im Zustand. Zusätzlich nahmen dann - mitten in der heißen Bauphase- auch die Verstöße der Arbeiter wieder zu. Aufgrund der reichlich diskrepanten Situation mit der Melde-Kaskade für Sanktionen, erwogen wir, selbst Sanktions-Karten zu erstellen.

Das machte insofern Sinn, als dass wir nicht immer Gefahr liefen, Arbeiter durch Meldung an den Haupt-Kontraktor ans Messer seiner Willkür zu liefern. Denn eines war klar - der Haupt-Kontraktor und unser Verein waren sich noch immer aufgrund der Gerüstgeschichte und mittlerweile unzähliger, anderer Unzuverlässigkeiten, spinnefeind.

Da wir die mit Abstand größten Anteile der Arbeiter stellten -in nahezu allen Gewerken-, schoss man unsere Arbeiter eben weiterhin besonders gerne ab.

Das wiederum führte zu einem rezessiven Sanktionierungsverhalten unserer HSE-Kollegen, was bei einigen der Arbeiter wieder nach und nach dazu geführt hatte, sich in unserer Nähe wie mit einem Persil-Schein zu bewegen.

In einer Gleichung bedeutete das für die Betroffenen:

Großen Mist bauen + erwischt werden von uns = annehmbare Sanktion, meist Verwarnung

Kleinen Mist bauen + erwischt werden vom Haupt-Kontraktor = große Chance auf Feldverweis

Die erste Variante war häufig zu seicht, die zweite fast immer unangemessen hart.

In Folge hatten wir uns mit unseren eigenen Vorarbeitern und Bauleitern besprochen und ein bereits vom Haupt-Kontraktor bestehendes Karten-System grob übernommen. Demnach hatten wir jetzt auch die Möglichkeit, jemanden, der z.b. in gefährlicher Höhe ohne angeschlagene Sicherheits-Gurtung gesichtet wurde, ohne lange Rücksprachen für ein paar Tage nach Hause zu schicken und zu einer extra Schulung heranzuziehen.

Das tat weh und war ok. Es hatte immer Verhaltensdiskrepanzen gegeben, die schmerzhaft sanktioniert werden mussten - aber keinesfalls drakonisch oder zum Zweck als Exempel herhalten sollten, wie Bux & Konsorten es bis dahin gerne umgesetzt hatten.

Erhielt einer von unseren eine Karte - so musste er einen Abriss davon seinem Vorarbeiter geben, der sich dann unmittelbar bei uns meldete. Soweit - so gut.

Der Haupt-Kontraktor verfügte -wie wir auch- über grüne, gelbe, orange und rote Karten. Ich hatte mich schon immer gewundert, wozu es die Grüne Karte gegeben hatte. "Als Belobigung" hieß es dann. Belobigung? Wozu? Dafür, dass jemand seiner grundsätzlichen Pflicht nachkommt?

Dafür, dass er seine Schutzbrille trägt, den Gehörschutz oder Handschuhe anhat? Richtig – etwa so, als wenn man beim Halten an einer roten Ampel, Punkte beim KBA in Flensburg abbauen könnte.

Der Text für eine "Belobigung" auf unserer Karte lautete dann:

"Du wurdest gesehen, dass du deine Arbeit sicher verrichtet hast. Gut gemacht. Dies musst du deinem Bauleiter berichten."

Und als ob der Text an sich nicht dadurch schon peinlich genug wäre, dass er sich in Kindersprache an Erwachsene richtete und an das "Bienchen-Prinzip" der DDR oder eine „Ereignis-Karte" vom „Monopoly für Kinder" erinnerte, gab es dann für den Belobigten auch noch eine Wahl-Überraschung, abzuholen in unserem HSE-Büro.

Kurz zur Erinnerung: Die Arbeiter hatten ggf. (eigentlich meistens) Sprachbarrieren zu überwinden und arbeiteten auch manchmal nicht gerade überzeugend. Sie waren aber nicht von Haus aus debil, so dass man Kleinkindersprache hätte anwenden oder ihnen gar über den Kopf streicheln müssen.

Und denjenigen, die kein Deutsch konnten, wird es egal gewesen sein, was dort draufgestanden hatte. Ein „Super" oder „Gut" wäre da vielleicht noch akzeptabel gewesen. Oder im heutigen Zeitalter: Thums up! – das Piktogramm mit Daumen nach oben.

Die Wahl bei einer Belobigung war zwischen Baseball-Cap und einem T-Shirt (natürlich nur bis Größe L) - beides mit Werbung unseres Vereins. Also nix mit Punkteabbau in Flensburg.

Die Ausgabe wiederum erinnerte mich an die Qualität von Losbuden auf Kirmes und Jahrmarkt und hatte auch etwas von älteren Damen, die sich nahezu überrascht-begeisternd nach einem Arztbesuch recht infantil daran erfreuten, dass der Arzt "sogar" ihren Blutdruck gemessen habe.

Ja, das gehöre nun mal zum Standard eines Arztbesuches und sollte nicht als Aufwertung ärztlicher Leistungen gesehen werden. Oder ob ihn die Krankenkassen hierfür auch extra belobigen würden? Oder vielleicht würde es dafür Smileys von der Ärztekammer geben? Wer weiß…

Wieso also (in dieser Form) Belobigungen ausgesprochen wurden, entzog sich meinem Verständnis.

Und für die jetzt aufheulenden Fachkollegen des Behavior based safety; ja – auch mir ist der verhaltensbezogene Arbeitsschutz gut bekannt. Ich lebe ihn. Aber es kommt auf das WIE und die Dosis der Umsetzung eines Lobs an.

Betonung liegt auf Form, denn Motivation wäre für alle gut gewesen. Vielleicht in Form regelmäßiger Getränkeausgabe – so, wie es eigentlich umgesetzt sein muss. Oder durch die Portion Gulasch im Winter. Oder durch ausreichende Pullover oder Jacken – so, wie es ebenfalls vorgeschrieben ist. Damit wäre vermutlich die irgendwann durchgreifend eingetretene „Egal-Einstellung" vieler Arbeiter verschwunden. Und wenn nicht – die Arbeiter hätten zumindest Bemühungen wahrgenommen, was wiederum zumindest die Einsicht zur Regeleinhaltung und Arbeitssicherheit hätte stärken können.

So aber blieb selbst den Arbeitern nur übrig, über eine Zwangspause, verbunden mit einem zweifachen 15-Minuten-Fußmarsch für eine Schirmmütze in 1-Euro-Qualität, zu lachen. Rechnet man jetzt noch die ½ Stunde Vergütung für den Fußmarsch, das Warten und Gesprächszeit hinzu, in der die Arbeiter keine Arbeit leisteten, war es unternehmerischer Nonsens – das Gulasch wäre vermutlich günstiger gewesen…

Bux und sein Gefolge verteilten regelmäßig grüne Karten. Natürlich ausschließlich an andere Unternehmen und grundsätzlich nicht an die Arbeiter aus unserem Stall. Gewundert hat das nie jemanden.

Die Peinlichkeit als Solche lag aber darin, dass die von Grün betroffenen Arbeiter dann regelmäßig abgelichtet wurden bei der Überreichung eines Gutscheins. Je nach Börsenfüllung und Wetterlage beim Haupt-Kontraktor waren das mal 20 oder 30, früher manchmal sogar 50 Euro - so hieß es- als überreichter Bonus. Sozusagen ein "Mitarbeiter des Monats" - grinsend in der Monatszeitung des Haupt-Kontraktors abgedruckt. Ebenfalls Marketing zum Fremdschämen.

Aber es ging dann doch noch peinlicher. An einem Tag ging ich an diesen öffentlich ausgehängten Zeitungsseiten im Eingangsbereich vorbei und es grinste mich als Mitarbeiter des Monats ein Bekannter an. Erich! Wahnsinn - Erich ist ein Guter. Bestimmt hatte er viele Arbeiter gerettet. Oder einer alten Dame über den Zebrastreifen geholfen. Oder er hat eine besondere Observation-Card geschrieben, die dann -ganz objektiv und notariell unabhängig beglaubigt- gezogen wurde – mit der Verwirklichung einer grandiosen Sicherheits-Idee. Und – er war aus unserem Stall...

Er selbst mochte es mir nicht erzählen - es war ihm wohl zu peinlich. Allein das war schon niedlich, dass Erich mal etwas zu peinlich war. Sollten in ihm etwa doch die Ansätze eines zur Eigenreflexion befähigten Gemütes schlummern?

Das Gerücht hielt sich, dass es tatsächlich die Observation-Card gewesen sein sollte. Ich hatte später dann vergessen, mir den Text zu dem Foto durchzulesen. Schade. War wohl doch nicht so wichtig.

Skurril, dass Erich vorab auffällig gehäuft zusammen mit Bux gesichtet wurde. Im Werk, privat nach Dienst-Ende und bei uns im Büro. Selbst Kollegen berichteten darüber. Meistens habe ich von deren Unterhaltungen nur vernommen, dass es um Materialbesorgungen ging. Lag bei Erichs Handelsgeschäft ja auch nahe. Aber gut - schließlich zieht ja jeder irgendeinen Vorteil aus seinem Job. Und solange es keine Doppelt-Honorierungen in der naheliegenden, ausgedehnten Form waren, sollte doch alles gut sein. Es waren „bestimmt" nur Zufälle, die abendlichen Essen, häufigen Treffen und folgenden Belobigungen...

Die Texte für die Sanktionskarten hatte Fisch ausgesucht - ich hatte die Karten erstellt und dann sollten "unsere" Karten schnellstmöglich angewandt werden.

Nach meinem freien Wochenende stellte ich überrascht fest, dass das noch nicht der Fall war. Fisch sagte, es gäbe noch Probleme mit der Archivierung der Karten. Ich sah mir das über vier Tage von Erich entwickelte "Prinzip" der Archivierung an. Also das der Nummerierung und stellte mit Schmunzeln fest, dass jeder Kollege pro Buchstabe im Alphabet max. zehn Karten vergeben konnte - gleich, welcher Farbe. Das macht natürlich extrem wenig Sinn, da sich allein aufgrund der Herkunft vieler Arbeiter -aus den ehemaligen Ostblockstaaten- die Verteilung bei sich sehr ähnelnden Namen auf wenige Anfangsbuchstaben begrenzen würde.

Fisch schaute mich unglücklich und hilflos an. Sicher war es aufgrund der zu berücksichtigenden Archivierungsparameter nicht einfach - sie sollten schnell auffindbar unter der Farbe, dem Namen des Safetys und auch des Arbeiters sein. Hanni und ich setzten uns zusammen und hatten nach Hannis Idee und kurzer Arbeitszeit ein Schema definiert. Die notwendige, kurze Anweisung an die Kollegen erfolgte stehenden Fußes im Rahmen des Tages-Abschluss-Meetings - und schon am Folgetag konnten die ersten Karten ausgestellt werden.

Wenn man mit einer Sache nicht weiter weiß, sollte man sich zügig Unterstützung holen. Das nennt sich Team-Arbeit.

So ein einfaches System braucht kein Wochenende, um „erfunden" zu werden, sondern einfache, praktische Tätigkeit in der Umsetzung. Danke, Hanni!

Weil die ebenfalls per Agenda geforderten Schulungen langsam anliefen -also auch für uns-, kamen auch wir nach und nach in den "Genuss", Seminare zu besuchen. Für meine Kollegen und mich stand ein Führungsseminar an. Ich hatte bereits diverse Fortbildungen im pädagogischen Segment hinter mir und jahrelang selbst Führungskräfte qualifiziert. Das versprach Spannung.

Insofern war ich sehr neugierig auf das so hoch gepriesene „Leadership-Training". Generell waren es i.d.R. Seminare des Haupt-Kontraktors, die meistens in Englisch gehalten wurden. Unsere Gruppengröße war überschaubar und bestand nur aus unserer Truppe - vielleicht 10 - 12 Mann.

Den Trainer kannten wir alle sehr gut - auch er polarisierte mit seiner Art, die er nach gefühlten 150 Jahren Zugehörigkeit zur britischen Armee wohl auch nicht mehr zu ändern imstande war. Ich fand ihn gut - er hatte stets viel Wert auf Grundwerte und Disziplin gelegt.

Heutzutage aufgrund umfangreicher Vernachlässigung sehr wertvolle Güter - wie ich finde.

Die "Fortbildung", das "Leadership-Training" war gesamtheitlich ganz in Ordnung - allerdings eher etwas für blutjunge, in der Führung noch absolut jungfräuliche Kollegen gedacht.

Aber das war wiederrum insofern ok, als dass ich wusste, was meinen HSE-Kollegen vermittelt wurde.

Es war mit Sicherheit kein Training, durch das jemand befähigt wurde, Gruppen zu führen, geschweige denn, verantwortlich zu koordinieren. Es war -Intensiv- Beweihräucherung als DAS Führungskräfte-Training schlechthin hin oder her- ein Schnupperkurs über elementare Verhaltensmuster im Rahmen einer koordinierten Gruppendynamik. Ein erster Baustein von ganz vielen, sozusagen.

Wer aber auch für ein Training binnen eines halben Tages mehr erwartet hatte als das Gegebene oder sich aufgrund der Anpreisung nach der Teilnahme daran sogar zu mehr berufen gefühlt hatte, dem sei das grundsätzliche Überdenken seiner Berufswahl nahe gelegt, da ihm eine realistische Einschätzung von Kompetenz-Strukturen sowie ausreichende Berufsreife offensichtlich nicht bescheinigt werden kann.

Irritierender Weise, empfanden das Seminar einige Kollegen gesetzteren Alters, als inhaltlich informativ und sogar anspruchsvoll. Bedauerlich, dass es sich dabei um Kollegen handelte, die bereits in Führungspositionen gearbeitet hatten.

Bleibt nur die Hoffnung, dass sie nie wieder dorthin zurückkehren – in den Führungsbereich.

Und Brian lebt...

Es folgte wieder eine dieser klassischen Mampf-Orgien. Die Krönung war, dass ein Vorgesetzter von Bux dabei war und nach einigen Problemen mit den Gerüstbauern, uns aus dem gleichen Grunde wie Bux treffen wollte.

Zuckerbrot & Peitsche...

Dieser Mann erinnerte mich stark an einen ergrauten Eric Idle. Fans von Monty Python wird er ein Begriff sein. Er war auch Brite. Leider nicht mit dem typischen schwarzen Humor (wir wären sicherlich Freunde geworden...), sondern mit senil-grenzdebilem Klimbim-Witz, der in seiner Ausführung an die Start-Ära der Nachmittag-Talk-Shows im deutschen Fernsehen der 90er Jahre erinnerte.

Ich bin mir sicher, dass sich Fans von „Bauer sucht Frau", dem „Dschungelkamp", „Frauentausch" o.Ä. Geißeln deutscher Fernsehunterhaltung auf Ricki-Niveau vor Glück ins Höschen gemacht oder ihre Zunge verschluckt hätten.

Für Normalos hingegen war es Fremdschämen pur.

Darüber hinaus hatte er einen absolut abscheulichen Dialekt. Obgleich mein Englisch einem Vergleich mit Oxford-Englisch sicher nicht Stand halten würde - mit dem Verstehen hatte ich bei den meisten kein Problem. Bei ihm hatten es alle. Es klang, wie eine auf die Briten transferierte Mischung aus Sächsisch, Schwäbisch, Hessisch und Bayrisch in übereinander gelegter Tonspur - ein Soziolekt. Verbunden mit dem Witz eines grenzdebilen Greises nicht wirklich angenehm, wenn man es ernst nehmen musste.

Irgendwann teilte mir einer seiner britischen Jünger mit, dass das TDI-Projekt tatsächlich seine erste Baustelle und er bisher im HSE-Bereich auch noch nie aktiv war. Wenn er auch für das Projekt eine pure Ur-Katastrophe in Konzentrat-Form war - so gesehen schlug er sich sogar überraschend gut. Allerdings erklärte das auch Vieles.

Dieser -zumindest optische- Monty-Python-Verschnitt fing nun an, mit uns in Gruppen Spielchen zu machen. Wir sollten etwas malen, was eine frei wählbare Gefährdungssituation im Verbot darstelle. Oder ein Warnzeichen - so als Piktogramm. Später wurden dann diese „Kunstwerke" hochgehalten und interpretiert - eine Situation zum Fremdschämen ohnegleichen und ohne jeglichen pädagogischen Wert für die Gruppe. Kasperkram hoch Zehn – und leider kein Spaß. Dafür aber wenigstens mit deutlich vierstelligem Kostenfaktor für die über 20 Fachleute x Zeit x Honorar ganz vorn dabei.

Bux erneut darauf angesprochen, dass wir diese Gelage vielleicht häufiger machen, dann aber kürzer gestalten könnten - auch ohne Brötchen, stieß weiterhin nicht auf Gegenliebe. Nicht einmal angesichts dieser auch für ihn sichtlich peinlichen Vorstellung. Zu groß wäre der Verlust der ewig neugewonnenen Zuneigung Abhängiger gewesen. Und zu sachbezogen und suffizient die neusten Erkenntnisse.

Für die Praxis hätte das bedeutet, Macht zu verlieren, Verantwortung zu erweitern und transparenter zu agieren. Klar, dass das nie beabsichtigt gewesen sein wird.

Mir schwebte ein Safety-Day vor – also beratschlagten Fisch und ich irgendwann, so einen Tag als kleines Symposium für die ganzen Vorarbeiter zu veranstalten.

Gesagt, getan. Termin, Inhalt und Umfang waren klar; morgens Darstellungen und Daten unserer Arbeit - flankiert von belegten Brötchen und Kaffee. Danach gemeinsame Baufeldbegehung in drei Gruppen; Fisch, Erich und ich.

Ich skalierte die Präsentation und ließ -absprachegemäß- Erich noch etwa zehn Folien zur Ausarbeitung übrig – knapp die Hälfte und nichts Wildes. Das Layout und die Thematik waren ja bereits vorgearbeitet. Ein Tag vor dem Safety Day kam Erich dann nachmittags (!) an und teilte mir im Vorbeigehen mit, dass er das nicht geschafft habe. Ok – zehn Folien sind kein Problem. Aber wieso wusste ich das nur..?

Selten habe ich jemanden gesehen, der seine Arbeit mit weniger Rückgrat versah und zudem langsamer machte - Flash bzgl. der Geschwindigkeit einmal ausgenommen, wenn er sie denn machte. Flash musste man zugutehalten, dass mutmaßlich wenigstens ein pathologischer Hintergrund gegeben war – und keine Berechnung, wie bei Erich.

Glücklicherweise hatte Erich auch keine großen Aufgaben. Er war für den oberen Bereich des Baufeldes verantwortlich und wir beide hatten unterschiedliche Gruppen. Wenn ich 14-tägig mein langes Wochenende frei nahm, übernahm er auch mein Feld. Und wenn er frei nahm, übernahm ich auch seine Bereiche.

Er hielt sich eigentlich maßgeblich damit auf, tausende Observation-Cards in DIN A6 zu scannen, Statistiken über Personen zu melden, Kunden für seinen Verkauf zu bedienen und seine eigenen Tagesberichte zu schreiben. Allein hierfür benötigte er später bis zu über eine Stunde täglich. Mit seinem Friseur-Gequatsche auch mal deutlich mehr. Einmal wöchentlich besuchte er das ausgelagerte Baufeld von Colli – natürlich nur, wenn er nicht drum herum kam. Fast täglich war er mindestens eineinhalb Stunden im Restaurant - natürlich nicht abgemeldet und dann hat er zu einem beachtlichen Teil seiner Arbeitszeit noch seinen Verkauf von Ausrüstungen der Arbeitssicherheit betrieben. Übergabe? Ich kann mich an keine einzige Übergabe von/durch Erich erinnern. Nicht eine Einzige.

Dafür war er aber eben ein "Netter"...

Der Vortrag von Fisch beim Safety-Day war schrecklich. Er kannte zuvor den Inhalt nicht, musste sich aber unbedingt beweisen und Redner spielen. Schlechte und unstimmige Geschichten zu den Fotos, falsche Interpretationen zu den Tabellen und Diagrammen. Im Rahmen eines Symposiums wird man als Redner für weitaus weniger zerpflückt - zu Recht. Ich als Teilnehmer – ich hätte ihn auf Links gedreht.

Gemerkt hatte es dort jedoch keiner. Für (oder gegen) welche der Parteien -Fisch oder Teilnehmer- das jetzt sprach, lasse ich mal offen.

Ein Kollege war dennoch sehr aufgebracht - aufgrund der Unstimmigkeiten und Missstände auf dem Feld. Ködel war ebenfalls -als Teilnehmer und Repräsentant des Haupt-Kontraktors- dabei und wurde von ihm harsch angegangen. Schließlich war er der (stellvertretende) Verantwortliche für alle Zustände.

Bux wusste indes sicherlich, weshalb er sich nicht blicken ließ. Ködel drohte tatsächlich aufgrund mangelnder Argumente kläglich unterzugehen, denn Begründungen für die unzähligen Verfehlungen gab es keine. Als es zu viel wurde, sprang ich ihm zur Seite und bestärkte seine Position, in dem ich das gesamte Engagement des Haupt-Kontraktors hervorhob, durch das wir schließlich erst in unseren Maßnahmen gut vorankamen. Als sich die Situation entschärft hatte, flüchtete Ködel regelrecht.

Natürlich war die Bestärkung Ködels diplomatischer Natur und eigentlich ungerechtfertigt. Bei aller Kritik musste man aber tatsächlich berücksichtigen, dass jeder einfach meckern kann und unser ureigener Auftrag darin bestand, Situationen zu verbessern. Und wenn Bux & Ködel auch von 100 Verbesserungsvorschlägen 80 ablehnten, zehn gegenteilig ausführten, fünf konterkarierten und fünf sehr zäh zuließen – es war ein Vorankommen. Wenn auch sehr reduziert. Man musste nur zusehen, dass die zehn gegensätzlich ausgeführten Vorschläge als Negativziel vorgeschlagen wurden. Etwas, was man wiederum steuern konnte, sobald man die beiden etwas kennen gelernt hatte.

Offensichtlich hatte Ködel aber meine Unterstützung nicht als Schützenhilfe, sondern vielmehr als Affront interpretiert. Auch gut – und gleichzeitig egal. Es stand zum Mittag das Treffen der Teilnehmer-Gruppen auf dem Plan.

Erich hatte es bereits organisiert…

Und richtig – in Folge ging es schief. Diverse Kollegen beim Rauchen, keine feste Uhrzeit-Abstimmung, keine Aufteilung. Es gab viele Momente, in denen ich mich gefragt hatte, was Erich in seiner Zeit bei der Volksarmee so getrieben haben wird. Es passte so Vieles nicht zusammen mit dem, was er stets erzählte. Zumindest nicht die erzählten Perspektiven. Hätte man die Sichtweisen seiner Geschichten als einfacher Armeeangehöriger um 540° gedreht, hätten seine Positionen wieder Sinn gemacht – und wären zu 100% stimmig gewesen.

In der abschließenden Runde fehlte rund ein Drittel der Teilnehmer aber das Resümee fiel dennoch gut aus und wir beschlossen, noch einen weiteren Safety-Day zu starten. Diesmal war die Ausarbeitung von Anfang an bei Erich - eine Vorlage hatte er ja. Ich war gespannt, wie es werden würde.

Fisch legte mir irgendwann zusammenhangslos einen 3-Zeiler vor. Als Werbung gedacht innerhalb des Vereins-eigenen Internetauftritts. Warum konnte er damit nicht unsere Sekretärin bemühen? Ok - so etwas war auch nicht ihr

Ding. Also gut - durchgelesen und für schlecht befunden. Nicht einmal drei Sätze konnte er so gestalten, dass sie unmissverständlich, richtig und -auch ohne den Anspruch an NLP- wohlwollend gelesen werden konnten. Nicht mal das.

Warum nicht also auch noch Werbung und Marketing übernehmen? Gerne.

Unerwartet erhielt ich -wie auch Erich- Bescheid, dass unsere Werkausweise neu ausgestellt werden mussten. Meiner ging über meine eigentliche Vertragslaufzeit hinaus. Und bei Verlassen des Werkes mussten wir ihn ohnehin abgeben - warum also neu?

Er wurde zu lang befristet, so die Begründung. Die Damen aus dem "Welcome-Office" (der "Zulassungsstelle") durften nur sechs Monate, hatten sich aber vertan und ein Jahr eingetragen. Super - jetzt musste man „im 6. Monat", in Sichtweite des Projektendes im 8. oder 9. Monat nochmal den Ausweis ändern. Also in seiner Gültigkeitsdauer rückwirkend auf sechs Monate verkürzen lassen. Weshalb? Um ihn ganz kurz vor tatsächlichem Projektende aufgrund der dann ja mit dem sechsten Monat abgelaufenen Gültigkeit noch einmal für zwei oder drei Monate verlängern zu lassen. Na, wenn das mal kein effizientes Arbeiten war. Peter-Prinzip for ever!

Lief denn bei der BASF eigentlich irgendetwas im organisatorischen Bereich verträglich?

Aber bestimmt waren die Handvoll Betroffener aus unserem Verein nur Einzelfälle. Schließlich kostet das auch jedes Mal "nur" einen halben Arbeitstag pro Person, da die „Zulassungsstelle" ja außerhalb lag. Im Ergebnis also in keiner Hinsicht günstig.

Mit unseren Foto-Permits verlief es ähnlich - nur etwas gegensätzlich. Meine alte hatte ein Gültigkeits-Zeitfenster bis knapp über mein Projekt hinaus und hätte gereicht. Plötzlich erhielt ich eine neue, mit einem noch weiter nach dem Projektende liegendem Gültigkeits-Datum. Warum? Es wusste keiner. Es war halt so. Gut, viele sehnten sich nach solch einem Schein – ich hatte nun zwei davon. Absolut gerechtfertigt. Da eine meiner Eigenschaften Ambidextrie ist, legitimierten mich zwei Scheine jetzt vermutlich dazu, mit links und rechts fotografieren zu dürfen. Zeitgleich.

Wenn die BASF-Führung mal ihre Energie in wirklich verantwortungsvolle Abläufe stecken würde, als so einen organisatorisch unnützen Scheiß zu verzapfen, wäre allen deutlich mehr geholfen - sogar über das Werk hinaus.

Aber wie erwähnt – alles, was mich betrifft, werden Einzelfälle sein. Ich mag mir gar nicht die Quote der Statistik bei 39.000 Mitarbeitern am Standort ausrechnen – sooo viele Einzelfälle…

Bei einem Zwischenfall auf dem Baufeld hatte sich ein Arbeiter Staub in die Augen befördert. Glaubte man seinen Ausführungen, so geschah dies durch den unachtsamen

Umgang mit einer Einhausungs-Plane. Möglich war das. Unabhängig des Hergangs, entstanden im Verlaufe der Fallbewertung leider differente Aussagen. In erster Linie von Ködel (der uns den Zwischenfall als erste Instanz meldete) selbst - zwischen seiner späteren Aussage und der Bestandsaussage des Betroffenen.

Es folgte ein ernstes Gespräch zwischen Ködel, Fisch und mir. Und obgleich man mit Ködel eigentlich aufgrund seiner angespannten Art kein wirklich ernsthaftes Gespräch mehr hatte führen können - seine Gegenwart hatte wenigstens stets etwas Amüsantes.

Fisch ließ sich die ganze Zeit mit rotem Kopf von Ködel anmachen und stammelte immer nur wieder, dass er nicht wisse, was er von ihm wollte und jetzt verlange. War auch schwer- Ködel konnte sich nicht klar äußern. Zu hektisch und aufgeregt war er. Auch er stand mit hochrotem Kopf im Büro zwischen unseren Schreibtischen und „wirkte" auf Fisch ein. Es hatte was von „the singing windmill" Joe Cocker. Wie geschrieben – amüsant halt.

Während ich versucht hatte, Ködel zuzuhören, hatte ich die ganzen Meldungen des Falls herausgesucht und parallel die streitbefangenen Äußerungen markiert. Denn so viel war klar; Ködel hatte versucht, falsche Aussagen uns (in erster Linie mir) in die Schuhe zu schieben, um seinen Kopf zu retten. Als ich ihm sagte, dass mir diese Aussagen ausnahmslos von ihm zugetragen wurden und dabei auf die markierte Mail zeigte, wurde sein Kopf in der Farbe purpur. Er lief aus dem Büro und winkte nur wirsch in der Luft umher. Ich musste laut lachen - Fisch war unsicher berührt, weil er die Situation weder verstanden hatte, noch aufklären konnte.

Ich zeigte Fisch daraufhin die Mail von Ködel, so dass auch Fisch aufatmete. Klären wollte er es mit Ködel dennoch nicht. Verständlich – Ködel hätte es eh nicht eingestehen wollen.

Zusehends versuchte Ködel, mich zu meiden.

Überhaupt war bei der BASF und auch dem Haupt-Kontraktor, das Verhältnis zwischen dem positiven Benefit meiner Arbeit und dem Druck durch meine Ausarbeitungen im Gegensatz zu dem von Fisch bereits gespiegelt – also umgekehrt. So hatte ich die Vermutung. Es wurde dort mittlerweile anders interpretiert, als Fisch es noch tat.

Natürlich sprach es keiner offen an und auch diejenigen hatten ihren Druck, damit irgendwie umgehen zu müssen.

Allerdings wurden immer mehr Versuche meiner Diskreditierung evident - man versuchte zusehends, mich von meiner fachlichen Ausrichtung fern zu halten einerseits und gleichzeitig, dass ich bisherigen Dokumentationen nicht weiter nachgehen konnte andererseits.

Ein mir zugetaner Kollege aus einem anderen Projekt - ebenfalls innerhalb des Werk-Geländes der BASF- steckte mir erneut, dass der Name Koss in den obersten Führungs-Etagen bereits regelmäßig genannt wurde – was mir ja ohnehin bereits bekannt war. Da sich derartige Äußerungen zudem häuften, maß ich dem keine Besonderheit mehr bei.

So ein Widerporst...

Es wurde zunehmend offensichtlicher, dass das Verhältnis zwischen mir und dem Haupt-Kontraktor angespannter wurde. Einseitig, wohlgemerkt.

Eines Tages besuchte uns Bux in unserem Büro. Er teilte kurz einige Dinge von der offenen Tür aus in die große Runde mit. Als er fertig war, fragte ich ihn nach dem weiteren Vorgehen im Fall des unzureichenden Notfallmanagements – es war ja mittlerweile weithin bekannt und auch genug Zeit ins Land gegangen.

Er wich der Frage aus, mit dem Hinweis, dass er ja ohnehin nicht viel machen könnte. Aber die Mail von mir habe er bekommen. Dann fragte er, warum ich abermals eine Mail dazu geschrieben hatte. Ich antwortete ihm unbefangen durch das Büro, dass das ausschließlich aus Gründen meiner Haftungsfreistellung sei, damit ich meine Bemühungen im Ernstfall würde nachweisen können - woraufhin er sich mit angefressener Gesichtsmimik aus dem Türrahmen entfernte.

Oh, oh... zuerst hatte ich ihm seine Mitarbeiter abtrünnig geformt, indem ich ihnen den Kopf hinsichtlich Aufgabe, Qualifizierung und Haftung als „Notfallkoordinator" gewaschen habe und damit seine tollen Pläne zum „Golden HSE-Manager" vereitelt – jetzt noch so was.

Wie bereits eingangs erwähnt - unsere Branche polarisiert. Und mein letztes Ziel war es, eine gut funktionierende

Mannschaft zu entzweien. Diese Mannschaft war aber schon lange nicht mehr funktionierend. Und wenn überhaupt jemals, dann nur gesamtheitlich funktional – und nur ganz kurz. Vielleicht zwei Monate.

Und wenn bei einem derart wichtigen Aspekt, wie einer grundlegenden Sicherheits-Struktur in eklatanter Art so umfangreich versagt wird, musste ich nicht nur an die Sicherheit mutmaßlich Betroffener, sondern auch an meine eigene denken. Und das war nun mal die Haftungsfreistellung, damit ich auch später noch nachweisen könnte, dass meine Kritikpunkte allseits und umfangreich bekannt waren – und zwar durchgreifend und fortlaufend.

An einem Donnerstag hatte ich -Fisch und Erich waren bereits unterwegs ins freie Wochenende- mit einem hohen Krankenstand im HSE-Bereich zu kämpfen, flankiert von einer steigenden Arbeiteranzahl auf dem Feld. Entsprechend wurde eine Umdisponierung der HSE-Kräfte notwendig, die durch spontane Krankmeldungen am Freitagmorgen noch zusätzlich komplexer wurde.

Nach dem üblichen Baufeld-Meeting am Freitagmorgen kam Hanni -entgegen seiner sonstigen Gewohnheit- unmittelbar und viel früher zu mir ins Büro zurück als sonst. Er erzählte davon, dass er von Ködel angemacht worden sei. Ködel hätte sich lauthals über Unzuverlässigkeit und wechselnde Ansprechpartner auf dem Baufeld beschwert. Die Aussage, dass das so eingeteilt und angeordnet sei, ließe er auf dem Baufeld nicht gelten und er hätte auch noch so etwas wie "Der könne was erleben." erwähnt. Außerdem hätte er verlangt, dass die vorherige Zuständigkeit wieder hergestellt würde – wozu sich jedoch vor Ort kein Mitarbeiter hinreißen ließ. Entsprechend führten alle ihre Arbeit so aus, wie bei unserem internen Morgenmeeting besprochen.

Nun ja - dass Ködel Kausalzusammenhänge nicht begriff, hatte er ja bereits zu Hauf bewiesen. Dass es nur an der Sprachbarriere gelegen hatte, mochte ich nicht glauben (dafür war sein Deutsch viel zu gut). Und damit, dass er mich angüllt, konnte ich auch sehr gut leben - es hatte situationsbedingt sogar etwas Putziges. Wieder mal. Auch dafür, dass er das in meiner Abwesenheit vor meinen Mitarbeitern machte, reichte meine Souveränität locker aus, um es unberührt hinzunehmen.

Was ich allerdings nicht leiden kann, ist, wenn jemand meinen würde, auf den Putz hauen zu müssen und seine gegen mich gerichteten Animositäten und Feindseligkeiten aufgrund mangelnden Rückgrates an Unbeteiligten ablässt und diese sogar durch eigene Aussagen irritiert.

Und auch, wenn Ködel mittlerweile kurz davor war, es sich verdient zu haben – ich hätte ihn bestimmt nicht von einer Rohrbrücke geschmissen, nur, weil er mich mit diesen -seinen- Problemen konfrontiert hätte.

Entsprechend bin ich auf das Baufeld gestiefelt, um Ködel zu suchen. Nachdem ich ihn gefunden hatte, habe ich ihn zur Rede gestellt und mit den Vorwürfen gegen ihn konfrontiert. Natürlich versuchte er, alles zu relativieren und es wäre ja überhaupt gerade alles ganz schwierig... Ich entgegnete ihm, dass meine Einteilungen von den Mitarbeitern umgesetzt würden – ohne Wenn und Aber. Und dass er sich nicht in fremde Personalpolitik einzumischen hätte.

Dann gab ich ihm noch mit auf den Weg, dass ihn, wenn er zukünftig etwas Derartiges zu bemängeln hätte, sein direkter Weg in mein Büro zu führen hat.

Den Versuch, ihm die Zusammenhänge zu erklären, hatte ich mir erspart – zudem hatte es für ihn unerheblich zu sein, was mich zu der Umstellung bewogen hatte. Natürlich hätte ich es ihm erklärt - überhaupt kein Problem.

Schließlich war ich es auch, der die initial bestehende Strukturlosigkeit auf dem Baufeld noch wenige Monate zuvor aufs Massivste verurteilt hatte.

Allerdings zwang mich der plötzlich einsetzende Verlust von über 50% der Mannschaft qualifikationsbedingt zu einer Umstellung in der Zuständigkeit. Und schließlich waren wir nicht im Kegelverein oder bei "Wünsch´ Dir was", sondern auf dem Baufeld. Da ging die Einteilung im Zweifelsfall nach Eignung und nicht nach Sympathie. Zumindest bei mir.

Mir missfallen grundsätzlich schon diejenigen Bemühungen der Kommunikation, die erfahrungsbedingt bereits im Ansatz zum Scheitern verurteilt sind – nur, weil jemand das Gesagte partout nicht verstehen will. Betonung liegt auf Wollen. Das schloss mittlerweile die Kommunikation mit Ködel ein. Leider.

Langsam fing man an, meine Tagesberichte zu monieren. Ohnehin ein Witz, dass sich das Management mit Tagesberichten auseinandersetzen sollte. Einerseits hatten wir organisatorisch genug um die Ohren. Andererseits haben diejenigen, die die Berichte einsehen wollten -Bux & Ködel- einen weitaus größeren Anteil der Zeit persönlich mit einem verbracht, als es mit den anderen Kollegen der Fall war. Insofern war das Management in seiner Aktivität -auch ohne Tagesberichte- noch das am ehesten kontrollierbare Tätigkeitsfeld. Unseren Assistenten Erich einmal außen vor.

Allein die ganzen Kollegen -nehmen wir einmal nur unsere 20 Freelancer als Ausgangsnote an- werden mit rd. einer Stunde tgl. Arbeitsaufwand für ihre Tagesberichte extra vergütet. Natürlich ist die Zeit real nicht nötig – sie wird in der Praxis aber mit Schreiben (tlw. in Kladde und später in „schön") sowie scannen, einpflegen und den damit verbundenen Wartezeiten und Extra-Wegezeiten zum Büro erforderlich. Mindestens. Bei rund 24 Tagen Arbeit im Monat, ist das ein mtl. Kostenaufwand von 28.800,00 Euro netto für die Stundenzettel der Mitarbeiter – 60 Euro/Std. netto als Mittel angenommen. Das sind im Jahr knapp 350.000 EUR und entspricht damit dem Netto-Honorar (also vor Steuern) von rund drei Mitarbeitern unserer Gattung in Vollzeit.

Oder anders ausgedrückt: wenn mehr als 10% unserer Belegschaft ihre Arbeitspflicht zu 100% verweigern würde, wären wir auf die gleiche Quote komplett sinnbefreiter Vergütung gekommen.

Rechnerisch hätten im HSE-Bereich auf einen Schlag also mind. 10% Personalkosten eingespart werden können.

Ganz ehrlich: Persönlich würde ich jemanden, der Derartiges in diesem Umfang lediglich zur Stundenkontrolle anfordert, sofort feuern. Der Hintergrund ist recht simpel: wir sind ohnehin gehalten, fachliche Berichte über unsere Maßnahmen zu verfassen – auch zur eignen Absicherung. Zudem dokumentierten wir regelmäßig vor Ort oder durch Mails an die Gewerke, so dass unsere Aktionen im Ernstfall ohnehin weitestgehend nachvollziehbar waren.

Eine solche Ineffizienz, extra Stundenzettel ausfertigen zu müssen, ist schon imponierend. Insbesondere, da die geschriebenen Angaben inhaltlich nicht wirklich überprüft werden konnten (und auch aus zeitlichen Gründen nicht wurden) und die aufgewendete Zeit zudem auf dem Baufeld fehlte. Stichproben, vielleicht auch abwechselnd Einzelpersonen prüfen – ok. Und wären Bux & Ködel clever gewesen, hätten sie eine Checkliste erstellen lassen, aus der für jeden Safety seine täglichen Arbeitsbereiche und Tätigkeiten hervorgehen würden – zum Ankreuzen. Einfach und effizient. Aber so war das nur rausgeschmissenes Geld.

Eine somit besonders für das Management sinnbefreite - und teure- Maßnahme darüber hinaus. Und klar, wenn dort im Bericht als erster Tagesordnungspunkt stand:

"Morgens-Briefing der Mannschaft", dann könnte man sich natürlich nur schwer zusammenreimen, dass das bedeutete, dass man das obligatorische, all-morgendliche Briefing mit der Mannschaft gehalten hatte. Verständlicher -und gewünscht- wäre es hier gewesen, wenn ich als Ordnungspunkt angegeben hätte:

"Nach der morgendlichen Begrüßung aller Kollegen habe ich den Mitarbeitern im Rahmen eines Kurzvortrags deren Feld-Zuständigkeit sowie wichtige TOP's erläutert und sie dann nach offenkundiger Klärung etwaiger Unklarheiten zur folgenden Verrichtung ihrer Individualaufträge auf das Baufeld geschickt."

Man legte also Wert auf die Ausführung für Dumme.

Ja, ja... Wer sucht, der findet. Diese ganze Willkür war nur leider nicht offen kommuniziert - wenngleich deren Motivation klar war. Auch nutzte diese ganze Willkür nicht viel, wenn sich der Betroffene wenig beeindruckt zeigt – immerhin bin ich bis dato schon an mehreren Zeitpunkten davon ausgegangen, mich verabschieden zu dürfen. Zu viele Personen waren durch meine Ausarbeitungen mittlerweile in Zugzwang gekommen, aktiv werden zu müssen – oder sich zu erklären.

Entsprechend meiner bisherigen Nischenfunktionalität habe ich unbeirrt weitergemacht - zum Leidwesen von Bux & Ködel.

Nebenbei erwähnt; es gab tatsächlich Kollegen, die ihre Berichte mit „Um 6.00 Uhr Dienstbeginn im HSE-Büro (...) im BASF-Werk, B 700 und Begrüßung der Kollegen." oder vergleichbarem Wortlaut, wie ein Märchenbeginn täglich neu schrieben. Und wen wundert´s - Erich verfasste die schönsten Geschichten…

Ich bin pragmatisch veranlagt – da liegen Lösungen manchmal ganz nah: einladen zum kurzen Gespräch und offen über eine Trennung zu sprechen, wäre ja kein Problem gewesen. Wir hätten eine Lösung gefunden. Ohne irgendwelchen Stress. Und sogar mit Übergabe. Da bin ich ganz Profi - was meine „Ex-Unternehmen" bestätigen können. Sogar diejenigen, bei deren Projekten ein eklatantes Fehverhalten zum „Prinzip Prävention" zur Trennung geführt hatte. Ein sauberer Abschluss ist für mich ein Muss.

So kam es aber, dass z.B. ein HSE-Kollege von Bux ankam und alle Daten über einen Vorfall von mir haben wollte, bei dem der Arbeiter Staub ins Auge bekommen hatte.

Ich hatte den Zwischenfall bereits aufgenommen und abschließend dokumentiert. Da es meinen Zuständigkeitsbereich betraf, kannte ich auch die örtliche Situation sehr genau, so dass die vom Betroffenen erzählte Version absolut deckend mit den vorherrschenden Gegebenheiten vor Ort war.

Aber nein, der HSE-Kollege -seines Zeichens Portugiese, kleinwüchsig und penetrant- musste sich (insbesondere deutlich größeren Personen gegenüber) stets behaupten. Er hatte diesbezüglich ein schon fast imponierendes Bedürfnis der Bestätigung und fühlte sich offensichtlich nirgendwo ernst genommen.

Zu Recht – denn, wenn man jemandem auf dem Baufeld Schläge androht, dem man bis zum Gürtel reichte und der das Dreifache von einem selbst war, konnte man nicht die erhoffte Ernsthaftigkeit vom Gegenüber tatsächlich erwarten. Die Wahrnehmung als Hofnarr wäre in dem Fall angebrachter gewesen. Der Arbeiter damals soll angefangen haben zu lachen und sei weitergegangen - so wurde es von seinen anderen Kollegen übermittelt und von zahlreichen Arbeitern auf dem Baufeld zum Besten gegeben. Schade, den Film hätte auch ich gern in Farbe gesehen.

Dieser Wicht erinnerte an Schlaubi von den Schlümpfen - nur ohne Mütze und ohne besseres Wissen eben – der Rest mit Brille, Größe, Blick und Auftreten kam hin...

Was auch immer seine Motivation für die Penetranz war, er war richtig lästig. Fachlich ebenfalls kein Großer, sondern einfach nur lästig. Dafür wies er Allüren auf, die seine Landes-Kolleginnen vor Neid hätten erblassen lassen können.

Und er wollte Jedermann aus aller Welt als seinen persönlichen Assistenten einbinden. Ich denke nicht, dass er es irgendwo geschafft hatte. Seine beiden Kolleginnen - ebenfalls aus Portugal stammend- wiesen charakterlich exakt die gleichen Basics im Narzissmus auf - vielleicht lag es ja doch einfach an deren Herkunft!?

Sobald ein Kollege sich jedoch über Schlaubi beschwerte -was i.d.R. täglich vorkam-, trug ich dem

Kollegen auf, Schlaubis Wunsch künftig zu verwehren und ihm auszurichten, dass er sich an mich wenden solle.

So heraufbeschworen gab es eine Zeit, da hatte ich mehrmals täglich mit Schlaubi zu tun. Später, mit etwas Distanz betrachtet, konnte man die Kontakte beinahe als den Tag bereichernd beschreiben.

Zum erwähnten Vorfall verlangte er, dass ich nochmal mit ihm raus gehe, um Fotos für ihn zu machen. Nein, hatte ich ihm mitgeteilt, für mich war der Fall bereits abgeschlossen - wenn er aber nochmal zum Ort des Geschehens wollte, so könne er das ja gerne jederzeit alleine umsetzen.

Unser Haupt-Kontraktor hatte eigene Protokolle zur Vorfallaufnahme. Was angesichts der Arbeit durch Doppelung natürlich blöd ist. Beide Dokumentations-Systeme ließen aber auch keine anderen Protokolle zu, so dass Schlaubi mir sein Protokoll zum Ausfüllen aufdrücken wollte - ein Spiel von Faulen, das hatte der Biker schon mehrfach versucht...

Nur war Schlaubi penetranter. Er versuchte natürlich, ein ausgefülltes Protokoll von mir zu erhalten. Schließlich machte ich mir die Mühe, die seinerseits erfragten Parameter seines Protokolls mit den Parametern meines Protokolls einander zuzuordnen und numerisch definiert abzugleichen. In Verbindung mit einer Erklärungs-Mail kostete das freilich mehr Zeit, als das Protokoll von Schlaubi auszufüllen. Aber eben nur ein Mal.

Und es führte den Antragsteller vor. Gewaltig. Denn wer lässt sich schon gerne mitteilen, dass man die gesuchten Antworten bereits vorliegen hatte und nur mal richtig gucken müsse? Zu Frage 1 gehörte die Antwort A, zu 2 die Antwort B usw. Das war wie „malen nach Zahlen" und nicht die feine Art. Allerdings brauchte sich auch keiner von uns für dumm verkaufen zu lassen, obgleich es einige mit sich machen ließen und draußen bereits Standard war.

Das war unser letzter Kontakt - er ließ mich bis zu meinem Abschied die letzten sechs Wochen komplett in Ruhe. Schlaubi sagte man irgendeinen wichtigen Kontakt innerhalb des Haupt-Kontraktors nach. Auch Bux & Ködel waren zu ihm zumindest immer auffallend und mächtig "nett" - obgleich sie seine Vorgesetzten waren.

Insofern nehme ich mal an, dass er sich -bei wem auch immer- über mich ausgeweint hatte. Ob oder nicht, spielte aber keine große Rolle, da Bux & Ködel ja sowieso bereits ihr Bestes gaben. Derartige Versuche spielten sich immer wieder ab. Im Prinzip also nichts Neues, gleich, von wem es kam.

Gefühlt war es für mich nur noch eine Frage der Zeit, innerhalb des Projektes zu sein. Also, mittlerweile sehr knapp werdender Zeit. Irgendwie schien es jedoch keinen wirklichen, handfesten Anlass zu geben. Insofern verfolgte ich mein berufliches Ziel, die Umsetzung der umfangreichen Dokumentationen voranzutreiben und machte mir mittlerweile teils auch einen Spaß daraus, mit immer wieder neuen Grundsatz-Problemen aufzutauchen und nachzuhaken. Zu finden waren davon ja genug.

So hatte ich von verschiedenen Kollegen -auch ehemaligen- gehört, dass der Ahab folgende, später durch unseren Verein eingesetzte Gerüst-Sachverständige, Alkoholiker sei und auch tagsüber einen Dauerspiegel besitzen solle. Das wurde mir gehäuft zugetragen. Von Fisch wurde das entsprechend hingenommen und beiläufig bestätigt. Bekannt war mir der Kollege nicht.

Es war mittlerweile auch vielen Kollegen klar, dass das Zeitfenster meiner Aktivität kleiner wurde und sich mein Projektende abzeichnete, als eines Tages spontan dieser Sachverständige auftauchte. Ich hatte einem Kollegen aufgetragen, mir sofort Bescheid zu geben, wenn er ihn auf seiner Tour sehen würde.

Es war ja bekannt, wie ich mit dem Alkoholkonsum, resp. alkoholisiertem Zustand der Leute auf dem Baufeld umging. Leider hatte ich bis dahin nicht das Vergnügen, den Sachverständigen real zu treffen.

Der Anruf kam und ich machte mich auf zum Baufeld - zu gerne hätte ich -Authentizität der an mich gerichteten Berichterstattung vorausgesetzt- den Kollegen mal intensiv begutachtet. An dem Prüfpunkt angekommen, sagte man mir, dass er gerade zurückgegangen wäre - er hatte einen Teil seiner Unterlagen vergessen. Und es stimmte - mir war einer entgegengekommen, der der jetzt nachgetragenen Beschreibung entsprach – sich im Vorbeigehen jedoch für mich unauffällig darstellte.

Als ich dann mit einem mir bekannten BASF'ler der Gerüstbetrachter-Riege ins Gespräch kam, fragte dieser, was mich denn so zielgerichtet zu ihnen trieb. Ich antwortete ihm nur, dass wir ab und an Probleme mit Alkohol hier hatten und mir ein alkoholisierter Gutachter in dieser Gruppe gemeldet wurde - also wahrheitsgemäß. Ich sah noch, dass der BASF'ler um die Ecke herum verschwand und rasch telefonierte. Der Sachverständige kam leider nicht mehr zum Termin zurück. Schade, aber bestimmt nur ein Zufall...

Ähnlich verlief es noch zweimal. Er wurde mir gemeldet, getroffen habe ich ihn leider nie. Einmal war ich anderweitig gebunden, ein weiteres Mal habe ich die Gruppe nicht mehr finden können.

Aber auch anderweitig wurden mir immer wieder deutlich alkoholisierte Leute auf dem Feld gemeldet. So z.B. einmal direkt aus meinem Zuständigkeitsbereich. Allerdings stellte sich bei meinem Eintreffen heraus, dass sich der Betroffene -ein beim Haupt-Kontraktor in administrativer Funktion höher gestellter "Kollege"- in einem Nachbarfeld aufhielt, das nicht im Zugriffsbereich des TDI-Baufeldes lag. Somit waren mir die Hände gebunden. Wieder schade.

Auch ihm wurde schon häufig eine alkoholbedingte Auffälligkeit nachgesagt - allerdings hielt er sich in 95% seiner Arbeitszeit in irgendeinem Büro-Container auf und war sehr selten sichtbar.

Seine Stand-Unsicherheit und auffällige Gestikulation war auch auf die 50 Meter Entfernung zum

Nachbarschaftsbaufeld wahrnehmbar - aber eben nicht so, als dass ich einen Grund daraus hätte drehen können, ihn direkt aufzusuchen.

Dafür kam Ködel wenige Minuten später darauf vorbei, den ich sogleich gefragt hatte, was gemacht werden solle, wenn jemand höher gestelltes aus der eigenen Flotte in alkoholisiertem Zustand auffällig würde. "Natürlich abziehen. Nach Hause schicken." Tönte er mich genauso ungläubig wie selbstverständlich an. Daraufhin deutete ich auf die gegenüberliegende Straßenseite und sagte zu ihm etwa: "Na, dann walte mal gleich Deines Amtes. Das ist einer von Deinen - ihm sagt man das ja schon lange nach. Soll ich Dich dabei irgendwie unterstützen?"

Ködel winkte ab und fing an zu stammeln, dass er jetzt zu tun hätte und man ja vorsichtig bei solchen Posten sein müsse und überhaupt...

Er verabschiedete sich und ging weiter. Offensichtlich hatte ich versäumt, dass er seine Aussage „Flotten-abhängig" interpretiert wissen wollte.

Genauso feige, wie bei der Angelegenheit mit der Ampel. Die Fußgängerampel kurz vor unserem Büro wurde regelmäßig ignoriert - was die gleichen Gefahren mit sich brachte, wie im normalen Straßenverkehr auch.

Etwas weiter vor mir gingen eines Tages Ködel und Erich in Eintracht zusammen, als sie es gerade noch schafften eine Fußgängerampel regulär zu überqueren. Direkt zwischen uns gehende Arbeiter liefen bei Rot rüber

- dicht hinter Ködel und Erich. Ich erwarte bei derartigen Dingen keinen Rausschmiss - vereinbart war aber eine entsprechende Rüge. Ich rief Ködel und Erich entsprechend zu und deutete das Problem an. Sie hatten es verstanden - aber Ködel unternahm nichts.

Als ich später Erich fragte, was das denn gewesen wäre, sagte er mir: "Ja, ich kann doch nichts machen, wenn Ködel auch nichts macht." Jaja... ganz der Erich. Ein ganz ein guter Erich. Und auch Ködel redete sich später heraus, mit "nicht gesehen" oder so. Ähnlich, wie jetzt mit seinem alkoholisierten, firmeneigenen Kollegen.

War ja klar - man wollte keinen Ärger. Zumindest nicht den Vermeidbaren - das konnte ich auch verstehen und hatte es auch nie gefordert. Und ein wenig forciert meinerseits war die Situation ja auch – zugegeben.

Aber es war hier ja nicht die Rede von einem Augenzwinkern, weil ein Hochrangiger keine geeignete Hose für das Baufeld anhatte oder kurz in einer Zuwegung parkte. Wir sprachen von alkoholisiertem Zustand. Und irgendwo sollte doch Schluss sein - oder? Später wäre das Gejaule wieder groß, wenn ein Betrunkener auf irgendeinem Baufeld sich auf 18 oder 27 Metern Höhe nicht halten könnte und abstürzten würde. Natürlich würde es dann in der Öffentlichkeit nicht heißen, dass der Verunglückte betrunken war - man würde ja auch seine Familie schützen wollen.

Bei der Ampel ist es ähnlich. Eine Rüge für ein Überqueren bei Rot ist mir völlig latte. Es geht um das

Signal an alle Arbeiter. Wenn wir derartiges Verhalten nicht mit Nachdruck einfordern, liegt in solchen Fällen irgendwann mal einer unterm Bus. Oder wird ungebeten von der Ampel via LKW direkt bis zum Baufeld gebracht – vielleicht sogar noch in alkoholisiertem Zustand.

Und das vermutlich schneller, als es uns lieb wäre. Eine Meute aus 1500 Leuten bekommt man dann nicht mehr kontrolliert...

Was also wart ihr Beiden, lieber Ködel, lieber Erich, denn bereit, alles zu decken?

Eine derartig laissez faire Grundpositionierung war (ist) leider sehr verbreitet.

April, April...

Als ich eines Abends nach Hause ging, liefen zur Nacht hin die ganzen Wasserhähne in allen Sanitär-Containern. Grundsätzlich hatte ich mir nichts dabei gedacht, zumal es im Chemiewerk des Öfteren zu Durchspülungen kam und die Maßnahme als Solches nichts Aufregendes darstellte.

Einige Tage später hat mir Fisch einen Bericht auf den Schreibtisch gefeuert mit dem Kommentar: "Hier - für Dich." Wir waren zu Zweit. Ich sah eine Wasseranalyse mit aktuellem Datum. Darunter waren als Entnahmestellen all die Positionen des Baufeldes, an denen am Abend vor der Entnahme die Hähne liefen.

Neben der Werte-Analyse diverser Keime, waren natürlich auch immer die Grenzwerte angegeben und die erreichte Wasserqualität markiert. Rot-Grün-Blinde hätten sicher ihre Probleme gehabt - wir nicht. Je nach Keim und Entnahmeort prangten auffällig sichtbar und häufig rote Markierungen mit tlw. deutlicher Überschreitung zulässiger Keimanzahl im "Trinkwasser" auf dem Bericht. Es gab sogar extra den Hinweis, entsprechende Zapfstellen nicht wieder für den Gebrauch als Trinkwasser-Entnahmestelle zu öffnen.

Nun machte nicht nur das laufende Wasser Tage zuvor, sondern auch die Nachfrage von Fisch am Nachmittag über eine besondere Keim-Art Sinn. Fisch fragte mich, ob mir bestimmte Keime etwas sagen würden. Einige konnte ich ihm hinsichtlich ihrer Pathogenität noch gewohnheitsmäßig erklären, andere musste ich nachgeschlagen. Alles in allem keine tollen Gesellen, diese kleinen Viecher. Immerhin verursachten doch die meisten von ihnen gehörigen Durchmarsch – also eine erhöhte Fluktuation der Materie in unserem unmittelbar funktionalem Viszeralgewebe.

Grundsätzlich hatten wir also mit Durchfallerkrankungen und Übelkeit bis zum Erbrechen zu rechnen - ggf. begleitet von Fieber. Je nach Menge der Keime und der Konstitution der Betroffenen im Kontaminationsfall. Selbstredend wären wir nur dann betroffen gewesen, wenn das Zeug getrunken werden würde – das „Trinkwasser".

Ich hatte mir keine Gedanken darüber gemacht - es stand ja alles da, was zu wissen notwendig war. Eben auch für Unkundige. Keime, Keimbelastungen mit Grenzwertüberschreitungen und Warnung vor Wasserfreigabe. Mehr braucht man -selbst als Laie- nicht, um die notwendigen, resultierenden Maßnahmen zu verstehen: betroffene Entnahmestellen geschlossen halten und gegen unbefugte Wiedereröffnung sichern. Kurz: versiegeln. Punkt. Probleme? Keine.

Oder im Falle der Verwendung und Eignung als z.B. Dusche, eine deutliche Kennzeichnung über die Verwendungs-Einschränkung. Wenn ich jetzt noch daran denke, dass das alles aus dem über Stunden frei laufenden Leitungs-System genommen wurde, überkommt mich bei dem Gedanken an die Trinkwasser-Entnahme nach einem Wasserstillstand über das Wochenende ein ausgewachsenes

Ekelgefühl. Zumal die Rohre rund um die BASF ähnlich alt sein dürften, wie die BASF selbst. Was da alles drin sein würde – lieber gar nicht erst dran denken.

Sein Trinkwasser aus der Kettenspülung einer Toilette im Altbau zu zapfen, dürfte weniger keimbelastet sein, als die vor Ort verfügbare Flüssigkeit...

Aber letztlich war mir das egal - ich ging etwas verspätet in ein langes Wochenende. Auch insofern für mich unerheblich, da es in den Händen von Fisch lag, entsprechende Maßnahmen zu ergreifen, resp. zu unterlassen. Sofern ihm also jemand aus der Kategorie "dumm" dergestalt kommen würde, die Entnahmestellen unbedingt öffnen zu wollen, hätte man ihm immer noch das Blatt vor das Gesicht halten können. In Verbindung eigener Rechtsverpflichtungen und Haftungsverantwortung würde man sich dann auch gegen den Dümmsten durchsetzen können - so mein -offensichtlich zu naiver- Gedanke.

Am folgenden Montagmittag wieder im Werk, fielen mir zum Abend hin die (neu) geöffneten Trinkwasserstellen auf. Fisch zuckte mit den Achseln: "Die BASF wollte es so.". Skurril, war doch älteren Dokumenten zu entnehmen, dass die BASF vorgab, immer sorgsam um die Einhaltung der jeweiligen Rahmenvorgaben solcher Nutzungs-Einrichtungen bedacht zu sein.

Es dauerte -nicht wirklich verwunderlich- auch gar nicht lange, und ein paar Arbeiter klagten über Magen-Darm-Probleme. Glücklicherweise nur eine Hand voll. In Folge wurden natürlich aufgrund der unvermittelt einsetzenden Dringlichkeiten auch spontan unsere Toiletten im HSE-Bereich genutzt und mit einer farblich angemessen kontrastreichen Individual-Optik versehen, die dem Betrachter das Leid personengebundener Diarrhoe plastisch ins Hirn brannte. 3D neu erlebt – Joseph Beuys wäre inspiriert gewesen.

Eines Morgens wunderte ich mich dann, warum keiner aus der Nachtschicht da war - zur Übergabe an mich. Kollege? Weg. Abends habe ich mir den Kollegen dann einverleibt und nachgehakt. Nun - Erich hatte ihm gesagt, er brauche keine Übergabe zu machen und könne schon eher gehen – sobald bestimmte Gewerke ihre Nachtarbeit beendet hätte.

Auch recht laissez faire, diese Einstellung...

Es war sehr dünnes Eis, den Mitarbeitern nach gut Dünken mitzuteilen, dass eine Übergabe nicht notwendig sei, man nachts ruhig eher gehen könne und gleichzeitig der Stundennachweis ggf. nicht mit der geleisteten Arbeitszeit übereinstimmte. Dünnes Eis war das - nicht nur versicherungstechnisch.

Mit dieser Einstellung war leider auch ein Ablehnen des Begehrs vieler Bauleiter, den Nachtdienst aus Kostengründen um die letzten Stunden zu reduzieren (also mitten in der Nacht zu beenden), substanziell kaum aufrecht zu halten.

Solch bauernschlaue Rosinen-Pickerei ist im Freelancer-Bereich nicht ungewöhnlich – man sollte nur die Mitarbeiter nicht auch noch dazu anhalten.

Und Übergaben? Wozu? Oder wenigstens Bescheid!? Diese Notwendigkeiten sah Erich irgendwie nicht. Es lief doch alles.

Erich erinnerte mich zusehends an einen ehemaligen Kollegen einer Hamburger Rettungsschule – einen Möchtegern-Ausbilder. Der hatte die Kurse immer eher "gechillt" durchgebracht. Zu allen Maßnahmen und Sachverhalten, war sein Grundsatz-Kommentar: "Cool." Alles war cool, relaxed und gechillt – gleich, wie grottenschlecht sich die Azubis auch angestellt hatten. Bis die Leute dann in der Realität mit Technik am Menschen gearbeitet und gemerkt hatten, dass nichts zu wissen in der Praxis gar nicht mehr so cool war...

So war Erich auch - extrem "geschmeidig". Vermutlich war es aber von Erich doch nur eine -für mich- unorthodoxe Maßnahme der "Freundes-Gewinnung". Vielleicht gab es doch weit mehr mentale Parallelen zur Ideologie der Volksarmee, als Erich uns immer weis machen wollte...

Ich fertigte ein Übergabeprotokoll für uns an, in dem die jeweiligen Dienstübergaben mit den Auffälligkeiten notiert und abgezeichnet wurden – was überraschend gut geführt wurde. Sogar von unserem Erich.

Vieles bei ihm war unverständlich - die Einarbeitung von Neuen lief bei ihm ja (wie ich bereits ein paar Mal feststellen musste) nach dem gleichen Muster ab, weshalb Fisch und ich sie grundsätzlich bei mir positionierten. Trotzdem war es unumgänglich, ab und an Erich damit zu beauftragen.

Kurz vor einem meiner verlängerten Wochenenden hatte ich für die Neuen die Mappen schon fertig bereitet und ihm auf den Tisch gelegt – er war halt ausnahmsweise mal wieder dran. Mit einer to-do-Liste zum Abhaken. Einfacher ging es wirklich nicht.

In der Folgewoche waren die Neuen im Dienst - abgehakt war nichts. Abgearbeitet auch nicht. Einer hatte es sogar für witzig gefunden, ohne Handy herumzulaufen, weil er sein Privat-Handy nicht dafür nutzten wolle - so seine Aussage.

Cool halt...

Das tatsächlich real nützliche Einsatzspektrum von Erich reduzierte sich zusehends, wenn das denn noch ging.

Allerdings wetterte Erich ebenfalls - er bemängelte stets die Situation für die Arbeiter. Und Recht hatte er damit letztlich ja durchaus. Nur hatte er leider nie etwas Konkretes ausgearbeitet, etwas veranlasst oder entsprechend belegt. Das wäre in „seinen" bisherigen Fällen auch bestimmt viel schwerer gewesen als für alle anderen Kollegen. Und von Lösungsansätzen war Erich schon immer weit entfernt. Insofern lief es bei ihm bis dahin alles unter der Rubrik „Gut gebrüllt, Löwe!"

Natürlich bilden sich im Rahmen solcher Projekte immer wieder Bekanntschaften und manchmal auch Freundschaften. Das berufliche Umfeld bestimmt natürlich auch Situationen, in denen man sich privat trifft. So war es beispielsweise bei mir recht häufig, dass ich mit Fisch noch nach der Arbeit kurz etwas Essen war - oder mit Ahab, Nanni und sogar -notgedrungen- auch mit Erich.

Eines Abends begleitete Erich mich noch ein Stück in meine Richtung und telefonierte parallel ein paar Minuten mit seiner Frau. Zuvor hatte er immer wieder betont, wie sehr er seine Frau liebe und dass alles auch nach Jahren wunderschön sei. Wohlgemerkt; mir gegenüber…(???).

Im Telefonat rechtfertigte Erich sich gegenüber seiner Frau in einer Tour - für das Bier, das Essen mit einem Kollegen, warum er noch nicht angerufen habe und überhaupt für alles, für was man sich je im Leben hätte rechtfertigen und entschuldigen können. Demut pur. Kein Wunder, dass dort alles „lief", wie er sagte.

Es hatte etwas von einem Sub beim BDSM-Fetisch. Im Verborgenen muss er auch einen Keuschheitsgürtel und eine elektronische Fußfessel getragen haben. Ganz sicher.

Zur Erinnerung: mit rund 700 Kilometern Autobahn als einfache Wegstrecke gen Heimat war er nicht der klassische Tagespendler und eben beruflich unterwegs – um Geld zu verdienen.

Meiner Auffassung nach, darf man da ruhig ein Bierchen am Abend trinken. Und -gute Führung zu Hause natürlich vorausgesetzt (also Müll, Abwasch & Co. …)- sogar mal mit den Kollegen essen gehen. Und das alles auch ohne sich rechtfertigen zu müssen…

Das Telefonat stellte sich als gegenteilig seiner Aussagen zu werten dar. Eine Zusicherung, wie Erich sie zuvor ungefragt unzählige Male und übertrieben kundgetan hatte, wird häufig genutzt, um sich selbst zu schützen - sei es aus Gründen der Verdrängung oder des Selbstbetrugs in Form der Selbstsuggestion.

Ähnliches Verhalten kann man auch bei Verdächtigen beobachten, indem diese eine ihnen zur Last gelegte Tat besonders oft und vehement bestreiten - auch ungefragt. Oder, indem sie besondere Betroffenheit bei der Aufklärung und in besonders hohem Maße ihre Mitwirkungs-Bereitschaft erklären. Sozusagen eine „Einwand-Vorwegnahme", um sich besser zu verkaufen und bloß nicht für irgendetwas verdächtig zu wirken. Dumm, wenn man es dann besonders auffällig betreibt.

So haben wir Erich kennen gelernt - er war halt ein Lieber.

Im Real-Life war Erich einfach nur von den Telefonaten genervt. Oder aber, er spielte wieder etwas vor. Es wurde aber zumindest langsam schlüssiger, weshalb Erich immer wieder mit Nachdruck sein ihm vermeintlich zugefügtes Leid in seinem alten System erwähnte...

Eines Tages konnte ich die Hab-Dich-lieb-Mampf-Orgie mit Brötchen bei Bux & Ködel aufgrund eines wichtigen Baufeld-Termins nicht mit-zelebrieren.

Einen Kollegen im Anschluss des Gelages mitten auf dem Baufeld treffend fragte ich, ob denn etwas Besonderes gewesen sei. Er teilte mir mit, dass die Arbeiter aufgrund der zurückliegenden Augenverletzungen ab dem nächsten Tag Magnete unter dem Helm-Schirm zu tragen hätten.

Ich brach spontan in schallendem Gelächter aus - Magnete unter dem Helm? Der Kollege jedoch war felsenfest überzeugt davon und erzählte mir auch, dass Ködel die bestellten Magnetstreifen bereits erhalten hätte. Unsere HSE-Abteilung hätte dann die Aufgabe, die Streifen von der Rolle abzuschneiden und den Arbeitern zum Ankleben auszuhändigen. Der Kollege hatte bei mir für wahrlich gute Stimmung gesorgt. Ich sagte ihm bereits jetzt, dass das wohl nicht ernst gemeint sein könnte und Bux & Ködel die gesamte Mannschaft ins Boxhorn gejagt hätten - er solle mal auf das Datum gucken, dann würde er sehen, dass wir den 31. März auf dem Tacho hätten...

Richtig gut gelaunt, ging ich weiter und schickte noch eine Rund-SMS an die 25 Kollegen, dass sie angesichts des 1. Aprils am Folgetag einmal zu überlegen hätten, was alles für bare Münze genommen werden dürfte und was eben nicht. Ich hatte das Ganze dann noch mit einem kleinen Seitenhieb karikiert und bekam sogar eine weitere, das ganze nochmals auf die Spitze treibende Antwort von einem mitdenkenden Kollegen. Von Ismael.

Wieder zurück im Büro, glaubte ich meinen Augen nicht zu trauen - die Magnet-Klebe-Rollen lagen da und warteten auf das Zurechtschneiden von ca. 1500 etwa gleichgroßen Streifen. Auch Fisch bestätigte die Maßnahme. Also gut - dann werden die Arbeiter in den April geschickt. Schöne

Sache - wenn auch vielleicht mit unnötigen Kosten und Arbeitszeit verbunden. Aber als Gag bisher ungeschlagen. Über 1500 Leute praktisch in den April schicken und aktiv mit einbinden?

Chapeau – das hatte ich Ködel als Initiator der April-Scherz-Idee dann doch gar nicht zugetraut.

In meiner abendlichen Mail hatte ich dann auch den üblichen Toolbox-Post von Ködel, in dem die Magnet-Klebe-Prozedur für den folgenden Tag angekündigt wurde.

Es ging wie ein Lauffeuer herum, dass ich mich eingangs über diese Idee schlapp gelacht habe und sie als kurzgedachte Phantasie mit ursprünglicher Entstehung unter der Einwirkung cannabinoider Substanzen titulierte. Das muss unserem Ködel sehr missfallen haben - jedenfalls zog er das Ding als tatsächliche Maßnahme durch. Also nicht als April-Scherz, sondern als ernstgemeinten Gedanken der Prävention. Damit die Augen vor Verletzungen durch Metallsplitter zukünftig geschützt sind.

Ein Kollege schnitt auch tatsächlich die Stückchen ab. Das war in Ordnung - es war Flash. Er war eigentlich ganz lieb - aber in Denk-, Handlungs- oder Umsetzungsmustern extrem träge - wie es die Lehre der Temperamente für Phlegmatiker eben auch darstellt.

Was -im Gegensatz zu sonstigen Arbeiten- bei dieser Arbeit glücklicherweise nicht auffiel. Insofern war Flash in diesem Fall einfach prädestiniert für die Aufgabe.

Selbst ein Verzählen -pardon- Verschneiden hätte keine nennenswerten Auswirkungen gehabt...

Es war mittlerweile nicht mehr selten geworden, Flash nicht in den ihm zugewiesenen Arealen vorzufinden. Ab und an Kollegen unterstützen? Gut. Aber dauernd woanders? Schlecht.

Genau genommen hätte Flash insofern derartige Arbeit auch ausführen können, wenn es nicht für diese „April-Bereicherung" gedacht gewesen wäre – die Beschäftigung tat ihm gut und man hatte ihn immerhin unter Kontrolle. Die Kontrolle von Flash sollte wichtig sein, wie sich später noch mehrfach herausstellte.

Am nächsten Morgen setzten es unsere Mitarbeiter tatsächlich um. Und als wenn das Austeilen nicht schon allein schlimm genug gewesen wäre – gab es leider auch Arbeiter, die sich so einen Magneten tatsächlich vor der Stirn unter den Hut klebten.

Was wohl als Nächstes kommen würde? Blaulicht-Helme, Modell „Kojak", damit man das Baufeld zügiger durchqueren könne? Ich hatte genau genommen damit gerechnet, dass Arbeiter nachfragen würden, ob die Magnete auf der Stirn nicht wirksamer wären.

Bis zum Schluss hatte ich noch gehofft. Es zeichnete sich jedoch ab, dass die Maßnahme tatsächlich echt werden sollte. Ob überhaupt von Ködel und nur deshalb veranlasst, weil er sich von mir durch den Kakao gezogen fühlte und nicht mehr zurück konnte oder, weil er tatsächlich an diese wahnwitzige Idee geglaubt hatte, blieb unbekannt.

Eine Sache, dass die Helmhersteller darum bemüht sind, die Helme aufgrund ihrer Dauerbelastung der Halswirbelsäule seit Jahren möglichst leicht zu gestalten und diese April-Maßnahme derartige Bemühungen konsequent vereitelte – wenn auch nur mit ein paar zig Gramm.

Eine andere Sache, dass ein Magnet -mit welcher Leistung / Feldstärke auch immer- in unmittelbarer Nähe zum Frontallappen des Gehirns eher für Irritation des Trägers sorgen könnte als zu helfen - und so dem Gesundheitsschutz (also dem H für „Health" in HSE) zuwider lief.

Obgleich ich mir ziemlich sicher gewesen bin, dass einige Kollegen -auch HSE'ler- mehrere von diesen Magneten in dem Bereich sehr gut hätten vertragen können – der praktische Nutzen hingegen war eher als Märchen zu werten.

Ehrlich: wer denn tatsächlich annimmt, dass ein -durch einen in 20 cm Entfernung zum Gesicht gehaltenen Winkelschleifer- mit über 200 Km/h in Richtung Auge geschossener Metallsplitter sich von einem über fünf Zentimeter entfernten Magnet-Aufkleber -Modell „Heimbüro"- auf seinem direkten Weg ins Auge einfangen ließe, der dürfte nicht nur mit dem Klammerbeutel gepudert sein, sondern baut auch die Spitze eines Blitzableiters gen Keller ausgerichtet unters Dach.

Derjenige gehört zu dem Personenkreis, dem die Maßnahme (Magnet an die Stirn kleben) im Sinne einer positiven Veränderung des Persönlichkeitsprofils sicherlich mehr helfen würde.

Kurz aufgedröselt: der Splitter fliegt bei 200 Km/h pro Sekunde 55,55 Meter weit. Bei also 5.550 cm bleibt ihm ca. 1/1000 Sekunde für den Richtungswechsel vorm Ziel – dem Auge. Vielleicht würde das ja ein Elektromagnet zum „Eintüten" von Schrottautos schaffen – der kleine Streifen sicherlich nicht.

Das Gegenteil des ursprünglich Gedachten sollte der Fall werden – so, wie meinerseits bereits vor der Maßnahme als mögliches Risiko für die Praxis angekündigt. Es beklagten sich Arbeiter, dass die Magnete Staub (z.b. durch kurzes Ablegen des Helms im Arbeitsdreck) sammeln würden. Dieser Schmutz würde dann jedes Mal beim Ab- oder Aufsetzen des Helms gelöst - was wiederum dazu führe, dass man sich diese feinsten Partikel beim Augenreiben erst extra hereinwischen würde.

Nun gut - künstlich herbeigeführte Augenreizungen, um den Arbeitern dann mangelnden Gebrauch der Schutzbrille vorzuwerfen und sie daraufhin nach Hause zu schicken, war mal wieder etwas Neues - das hatten wir bis dahin noch nicht.

Bei vielen Maßnahmen und Zuständen vermochte man nur den Kopf zu schütteln. So war auch der Weg von der Arbeit zu den Bussen äußerst dumm gewählt. Wie alles andere auch, versagte hier die Organisation bereits zu Beginn. Dummer Aktionismus gepaart mit Nichtnachdenken ist keine schöne Sache...

Die nach langer Zeit zusätzlich erstellte Container-Anlage für die Arbeiter wurde im Westen des Baufeldes platziert. Schön, dass sie endlich da war - wenn auch mit etwa drei Monaten vor Einleitung des Projektendes über zwei Jahre zu spät. Um die Ordnung dort scherte sich leider keiner - meine dortigen Stippvisiten offenbarten jedes Mal einen Zustand wie in einer Auffangstation für Flüchtlinge - nicht entsorgte Essenreste en Masse inklusive. Die entsprechend überall direkt neben den Speisetischen aufgestellten Rattenfallen waren insoweit absolut gerechtfertigt.

Waren die Arbeiter nach der Arbeit mit dem Umkleiden und Duschen fertig, mussten sie entweder einen Umweg laufen -um das Baufeld herum- oder aber durch das Baufeld durchgehen, was wiederum in Privatkleidung aus Gründen nicht vorhandener Versicherungsabdeckung verboten war. Zudem stellten sich einige derart dämlich auf ihrem Heimweg an, dass sie zwischen den Waggons der aktiven Bahnlinie -tlw. während der Fahrt (!)- über den Puffern durchsprangen, anstatt zu warten. Passiert ist glücklicherweise nichts, außer, dass einige dabei erwischt wurden und sofort -berechtigterweise- den Heimweg antreten mussten.

Im Ergebnis hatte die HSE-Abteilung dann auch zu Zeiten des Schicht-Endes die Bahngleise zu kontrollieren und Bescheid bei sich nähernden Zügen geben. Es hatte schon etwas mit Schülerlotsen und Puppenkiste gemeinsam.

Zur „Einstimmung" auf diese neuen Umstände, hielt man es für notwendig, dass der operative HSE-Manager -Fisch-eine Rede an die Arbeiter richtet. Es waren etwa 500 Mann in den Abendstunden, die noch dort waren und sich die Rede anhörten. Sorry – anhören mussten.

Ich fragte Fisch zu Beginn, ob er nicht irgendwo ein Megaphon hätte - was er verneinte.

ER bräuchte schließlich keins – so entgegnete er...

Wie soll man es beschreiben - die Rede war zum Fremdschämen. Laut-kreischig und nicht immer zu verstehen. Märtyrerhaft-Heroisch, sich selbst-inszenierend, von großer Selbstdarsteller- und Gönnerhaftigkeit, Großmut und vorgegaukeltem Wohlwollen flankiert.

Flankiert? Exakt – darüber, was der Kern des Aufrufs war, bin ich mir bis heute nicht im Klaren.

Gegen Fisch wirkt Donald Trump wie ein Leisetreter - was man nicht unbedingt positiv werten sollte. Immer wieder schaute er -gewohnt nach Bestätigung suchend- während der Rede zu uns Safetys herüber.

Die zuhörenden Arbeiter machten ihre Späße über ihn und den Inhalt seiner Rede. Zu Recht. Mit sich permanent wiederholenden Phrasen aus der Kategorie

"ICH will, dass jeder von euch abends gesund und heil zu seiner Familie, zu seiner Frau und seinen Kindern zurückkehrt."

hätte die Veranstaltung ihrer verblüffend ähnlichen Darstellungsart nach für unseren „guten" Herbert Wehner als Lehrstunde in demagogischer Rhetorik herhalten können. Ich bin mir sicher: DER hätte noch was gelernt – hinsichtlich Lautstärke und noch weniger sinnvoller Einbindung emotionaler Werte…

Zudem musste der Begriff Pathos neu definiert werden. Welch eine Gänsehaut, ein Schauer über dem Rücken und Tränen in den Augen. Fast.

Selbst der Monumentalschinken Ben Hur aus dem Jahr 1959 dürfte in keiner Filmsequenz Pathos-behafteter gewesen sein, als Fisch´s Versuche plastischer Darstellung beispielhafter Geschehnisse in diesen fünf Minuten (beinahe) realen Rosamunde-Pilcher-Leids…

Genau genommen war die Show an Peinlichkeit nicht mehr zu überbieten.

Die Rede beendet, kam Fisch sogleich zu mir und fragte mich: "Und - wie war ich?" - woraufhin ich ihm nur entgegnete: "In jedem Fall laut."

Phänomen Reizleitung

Genug mit dem Fremdschämen, lief irgendwann unser Phlegmatiker Flash auf dem Baufeld an mir vorbei und fragte mich, ob er denn in der Ambulanz auch Pflaster bekommen würde. Was für eine Frage...

Natürlich bin ich angesichts der Mühe, die man sich hier gab, um die Unfallstatistik -auch auf legale Weise- sauber erscheinen zu lassen, nicht davon ausgegangen, dass es sich bei der in die Frage implizierten Verletzung um ihn selbst drehte. Trotzdem hatte ich Unbehagen und lief ihm kurz darauf vorsichtshalber hinterher. Ich habe ihn noch vor der Ambulanz abfangen können - es war ja Flash. Seinem ihm von Gott gegebenen Temperament entsprechend, lief ja auch die physische Umsetzung seiner Denkweise ab. Und natürlich war er es doch selbst, der aktuell ein Pflaster benötigte. Mein Bauchgrummeln hatte also seine Begründung gehabt.

Ja - wie bereits mehrfach erwähnt und angedeutet, auch wir hatten einige Kollegen, die als Licht auf der Torte die Zündquelle dauerhaft neben sich benötigten, um nicht auszugehen.

Wir hatten ja auch ein Verbandkasten im Büro - aber es ist ja leichter, 100 Meter nach links als 400 Meter nach rechts zu gehen. Es hätten sich vermutlich alle bei Bux & Ködel ausgeschüttet vor Lachen, wenn es jemand aus unseren eigenen Reihen nicht geschafft hätte, eine Verletzung zuerst in der eigenen Abteilung zu melden und es statt dessen vorzog, die Dokumentation lieber über die BASF zu starten.

Zudem haben wir ein Verbandbuch, in das er sich ganz einfach hätte eintragen können - so dass es im Zweifel von der BG auch formal anerkannt worden wäre, ohne dutzende Berichte für einen schief stehenden Nietnagel ausführen zu müssen. Auf die spätere Befragung mit ihm nach der Ursachenkette des Vorkommnisses, hätte ich mich allerdings gefreut. Ich schickte ihn kurzerhand zur Bepflasterung in unser Büro. Mir ging noch die Frage durch den Kopf, ob wir auch Pflaster mit bunten Bildern hatten...

Kurz darauf hatte Flash mal wieder ein paar Aufgaben bekommen, die ich abschließend kontrollieren musste – Ein Mal selbst gesehen ist besser als 100 Mal gut berichtet. Es war klar, dass die beauftragten Dinge von ihm nur ansatzweise erledigt wurden - es war ja erst früher Nachmittag. Aufgaben erledigt? Nein - eher angegangen.

Dummerweise ging es vornehmlich um Gerüste in seinem Zuständigkeitsbereich. Weil ich die Gerüste zustandsbedingt sperren musste, hatte ich erst kurz zuvor die Arbeiter hiervon abgezogen. Der Weg für Flash zur Regulierung solcher Sperrungen war eigentlich immer wieder ganz einfach.

> Supervisor-Kollegen vom Gerüstbau anrufen > Anliegen klären > Ort & Termin abstimmen > die Korrektur kontrollieren

Den Rest davor und danach spare ich mal an dieser Stelle aus. Das war im Kern ein Ablauf, der einfacher nicht hätte sein können – Pizza bestellt man auch so. Natürlich hatten wir auch bei den Gerüst-Jungs einige unzuverlässige Kollegen dabei. Generell klappte das vor Ort aber ganz gut und es gab, wenn man sich bei Auftragserteilung entsprechend ausgedrückt hatte, i.d.R. wenig Überraschungen – wie bei einer Pizzabestellung eben auch.

Nur Flash hatte das irgendwie nicht geschafft. Flash war einer von den Grenzwertigen - ich wusste noch nicht, ob er nicht vielleicht doch mehr Arbeit verursachte als er bewältigte. Also musste ich wieder sammeln - alle unerledigten Dinge von Flash. Denn auch, wenn Flash sie nicht erledigte, mussten die Mängel ja trotzdem behoben werden. Und das, obwohl ich mit ihm allein in diesem Fall bereits am Vormittag zwei Mal die zu erledigenden Mängel persönlich vor Ort durchgegangen bin.

Jetzt, beim dritten Mal, lag mein Fokus insbesondere auf den zu betreuenden Gefahrenbereichen. Etwa auf den Confined Spaces – also einer Hochrisiko-Arbeit.

Diese engen Räume findet man beispielsweise in schwer zugänglichen Kolonnen oder Hohlräumen, bzw. Schächten, Gruben oder Zwischendecken. All diese Arbeiten setzen eine eigene Arbeitsgenehmigung voraus, besondere Sicherheitsvorkehrungen und die Freimessung - also die Maßnahme, durch die eine gefährliche Atmosphäre in den Bereichen weitestgehend ausgeschlossen werden soll. Wie eingangs erwähnt, gelten die Arbeiten in engen Räumen gemäß Gesetzgebung als gefährliche Tätigkeiten und sind mit zahlreichen Sicherheitsbedingungen beaufschlagt.

Weshalb die Freimessung der Gase im TDI-Baufeld Kohlendioxid (CO_2) durchweg unberücksichtigt ließ, konnte mir jedoch keiner beantworten - weder die Kollegen, die gemessen haben, noch der TELWF von der BASF. Auch ein Bekannter (seines Zeichens als Anästhesist auch Notarzt) zuckte -dazu befragt- mit den Schultern und konnte mir -wie befürchtet- keine gescheite Erklärung für diese Unterlassung liefern.

Das Prinzip der CO_2-gesteuerten Atemregulation in Erinnerung gerufen, müssen wir uns vor Augen halten, dass sich CO_2 gerne in Gruben sammelt und bereits bei geringer Konzentration über Einwirken auf unsere Atemsteuerung u.U. zu Bewusstlosigkeit und Tod führen kann. Zumindest, wenn die Umgebungsluft zusätzlich mit entsprechendem CO_2 versetzt ist – was wiederum durch das eigene Ausatmen in engen Räumen schnell passieren kann. Das Dumme dann auch noch ist, dass man i.d.R. bei eintretender Bewusstlosigkeit zusammensackt und in Bodennähe liegen bleibt - eben dort, wo sich am meisten CO_2 befindet. Aber um so weit zu denken, hätte man wenigstens zusätzlich auch in Bodennähe messen müssen - was ich beim Freimessen ohnehin nie gesehen habe.

Weil ja aber kein CO_2 angezeigt wird, könnte man sich das bodennahe Messen wohl ohnehin sparen. So vermutlich der bauernschlaue Gedanke – die (unwahrscheinliche) Berücksichtigung von CO_2 mal zwinkernd-leichtfüßig unterstellt...

Die Arbeiter, die sich in den engen Räumen aufhielten, mussten entsprechend geschult und eingewiesen sein. Vor dem Eingang hatte jeweils ein Wachposten abgestellt zu werden - bestenfalls mit direktem Blickkontakt zu den Arbeitern, i.d.R. mit Funkgerät. Die Arbeiter waren grundsätzlich durch Sicherheitsgeschirr und zusätzliche Seile mit der Außenwelt zu verbinden – um bei eintretender Hilfsbedürftigkeit die Betroffenen zügig aus dem Arbeitsbereich holen zu können, ohne dabei weitere Personen zu gefährden.

Natürlich passiert gemeinhin nichts. So soll es ja auch sein. Es passiert eben auch häufig nichts, eben weil man diese Sicherheitsmaßnahmen ausführt. Wenn aber mal etwas passiert, ist das Rettungsmanagement recht kompliziert und aufwendig - wenn es nicht bereits durch Eintritt des Todes des/der Betroffenen zum Bergungsmanagement geworden ist.

Kurz bevor ich die Confined Spaces erreicht hatte (in aktuellem Fall eine vertikal stehende 30-Meter-Kolonne), hielt sich der Wachposten etwa drei Meter neben dem Eingang auf - ohne Blickkontakt in die Kolonne und sein Funkgerät irgendwo verstaut. Flash war ebenfalls einige Meter entfernt und sah mich schon auf sich zukommen.

Der Wachposten konnte auf Nachfrage keine wirkliche Begründung zu seinem Fehlverhalten liefern. Flash stand mit großen Augen stumm daneben – bei ihm lief ja alles etwas zeitversetzt ab. Etwa wie eine interkontinentale Live-Übertragung vor 50 Jahren.

Zusätzlich hatte ich das Seil vermisst, was ins Innere der Kolonne hätte führen müssen. Wenigstens eins.

Ich ordnete die sofortige Rückkehr der Arbeiter aus der Kolonne an. Immerhin funktionierte die Kommunikation – wenn man wollte. Es stiegen -nacheinander und sichtlich sehr gut gelaunt- drei sich freuende Herren heraus, von denen keiner angegurtet war. Es folgte die obligatorische Belehrung mit dem Bescheid über entsprechende Sanktionen für alle Beteiligten.

Dann kam noch ein Nachzügler herausgekrochen – die Situation hatte schon etwas Amüsantes. Ein BASF'ler - zu erkennen an dem gelben Helm. Auch er sehr gut gelaunt, war etwas irritiert über diesen Personenpulk und meinte nur, dass doch alles so mit dem Kollegen abgesprochen gewesen wäre und zeigte dabei auf den anderen von uns mit orangenem Helm - Flash.

Das war jetzt aber blöd.

Ich fragte Flash, ob er sich die Auflagen in der Arbeitserlaubnis -der Permit- mal angesehen hatte. Nö - er bestätigte die Aussage des BASF'lers und war sich auch keiner Schuld bewusst.

Ok - verständlich. Er war mit dem Verarbeiten noch nicht so weit.

Also folgte das obligatorische Prozedere - Ausweise fotografieren und Statement schreiben. Zusätzlich sollten die Trainings-Nachweise in unserem Büro zur Einsicht vorgelegt werden – über Sanktionen würde sich erst dann ausgetauscht werden. Bis dahin musste die Arbeit eingestellt werden.

Von den Sub´s wurde grundsätzlich vertraglich verlangt, dass die unterschiedlichen Befähigungen (Confined Space, Arbeiten in Höhe, Lasten-Einweiser etc.) bereits mit Ankunft auf dem Baufeld vorhanden zu sein hatten. Dem System folgend, wurde das natürlich nirgendwo überprüft. Insofern war es Standard, dass keiner diese Befähigungen besaß aber alle unterschrieben hatten, sie zu besitzen - sonst hätten sie vorab den Auftrag nicht bekommen.

Bei diversen Sub´s in Folge, ein gefährliches Spiel - was immer wieder leichte Kollisionen der Kräne mit Gerüsten, fehlende Sicherheit bei Höhenarbeit oder eben in den Confined Spaces verantwortete. Einfach durch Unwissenheit.

Flash hatte ich gesagt, dass er das Baufeld bitte verlassen und sich im Büro bei Fisch melden solle. Erklärungen in vierfacher Ausfertigung waren in seiner Systemik offensichtlich Bauart bedingt – also genetisch festgelegt. Auch hier setzte er -ohne Witz- den Verweis vom Baufeld erst nach der dritten Wiederholung um (!). Er hatte nicht nur sein -in diesem Fall sehr gefährliches- Fehlverhalten nicht eingesehen, sondern auch nicht realisieren wollen, dass ein derartiger Zwischenfall nicht in einem Tee-Kreis vor Ort gegeneinander abgewogen werden könne.

Es wird immer Sachverhalte geben, die man intern im kleinen Kreis besser regelt. Das konnte Flash leider nicht wechseln. Er erinnerte an eine 45er Single-Schallplatte, die auf 33 Umdrehungen abgespielt wurde – auch die war irgendwann am Ziel. Nur später. Und irgendwie anders halt.

Er hatte als „vor-Ort-Betreuungs-Verantwortlicher" große Scheiße gebaut - in einem Umfang, wie ich ihn in meinem Bau-Komplex nie hingenommen hatte. Wenn Sicherheit in der Verantwortlichkeit über Stufen hinweg operativ umgesetzt werden muss, dann ist ein essentieller Bestandteil die Zuverlässigkeit der beteiligten Personen - Schnelligkeit einmal außen vor.

Vermutlich war ein solch fahrlässiger Umgang mit diesem sehr ernsten Hintergrund aber auch damit zu begründen, dass die wenigsten jemals mit einem Erstickten aus vergleichbarer Situation -und den dann erforderlichen Maßnahmen- konfrontiert wurden. Anders sind derartige Ausfälle hinsichtlich der unbedingt erforderlichen Ernsthaftigkeit rational nicht zu erklären.

Man könnte schlicht sagen, dass Ein Toter aus solchen Umständen heraus sich in seiner Gesamtheit weder kooperativ bei Rettungsversuchen noch empfänglich für gut gemeinte Versorgung zeigt. Er ist einfach tot und schaut zudem nicht mehr so hübsch aus, wie zu Lebzeiten.

Für Kollegen wird ein Toter wohl generell eher als abstraktes Resultat und ergo zu unwirklich erscheinen - einfach zu weit fern und nicht greifbar.

Und dennoch liest man jedes Jahr mehrmals von derart tragischen Unglücken, von tödlichen Unfällen im Rahmen solcher engen Räume, wie Schächten, Rohren und Gruben. Nur sind diese zumeist im privaten Bereich zu suchen. Spätestens jetzt sollte jeder Profi sich aber fragen, warum diese Fälle -trotz erheblich höherer Anzahl- im professionellen Bereich gegenüber dem Privaten seltener vorzufinden sind. Und wenn er dann seine Antwort erhält, sollte er nach dem Ergebnis handeln:

Es sind die umfangreichen Schutzvorkehrungen, die so manchen Toten im professionellen Bereich verhindern. Hier hätten sie gleich vier potenzielle Todesopfer verhindern sollen – so die Schutzmaßnahmen denn genutzt und angewandt worden wären.

Offensichtlich ist es aber ein Nachteil, mit derartigen Tragödien bisher nicht konfrontiert worden zu sein – die entsprechende Ernsthaftigkeit in der Einschätzung notwendiger Maßnahmen leidet jedenfalls erheblich.

Das allerdings gilt für viele Bereiche.

Im Büro angekommen, klärte sich das Ganze dann recht schnell, da meine Positionierung unveränderlich feststand. Fisch war ratlos - Erich erklärte sich dann bereit, Flash in seinen Bereich übernehmen zu wollen. Gut, damit hatte ich kein Problem – wer von den beiden dann wen behinderte, konnte mir egal sein.

In Erichs Dienstplangruppe war Flash bereits integriert - jetzt auch in seinem Zuständigkeitsbereich. Prima – ein unkontrollierbares Verantwortungsproblem weniger.

Und Flash und Erich passten von der Arbeitsgeschwindigkeit ohnehin ziemlich gut zusammen; der eine wollte nicht, der andere konnte nicht. Was bereits mehrfach auffiel und hier bestätigt wurde; Erich entwickelte sich zunehmend zu einem sehr glatten Kollegen mit der Philosophie, allen alles recht machen zu wollen, keinesfalls irgendwo anzuecken und dabei möglichst unauffällig zu sein.

Das Ergebnis bei allen Zusammentreffen war, dass es (nochmals gesteigert) weniger Fragen gab als je zuvor – und nochmals weniger Lösungen. Er hätte klassischer Verkäufer werden sollen; die (fast) immer freundliche Mimik konnte ihm bescheinigt werden.

Ach, hatte ich vergessen – das war er ja bei seiner Doppelvergütung durch den Verkauf von Arbeitsschutzmaterialien während der Arbeitszeit für seinen Auftraggeber ohnehin schon.

Von Inquisition & Synapsdefekten

Wenige Tage später sollten die Zeiten der Zeiterfassungs-Systeme aus dem HSE-Bereich abgeglichen werden - mit den Stundenberechnungen, bzw. mit den Arbeitszeiten und dem Verhalten generell. In der Industrie völlig normal - hier jedoch etwas schwieriger, da sich vor allem auch Freiberufler unter uns befanden, denen wiederum keine Vorgaben bzgl. ihrer Arbeitsaufträge und insbesondere Arbeitsort und -zeit gemacht werden dürfen – vom Gesetzt her nicht.

Die ganzen Zeiten wurden dennoch ausgewertet. Das stellte sich allerdings auch deshalb schwierig dar, weil bei dem Baufeld-Hopping -so, wie die HSE-Mitarbeiter es betreiben mussten- durchaus mal das ein oder andere Ein- oder Aus-Checken an den Automaten der einzelnen Bereiche vergessen werden konnte. Schließlich wurden wir öfter einmal schnell ins Nachbarfeld gerufen und gingen dabei nicht unbedingt noch einen Umweg zum nächstgelegenen Patch-Automaten. Auch waren die Automaten nicht an jeder Ecke und ab und an defekt - was eine kontinuierliche Erfassung nicht gerade erleichterte.

Den Abgleich in unserem Fall sollte Erich machen.

Persönlich sehe ich es als berechtigt an, dass ein Auftraggeber nach billigem Ermessen sich über die Einhaltung gewisser Parameter stichpunktartig erkundigt. Gerade bei uns gab es auch keine andere Möglichkeit der Kontrolle. Es gibt in der Praxis viele Dinge, die theoretisch und auch juristisch völlig anders geregelt sind als sie tatsächlich ablaufen. Allerdings macht die Praxis es auch erforderlich, ggf. auf Privilegien zu verzichten und im gegenseitigen Interesse aufeinander zuzugehen – wie z.B. in der Zeiterfassung von Freelancern. Es ist hier die Frage, die Contenance für beide Seiten zu wahren. Es gilt also Ehrlichkeit und Transparenz auf beiden Seiten einzuhalten.

Kontrolle - gut. Aber bitte von Extern und nicht im Interessenkonflikt durch uns selbst. Maximal noch durch Fisch – er war fest angestellt. Aber schon gar nicht von Erich. Immerhin nahmen auch die Bemerkungen von Kollegen mittlerweile zu – Erich wirke jetzt auch nach außen zunehmend fauler und unzuverlässiger. Auch kamen in unregelmäßigen Abständen von Kollegen anderer Bereiche immer öfter Hinweise, dass er für seine Bestellungen am Telefon ziemlich viel Zeit benötigen würde – wohlgemerkt: für die Bestellungen seines eigenen Verkaufgeschäfts. Oder Bemerkungen, wie „Ich werde auch Safety und mach ´nen Shop auf. Dann verdiene ich auch doppelt.". Auf Nachfrage hatte mir ein Kollege damals gesagt, dass der eine von uns ja nur Bestellungen bearbeiten und gar nicht mehr als Safety aktiv sein würde.

Es stellte sich wie immer die Frage nach der Balance und ab wann jemand seinen Kollegen schadet, weil er erforderliche Arbeiten nicht mehr schafft und abgeben muss.

Das Beherrschen dieser Prozedur hatte Erich ja bereits einige Male bewiesen – leider nur zu seinen Gunsten. Mit der

Kollegenversorgung mit Kleinmaterialien hatte seine Zweitarbeit wahrlich zeitweise nicht mehr viel gemein. Auch Fisch hatte anhand einiger fehlender Ausarbeitungen die Arbeitsauffassung von Erich mittlerweile zur Kenntnis genommen. An einen möglichen Schaden der Truppe hatte er trotzdem nicht gedacht. Es lief ja.

Erich kontrollierte also die Stunden und es kam, wie prognostiziert - seine eigenen Zeiten bemängelte er später nicht. Auch auf meine Zeiten ist er nicht eingegangen – was seine Willkür gewissermaßen entlarvte.

Da nur Fisch, Erich und ich von der anstehenden Auswertung wussten, lag es für mich auf der Hand, mich zu Testzwecken an einigen Tagen zuvor über ein auffälliges Zeitfenster hinweg (mehrere Stunden) unangemeldet zu halten. Bewusst. Erich fiel es nicht auf – jedenfalls sprach Fisch mich nicht an. Und dass es meinerseits tatsächlich als das, was es war -ein Test- bemerkt und gewertet wurde, war nur Fisch zuzutrauen.

Neben Schludrigkeit einiger Kollegen (ok, hätte wirklich besser sein können), wurde ein Kollege besonders fies angegangen. Flash. In einem Dreier-Gespräch debattierten wir über einen (1!) Tag, an dem Flash -auch nach persönlichem Gespräch- zwei nicht eingeloggte Stunden in der Mittagszeit nicht als Arbeitszeit nachweisen konnte.

Allen voran forderte Erich, dass Fisch ihm eine Abmahnung geben müsse, weil es Betrug sei. Ausgerechnet Erich - der, der neben seiner zähen und unzuverlässigen

Arbeitsauffassung auch den Verdacht des Arbeitszeitbetrugs in großzügigem Volumen für sich reservierte. Er folgte dem bereits erwähnten Täter-Prinzip der übertriebenen Einwand-Vorwegnahme à la carte und forderte die Abmahnung mit Nachdruck und einer Selbstverständlichkeit, die an Frechheit und Dreistigkeit nicht zu überbieten war. Ich sprach mich strikt dagegen aus – was sowohl Fisch als auch Erich sichtlich überraschte und irritierte.

Die Verfehlungen von Flash bei der Arbeit -für die er von mir bereits abgestraft worden ist und für die es keine weiteren Sanktionen gegeben hatte-, hatten nichts mit dem Übergehen oder Vergessen des Einloggens zu tun - Erich hatte hier in der Professionalität wieder mal deutlich versagt. Und Fisch auch.

Andere Kollegen konnten nur ihre Stunden besser erklären, was Flash eben -weshalb auch immer- nicht geschafft hatte. Mehr nicht. In zwei (!) fehlende Stunden irgendwelche Storys hineinzuinterpretieren, war jedoch purer Bullshit. Und Flash war nicht einmal Raucher – dem hätte man wohl noch eine verlängerte Pause angedreht und es dann dergestalt toleriert.

Dass Erich konspirativ arbeitet, war schon länger klar -allerspätestens seit Nannis Fall- und wurde hier noch einmal bestätigt. Offensichtlich hatte er vor, den Mitarbeitern den rigorosen Durchgriff mittels Exempel zu vermitteln, für die er persönlich noch nicht einmal hätte einstehen müssen - schließlich hätte Fisch die Abmahnung ausgesprochen.

Er hätte sich darüber sogar ins gute Licht manövrieren können – als (leider gescheiterter) „Kämpfer pro Flash".

Es wurde immer offensichtlicher, dass er in Sachen Konspiration eine gute Schule genossen haben muss - wie damals so viele in der DDR. Durch diese Aktion erhielten auch viele seiner im Kontext zu seinem Verhalten widersprüchlichen Geschichten aus seiner Zeit bei der Volksarmee, endlich ein klares Gesicht. Die Geschichten von damals werden sich alle auch etwa so zugetragen haben - er hatte sich in den unzähligen Geschichten und Darstellungen auch nur in wenigen Details widersprochen.

Ich hatte es bereits angerissen; allein die Seite seiner Sichtweise -also der eigenen Person- wird er mutmaßlich getauscht haben. Das lag zumindest auf der Hand.

Dass er somit -trotz des ihm angeblich viel zugefügten Unrechts- seine Stasi-Akte nicht einsehen wollte, war nur allzu verständlich. "Ich möchte da nichts Altes aufwärmen und vielleicht Dinge erfahren, die besser so bleiben sollten, wie sie jetzt sind." hatte er immer wieder gesagt.

Klar. Würde ich an seiner Stelle auch nicht wollen.

Hoffentlich kannte seine Frau ihn wirklich. Oder hatte sie ihn sogar in der Hand? Das würde zumindest seine Demut ihr gegenüber erklären…

Any way…

An dieser Stelle muss einmal betont werden, dass durch bewusst betrügerisch ausgeführte Vorgehensweisen mit

Arbeitszeitbetrug (beispielsweise dem eines Recruiters) schnell ein nicht unerheblicher Vermögensschaden entstehen kann - durch einfache Täuschung. In einer Größenordnung wie unseren Stundenleistungen ist dies bei weitem kein Kavaliersdelikt mehr, sondern stellt mit Schäden von leicht zu erreichenden 10-, 20- oder 30.000 EUR den mutmaßlichen Tatbestand einer Straftat (§263 StGB) dar, für den gemäß Rechtsprechung bei Vorsatz sogar zugunsten einer fristlosen Kündigung auf Abmahnungen zuvor verzichtet werden kann.

Einfache und realistische Beispielrechnung: Bei angenommenen drei Stunden tgl. „Zweitaktivität" zu 60,00 Euro netto an 24 Tagen monatlich kommen so 25.920,00 Euro in einem sechsmonatigen Projekt durch eine Person als Schadensbilanz zum Tragen. Bei einem kleineren 10-Mann-Projekt hat der Auftraggeber bei nur drei solchen Verhaltens-geschädigten Freelancern rund 75.000 Euro Schaden zu kompensieren – und die aktiven Kollegen die entstandene Arbeit zu kompensieren und Wiedergutmachung des Branchenrufs zu leisten.

Letztlich hatte Fisch ihm -also Flash- keine Abmahnung ausgesprochen. Die Erich-Show war so offensichtlich, dass sie sogar Fisch zu viel war.

Sicher auch, weil ich Erich und Fisch unmissverständlich klar gemacht hatte, dass ich andernfalls mal unsere Stunden im Kontext geleisteter Arbeit und Zweitarbeit entsprechend analysieren würde. Für Erich war der Dämpfer gut und notwendig. Fisch dürfte die Situation gezeigt haben, dass ich mich jederzeit integer und professionell verhalte - was angesichts der damaligen Gesamt-Situation alles andere als förderlich für mich gewesen sein wird.

Dass ich aber zuerst jemanden hatte sanktionieren, sogar ablehnen können und später als sein Fürsprecher aufgetreten bin, verstanden sie nicht. Weder Erich noch Fisch – wechseln konnte das keiner von beiden.

Ein System weitestgehend neutral und objektiv zu steuern, stößt schließlich selten auf Verständnis und noch seltener auf Gegenliebe, da von den Beteiligten zumeist versucht wird, eigene Vorteile auszubauen – leider fast grundsätzlich zu Lasten anderer.

Der Tod eines jeden Teams.

Kurz darauf wurde ein Neuankömmling der Arbeiter bereits binnen der ersten Stunden beim Rauchen erwischt - auf einer Toilette im HSE-Container. Wie konnte man nur so blöd sein?! Als ich den Namen gelesen hatte, war mir klar, dass ich ihn erst am Morgen eingekleidet hatte. Natürlich musste er zeitnah das Baufeld wieder verlassen. Als ich die Toilette betrat, war sogar der Geruch noch immer eindeutig - der Bengel hatte nicht nur geraucht, sondern gekifft.

Ok - ich war nicht dran, mit der Nachrichten-Übermittlung bzgl. selbst erarbeiteter Heimreisen und erledigte Bürokram, als plötzlich jemand die Tür aufschmiss und mir zurief: "Da hat jemand einen Herzinfarkt. Kommt schnell." Ja doch - keine Hektik. "Wer hat das festgestellt?" hatte ich noch gefragt - aber der Kollege war gleich wieder draußen im Nachbar-Büro. Zum Glück nicht weit. Erich fragte ganz aufgeregt, ob er denn einen Krankenwagen rufen solle. "Rettungswagen heißt das, Du Hornochse" muss ich mir gedacht haben und verneinte es direkt. "Nein -wir wissen doch gar nicht, was los ist. Bleib doch mal ganz unruhig." hatte ich ihm noch zwinkernd gesagt.

Bei dem Patienten angekommen, muss ich recht verdutzt gewirkt haben. Es war mein Cannabis-Bengel vom Morgen. Mitte Zwanzig, auf dem Stuhl sitzend, auffallend schlank und etwas blass. Unauffälliges Hautkolorit, nur leichte Schweißperlen auf der Stirn und zitternd-aufgeregt. Seine Pupillen signalisierten mir ausgesprochene Sympathie - weshalb, war ja klar.

Ich blieb mit einem in seiner Art sehr direkten Kollegen zusammen dort und bat die Anderen aus dem Büro.

Der Cannabis-Bengel atmete tendenziell leicht hyperventilierend und flach. Schmerzen und /oder Brustkorbenge verneinte er und übel war ihm auch nicht. Sein Puls war leicht tachykard aber sonst unauffällig und recht gut tastbar.

Ich sprach ihn direkt auf den Cannabis-Konsum an, was er sofort eingestand. Es wäre aber eine für ihn unauffällige Dosis gewesen. Bei der Frage nach weiterem Medikamenten-Konsum gab er Novalgin an -ein Analgetikum mit mittlerer Potenz- aufgrund irgendwelcher Gelenkprobleme.

An sich unauffällig - wenn das Analgetikum nicht gerade erstmalig genommen wurde. Dann bestünde die Gefahr eines ggf. lebensbedrohlichen Kollaps – ähnlich eines allergischen Schocks. Das war nicht der Fall. Er wurde bereits ruhiger – sein Kreislauf normalisierte sich auch. Vermutlich war es nach der ganzen Aufregung am Morgen die systemische Folge auf das Zusammentreffen der eingenommen "Komponenten" in Verbindung der stressigen Erfahrungen.

Das Standard-Repertoire hatte ebenfalls nichts Auffälliges ergeben - anamnestisch keine Vorerkrankungen oder Allergien. Aber am Morgen nichts gegessen, nichts getrunken und im Verlauf viel Stress plus Cannabis.

Er sagte gerade, dass es ihm schon wieder besser ginge. Ich hatte ihm just mitgeteilt, dass wir daraus jetzt keinen großen Aufriss machen müssten und er von seinen Kollegen in die Ambulanz gefahren werden sollte - da platze die Tür auf und ein Kollege des Rettungsdienstes schwang sein Material in großem Bogen über die Schreibtische. Er grölte "Alles raus!" woraufhin ich ihm zu verstehen gab, dass ich ihm Informationen übergeben wollte - also die Anamnese des Patienten. Ich war überrascht, dass er bereitwillig zuhörte.

Viele Retter wirken initial ein wenig distanziert und meinen, alles besser zu können. Der hier nicht. Angenehm. Meine Erhebungen nahm er auf. Als ich merkte, dass er von den festgestellten Parametern gesättigt war, stahl ich mich -diplomatisch, wie ich bin- davon.

Im eigenen Büro angekommen, fragte ich nur, wer den dämlichen Aufriss zu verantworten und den Rettungswagen gerufen hatte. Fisch verdrückte sich flux zu seinem Computer. Er hätte es -all seiner Häuptlings-Allüren zum Trotz- niemals gewagt, sich gegen meine klare Aussage aus meinem Ressort zu stellen. Niemals - zu oft hatte er bewiesen, dass er zu viel Respekt vor der Materie der Notfallmedizin hatte - und zudem seine Grenzen kannte. Zu oft hatte ich ihm auch in medizinischen Dingen Zusammenhänge erklärt und Tipps gegeben – für ihn und auch für seine Tochter.

Blieb Erich übrig. Erich stammelte nur "I-i-ich." Als ich ihn mit einem Nase-zu-Nase-Abstand von zehn Zentimetern etwas nachdrücklicher gefragt hatte, ob ich ein tschechisches Modul im Hals hätte, sagte er: "Ich habe es doch nur gut gemeint, weil..." Ich entgegnete ihm noch im Satz die Frage "Was verstehst Du an "Nein, noch nicht!" nicht?".

Gut gemeint ist i.d.R. alles andere als gut gemacht.

Erich verließ sofort und eingeschnappt das Büro. Ob er wieder kurz vorm Weinen war, wusste ich nicht. Offensichtlich war er mit einem "Nein" inhaltlich völlig überfordert. Ja – ein „Nein" wirkt nun mal nicht immer nett, da kann man schon mal anfangen zu weinen…

Zumindest ist er tendenziell jemand, der Katastrophen eher erschafft, denn verhindert – denn die entstehen bekannterweise häufig aus „gut gemeint".

Mit Katastrophen auf Tuchfühlung

Zurück auf dem Baufeld, kam es im Rahmen des Baufortschritts natürlich immer wieder zu Änderungen unterschiedlicher Maßnahmen, resp. deren Anpassung. Es hieß dann bereits im März, dass das Baufeld sukzessive übergeben und in Betrieb genommen werden sollte. Für ein Projekt dieser Größe nicht ungewöhnlich - schließlich konnte man ein derartiges Vorhaben nicht erst nach dem letzten Pinselstrich "schlüsselfertig" übergeben.

Probleme stellten sich nur dadurch ein, dass man der Auffassung war, eine sich inmitten von etwa 1500 Arbeitern befindliche Tankanlage mit Chemikalien befüllen zu müssen. Natürlich mit explosiven und hochgiftigen Chemikalien in Industrie-Mengen von zig-Tausend Tonnen und bei laufenden Arbeiten im direkten Umfeld.

Schließlich befand man es seitens der BASF auch für absolut ausreichend, das unmittelbar betroffene Areal während der Befüllung als eine "Ex-Zone" zu deklarieren - in der sich zwar aufgehalten und gearbeitet werden durfte - aber nur mit explosionssicheren Gerätschaften. Was auch das Ablegen von Handys und allen Metallgegenständen zur Folge gehabt hätte. Darüber hinaus hätte man in dem direkt angrenzenden 10 Meter- Radius arbeiten, mit Sondergenehmigung sogar schweißen dürfen. Weil sich alles schon hingezogen hatte, wurde uns spontan eines Morgens ein "Plan" für das Zeitfenster der Befüllung gegeben. Ein einziges, bemaltes DIN A4 - Blatt für etwa 25 Personen.

Es wurden - neben der missverständlichen Chemikalien-Benennung lediglich die Zonen nebst Verhaltenshinweisen dargestellt - und eine Brandwache. Auf einem DIN A4-Blatt.

Es wirkte extrem realitätsfern.

Gerade noch hatten alle mitbekommen, dass offensichtlich nicht einmal simple Einrichtungen wie Generatoren den Betrieb ungestört aufnehmen können und bereits ohne Auslastung-, Betriebs- oder Verschleißprobleme zur Fehlfunktion inkl. umfangreicher Brandverursachung neigen. Und auch dieser „brandneuen" Erfahrung zum Trotz, sah man eine Befüllung der Tanks mit höchstgefährlichen Chemikalien in exorbitanten Volumina zwischen 1500 Menschen als problemlos an. Entsprechend propagierte man in Gartenlauben-Grillfest-Manier mangelhaft ausgearbeitete „Sicherheits-Maßnahmen" auf einem bunten DIN A4-Blatt als überaus angemessen. An Abstrusität war dieser Vorgang nicht zu überbieten.

Nochmal daran erinnert: das verbrannte Generatoren-Haus war nur 50 Meter Luftlinie entfernt.

Weil die ganze Aktion noch ein paar Tage Zeit hatte, versuchte ich, weitere, entsprechende Hinweise zu erhalten. Also neben dem klassischen Produktdatenblatt mit sämtlichen Gefährdungs-Hinweisen und Feuerwehr-Richtlinien für Unfälle mit derartigem Stoff, auch die

- Menge des Stoffes, die
- Art & Weise der Umfüllung, die
- Anlieferungsweise, den
- konkreten Zeitpunkt und die
- Bestandsmaßnahmen der Gefahrenabwehr.

Ich wurde umfangreich fündig. Es gab schon über zehn Jahre extra Fachgremien zuvor, die sich mit dem Transport und der Entnahme/Befüllung ausschließlich dieses Stoffes intensiv beschäftigten und ihre Empfehlungen und Erfahrungen herausgeben - in Anlehnung an die geforderte Seveso-Richtlinie.

In diesen Richtlinien waren allerdings wesentlich strengere Vorsorgemaßnahmen empfohlen, als es das bloße Blatt Papier, welches uns vom Haupt-Kontraktor ausgehändigt wurde, hergab. Und das bereits unter dem Aspekt des „normalen" Umgangs mit dem Stoff – also normalen Belieferungs- und Entnahme-Vorgängen im Alltagsgeschäft.

Und eben auch nicht im Kontext der Besonderheit vorliegender Stoff-Mengen und der aktiven Arbeitsvorgänge von 1500 Personen im direkten Umfeld. Auch nicht im Zusammenhang eines benachbarten und zu Feuer neigenden Generatoren-Haus und der erstmaligen Nutzung ungeprüfter Technik in Kombination mit nicht ordnungsgemäß abgenommenen Anlagen.

Weder die speziellen Schutzausrüstungen in der Nähe Arbeitender, noch eine entsprechende Bereitschaft der Gefahrenabwehr (Werkfeuerwehr) noch Unterweisungen oder Sonstiges, waren von der BASF für die Dauer der Füllmaßnahme eingeplant. Nicht einmal der Zeitpunkt konnte konkret genannt werden – es war ein mehrtägiges Zeitfenster. Und natürlich hatte auch nicht ausgeschlossen werden können, dass dann wieder ein Generator Feuer fängt – oder etwas anderes anfangen würde, zu brennen.

Im Endergebnis wurden mir Auskünfte auf meine Nachfragen verweigert, so dass ich nicht in der Lage war, ein vernünftiges Sicherheitskonzept (oder Method-Statement) für meine Kollegen und die Arbeiter zu erstellen – und das wäre nötig gewesen. Denn das vorliegende Blatt war kein Konzept, sondern wieder mal Malen nach Zahlen – ein grober Bereichsgrundriss mit bunten Mandalas verschönert. Der Fragebogen des ersten Schnitzeljagd-Rätsels meiner Tochter war informativer ausgearbeitet als der mir vorliegende Wisch. Und das war an ihrem dritten Geburtstag.

Folgend blieb mir nichts anderes übrig, als aufgrund der durchgreifend defizitären Vorsorgemaßnahmen meinen Kollegen ausdrücklich zu empfehlen, sich zum Zeitpunkt der Befüllung nicht in der Nähe des Gefahrenbereichs aufzuhalten - sollte der Zeitpunkt irgendwann konkret feststehen, sogar frei zu nehmen.

Das war eine Maßnahme, die als Resultat ausschließlich auf der Haltung der BASF, resp. des Haupt-Kontraktors und auch meinem Verein Fuß fasste. Die Einholung der zur Erarbeitung einer suffizienten Gefährdungseinschätzung notwendigen Auskünfte war aufgrund deren Verhaltens unmöglich – Details wurden ja nicht Preis gegeben.

Es kann und darf nicht sein, ein derartiges Unterfangen inmitten arbeitenden Personals ohne Kenntnis über die Einzel- oder Gesamtgefährdung durchzuführen. Genau das aber war hier Standard. Offensichtlich war den wenigsten die jüngste Explosions-Katastrophe in Tianjin noch im Gedächtnis.

Auch der Hinweis, bei zwei geplanten Tagen mit der Befüllung auf ein arbeitsarmes Wochenende auszuweichen, wurde ignoriert. Schade – es hätte 1500 unmittelbar gefährdete Personen weniger bedeutet, eine bessere Übersicht, und (nochmals) erheblich weniger Vorsorge-Maßnahmen. Zudem im Ernstfall (ungeachtet Verletzter oder Toter): weniger Öffentlichkeit. Die geplante Wochenendarbeit von einer Hand voll Arbeitern wäre zudem überschaubarer kompensierbar oder aber einfacher zu koordinieren gewesen.

In einer derartigen Situation muss es die zwingende Aufgabe auch eines jeden HSE-Verantwortlichen sein, dort arbeitendes Personal vor dessen Aufenthalt im Gefahrenbereich zu warnen. Das hatten Hiero und der TELWF der BASF, Bux, Ködel und Fisch irgendwie anders gesehen.

Machte aber nichts - für meinen Teil hatte sich eine entsprechende Maßnahme ohnehin erübrigt, da sich die Befüllung so lange hinausgezögert hatte, dass für mich das Projekt zu dem Zeitpunkt bereits beendet war. Wer insoweit später diesen Rat der Abwesenheit befolgt hatte - oder auch nicht, konnte ich nicht mehr in Erfahrung bringen.

Allerdings wurde mir noch mitgeteilt, dass beim ersten Versuch der Befüllung festgestellt worden sein soll, dass man vergessen habe, an der Füllstation die sich oberhalb der Waggons befindlichen Verbindungs-Stutzen überhaupt zu installieren.

Vergleichbar mit der Einweihung einer Tankstelle, an der die Zapfhähne fehlen. Gratulation!

Das hätte eigentlich bei der Kontrolle der Anlage, spätestens bei der Abnahme und allerspätestens bei der Planung der Befüllung auffallen müssen – wenn man sich denn um Sicherheit im Rahmen eines regulären Füllvorgangs bemüht hätte. In diesem Fall wäre man jeden Schritt im Rahmen einer vor-Ort-Begehung separat durchgegangen.

BASF halt...

An einer der folgenden Orgien-Mampf-Tage hatte ich ein kleines Briefing für die Kollegen beider HSE-Abteilungen gehalten. Es drehte sich vornehmlich nochmal um die Rettungskette und den Bericht über den verhauenen Notruf.

Der Übersichts-Plan samt übergelegtem Raster war auch fertig und ich stellte ihn - im Einvernehmen von Bux & Ködel sowie Fisch -so wie vereinbart- vor.

Plötzlich schallte es lauthals aus einer hinteren Ecke. Dass das auf keinen Fall genehmigt würde und mit der Feuerwehr wäre das auch nicht abgesprochen, so hieß es. Es war die Medien-Patsche, der TELWF-Grisu, der sich sichtlich persönlich angegangen fühlte und ausgesprochen emotional reagierte. Dabei hatte ihn doch niemand angegriffen.

Die Vorteile dieses Plans für zukünftige Notfälle, waren angesichts bisheriger Erfahrungen offensichtlich – dennoch wollte er sie nicht einmal sehen. Seine Rationalität hatte er längst vergessen und redete sich mit rotem Kopf förmlich in Rage. Ich verzichtete darauf, auf das Leitstellen-Versagen hinzuweisen, sondern entgegnete ihm nur, dass die Anwendung des Plans mit dem HSE-Manager des Haupt-Kontraktors -also Bux- so abgesprochen sei - woraufhin er deutlich ruhiger wurde. Der Rest der Orgie verlief gewohnheitsmäßig.

Die geplante Umsetzung des Plans erfolgte leider nicht. Bux hatte vor der BASF zu viel Schiss und sprach die Thematik meines Wissens nach nicht nochmal an. Vermutlich hatte aber auch die Show bei der Orgie für einen weiteren Eklat hinter verschlossenen Türen gesorgt - es wusste ja keiner, wie der TELWF das Berichtete weitergetragen hatte.

Das 4-Ohren-Prinzip von Herrn Schulz von Thun lässt da sehr unterschiedliche Ausführungen zu.

Das hatte auch erklärt, warum Fisch irgendwann zu mir sagte, dass er mich zunächst etwas aus der Schusslinie nehmen wolle. Es hatte so etwas wie der bereits allseits bekannte Spruch der Kanzlerin, man würde das vollste Vertrauen genießen...

Aber aus der Schusslinie nehmen? Nö - warum?

Was Fisch da formal gemacht hatte, mich von einigen Meetings abzuziehen - ok, das kam mir sogar wieder entgegen. Einerseits brachten die sowieso grundsätzlich nichts, andererseits hatte ich bereits mehrfach Ärger mit falscher Dokumentation der Meetings. Stets standen in bestimmten Manuskripten Dinge, die so nie geäußert wurden.

Dies war grundsätzlich in den Construction-Meetings der Fall - einem Bereich, der in unserer HSE-Abteilung ein wahres Feindbild sah (das ist in allen Construction-Bereichen ähnlich gelagert). Die für den dortigen Bauleiter zuständige Sekretärin war freundlich, sympathisch und gutaussehend – und bediente den Großteil des Schubladen-Denkens über Sekretärinnen. Und ihre Meeting-Dokumentationen wirkten nicht gerade schlau, um es gelinde auszudrücken.

Insofern konnte ich mich mehr den Gefahren auf dem Baufeld widmen - z.B. im Construction-Bereich... Und dass es Bux, Ködel und Fisch irgendwann mit mir zu viel werden würde, war ja eh´ schon lange klar – die Zeit war überreif. Die Frage war jetzt eigentlich nur noch, womit sie es begründen würden.

Zunächst wurde wieder eine Feier organisiert - wie immer bei vollen 500.000 LTI free Hours. Oder bei jeder Million? Ich weiß es nicht mehr genau - es war sowieso nur Fake, wenn man sich den Umgang mit den Verletzten und die Entstehung der Statistiken vor Augen führt.

Aber es musste ja gefeiert werden. Etwas für die Presse. Marketing und PR-Arbeit. Es wurden Observation-Cards gezogen und vor allen Arbeitern -versammelt vor den nigel-nagelneuen Containern- vorgelesen. Die Preise waren LCD-Fernseher, Stereoanlagen, Handys etc. Alles etwas, was die Arbeiter hier nur reduziert gebrauchen konnten. Und wie sollten sie den Fernseher dann später mit in die Heimat nehmen? Egal…

Einige der Arbeiter haben geschimpft - was natürlich bei den vielen Leuten unterging.

Da hatten wir es wieder: Brot & Spiele. Ein Jahrtausend altes, bewährtes Beschwichtigungsprinzip. Die Leute hätten lieber Getränke und ein paar Kühlmöglichkeiten gehabt. Eine Filteranlage für Wasser wäre sicher auch nicht schlecht gewesen. Oder der Eintopf im Winter. Möglichkeiten, eine Verbundenheit zu suggerieren, hätte es viele gegeben. LCD-Fernseher zu verlosen, gehörte jedoch zu einer der dümmsten Lösungen.

Kurz zuvor wurde bei einer ähnlichen "Feier" die neue Containeranlage eingeweiht. Die BASF kam jetzt etwas dichter an die Gesetzesvorgaben für Sanitär- und Aufenthaltsräume für die Mitarbeiter heran. Dichter. Erfüllt haben sie die Vorgaben immer noch bei weitem nicht - die Mindestvorgaben, wohlgemerkt.

Die Einweihung erfolgte mit Gulasch. Alle durften nicht teilnehmen. Für so viele war kein Platz da - und Gulasch auch nicht. Dass die Außentreppen der Container mit viel zu viel sich quetschenden Arbeitern hoffnungslos überlastet waren, scherte ebenfalls niemanden. Nach der Ansprache hatte es dann Gulasch gegeben. Im Gedränge - für ein paar Hundert Mann. Und im Stehen aus Plastiktellern. Wie die Container danach ausgesehen haben, kann man sich vorstellen. Es hatte Tage gedauert, bevor der tiefsitzende Dreck weg gemacht wurde.

Zum Ende April 2015 wurde eine Baufeld-Begehung durch die Behörde angekündigt. Der Umfang wurde im Wesentlichen begrenzt auf die großen, zusammenhängenden Komplexe in Erichs Zuständigkeitsbereich - Baufeld D. So wurde es mir mitgeteilt. Schon zuvor fuchtelten alle wie wild herum - es sollte alles besonders sauber sein. Sauberkeit war wichtig - Ordnung war noch wichtiger. Und sichere Arbeitsvoraussetzungen zu schaffen, am wichtigsten.

Bei aller Liebe zum Detail und zur Sauberkeit - ein Baufeld ist kein Kosmetiksalon, ist meine grundsätzliche Auffassung. Sauberkeit ist Oberflächlich und kann durchaus mit einer Verkaufslackierung bei Fahrzeugen verglichen werden.

Leider hat sie denn auch den gleichen Effekt, wie eine Verkaufslackierung. Und zwar in jeder Hinsicht.

Behörde für Schlimmeres

Als die angekündigte Baufeld-Begehung durch die behördlichen Kollegen startete, ging ich den Weg der beiden Aufsichtspersonen nach und dokumentierte die für mich sofort offensichtlichen Missstände ihres zurückgelegten Weges. Nur kurz versetzt – nahezu in Echtzeit. Natürlich nur das, was mir sofort ins Gesicht sprang. Von den Hauptwegen aus und ohne neugierig in die Ecken zu schauen - was auch ganz gut gelang. Schließlich war ich aufgrund anderweitiger Zuständigkeit und ewiger Änderung in den Feldern, mit Erichs Areal nicht wesentlich vertrauter, als die Beiden von der Behörde es waren. Insofern war meine Bewertung der Einzelheiten als durchaus neutral zu sehen.

Sauber war es - das konnte bescheinigt werden und war auch auf den Fotos zu sehen. Jedenfalls vor der Fassade. Was dort jedoch „dahinter" – also einfach auf den zweiten Blick zu sehen war (auch ohne zu suchen), verschlug einem die Sprache:

- benutzte Gerüste, die aufgrund offensichtlicher Sicherheitsmängel sofort hätten gesperrt werden müssen;
- ungesicherte Gerüst-Beläge, fehlende Beläge mit großen Durchtritts-Spalten;
- unzulässige und ungesicherte Arbeitsbereiche;
- fehlende Sicherung aktiver Arbeiter bei Arbeit in Höhen;

- fehlende Geländer; unzureichende Absperrungen zum freien Fall über neun Meter - mit Löchern, durch die ein kleiner Elefant durchgepasst hätte;
- gehorteter, splitternder Müll, der beim nächsten, kräftigen Windstoß in die darunter liegende Ebene katapultiert worden wäre, usw.

All diese Dinge gab ich unmittelbar an unsere einziges HSE-Deern in der Truppe weiter, das dort derzeit eingesetzt war.

Unser Deern hatte zu den Arbeitern einen guten Draht und wurde -nach anfänglichen Startschwierigkeiten- auch gut akzeptiert.

Ihren Job hatte sie -wenn auch zuvor vernachlässigt (sonst wären diese Mängel gar nicht erst entstanden) - anschließend exzellent ausgeführt. Binnen zwei Stunden waren die wichtigsten Missstände behoben - die Elefantenlöcher waren bereits nach 20 Minuten professionell verschlossen.

Aber warum nicht immer so? Die Frage galt natürlich auch Erich – schließlich war es sein zuständiger Verantwortungsbereich und es handelte sich um offensichtliche Diskrepanzen.

Es dauerte ein paar Tage und Fisch warf mir das Manuskript über die Behörden-Begehung auf den Tisch mit Worten, wie "Alles gut - die haben nichts Großes gefunden."

Tatsächlich - die Auswertung ergab zwei (2!) „wesentliche" Sachverhalte, die gerügt wurden.

1. Einen Ausbruch eines ebenerdigen Kabeltunnels (Beton-Hohlsteine zur Abdeckung von Kabeln, Wasserleitungen etc.).

Anm.: Der Kabeltunnel hatte sich zur Grenze Baufeld/Werkbereich außerhalb des Gebäudes befunden und war nicht zum darauf Laufen angedacht. Zudem war er neben dem Weg positioniert.

2. Das falsche Anschlagen von Lasten (in diesem Fall ein Korb für Materialtransport, der an drei von vier Anschlagösen falsch herum eingehängte Karabinerhaken aufwies).

Anm.: Formal absolut begründet - die Ausrichtung der Karabiner an den Anschlagösen hätte beim erheblichen Pendeln oder Aufsetzen der Ladung zum Lösen der Karabiner führen können.

Beide Mängel befanden sich außerhalb des Baukomplexes. Die Mängel waren als eher nachrangig, bzw. Flüchtigkeitsfehler mit theoretisch möglichem aber weniger wahrscheinlichem Gefährdungspotenzial einzustufen – wobei die wahrscheinlichere Gefahr noch von dem Kabeltunnel ausging.

Wenn zwei sog. "Technische Aufsichtspersonen" ("TAP"; z.B. Sicherheits-Ingenieure mit zweieinhalbjähriger Zusatz-Qualifikation, Besoldungsgruppe A 13) der Behörde bei einer Begehung -während der die zuvor genannten, essentiellen Mängel vom Hauptweg aus sofort wahrnehmbar waren und sich zur Dokumentation förmlich aufgedrängt hatten-

lediglich zwei sich außen befindliche, oberflächliche Diskrepanzen rügen und ihnen alle inneren Mängel "verborgen" blieben, so stellten sich an dieser Stelle zur Einordnung der behördlichen Arbeitsqualität nur folgende Schlussfolgerungen dar.

1. Die TAP's haben nicht den vorgegebenen Weg beschritten und die Begehung stellte sich gesamtheitlich als nicht korrekt ausgeführt dar.

2. Die TAP's waren für derartige Aufgaben nicht ausreichend qualifiziert.

3. Die TAP's haben die offensichtlichen Missstände bewusst ignoriert.

Punkt 1 konnte -zumindest teilweise- aufgrund bestätigter Sichtung des Aufenthalts der TAP's nahezu ausgeschlossen werden – ich lief ihnen schließlich ab und an in Sichtweite hinterher. Punkt 2 schließt Unaufmerksamkeit mit ein, was aber weniger wahrscheinlich war, da mit den beiden gerügten Missständen zumindest deren Kenntnis bzgl. bereichsspezifischer Feinheiten als auch gelebte Aufmerksamkeit durch sie selbst bestätigt wurde.

Bleibt abschließend nur auf Punkt 3 zu tippen - mit dem Ziel eines gegenseitigen Interessenausgleichs mit dem größten Arbeitgeber der Region (und zugleich einem wesentlichen Wirtschaftsfaktor Deutschlands). Bleibt also nur die Frage der Motivation der beiden TAP's offen...

Natürlich stellt dies eine Mutmaßung dar - unklar, warum es zu derartigem Übersehen essentieller Gefährdungen in der Mängelfeststellung kam, bleibt der Sachverhalt allemal.

Zusätzlich wurden in dem Manuskript weitere Bereiche - auch aus meinem Baufeld- erwähnt, über deren Begutachtung keiner von uns in Kenntnis gesetzt wurde. Fisch sagte später, er hätte es gewusst und auch Erich mitgeteilt - der hätte mich in Kenntnis setzen sollen. Das war durchaus glaubhaft, zumal Fisch selbst nur Nachteile vom Verheimlichen gehabt hätte.

Bescheid gegeben hat er leider nicht, der Erich. Was für ein Schelm...

An einem Donnerstag –es war schon Mittag und ich war bereits im Begriff, das Baufeld gen Heimat zu verlassen- rief mich Fisch an und bat mich dringend und unbedingt, bei einem Gespräch auf dem Baufeld dabei zu sein. Er wolle sich mit einem oberen HSE-Berater der BASF treffen, so sagte er.

Ich sagte zu. Kurz darauf trafen wir uns auf dem Weg und gingen in einen meiner Zuständigkeitsbereiche – C801.

Auf dem Weg tauschten wir uns über diverse Gegebenheiten aus. Fisch zog über Erich her und machte ihn förmlich klein – dass er nach dem TDI-Projekt nie wieder einen solchen Posten bekommen würde und Dergleichen. Erwähnte jedoch gleichzeitig, dass er nur die Wahl hätte zwischen Pest und Cholera...

Ok, das also war Fischs Versuch, mir in seiner Art irgendwie tiefenpsychologisch mitzuteilen zu wollen, was er mit mir vorhatte – oder eben auch nicht.

Sollte wohl so eine Art projizierende Sandwich-Methode sein, mit der man in der Pädagogik gerne Beurteilungen verpackt. Nur wird Fisch weder die Methode gekannt haben, noch waren die Metaphern, in denen er sprach, im Kontext irgendwie sinnvoll zu deuten.

Gleichzeitig den anderen Kollegen schlecht zu reden, sollte mir wohl helfen, mich bestätigt zu wissen. So nach dem Motto: „Du bist wirklich gut – aber Du bist raus." hatte ich es verstanden.

Also gut - ich zog für mich den Schluss -da wir ja im Endspurt des Projektes waren-, dass ich eher gehen würde als Erich. Und das in Kürze. Das war in diesem Fall ok - damit konnte ich leben.

Schade nur, dass die Menschen immer so drum herumdrucksen, wenn sie etwas sagen wollen.

Am Gesprächsort angekommen, trafen wir zwei Ebenen höher auf den Kollegen der BASF. Ich nenne ihn mal Schorsch. Schorsch war der Einzige der BASF, den die Sicherheit zumindest ein wenig interessiert hatte. Er schimpfte über BASF-eigene Sicherheits-Programme und dessen Inhalte. Über die Schulungseinrichtung und dass doch überhaupt nur alles Etikette sei - Schwindel, sonst nichts.

Interessant war, dass auch er ein Freelancer sein sollte. Kurz vor der Rente stehend, war das TDI-Projekt vermutlich sein letztes.

Er redete immer ziemlich viel - war dabei aber nicht unrecht und auch seine Zusammenhänge und Kausalitäten stimmten. Bislang jedenfalls.

An dem Tag kam er zügig zur Sache und butterte Fisch ziemlich schnell weg vom Fenster. Das lag daran, dass Fisch nur mit Müh und Not um mehrere Ecken folgen konnte. Schorsch verlangte einen Koordinator zur Abstimmung der Gewerke-übergreifenden Gefährdungen auf dem Baufeld. Mehrere sogar - für unterschiedliche Komplexe. HSE'ler, die die notwendige Koordination der Gewerke und deren Umsetzung vor Ort planerisch und operativ verantworteten. Also etwas, was ich bereits mit dem Missstand eines greifbaren SiGeKo's angegangen war - nur eben nicht separat für jeden Komplex. Eigentlich war das Geforderte eine glasklar definierte SiGeKo-Aufgabe und dieser hätte auch gut einige der Koordinations-Probleme beheben können. Wenn er denn vor Ort greifbar gewesen wäre - so, wie bei derartigen Baumaßnahmen erforderlich und auch üblich.

Sein Gedanke war also gut, zumal es auf anderen, wesentlich kleineren Großbaustellen üblich und sogar auf jeder Ebene via Tages-aktuellem Plan ersichtlich ist, wer wann welches Areal nutzt. Einfach, um gefährliche Überschneidungen weitestgehend zu vermeiden. Und das wäre gem. Gesetzeslage sogar eine Arbeit für mehrere SiGeKo's. Dafür sehen die Vorgaben diese Qualifikationen und deren Bestellung vor Ort ja vor. HSE'ler jedenfalls, sind für so etwas nicht per se qualifiziert.

Bis dahin wusste ich aber immer noch nicht, warum ich bei dem Gespräch dabei sein musste. War es nur der Mitteilungsversuch von Fisch an mich vor dem Smalltalk mit Schorsch? Oder sollte doch noch etwas Substanzielles kommen?

Fisch hatte bis dahin noch immer nicht begriffen, was Schorsch wollte. Er sagte immer wieder, dass doch genug HSE'ler dort wären als Ansprechpartner...

Beide redeten aneinander vorbei - und es war amüsant, weil Fisch immer verzweifelter wurde und Schorsch sich zum gefühlten 28. Mal wiederholte. Als Schorsch langsam -aber verständlicher Weise- wütend wurde und auf die Verträge zu sprechen kam, dass Derartiges dort ja verankert sei, wich die Farbe aus Fischs Gesicht.

Sehr interessant – ich kannte die Verträge nur partiell. Aber, dass dort seitens unseres Vereins Komplex-bezogene „HSE-Koordinatoren" vertraglich zu stellen waren, wusste ich bis dahin nicht. Regulär wäre -wie angemerkt- das Angesprochene die Aufgabe von SiGeKo's gewesen, die finanziell aus den Töpfen des Haupt-Kontraktors zu tragen gewesen wären.

Ich hakte ein und glättete die Debatte etwas. Schorsch klärte ich auf, dass wir so jemanden bereits seit Längerem hätten - nur nicht mit extra Betitelung und extra abgestellt. Sondern, dass diese Funktion unsere jeweils Komplex-Verantwortlichen bekleiden würden. Wenn er es wolle, könne er sich gleich am kommenden Montag sogar von dieser alltäglichen Koordinations-Unterweisung der Gewerke überzeugen. Ich sagte ihm noch, dass ich ihn später wg. der Uhrzeit noch informieren würde - schließlich wüsste ich ja nicht, wann die Kollegen das jedes Mal durchführen.

In diesem Komplex bleibend, traf es Nanni. Nanni hatte erst kurz zuvor diesen Komplex übernommen, als er aus der Nachtschicht wieder ausschied und in den Tagesdienst wechselte. Er hatte den Bereich von Hanni abgestaubt, der es hier umgesetzt hatte, einen wahrlichen Referenz-Komplex zu schaffen.

Es war der Komplex, der mit Abstand unter allen, dauerhaft den akzeptabelsten Gesamtzustand hatte. Und das, obwohl Hanni ihn in einem anderen Extrem-Zustand übernommen hatte.

Als Autoritäts-Charakter mit seiner authentischen Art aus der Region - und den wohl wenigsten Sanktionen auf dem ganzen Baufeld, hatte Hanni sich einen wirklich beeindruckenden Namen erarbeitet. Chapeau Hanni!

Fisch und ich hatten uns dazu entschieden, Hanni nach seinem Erfolg einen anderen „Extrem-Komplex" verantwortlich zuzuschreiben: die Kammer. Und bereits nach zwei Wochen zeigten sich deutliche Ergebnisse. Eine gute Entscheidung – wenngleich Hanni diese Entscheidung zunächst alles andere als amüsant gefunden hatte.

Fisch guckte wie ein Karpfen aber alles war gut. Als wir wieder alleine waren, telefonierte ich mit Nanni und wies ihn ein in seine neue Aufgabe, die er für Montag hatte. Schorsch hatte ich sogleich über den Termin zurückgerufen. Er bedankte sich für die Zusammenarbeit und alles war fein.

Auf unserem Rückweg war Fisch etwas benommen. Er kapierte immer noch nicht, dass meine Geschichte zu Schorsch geflunkert war. Ich hatte ihm kurz erklärt, dass doch alles gut sei - eben eine kleine Notlüge, die aber nicht weit von der Wahrheit entfernt sei und uns Zeit geben und in jedem Fall aber ihm den Arsch retten würde. Eine kleine Tüddelei – wie wir Hamburger sagen…

Wie immer wirkte Fisch bei ernsten Gesprächen mit zunehmender Sicht aufs Projektende deutlich überfordert. Dass ich aus Eigennutz und zu Gunsten aller auf dem Baufeld Tätigen geflunkert hatte, musste ich Fisch nicht auf die Schnute binden. So kam ich -über mittelbaren Druck der BASF- zu der m.E. nach, sehr wichtigen HSE-Koordination vor Ort. Einer Funktion, die ich bereits seit Monaten nachdrücklich gefordert hatte. Wer sie ausführte oder wie derjenige betitelt wurde, war mir dabei völlig egal.

Eine Erklärung an Fisch? Müßig – das hätte er ohnehin nicht mehr gerafft.

Er war sichtlich erleichtert, bedankte sich sogar und wir verabschiedeten uns ins Wochenende – ich mich in mein langes. Etwas später als geplant – aber ok.

Am Sonnabend kam dann die Ernüchterung. Keineswegs überraschend in der Zeit, aber umso überraschender in der Ausführung.

Mein Recruiter rief mich an -die Dame, die auch immer bei den Besuchen in Ludwigshafen mit dabei war- und teilte mir meine Kündigung mit. Fristlos - aber doch noch mit etwas Zeit bis Mitte Mai. Sehr skurril. Bei der Nachfrage nach der Begründung, teilte sie mir mit, die Gründe wären, dass ich meine Arbeit nicht machen würde. Nähere Begründungen konnte sie nicht liefern. Ok - habe ich mal so hingenommen.

Ich war auf Montagmittag gespannt - wie Fisch es begründen würde. Oder ob er mich vielleicht sogar schon am Sonntag anrufen würde? Egal.

Die Kündigung hatte mir nicht schwer zu schaffen gemacht. Ich hatte damit ja schon länger gerechnet und ohnehin per Vertrag nur noch zwei Monate nach - das war zu verkraften. Geärgert hat mich aber die Art & Weise. Obwohl - auch die kam nicht gänzlich unerwartet, wie ich durch den Umgang mit Ernie & Bert bereits erfahren hatte.

Trotz allen Drucks, unter dem man steht, sollte man aber zumindest so ehrlich sein können, mit dem Betroffenen die Problematik Vis à Vis zu klären. Und genau das hatte Fisch versäumt. So putzig ich ihn auch gefunden habe - sich nicht einem Kündigungsgespräch zu stellen, ist arm. Arm und feige.

Sich dann aber noch einen Tag zuvor gegenüber Weisungsbefugten von demjenigen aus der Klemme helfen zu lassen, konnte man nicht mehr partizipierend nennen. Das grenzte schon an Parasitismus.

Man muss sich vergegenwärtigen, dass Kündigungen im Projektgeschäft völlig normal und an der Tagesordnung sind - selbst, wenn man gut ist. Der Fokus kann sich ändern, das Projekt wird frühzeitiger beendet, die Finanzierung wird eingefroren - alles schon erlebt und trotzdem entsprechend professionell abgearbeitet. Kündigungen in den unterschiedlichsten Formen gehören bei uns also „dazu".

Wäre Fisch eines Abends auf mich zu gekommen und hätte mit mir bei einem Bier darüber gesprochen - ich hätte mich als letzter Problemgeist erwiesen, sondern ihm solche Offenheit sogar hoch angerechnet. Schließlich war ich auch keinesfalls so naiv anzunehmen, dass meine Arbeitsergebnisse der BASF keine Probleme bereiten würden. Das Gegenteil war ja der Fall – sogar mehrfach erkannt und in vielen Situationen sehr offensichtlich.

Aber nichts Konkretes zu sagen, kein Rückgrat zu haben, einen Zeitpunkt zu nennen, dann auch noch so feige zu sein, einen Kündigungsgrund vorzuschieben und diesen durch Dritte an einem Wochenende mitteilen zu lassen, sollte keine Art einer erwachsenen Führungskraft sein. Auch nicht die von Fisch. Schon gar nicht dem gegenüber, der einem zig Male den Arsch gerettet hat. Ob er „Kameraden verraten" etwa bei der Bundeswehr gelernt hatte? Egal - das war eben Fisch. Und ein solcher fängt bekannter Weise am Kopf an zu stinken…

Natürlich sprach Fisch mit mir von sich aus kein Wort mehr – das konnte man bei ihm nach dem Schritt auch nicht mehr erwarten. Auch das Vier-Augen-Gespräch suchte er nicht. Schade. Ein einziges Mal versuchte er, mich anzusprechen und ließ es dann auch gleich wieder sein. In die Augen hat er mir nicht mehr geguckt.

An meinem Schreibtisch fiel mir bei meiner Rückkehr auf, dass in meiner Kladde - also der Schreibblock-Unterlage, ein Teil fehlte - herausgerissen. Es fehlten meine ganzen Stunden-Notizen der vergangenen zwei Wochen - also meine Abrechnungsbasis. Der Kreis derer, die um die Bedeutung der Skizzierungen wussten, war klein. Und an dem Tisch hatte sich auch noch nie zuvor jemand zu schaffen gemacht. Aber kein Problem - glücklicherweise habe ich viel fotografiert und somit waren auch diese Zeiten für mich korrekt und detailliert nachvollziehbar.

Also gut - auf in die letzten zwei Wochen. Ich hätte mir da einen bestimmten Nachfolger gewünscht - aber der wurde natürlich nicht gefragt. Mein anderer Wunsch fiel auf Hanni – aber der hatte keine Ambitionen auf Titel, Thesen & Temperamente. Und auch nicht auf Stress. Es sollte jemand werden, dessen Maßnahmen in der Problemlösung nicht nur aus Fencheltee-Runden bestehen würden, sondern der sogar auf Lavendel schlafen sollte. Ein ganz ein Lieber, würde man im Süden sagen.

Nun ja, ich hatte ihn als Neuling bereits Wochen zuvor in das Baufeld eingewiesen und bin vor Relativierung fast eingeschlafen. Ich denke, er hätte in Nettigkeit noch gegen Erich gewonnen. In Konspiration aber haushoch verloren. Wenigstens ein Pluspunkt.

Ganz offensichtlich wollte man keinerlei Ecken und Kanten mehr als Angriffsfläche bieten - so kurz vorm Projektende. Fisch war sich augenscheinlich nicht darüber im Klaren, dass auch Sphinkter bei Überlastung reißen können und dann eine Sauerei hinterlassen. Und Bux wäre es ohnehin egal gewesen, da die Sauerei in dem Fall ja hinter ihm gelegen hätte…

Ich denke, die Hälfte der Belegschaft war unglücklich über meinen Abgang und die andere Hälfte war froh. Aber auch dieses Polarisieren ist im Projektgeschäft normal.

Ich hielt es also wie im Profisport. Dort wird der Trainer auch gefeuert und leistet professionell bis zum Ende – wenn er eben das auch selbst ist; Profi.

Ein Geschenk, ein Geschenk!

Neben den alltäglichen Kleinigkeiten gab es keine großen Überraschungen mehr. Ich hatte auch -Dank einer sich nochmals einstellenden Erkältung- nur noch ein paar Tage. Ein Geschenk hatte man mir trotzdem noch gemacht. Ich durfte an einer Alarmübung der BASF teilnehmen. Also, als Safety dabei sein, um es genau zu benennen. Wie toll!

Wir wussten alle von der Übung – also die HSE'ler. Vielleicht eine Reaktion auf meine andauernde Kritik? Eine Maßnahme, um zu zeigen, wie toll doch eigentlich Alarme ablaufen können (so sie denn angekündigt waren)? Möglich.

Die Aufgabe der Safetys bestand darin, die Szenarien der Baufeldräumung zu beobachten. Aus einer internen Quelle hieß es dann, es sei tatsächlich, um zu demonstrieren, wie professionell die Alarmübungen bei der BASF ablaufen würden.

Ich muss erwähnen, dass ich einige, wesentlich komplexere Übungs-Szenarien im Großformat mit jeweiliger Dauer von mehreren Stunden und integrierten Hilfeleistungen sämtlicher Institutionen und Hilfsorganisationen professionell ausgearbeitet, betreut, dokumentiert und im Nachgang evaluiert habe. Das war jahrelang ein Teil meines Jobs. Also auf professioneller Ebene war ich mit solchen Dingen durchaus vertraut. Eine „geplante Räumung" (ein Widerspruch in sich) war insofern für mich im Ansatz nicht sonderlich reizvoll – gespannt war ich dennoch mächtig.

Der Tag der Übung rückte näher, wir waren eingeteilt, an bestimmten Punkten Stellung zu beziehen. Mein Punkt war ziemlich weit außen - sicher, um möglichst wenig Schaden anrichten zu können. Und natürlich nicht in Richtung des obligatorischen Sammelpunktes positioniert - bestimmt hatte man befürchtet, ich würde versuchen, die fliehende Masse aufzuhalten.

Bei rund 1700 Arbeitern war dieses Vorgehen auch bestimmt zu befürchten...

Unternehmerisch war das Vorgehen um meine Person ohnehin alles andere als verständlich. Ich war abgestempelter Querulant, ausgerechnet MIR wurde unter dem Deckmäntelchen unbefriedigender Dienstleistung gekündigt und man hatte wohl mittlerweile die Gefahr, die von meinen Ausarbeitungen und den umfangreichen Dokumentationen ausgehen, gesehen.

Und ich war Freelancer.

„So jemanden" lässt man die letzten Tage nicht mehr arbeiten. Schon gar nicht, wenn er im Management wesentlicher Leistungsträger war. Da versucht man als Unternehmer, die bis dahin erkannte Situation und den für sich als „Schaden" interpretierten Sachverhalt zu begrenzen, indem man ihn möglichst umgehend und unauffällig des Areals verweist. Möglichst stressfrei dazu – indem auch das vertraglich vereinbarte Honorar bis zum

Ende weitergezahlt wird, damit keinerlei Angriffspunkte bestehen. Aber hier lief eben wieder alles anders...

Man ließ mich bis zum letzten Augenblick ohne jede Einschränkung gewähren. Danke!

Ich bezog also den vorgesehenen Standort - es war eine Kreuzung der zentralen Versorgung. Insofern war ich sehr zufrieden mit der Positionierung. Ich hatte den gesamten Fluchtweg und die einfallenden Zuwegungen im Blick - Magazinstraße/Ecke Diaminstraße; phantastisch. Und meine ganze Beobachtung konnte ich mit Film und Foto hervorragend dokumentieren.

Wir alle waren etwa 15 Minuten eher vor Ort und auf dem Weg dorthin kamen mir überraschend viele Arbeiter entgegen.

Einen fragte ich, ob er schon Mittag machen würde. "Ja - gleich kommt ´ne Übung - da gehe ich lieber schon in die Mittagspause." entgegnete er mir. Ich musste prusten vor Lachen und nahm nach den letzten 50 Metern Weg meine Position ein. Die letzten mir begegnenden Arbeiter (und es waren bereits einige) muss ich wohl ziemlich angegrinst haben.

Der Begriff „HSE-Abteilung" war überraschend weit gefasst; es wussten alle auf dem Baufeld von dem anstehenden Alarm. Alle. Auf diese Weise ablaufend, glich eine Alarmübung nicht mal einer inszenierten „Spontan-Übung", sondern vielmehr einer Alarmierungs-Choreographie. Spontan. Aber mit Ansage.

Weit in der Ferne konnte man Sirenen vernehmen. Aber eben auch nur weit in der Ferne – nicht bei uns. Mittlerweile bildete sich ein Strom aus Arbeitern, die völlig gemächlich das Baufeld verließen. Nach und nach wurden es mehr - und die meisten gingen in eine Richtung. In Richtung bekanntem Sammelpunkt.

Ich startete mit den Videoaufnahmen. Einige grüßten mich und fragten nach, ob sie jetzt los müssten. Meine Frage, ob sie denn hier auf dem Baufeld Alarm hören würden, verneinten sie – mit dem Hinweis, dass die Sirenen aber gleich zu hören wären. Dann kam noch ein BASF-Fahrzeug vorbei, aus dem heraus mich der Fahrer nach meiner Foto-Permit fragte. Meine Andeutung, sie ihm zeigen zu wollen, genügte bereits und er fuhr weiter. Langsam versiegte der Menschenstrom - bis es keine Arbeiter mehr auf dem Baufeld gab. Selten fiel es mir so schwer, echtes Lachen weitestgehend zu unterdrücken. Leer war es. Und leise.

Nicht einmal eine geplante, simple AlarmÜBUNG schafft die BASF durchzuführen. Man musste sich die ernsthafte Frage stellen, was die BASF in Dingen der Sicherheit denn überhaupt schaffen würde – bestehende Abläufe unterlagen bis dahin dem Eindruck einer präfinalen Struktur durch einfaches Unterlassen.

Und ich lebte aufgrund meiner bis dahin gemachten Erfahrung mit der BASF-Feuerwehr in der Annahme, dass die Feuerwehr nicht noch mehr Fehlleistungen als mir bis dahin bekannt, hätte bieten können. Welch ein Trugschluss…

Es wussten offensichtlich alle Arbeiter Bescheid - sogar mit der Uhrzeit. Schon dämlich, wenn vor einer Übung in der Ferne Alarm zu hören ist, BASF-Fahrzeuge umherfahren und alle Arbeiter geimpft wurden. So kann man seine eigene -gut gemeinte- Manipulation auch noch selbst zerschießen. Schon ausgesprochen blöd...

Das belegt mal wieder, dass gut gemeint meistens nicht annähernd gut gemacht ist. Und es beantwortet die Frage danach, was die BASF in Dingen der Sicherheit kann: Nix. Absolut nix – bis dahin ohne Einschränkung. Und NIX ohne Einschränkung kann auch eine Auszeichnung sein. So etwas, wie die goldene Himbeere im Filmgeschäft...

Staub wehte durch die Straßen – wie in High Noon, nur die umherwehenden Büsche fehlten. Ich ging also wieder in Richtung Büro. Mit einem deutlichen Grinsen auf dem Gesicht. Und plötzlich ertönte doch noch ein Alarm - die "echte" Übung. Mit 15 Minuten Verspätung begann der Alarm – in einem gespenstisch verlassen wirkenden Baufeld. Ich muss kurz vorm Hyperventilieren gestanden haben. Die Videos jedenfalls sind klasse.

Im Fazit hat die BASF also mehrfach eindrucksvoll belegt, dass die verantwortlichen Führungskräfte einfach inkompetent sind, echte Alarmierungen fachlich korrekt zu handhaben - jetzt hatten sie noch eindrucksvoll gezeigt, welche Parameter zu berücksichtigen waren, um sich auch in der Ausführung einer geplanten Übung eines durchgreifenden Versagens überzeugend zu präsentieren.

Man musste nur:

- allen vorher Bescheid geben, bestenfalls mit Uhrzeit;
- bereits kurz vorher auffällige Präsenz zeigen;
- keine Koordination in der Räumung veranlassen - sondern nur Beobachtungsposten stellen;
- den Alarm 15 Minuten später als angekündigt auslösen;
- sich wundern warum bereits vorm Alarm alle am Sammelpunkt eingetroffen sind;
- alle Post wendend und ohne Check-in / -out wieder unkontrolliert zurückschicken;
- strukturloses und ungeordnetes Antreten des Rückwegs - quer Feld ein über Kreuzungen, Hauptstraßen und Gleise veranlassen.

Bravo! Soviel zu den dauernd durchgeführten Übungen, lieber Hiero. Für mich war das nochmal als Bestätigung ein Sahnehäubchen obendrauf - auf all den von der BASF bis dahin verzapften Mist.

Es ist anzunehmen, dass die BASF bzgl. der Übung im Nachgang einen erfolgreichen Ablauf bescheinigen ließ.

In meiner letzten Woche war es dann auch noch so weit, dass ich zufällig an einem späten Nachmittag vor der Fußgängerampel unseren SiGeKo traf - also den, der für uns zuständig sein sollte. Kurzer, inhaltlicher Abriss des Gesprächs: Jede Woche zwei bis drei Stunden vor Ort, ein oberflächlicher Rundgang.

Seine Begründung für das sehr reduzierte Zeitfenster: "Wir SiGeKo's sehen ja die Zusammenhänge auch mit ganz anderen Augen - im viel Größeren, Ganzen."

Also den Spruch musste ich mir merken – dass „wir SiGeKo's" einen anderen Fokus haben, wusste ich. Dass wir aber quasi erhabener sind, war mir bisher entgangen. Und der damit zwangsläufig einhergehende, zeitsparende Aspekt wurde mir in meiner SiGeKo-Ausbildung auch gar nicht so explizit mitgeteilt. Danke dafür...

Aber gut, so dachte ich und sprach ihn sogleich auf einige Missstände an – halt die Dinge "im Großen und Ganzen". Er äußerte sich direkt, dass so etwas natürlich bei seinem Arbeitgeber überhaupt nicht gern gesehen wäre und er nur die offensichtlichen, großen Dinge notiere - da hatten schon zuvor ein paar Kollegen den Stuhl räumen müssen.

„Uuups" - dachte ich, Bux war hier doch mal SiGeKo. Und das im gleichen Verein. Sollte er in seinem früheren Leben tatsächlich weniger opportunistisch gewesen sein und mehr Rückgrat gehabt haben? Vielleicht eine besondere Form fortschreitender Rückgraterweichung? Oder war das Gegenteil der Fall und er hat sich eben genau aufgrund „sehr" guter SiGeKo-Arbeit als besonders geeignet für den HSE-Manager-Posten bewiesen? Man weiß es nicht…

Egal, im Großen und Ganzen? Da hatte ich mich gefreut - da hätte ich Einiges. Aber es war schließlich so, dass er - natürlich- keine Zeit mehr hatte und mich mit seinem

Grübchen-Lächeln verabschiedete. Unser SiGeKo-Grübchen...

Also – wie war das noch? Über eine Milliarde Investition, bis zu 1800 Arbeiter on Site (geplant), über 25 Nationen, alle Hochbau-Gewerke vorhanden, Tag-, Nacht- und Wochenend-Arbeit auf geschätzten 40.000 m² Arbeitsfläche auf bis zu sieben Ebenen und 70 Höhenmetern mit diversen Kränen versetzt und von Gefahrstoffen flankiert, während ein Großteil der Arbeiten als Gefährliche Tätigkeiten ausgewiesen waren...

Ob da zwei bis drei Stunden wöchentliche Koordinations-Kontrolle nicht sogar etwas arg hoch angesetzt waren? Ich denke, die Stundenanzahl ist ok - aber 14-tägig oder monatlich hätte es doch auch getan?! Immerhin verzichtete das Baufeld doch auch auf eine suffiziente Versorgung im medizinischen und rettungstechnischen Bereich. Und überhaupt - eigentlich war doch auch noch nie (also fast nie) etwas wirklich Schlimmes passiert...

Mein letzter Tag stellte sich eigentlich wie ein normaler Tag dar. Ich sicherte mir zuvor die von mir erstellten Arbeiten. Natürlich nicht im Geheimen, sondern offen – das Urheberrecht stand mir bei. Ein Kollege sagte noch zu mir: "An Deiner Stelle würde ich all meine Ausarbeitungen löschen - bei dem, was Du alles gemacht hast, fangen wir wieder bei null an." und lachte dabei recht gehässig.

Ich musste schmunzeln. Tatsächlich hatte ich kurz mit dem Gedanken kokettiert, die weitere Verwendung meiner Ausarbeitungen aus urheberrechtlichen Gründen zu untersagen.

Ich sagte ihm etwas, wie: "Nee - das würde dem Projekt nicht schaden - aber Euch vor Probleme stellen. Außerdem würde Eure Sicherheit dann reduziert und selbst, wenn ich es löschen wollte - man kann die Daten innerhalb von 24 Stunden vom Hauptserver wieder abfragen. Zudem ziehen wir uns zusätzlich regelmäßig -zwei bis drei Mal die Woche- eine Kopie auf eine externe Festplatte."

Das Projekt ginge insofern in jedem Fall weiter - völlig egal, was mit dem HSE-Bereich passieren würde.

Die Spiegelung auf die externe Festplatte, hatte ich nach dem Desaster mit Conchita einst selbst veranlasst und die Sekretärin hatte sie kontinuierlich ausgeführt.

Ich sagte ihm auch noch, dass es mir nicht um irgendwelche Rache ging - warum auch? Sehr wohl aber ging es mir um die Haftung - in der ich auch noch drinnen steckte.

Sicher, ich hatte zahlreiche Diskrepanzen aufgedeckt und auch weiter geleitet -

zunächst mehrfach an Fisch - leider ohne irgendeine Konsequenz;

parallel an meinen Recruiter – ebenfalls ohne jegliche Reaktion;

dann wiederholend an den Haupt-Kontraktor - mit viel Versprechen aber ohne jegliches Ergebnis;

weiter an den Verantwortlichen der Werkfeuerwehr - ohne jegliche Einsicht;

später auch noch an den HSE-Verantwortlichen der BASF - mit Ablehnung in der Sache an sich.

Ich habe nach sich wiederholt aufzeigenden, massiven Defiziten, zur Vermeidung weiterer Schäden, ausgearbeitete Lösungsmöglichkeiten vorgelegt - zunächst Fisch und dem Haupt-Kontraktor mit Einverständnis der Umsetzung. Danach dem Verantwortlichen der Werkfeuerwehr - mit spontaner, aktiver Ablehnung und verbunden mit dem Einknicken der HSE-Abteilung des Haupt-Kontraktors.

Auch die Projektleitung der BASF lehnte bereits ein Erstgespräch ab. Weitere Möglichkeiten standen mir seinerzeit innerhalb der meinerseits gegebenen Ansprechpartner nicht zur Verfügung. Mehr hatte ich zu dem Zeitpunkt also wirklich nicht tun können.

Ich sammelte meine restlichen Sachen zusammen und verabschiedete mich von den übrigen Kollegen. Der Weg nach draußen war wie gewohnt. Ich verabredete mich am nächsten Vormittag noch mit Bekannten aus dem Werk, die mir meine letzten Sachen und ein paar interessante Unterlagen vor die Schranke brachten.

Den Ausweis hatte ich bereits abgegeben und drehte mich nochmal zu den Bekannten um.

Und was war da mit dem BASF-Logo? Was stand da drauf? BASF - we create catastrophy? Nee, beim zweiten Blick doch nicht. Chemistry stand da...

Catastrophy wäre aber definitv passender – und fängt auch mit C an...

Resümee (Stand 06/2016)

Der BASF muss nach heutigem Stand ein durchgreifend defizitäres Sicherheitsmanagement konstatiert werden.

Im Laufe des Projektes hat sich für das TDI-Baufeld -und darüber hinaus für das gesamte Werk- eine bis jetzt unveränderte und mutmaßlich von der BASF unmittelbar oder mittelbar zu verantwortende Diskrepanz in folgenden Sicherheitsbereichen herausgestellt:

- generell mangelhaft planerische Organisation und insuffiziente Verantwortungs-Koordination in der vorbeugenden Gefahrenabwehr; keine Systemik zur Vorbeugung und/oder Struktur zur organisatorischen Bekämpfung erkennbar –
    - das gilt für das Tagesgeschäft von Rettungs- & Notfall-Abläufen genauso, wie für Großschadensereignisse inklusive fehlender, vorbereiteter Schadensszenarien und ungenügender Material- und HR-Vorhaltung;

- die Planungsabläufe sind höchstens auf dem Stand zu Beginn der 90er Jahre.

- Verstöße gegen gängige Rettungs- und Hilfeleistungs-Prozedere innerhalb Planung, Umsetzung und in Akutsituationen; wissentliche Akzeptanz von im Notfall nicht erreichbaren Arbeitsstrukturen;

- wiederholtes Versagen bei Notrufen innerhalb der Rettungskette, restriktives Vorgehen bei Bekanntwerden der Defizite;

- intermittierendes Organisationsversagen bei akuten Alarmierungsfällen und angekündigten Alarmierungsübungen;

- Publikation falscher Tatsachenbehauptungen bzgl. angeblicher Rettungseinrichtungen;

- mangelhafte Ausstattung für spezifische Werkunfälle (mobil und stationär);

- vielfach mangelhafte Fachkenntnis und durchgreifend fehlende Kenntnis zur eigenen Verantwortung bei den verantwortlichen Führungskräften;

- mangelhafte Aus- und Fortbildung, ausbleibende Unterweisungen;

- allgemein mangelhafte Sicherheitsvorbereitung bei Großprojekten (Explosion durch 2.-Weltkrieg-Blindgänger);

- ungenügende, spezifische Präventionsstrukturen in Großprojekten und wissentliche Akzeptanz vermeidbarer, höchst gefährlicher Arbeitsstrukturen;

- unzureichende Überwachung und Kontrolle von Sicherheitsvorgaben auf Großprojekten;

- ungenügende medizinische Versorgung für Großprojekte;

- Bruch zahlreicher Arbeitsschutzgesetze und Verordnungen, mangelhafte Umsetzung von

Arbeitsschutz-Richtlinien trotz schwersten Arbeitsunfalls;

- menschenunwürdiger Umgang mit Projekt-Arbeitern, Ausübung von Repressionen;

- Manipulation von Daten in der Feststellung von Arbeitsunfällen / Zwischenfällen in zahlreichen Vorgängen;

- mutmaßliche Verweigerung medizinischer Hilfe;

- mutmaßliche Verstöße gegen Seveso-Richtlinien;

- Freigabe mutmaßlich kritisch kontaminierten Wassers als Trinkwasser;

- über lange Zeit betriebene Gesundheits-Gefährdung durch technisch unzulässigen Zustand der Busse;

- mutmaßlich zum Vorteil der BASF ausgerichtete Behördenbewertungen, objektiv beurteilt defizitärer Baufeld-Situationen;

- wissentliche Akzeptanz alkoholisierter Erfüllungsgehilfen auf dem Baufeld;

- uneinsichtiges Verhalten bzgl. eigener Pflicht & Haftung als Unternehmen; defizitäre Bestands-Analyse zum Sicherheits-Status des Werks ignoriert, Umsetzung aufgezeigter Lösungen zu bestehenden Sicherheits-Diskrepanzen aktiv verweigert.

Bevor jetzt wieder Ungläubigkeit aufkommt, weise ich nochmals darauf hin: die vorgenannten Punkte sind belegbare Fakten. Belegbar durch Dokumentationen in Schrift-, Film- und Foto-Form.

Und belegbar durch zahlreiche, involvierte Zeugen.

Was die festgestellten Defizite jetzt für wen konkret bedeuten, welche Aussagen zu deren Qualität und Quantität getroffen werden können und welche (Haftungs-) Szenarien denkbar sind, kann pauschal nicht beantwortet werden.

Insbesondere, weil die BASF auch nach wiederkehrendem Hinweis klar Stellung bezieht, dass die objektiv erhobenen Sachverhalte so keiner Überarbeitung bedürfen, weil sie nach Vorgabe eigener Einschätzung gar nicht existieren. Mit anderen Worten; die Situation der BASF sei so -aus deren eigener Sicht- nicht zu beanstanden und völlig legitim. Wenn ich mich erinnere, haben sowohl VW als auch andere Fahrzeughersteller lange Zeit die Existenz von Schadsoftware in ihren Fahrzeugen verleugnet…

Die individuellen Bedeutungen potenzieller Schadens-Szenarien sind im Umfang und möglichem Ausmaß nicht fassbar.

Für den einzelnen Arbeiter auf Baufeldern jeglicher Größe kann das von einer möglicherweise einfachen, unterlassenen Hilfeleistung über Gesundheitsfolgen durch zu späte, medizinische Versorgung bis hin zum grob fahrlässig verschuldeten Tod alles bedeuten. Für den Einzelnen wie für ganze Gruppen oder auch mehrere Hundert Arbeiter gleichermaßen.

Gleiches gilt für die Mitarbeiter der BASF, resp. alle, die sich im Bedarfsfall an Sammelplätzen einfinden.

Für den Konzernbereich kann das bedeuten, dass bei beispielsweise einer größeren Explosion an einem ungünstigen Standort im Werk der BASF, die Explosionskatastrophe in Tianjin (2015, China) im Vergleich wie das Knallen einer Silvester-Rakete anmuten könnte.

Das wiederum würde für die Werkfeuerwehr sowie viele Einheiten aller Hilfeleistungsbereiche erhebliche Verluste durch Schwerstverletzte und Tote bedeuten. In diesem Fall wären sämtliche umliegenden Kliniken kapazitiv überlastet und die Katastrophe würde sich -sofern noch nicht direkt betroffen- auf den zivilen Bereich verlagern. Die lokale, zivile, medizinische Versorgung würde aufgrund nicht zu verhindernder Zentralisierung der Hilfskräfte kollabieren.

Der primäre Grund für einen solchen Kollaps, der einer ganzen Region Schaden zufügen würde, wäre die zwar gesetzlich verpflichtend geregelte aber bei der BASF nicht existente Planung zur organisatorischen Regulierung und Versorgung interner Großschadens-Ereignisse.

Schadens-Szenarien und dies begünstigende Faktoren gibt es ja zu Hauf:

Angenommen, im entsprechenden Schadensfall wären ggf. die umliegenden Luftrettungseinheiten binnen einer halben Stunde vor Ort - die Hubschrauber würden aufgrund örtlicher Gegebenheiten und zusätzlicher Gefahren weitestgehend inaktiv bleiben, so dass nahezu sämtliche Hilfeleistung bodengebunden stattfinden müsste. Eine großflächig bodengebundene Rettung stellt sich ebenfalls aufgrund des außerordentlich dicht und unwegsam bebauten Gebiets, als hochgradig schwierig dar - zumal diese windabhängig durchgeführt werden müsste. Auch Alternativ-Platzierungen von Hilfskräften würden die baulichen Gegebenheiten -wenn überhaupt- nur in sehr geringem Ausmaß zulassen.

Die sich insbesondere für derartige Situationen als Ressource aufdrängende Nutzung der Werkbahnstruktur bleibt bis dato leider ebenso ungenutzt, wie die Möglichkeiten organisatorischer Planung spezifischer Notfälle (Explosionen, Gasaustritte etc.).

Auch müsste man bei einem derartigen Großschadensereignis bei vielleicht bereits primären Todesopfern in dreistelligem Bereich, von Explosions-Kaskaden -also potenziell ganzer Kettenreaktionen-ausgehen, deren Ausmaß nicht abgeschätzt werden kann. Ebenfalls können die teilweise höchst-toxischen und flüchtigen Substanzen, welche innerhalb der BASF in Vorräten über zig Tausend Tonnen lagern, in ihren zerstörerischen und kumulativ-schädigenden Potenzialen nicht annähernd abgeschätzt werden - insbesondere nicht die jeweiligen Spontan-Reaktionen bei Kontakt der Substanzen untereinander.

Aufgrund der geologischen, relativen Tal-Lage Ludwigshafens ("Oberrheingraben"), könnte bei ungünstigen Wetterverhältnissen -also Windstille und hohem, trockenem Luftdruck oder auch Föhn in ungünstiger Bewegungsrichtung- ein entsprechender, sich über die Luft gut in der Stadt verbreitender Gift-Cocktail, leicht mehrere

Tausend Primär-Opfer in der Bevölkerung binnen weniger Stunden fordern.

In Anbetracht dieser Rahmenparameter, wäre ein im Zusammenhang einer Terroraktion durchgeführter Akt – beispielsweise ein Anschlag mittels eines Kleinflugzeugs- bei begünstigendem Wetter und der Auswahl eines sehr neuralgischen Punktes in noch dunklen Morgenstunden potenziell durchaus in der Lage, erhebliche Teile Ludwigshafens auszulöschen. Weder die teils sehr alten und maroden Werkstrukturen, noch die vorgehaltenen Kräfte und schon gar nicht deren organisatorisch als durchgreifend insuffizient zu beurteilenden Abläufe sowie desaströsen Grund-Strukturen würden einem solchen Angriff insoweit Stand halten können, als dass sie in der Lage wären, eine Katastrophe wirksam zu bekämpfen - geschweige denn zu verhindern.

Und der Aspekt des Terrors wurde von mir seinerzeit bewusst nur peripher erwähnt.

Um eine derartige Unbedarftheit zu offenbaren, wie sie -trotz jüngster Terror-Akte im europäischen Ausland- von der BASF nahezu „gelebt" wird, setzt meines Erachtens eine der Realität essentiell entrückte Wahrnehmung und Grundeinstellung gegenüber der Materie voraus. Anders ist ein solches Verhalten an Desinteresse nicht zu erklären.

Insofern dürfte sich damit auch die Frage nach den Risiken der Anwohner und Bürger bereits beantwortet haben, wobei eine derartige Gefahr nicht zwingend mit großen Explosionen einhergehen oder von einer solchen abhängig sein muss. Das unbeachtete Austreten größerer Gas-Mengen würde bei genannten Wetterbedingungen bereits ähnliche Auswirkungen für die Anwohner haben können - und ausgelaufene Säuren und Gase gibt es in den maroden Strukturen der BASF beinahe als zu behandelnden Tagesordnungspunkt.

Gemäß der sog. Seveso-III-Richtlinien (in Deutschland als sog. Störfallrichtlinie in die 12. Bundes-Immissions-Schutz-Verordnung (BImSchV) integriert) hat die BASF entspr. des §10 die Auflage, spezifische Alarm- & Gefahrenabwehrpläne zu erstellen und diese mit Inhalten und Daten gem. des Anhangs IV der Richtlinie sowohl intern als auch der Öffentlichkeit detailliert und nachvollziehbar zur Verfügung zu stellen, resp. zu publizieren.

Recherchen ergaben ausschließlich eine Art Flyer mit dem Informationsgehalt eines fachlich ausgerichteten Bilderbuchs, der der Öffentlichkeit inhaltlich weder spezifische Maßnahmen noch konkrete Abläufe in Ernstfällen vermittelt. Mit einem Hinweis, bei Alarmen auf Radiodurchsagen zu achten, erfüllt die BASF ihre Grundsatzpflichten nach meinem Dafürhalten jedenfalls nicht - wie im Übrigen in weiten Teilen der gesamten Richtlinie auch nicht.

Ein derartiger Hinweis wie der Beschriebene führt unweigerlich zum Vergleich mit Satire-Hinweisen für den

Briefträger, sich beim Annähern eines bissigen Hundes auf den Boden zu legen und zu beten.

Ein solcher Appell für den Notfall -für jeden Notfall- ist sehr dürftig.

Was ist mit Gehörlosen oder anderweitig Behinderten oder -auch mobil- eingeschränkten Bürgern? Weshalb existieren keine Konzepte, wie es die Richtlinien und Gesetze vorschreiben?

Bei der BASF müss(t)en also erst die bereits während der Projektzeit statt gefundenen "Ausnahmesituationen" *(Feuer, Säureaustritte, Gasbildung, Explosion, Notrufversagen, Fehlalarme, Strukturlosigkeit, unqualifizierte Arbeiten mit unterlassenem Arbeitsschutz etc.)* nur in der ein oder anderen Kombination zusammen auftreten, damit ggf. endlich auch die jetzige Führungsriege soweit gehen würde, zumindest rudimentäre Planungs-Maßnahmen der Gefahrenabwehr zu veranlassen.

Derzeit würden allein ein paar Schwerverletzte (z.B. dreimal Beinbruch durch Einsturz einer kleinen Arbeitsbühne) die vorhandenen Mittel, Strukturen und Kompetenzen der BASF deutlich überfordern.

Und weil die genannten Situationen zum "Tagesgeschäft" der BASF gehören, dürfte das Zusammentreffen einzelner Aspekte insofern nur noch eine Frage der Zeit sein – mit vermutlich weit größerem Ausmaß als dreimal Beinbruch.

Woher die genannten Feststellungen und eine solch vernichtende Annahme kommen - und was das Ausmalen solcher fehlschlagenden Kompensations-Szenarien konkret begründet, machen ein Blick hinter die Kulissen der BASF mit analytischem Soll / Ist – Vergleich der Gefahrenabwehr-Strukturen deutlich.

Katastrophen entstehen heutzutage kaum noch aus irgendwelchen Prozessen heraus oder alltäglichen Abläufen - diese sind mittlerweile vielfach definiert und zertifiziert. Sondern sie entstehen durch neuralgische Punkte und Schnittstellenproblematiken aufgrund von Kommunikations- und Kompetenz-Defiziten Beteiligter. Beides haben wir bei der BASF in dem geforderten Sektor zuhauf – in allen Ebenen. Und aufgrund des tlw. erheblich maroden Zustands des Standorts, gilt es hier auch, die Schnittstellen alltäglicher Abläufe als mögliches Epizentrum für Katastrophen konkret auszumachen. Schließlich bilden Uralt-Ventile, -Leitungen, -Kessel und Verbindungen beste Voraussetzungen für spontane Leckagen. Auch halten sich dann austretende Medien für gewöhnlich weder an Nachtruhe noch Wochenenddienste oder ignorieren weitere Gefährdungsaspekte im Fall eines Aufeinandertreffens.

Und hier kommt es zu dem entscheidenden Problem, was letztlich das Ausmaß einer potentiellen Katastrophe bestimmt. Je länger ein System läuft und je weniger Zwischenfälle in bedeutenderem Ausmaß offenkundig kommuniziert werden, desto mehr fühlen sich die Verantwortlichen in ihrem Handeln als "Gefahren-Bezwinger" bestätigt.

Natürlich sitzen sie damit einem trügerischen Irrglauben -wenn nicht Selbstbetrug- auf. Auch die Annahme, dass „Industrie 4.0" die Qualifizierungen für „Arbeitsschutz 4.0" oder „Notfallmanagement 4.0" automatisch beinhaltet, ist sehr naiv; die Kluft wird deutlich größer...

Dabei ist besonders im Fall der BASF die Wahrscheinlichkeit einer Katastrophe in absehbarer Zeit extrem hoch: erhebliche Expansion, nahezu unüberschaubare Lagerung hochgradig toxischer und explosiver Stoffe in kaum vorstellbaren Volumina und deutlich unterentwickelte Abwehrstrukturen in Kombination mit größtenteils Jahrzehnte alten Werkanlagen sind die ungünstigste Kombination überhaupt. Eine "kritische Struktur", wie sie auch tatsächlich kritischer nicht sein kann.

Das nachfolgende Diagramm zeigt in Bezug zueinanderstehende Entwicklungsverläufe essentieller Sachverhalte und Stati einzelner Qualitäten (angenommen). Im Wesentlichen über den zeitlichen Jahresverlauf (x-Achse), findet sich an der y-Achse ein fiktiver Index, der als Ausgangspunkt sowohl den relativen Qualitätsstandard, bzw. Zustand definiert – in Bezug zu den anderen Parametern.

Drei Aspekte wirken hier prominent:

Die Materialbeanspruchung (A) im Werk, dessen spezifische, technische Anforderung (B) und Anspruch an Herstellung nehmen zusammen mit der Anlagen-Größe (Materialquantität), sowie der Anforderung an Personal (I & II) und Sicherheits-Strukturen ab den 90ern exponentiell zu. Dem gegenüber stehen einknickende Personalqualität und -Quantität durch Kosteneinsparungen.

Parallel -bezogen auf die Gefahrenabwehr- steigern sich in Relation zur Anfangszeit (Zeit nach der Kesselexplosion 1948) die personellen Ressourcen vergleichsweise gering, deren Qualität (I) bleibt -systemimmanent- rel. begrenzt – was Sicherheits-Strukturen selbsterklärend stagnieren lässt.

Zeitgleich in der Entwicklung altert das Gros vorhandener Anlagen und Materialien (a), die aufgrund ihres Alters zudem vielfach die heutigen Qualitätsanforderungen nicht erfüllen.

Es entsteht ein Schereneffekt - eine weiterhin zunehmende Kluft, deren Verlauf aufgrund sich gegenseitig exponentiell beeinflussender Gefährdungsfaktoren nicht einschätzbar ist.

Hinweis: das farbige Original ist unter tdi-projekt.de verfügbar.

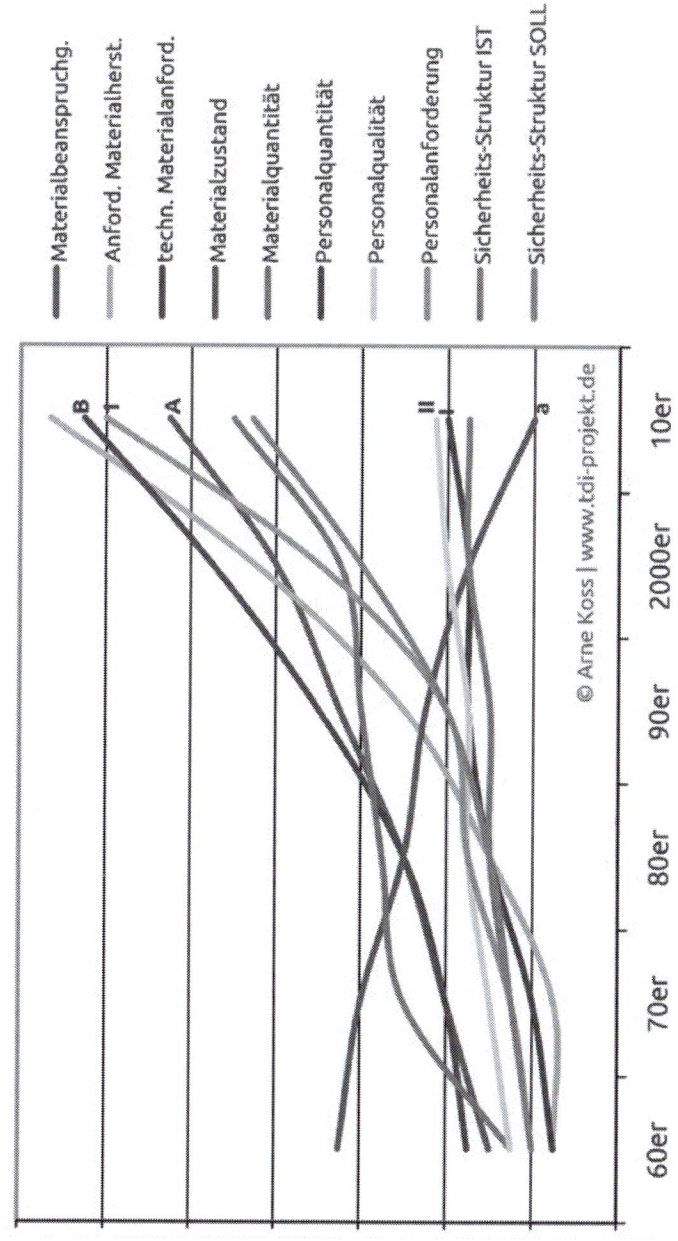

Materialbeanspruchg.

Anford. Materialherst.

techn. Materialanford.

Materialzustand

Materialquantität

Personalquantität

Personalqualität

Personalanforderung

Sicherheits-Struktur IST

Sicherheits-Struktur SOLL

B

A

=

a

© Arne Koss | www.tdi-projekt.de

60er 70er 80er 90er 2000er 10er

< hoch |rel. Qualitäts- u. Zustandsindex| niedrig >

563

Real ist es bei der BASF so, dass sich im Rahmen eines ernsteren Zwischenfalls -nehmen wir beispielhaft eine Explosion auf dem Baufeld an- ein ausgeprägtes Handlungsvakuum bildet - verantwortet durch die Einsatzleitung der BASF und verursacht durch unzureichende Planung und Organisation.

Bei einer angenommenen Spontanexplosion (z.b. durch Schweißarbeiten) würden die Arbeiter unkoordiniert in alle Richtungen das Baufeld verlassen. Zählungen würden nicht umgesetzt werden können, eine Alarmierung würde angesichts der Erfahrungen vermutlich erst mit annähernd 5-minütiger Verspätung erfolgen.

Zu mutmaßen ist neben dem möglichen Feuer und der Explosion, dass sich auch durch die Druckwelle Geschädigte noch vor Ort, resp. unter den "Fliehenden" befinden.

Bei einem mittig eines Baufeldes vorzufindenden Epizentrum, ist aufgrund der Erfahrungen mit Notrufversagen und topografischer Unkenntnis ferner zu unterstellen, dass die Feuerwehr frühestens nach 15 Minuten direkt vor Ort wäre, um Gegenmaßnahmen einzuleiten.

Diese 15 Minuten sind durchgreifend ungeplant und vergehen unter dem Aspekt der sog. Notstandsgesetze bei zeitgleich eintretender Leitungs- und Führungslosigkeit. Unter dem Beispiel-Projekt der TDI-Anlage würde es sich etwa wie folgt darstellen.

<u>Soll-Zustand Arbeitssicherheit:</u> Der SiGeKo auf der einen Seite der Prävention muss für die Einhaltung der

Arbeitssicherheit Sorge tragen. Dies schließt auch gefährliche Arbeiten -wie Umgang mit explosionsfähigen Stoffen oder Arbeit unter Absturzgefahr- mit ein und grenzt somit zwingend an Situationen, in der die Prävention -Prinzipbedingt- versagen kann. Für jeden SiGeKo ist dies ein Graubereich, weil er auch in der Situation eines Zwischenfalls für die Umsetzung erforderlicher und zumutbarer Erstmaßnahmen zuständig wäre, in diesen aber grundsätzlich nicht qualifiziert wird.

Realer Ist-Zustand: Im Beispiel der BASF-TDI-Anlage war der SiGeKo einmal pro Woche für etwa drei Stunden in der Gegend und hatte bereits Angst, seinem Dienstherrn neue Diskrepanzen zu offenbaren, die bisher keine Rolle gespielt hatten. Einen suffizienten Einsatz durch ihn als echte „Konstante" im Bedarfsfall in Erwägung zu ziehen, wäre obsolet.

<u>Soll-Zustand Rettungs-Organisation:</u> Der Org. Leiter des Rettungsdienstes auf der anderen Seite des akuten Notfalls – geschaffen und ausgebildet, ein Notfall-Chaos zu organisieren und zu restrukturieren. Ferner ausgebildet und beauftragt, klassisch mögliche Szenarien in seinem Revier "durchzuspielen", um im Ernstfall auf Planszenarien und deren Abläufe zurückgreifen zu können einerseits und um aus rettungstechnischer Sicht eine optimale Versorgungs- und Ablaufstruktur zu gewährleisten, andererseits. Das ist seine Verantwortung. Zusätzlich müssen ihm sämtliche Daten und Informationen umliegender Kliniken, Primär-

Rettungs-Mittel und Einheiten des Katastrophenschutzes sowie technischer Hilfeleistungen zugriffsbereit vorliegen.

Realer Ist-Zustand: Die Org. LRD kannten das TDI-Baufeld nicht. Ein Milliardenprojekt innerhalb einer kritischen Infrastruktur von drei Jahren Dauer war ihnen -trotz bereits initial durch einen Blindgänger ausgelösten Explosion-topografisch gänzlich unbekannt. So, wie allen anderen Rettern des Rettungsdienstes ebenfalls.

Der Versuch, die Begeisterung der Retter nach dem Kennenlernen des Baufeldes umzusetzen, wurde von der Rettungsdienst-Führung abrupt beendet.

Eine Planungskompetenz spezifischer Ereignisse -eine der wesentlichen Aufgaben eines Org. LRD- muss man den Verantwortlichen somit schon aus Gründen der topografischen Unkenntnis absprechen.

Soll-Zustand Feuerwehr-Organisation: Die technische Einsatzleitung der Feuerwehr ist im Einsatzfall den übrigen Einsatzkräften zur Koordination übergeordnet. Das macht Sinn, da bei dynamischen Geschehen die Führung möglichst starr sein muss und die TEL auch über das notwendige Equipment verfügt. Sie sollte die Koordination übernehmen und auch entsprechend Abschnittsleiter zur Kontrolle und Koordination einzelner Bereiche einteilen. Z.B. für die "fliehenden" Arbeiter an unterschiedlichen Positionen (wie deren Unterbringungs- oder Versorgungsbereichen etc.), sowie für die weitreichende Verkehrskoordination oder weitere Gefahrenpotenziale in der Umgebung - die Liste wäre lang.

Realer Ist-Zustand: Die technische Einsatzleitung der BASF haben wir bereits umfangreich kennen gelernt. Aufgrund des fachlichen Versagens in durchgreifender Hinsicht, resp. Desinteresses für Lösungsansätze sowie Positionierung, dass man nicht mit Großschadensereignissen rechne -und somit auch nicht darauf vorbereitet sei-, ist derzeit nicht davon auszugehen, jemals auf irgendwelche Planszenarien stoßen zu können. Selbst Abschnittsleiter bei Alarmübungen sind bisher ihrer Aufgabe -in einem ohnehin bereits äußerst reduzierten Bereich- nicht suffizient nachgekommen. Organisatorische Standards haben mehrfach -selbst im Übungsfall- umfangreich und durchgreifend versagt. Insofern dürften die durch nicht vorhandene Planung entstehenden Schäden bei den Einsatzkräften erheblich sein (z.B. durch Explosionskaskaden auf dem Baufeld).

Gesamtbetrachtung: Diese vorliegende Konstellation bei der BASF schafft -mutmaßlich für jeden umfangreicheren Zwischenfall auf dem Werkgelände- ein unnötiges Handlungsvakuum ungeahnten Ausmaßes. Die Prävention würde fliehen, die Gefahrenabwehr anrücken und sich dann erst infolge darüber informieren, wo sie denn hinmüsse und um was es gehe, um die Einsatzkräfte richtig einteilen und ggf. Kräfte nachfordern zu können. Parallel würde auch erst dann auf die anderen Arbeiter eingegangen und essentiell notwendige Strukturen aufgebaut werden können. Und erst daraufhin könnte eine Strategie-Anpassung erfolgen (Motto: „erstmal hin, dann gucken und (ggf. richtig) machen").

Ob die Abläufe dabei korrekt sind, entscheidet dank fehlender Planung der pure Zufall.

Das Risiko ist groß, dass Betroffene und auch Verletzte Arbeiter in einem solchen Akut-Szenario nicht mehr erfasst werden können – die Kollateral- und Folgeschäden könnten zu einem signifikanten Ausmaß anwachsen.

Im übertragenen Sinn sind die sicherheitsorientierten Strukturen der BASF mit dem präfinalen Zustand eines Patienten vergleichbar, dem ausschließlich die externe und massive Intervention von Medikation und Maßnahmen helfen können, das (z.B. nach einem massiven Herzinfarkt) unausweichlich scheinende, nahende Ende noch abzuwenden:

Die Betreuenden wissen, dass es in absehbarer Zeit passiert, können nur nicht definieren, wann und wie massiv die Folgen sind.

Natürlich gibt es Wunder – und der Patient befindet sich noch nicht in der Agonie (also dem unmittelbaren Todeskampf). Aber drum herumstehen, nichts tun und auf Wunder warten, minimiert die Chancen auf ein Überleben drastisch.

Fachliche Sicht & Stellungnahme

Eine derartige Ansammlung an Mängeln in kaum vorstellbarem Ausmaß -angefangen bei der grundsätzlichen Ablehnung über äquivalente Maßnahme-Umsetzung durch ganze Kontraktoren bis hin zum Fehlverhalten Einzelner- ist mir in über 20 Jahren Berufsleben noch nie begegnet. Gehört habe ich davon auch noch nie.

Ich habe durch die Zustände bei der BASF das Auslaufmodell meines damaligen Zivildienstes erneut kennengelernt. D.h., die Sicherheit für Mitarbeiter, Anwohner und Material befindet sich in dem Zustand der 80er Jahre, max. Anfang der 90er.

Der bereits genannte Begriff des Handlungsvakuums (rechtliche Rahmensituation im Kapitel *von Triggerreizen und Windelwechsel* näher erläutert) entspringt im Bezug zur BASF übrigens einer gewissen Political Correctness. Der Begriff Führungs- und Handlungsversagen würde bzgl. der BASF aufgrund des Szenarios an Unterlassung aus professionell-fachlicher Sicht gerechter werden. Dies einfach deshalb, weil das Zeitfenster eines ohnehin unvermeidbaren Handlungs-Vakuums wissentlich unnötig groß gehalten wird.

Zusätzlich würden die Rettungskräfte hohen Gefahren ausgesetzt werden, die gesamtheitlich nur durch planerische Organisation größtenteils vermeidbar wären. Eine jeweilige Haftung der personellen Leitungsfunktionen wäre hier im Fall zusätzlicher

Arbeitsunfälle wahrscheinlich – schließlich ist es heutzutage nicht mehr erforderlich, bei derartigen Voraussetzungen, Rettungskräfte in wissentlicher Unkenntnis über den Gefahrenbereich eben solchen betreten zu lassen. Und der Bereich versteckter Gefahren auf Großbaufeldern ist immens; Absturz- und Einsturzgefahren, Lagerung unzähliger Gasbatterien an unbekannten Plätzen, Gasansammlung in Gruben, riesige Trümmerschatten einsturzgefährdeter Gebäude etc. ...

In nachfolgender Skizze ist das bereits eingangs erwähnte Beispiel-Baufeld mit ursprünglicher Sicherheits-Koordination abgebildet, dargestellt nach einem sich -wie zuvor geschildert- zentral ereignenden Zwischenfall.

Ohne präventiv geplante und organisierte Ernstfall-Koordination kommt es in wenigstens drei Bereichen zeitgleich und anhaltend-temporär zu nicht kompensierbaren Problemen;

Links: Unkoordiniert flüchtend Betroffene zerstreuen sich wahllos (real in alle Richtungen). Folge: keine Registrierung und keine Übersicht weiterer Verletzter, ggf. Behinderungen der Einsatzkräfte und Schaffung weiterer Einsatzorte.

Das Epizentrum (Mitte) kann langsamer bekämpft werden, da keine Klarheit über Strukturen, Zusammenhänge, Gefahren und Ausmaß herrscht. Folge: Schadenspotenzial und Schadensausmaß steigen insgesamt an.

Rechts: Diffus anrückende Hilfseinheiten – ohne konkrete Aufklärung über die Situation, weitere Gefahren und sinnvolle Positionierungen sowie konkrete Einsatzlokalisation. Folge: Eigengefährdung steigt kritisch an, mit hoher Opferzahl in eigenen Reihen muss gerechnet werden.

Im Gesamt-Kontext spielt hier die Zeit eine wesentliche Rolle, die für das spätere Gesamt-Schadensausmaß verantwortlich ist.

Je mehr vorab geplant ist und wird, desto geringer ist beispielsweise die Gefahr, dass Schadensszenarien auf unbeteiligte aber gefährdete Bereiche übergreifen.

Bis jetzt absolvierte Übungen der BASF haben bereits essentiell extreme Defizite deutlich aufgezeigt – trotz „Planung". Eine Annahme, dieselben Anforderungen könnten im Ernstfall bei erhöhter Dynamik und echter Überforderung suffizienter umgesetzt werden, entspräche reiner Phantasterei. Wie bekannt, sind selbst einfache Notrufe und Fehlalarme organisatorisch wiederholend kollabiert, so dass für eine solche Annahme insofern keine substantiierten Begründungen existieren.

Nur folgerichtig wäre per Status quo auch die genannte Annahme, dass die Einsatzkräfte durch die Führung "richtig" eingeteilt würden, eine gewagte These. Der Gesamt-Zustand BASF-eigener Notfallstrukturen hinkt heutigen Schadensbekämpfungs-Strategien weit hinterher und ist durch nichts zu rechtfertigen.

Eine strukturelle Lösung im vergangenen TDI-Projekt wäre indes recht simpel umsetzbar gewesen – und gilt auch für zukünftige Projekte gleichermaßen:

Man nehme einzelne Leute aus der HSE-Abteilung, die sich regelmäßig mit dem SiGeKo austauschen. Diese HSE'ler führen Rettungsdienstler regelmäßig nach einer Kurzeinweisung durch das gesamte Baufeld und erklären dem Rettungsfachpersonal anhand eines Plans die aktuellen Gefährdungssituationen und Problembereiche, damit diese sich auf entsprechende Einsatzszenarien ebenfalls vorbereiten können.

Zur kurzen Erinnerung: im TDI-Projekt waren die Retter bereits involviert und begeistert, die Kurzeinweisung war inhaltlich bereits ausgearbeitet und abgesegnet, der Einweisungsplan stand ebenfalls bereit, und der Lageplan war in Arbeit. Kleidung und PSA wären durch die HSE-Abteilung gestellt worden.

Dem ohnehin mindestens wöchentlich stattfindenden Management-Walk über das Baufeld sollte im Nachgang ein kurzer, 5minütiger Spezial-Austausch mit dem TELWF (oder einem Spezialisten) angeschlossen werden, um die Begehungen mit dem Rettungsdienst zu besprechen.

Das würde keine übergroße Anforderung in der Umsetzbarkeit bedeuten. Ideal wäre dann auch noch das Involvieren und die Mitwirkung einzelner Feuerwehrleute – wieder mal als „Sahnehäubchen" oben drauf.

Abschließend sollten dann anhand der vorliegenden Pläne die jeweilige Einsatzleitung des Rettungsdienstes und der Feuerwehr die herausstechenden Einsatzszenarien ausarbeiten, um im Ernstfall auf fertige und umsetzbare Pläne zurückgreifen zu können.

Ein eigentlich standardisierter Vorgang – im Zivilschutz. Eigentlich. Denn, wenn man das Einsatzgelände nicht kennt (wie durch die Notrufe eindrucksvoll bestätigt wurde), wird jeder dortige Alarm auch zur Gefahr für die Retter. Zudem ist dann eine Planung nicht mehr möglich. Und im Beispiel des TDI-Baufeldes ging es ja nicht um den Tante-Emma-Laden um die Ecke.

Festzuhalten ist, dass gegen diverse Gesetze in umfangreichem Ausmaß verstoßen wurde -resp. wird. Jahrzehnte lange Entwicklung der Gefährdungsbekämpfung und einfachste Abläufe nebst Lösungsvorschlägen werden ignoriert und abgelehnt. Ein Zustand, der im Negativen seines Gleichen sucht und in derartigem Ausmaß in jeder Hinsicht inakzeptabel ist.

Für bereits in der Vergangenheit liegende Unfälle kann sich insofern ebenfalls der Anfangs-Verdacht aufdrängen, dass der überwiegende Großteil der Vorfälle im jeweils festgestellten Schadensausmaß ggf. nicht zustande hätte kommen müssen. Einfach deshalb, weil aufgrund der erhobenen Bestands-Diskrepanzen bei nahezu allen Vorfällen von einer möglichen Minderung des endgültigen Schaden-Ausmaßes ausgegangen werden muss.

Zumindest, sofern bei Anpassung der jeweiligen Umgebungs-Strukturen des betroffenen Areals hinsichtlich Notruf- und Vorhalte-Situation der aktuelle Stand von Wissenschaft & Technik als Referenz zugrunde gelegt werden würde.

Für den Konzern wäre denkbar, dass Versicherungen des Konzerns komplett neue Maßnahme-Kataloge einfordern, vorhandene Risiken im Status quo komplett neu einstufen - oder sogar ganz aussteigen.

Zur Haftungs-Situation insofern zurückkommend, dürfte diese für die BASF im Ernstfall ggf. erheblich sein.

Es folgten an die BASF zahlreiche, substantiierte Meldungen und Informationen nebst umfangreichen Lösungsansätzen, denen für gewöhnlich die Ausarbeitungen von Maßnahme-Katalogen, Definitionen der Maßnahmen mit Benennung von Zuständigkeit und Zeitfenster erfolgt.

Weshalb die BASF ihrer besonderen Sorgfaltspflicht durch Unterlassung all dieser Schritte nicht gerecht wird, ist rational nicht zu erklären.

Ebenfalls nicht nachzuvollziehen ist die kollektive Verweigerungshaltung der Ministerien, in der Causa BASF durch Stellungnahme mitzuwirken. Es ist anzunehmen, dass die Ministerien hier Geschlossenheit zum Aussitzen vereinbart haben – anders ist ein zu 100% deckungsgleiches Verweigerungs-Verhalten bei sechs zeitgleich aber unabhängig voneinander angeschriebenen Einrichtungen unterschiedlicher Adressen, nicht zu erklären.

Möglicherweise geht die Einstellung der Regierung mit jener der Industrie d'accord und ist in der Maßnahme begrenzt auf Hoffnung. Die Hoffnung eines jeden, dass der Kelch einer Katastrophe an ihm und seiner Amtszeit vorüberzieht.

Entsprechend lag aufgrund ausbleibender Rückmeldung aller angeschriebenen Ministerien ein Telefonat mit der EU-Kommission nahe.

Dort vernahm ich nur, dass die Kommission wenig machen könne. Weshalb, stellte sich dann als sehr obskur dar.

Die Überwachungspflicht derartiger Missstände würde von der EU-Kommission an die jeweilige Regierung (zurück) übergeben werden. Also sollten Verfehlungen der Industrie und/oder Regierung selbst dann durch eben diese (wieder selbst) in voller Eigenverantwortung reguliert (sanktioniert) werden. Und wenn ich Gesetzesverstöße zu melden hätte, könne ich es anzeigen.

Zu allererst teilte man mir jedoch mit, dass ich die Vorfälle dann doch veröffentlichen solle. Nun gut – die Probleme sind unverändert nicht gelöst – aber wenigstens der Punkt der Veröffentlichung sollte mit vorliegender Dokumentation erfüllt sein.

Hätte, hätte, Fahrradlicht...

Mal weg vom Konjunktiv und hin zu den unzähligen Möglichkeiten und Maßnahmen, die sich der BASF als Basics zur Kompensation bieten. Natürlich müssen diese im Kontext stehen. Im Kontext zur Situation und den beiden Problemen der BASF.

Den BEIDEN Problemen? Richtig – genaugenommen hat das Chemikantenstadl in Ludwigshafen „nur" zwei Probleme;

1. Ein massives Sicherheitsproblem mit potentiellen Auswirkungen für Mitarbeiter und Werktätige, Anwohner und Bürger, Umwelt und den Konzern selbst bis zum Katastrophenausmaß - jederzeit möglich.

2. Eine aufgrund ausgeprägter Ignoranz und mangelnder Einsicht bestehende Verweigerungshaltung, Punkt 1 anzuerkennen und kompensieren zu wollen.

Ok - gutmütig ausgedrückt könne man der BASF Desinteresse und beschämende Tatenlosigkeit vorwerfen - etwas, was heutzutage in Industrie und Politik weitverbreitet ist - und somit schon als Kavaliersdelikt durchgehen könnte.

Die Hintergründe sind natürlich weit umfangreicher.

Die BASF hat -durch unzählige nationale wie europäische Gesetze, Erlässe, Verordnungen o.Ä. verpflichtend vorgeschrieben-, die Grundpflicht, durch umfangreiche Planung, Organisation und Aufklärung für vorbeugende

Sicherheit zu sorgen. In jedem Bereich und für jeden erdenklichen Umstand. Und sie hat die Pflicht, dies regelmäßig zu überprüfen, zu üben und zu dokumentieren - im Kleinen wie im Großen.

Darüber hinaus hat sie die Pflicht, aktuelle Maßnahmen detailliert aber nachvollziehbar zu veröffentlichen und diese auf dem stets aktuellsten Stand von Wissenschaft & Technik zu halten.

Von alledem tut sie: nichts.

Die BASF-Führung befindet sich in einem Zustand des katatonischen dahin-Vegetierens – zumindest aus Sicht der organisatorischen und strategischen Gefahrenabwehr.

In einem längeren Gespräch hatte ein Bekannter (seines Zeichens Anästhesist) noch ergänzt; dass der HSE-Bereich der BASF wohl auch geprägt durch Raptus-artige Reaktionen der Verantwortlichen - begleitet von parakinetischen Ausbrüchen eigener Strukturen wäre... Damit verglich er den Chemie-Riesen mit einem komatösen Patienten, der von äußeren Reizen veranlasst, zentrale Ganzkörper-Krämpfe erleidet, während die Ruhephasen unregelmäßig von diffus-willkürlichen Zuckungen peripherer Körperteile begleitet wird.

Nun ja – klang nicht zukunftsweisend. Was die Organisation präventiver Sicherheits-Maßnahmen angeht, muss das aber so bestätigt werden – willentliche Koordination geht anders.

Wie in allen anderen Bereichen auch, lebt der Arbeitsschutz heutzutage von Kennzahlen, anhand derer die Gesamtsituation eingeschätzt und wiederum Folgerisiken und –Maßnahmen abgeleitet werden können.

Eine Kennzahl wären die LTI-free-Hours.

Grundvoraussetzung zur Einstufung und Wertung dieser Kennzahlen ist jedoch deren Authentizität, deren objektive Einschätzung und Ehrlichkeit.

Diese geht -zumindest im Kontext zum TDI-Projekt- gen Null. Es nützen die schönsten Maßnahmen auf dem Papier nichts, wenn deren Ausgangsdaten einer sehr subjektiven „Wahrheit" entspringen.

Würden dann zusätzlich die Alarmierungen nach Kennzahlen unterschieden werden – z.B. nach Fehlalarmen, versäumten Alarmen, fehlerhaft ausgeführten Alarmen, medizinischer Versorgungssuffizienz etc., so wäre das Ergebnis der Kennzahlen in sich verheerend. Wie erwähnt; Ehrlichkeit vorausgesetzt.

Dass die Maßnahme objektiver Kennzahlenverwertung bei der BASF ausbleibt, ist also angesichts dortiger Bestands-Strukturen (fast) verständlich.

Und dennoch: nichts tun ist auch keine Lösung. Immerhin lebt der derzeitige Sicherheits-Zustand der BASF mit dem vorläufigen Ergebnis, dass selbst auf dem silbernen Tablett häppchenweise dargereichte Mängel samt Lösungen aktiv abgelehnt wurden und somit ein Sicherheits- und Vorsorge-

Status geschaffen wurde, dessen Struktur bereits vor 30 Jahren als veraltet geltend ausgedient hatte.

Die im Gegenzug gelebte Überzeugung, Mitarbeitern, Firmen, Anwohnern und Bürgern, Medien, Investoren und Politik sowie jedem vorhandenen Wirtschaftszweig einen Zustand imaginärer Sicherheit und Gefahrenabwehr vorzugaukeln, zwängt fast den Anfangsverdacht betrügerischer Absicht auf, für die es in dem Maße schon einer gehörigen Portion krimineller Energie bedürfte. Aber auch, wenn keine betrügerische Absicht vorläge - der Missbrauch der Gutgläubigkeit der Menschen - insbesondere der Mitarbeiter und Anwohner darf sicherlich angenommen werden.

Fehlende Sicherheitsabläufe und Gefahrenvorsorge als gegeben zu publizieren, zeigt aber auch auf, dass sich die Verantwortlichen darüber im Klaren sind, weitaus umfangreichere Maßnahmen erbringen zu müssen, als sie sie selbst bereitstellen.

Unterm Strich muss man folgerichtig konstatieren, dass der Zustand der BASF auch nicht "einfach passiert" ist. Nein - er ist aktiv verursacht und bis heute ebenso erhalten.

Wie man es also dreht und wendet: Die Sicherheits-Situation der BASF ist ein Skandal - bereits, ohne in die Tiefe zu gucken.

Dabei wäre eine Lösung -zumindest für Ludwigshafen-denkbar einfach. Sie liegt lediglich im Einbezug vorhandener Ressourcen und dem Planen und Organisieren.

Ein klassischer Ablauf wäre

- Schnittstellen-Profis aus dem Notfallmanagement engagieren
- Status-Erhebung inkl. aller Ressourcen ausarbeiten
- Maßnahmen erarbeiten auf Soll-Niveau
- Maßnahmen sukzessive umsetzen

Würde die Umsetzung erst einmal laufen, käme der Rest des Prozesses dauerhaft von allein - sofern nicht wieder ein Rückfall in die alte Katatonie erfolgt.

Und auch, wenn die Kosten gegenüber der Sicherheit per Gesetz schon nachrangig zu sehen sind, sollte darauf eingegangen werden: Die Kosten für die primär erforderlichen Maßnahmen würden binnen der ersten drei Jahre mutmaßlich im einstelligen Millionen-Volumen liegen (sofern die benötigten Experten aus dem eigenen Haus stammen würden - wovon allerdings angesichts deren bisheriger Leistungen und Betriebsblindheit dringend abzuraten ist).

Für einen Konzern mit über 112.000 Mitarbeitern und über 70 Milliarden Euro Jahres-Umsatz, jedenfalls ein Kostenfaktor, der vermutlich nicht einmal in der Portokasse erfassbar wäre. Ein Aspekt, der sich zudem sogar werbetechnisch noch gut "verkaufen" ließe - wenn man die Maßnahmen medial begleiten würde.

Eine bessere Investition könnte der Konzern somit kaum machen - zumal bereits ein mittlerer Vorfall mit austretenden

Gasen, einem Feuer oder einer Explosion dem Unternehmen deutlich mehr an Investitionen abverlangen könnte.

Im eigenen Nutzen ist es ist ähnlich eines Fahrsicherheits-Trainings zu werten. Brauchen tut es keiner – schließlich fahren alle überdurchschnittlich gut.

Und trotzdem erhält man nach den ersten, im Realverkehr kritischen aber gemeisterten Situationen ein ehrliches Feedback mit der Mutmaßung, was einem das Training gerade erspart haben wird.

Auf mögliche Haftungs-Szenarien bin ich bereits eingegangen – sie würden sich als extrem abstrakt darstellen. Im Fall eines derzeitig eintretenden Großschadens-Szenarios ist der Hauptansprechpartner als gesamthaftender Organisator zunächst der Generalunternehmer – also die BASF selbst.

Allerdings müsste ein Organisationsverschulden auch erst mal nachgewiesen werden.

Die Versicherungsverhältnisse der BASF für Katastrophenszenarien sind (mir) unbekannt. Ob also der Konzern auf einen Industrieversicherer zurückgreift, welcher im Großschadensfall durch Rückversicherer abgedeckt ist oder die BASF -so wie sie zu Beginn der 2000er Jahre bereits verlauten ließ- sich mittlerweile durch Gründung einer internen Rückversicherung gesichert weiß, erschließt sich (mir) also nicht.

Die im Ernstfall ggf. einsetzenden Haftungsstreitereien wären insofern interessant, da das Organisationsverschulden bzgl. der BASF mittlerweile grundsätzlich und umfangreich nachweisbar wäre und aufgrund der verweigernden Vorgehensweise eine Durchgriffshaftung für die Manager denkbar werden ließe.

Zwar dürften diese eine klassische Haftpflichtversicherung für Manager ("D & O") vorweisen können.

Allerdings stellt sich auch hier die Frage, ob damit der sog. Eventual-Vorsatz im Ernstfall abgedeckt wäre oder -wie üblich- bereits mit grober Fahrlässigkeit eine Leistungs-Freistellung der Versicherung erlangt wird.

Verlauf & nachgehakt...

Nach meinem Ausscheiden aus dem Projekt, dauerte es ein paar Wochen bis zu einem weiteren Folgeprojekt - ebenfalls im Werk der BASF. Ehrlich gesagt, hatte ich damit gar nicht erst gerechnet, nochmals für das Arbeiten auf dem Werkgelände der BASF zugelassen zu werden. Und es war mir angesichts meiner erhobenen Missstände auch recht mulmig zumute. Allerdings war ich ein paar Blöcke weiter angesiedelt, so dass ich im Ernstfall sogar anderweitige Möglichkeiten der Flucht gehabt hätte.

Das Gute an meiner neuen Verpflichtung war, dass ich mich ab und an mit ehemaligen Kollegen treffen konnte und so regelmäßig über den Status quo der Projekt-internen Sicherheit informiert wurde. Geändert hatte sich nichts. Über mehrere Wochen hinweg - alles beim Alten.

Generell sollte ich noch erwähnen, dass dieses unrühmlich herbeigeführte Ende des Projektes dazu geführt hat, dass einige Projektangebote im Nachgang -obgleich man sich bereits einig war- doch kurzfristig abgesagt wurden.

Es war evident, dass hierbei die Verbindung zur BASF immer wieder den entscheidenden Ausschlag gegeben haben wird. Anders seien die Gesamtabläufe nicht zu erklären – das sahen sogar einige Recruiter ganz offen so.

Ein solches Vorgehen ist dumm – wenngleich z.B. Fisch nie daraus einen Hehl gemacht hat, Menschen, die ihm quer gekommen sind bis aufs Mark bekämpfen zu wollen und dies bereits einige ehemalige Kollegen im Ergebnis bestätigten. Aber man sollte wenigstens in diesem Verhalten Ehrlichkeit an den Tag legen und dieses „Geschäftsmodell" nicht unbegründet betreiben. Letztlich sind es auch und insbesondere derartige Verhaltensweisen, die erst zur Offenlegung bestimmter Abläufe führen. Insofern ist ein positiver Benefit aus derartiger Verhaltensweise -wenn überhaupt- nur von kurzer Dauer.

Wie bereits eingangs erwähnt, war mein TDI-Recruiter alles andere, als ein leuchtender Stern am Energie-Himmel. Meine Kündigung - ok, aber unsauber durch und durch. Obgleich es natürlich auf die Interpretationsweise der "Aufgaben" ankommt. Nimmt man tatsächlich die vertraglichen Grundbestandteile, so habe ich diese Aufgaben nur binnen eines begrenzten Zeitfensters und danach bedingt erfüllt - schließlich stellten sich vor Ort für mich gänzlich andere Tätigkeitsbereiche als dringend bearbeitungspflichtig heraus. Eben Schnittstellen, für die außer mir niemand die erforderliche Fachkompetenz besaß.

Entgegen dieser Kündigungsvorgabe war meine Tätigkeit mit dem zuständigen HSE-Manager meines Vereins -Fisch- entsprechend geklärt. Zudem schlägt juristisch eine Individuallösung eine sich im Hintergrund befindliche Rahmenvereinbarung.

Von dieser differenten Ansichtsinterpretation losgelöst, waren die anderen Bereiche in Strukturveränderung, Organisation und Administration letztlich zwingend erforderlich, damit der eigentliche Bereich der klassischen Arbeitssicherheit überhaupt wieder bearbeitet werden konnte.

Noch genauer genommen: meinen ursprünglichen Auftrag, Prozesse zum Erhalt der Arbeitssicherheit umzusetzen, konnte ich kaum wahrnehmen – ich wurde ja umfangreich daran gehindert, um essentielle Ausrichtungen zu etablieren.

Wie man es aber auch dreht und wendet - der Schluss war alles andere als ehrenvoll. Bereits während der Tätigkeit hatte sich mein Recruiter als sehr manipulativ dargestellt. Elektronische Abrechnung -also ein Online-Programm zur Zeiterfassung- wurde mutmaßlich sogar regelmäßig manipuliert. Jedenfalls glaubten wir nicht an zufällige Datenänderungen aus heiterem Himmel, wenn exakt diese Daten bereits zuvor von uns bei der Eingabe als kritisch gewertet wurden...

So wurden die geleisteten Stunden gemäß unserer dokumentierten Screenshots regelmäßig reduziert - sicher, weil bei Stichproben-artiger Durchsicht der Zeiterfassungen der Recruiter selbst Probleme bekommen hätte. Immerhin ist regelmäßig wiederkehrender Arbeitsumfang von 13 Stunden täglich und mehr, für einen Recruiter nur „schwer" zu rechtfertigen. Überstunden und Zuschläge von Feiertagen wurden ebenfalls regelmäßig geringer berechnet - diese Auffälligkeiten sind bereits mehreren Kollegen übel aufgestoßen. Zahlreiche Telefonate waren die Folge.

Natürlich sicherte man mir im Anschluss des Projektes telefonisch zu, sofort weitere Projekte mit mir machen zu wollen. Klar, sicher – ganz bestimmt.

Dummerweise -sicherlich ein unglücklicher Einzelfall- hatte der Recruiter es übersehen und mir mein letztes Honorar nicht mehr überwiesen. Natürlich hatte ich freundlich daran erinnert. Aber sicher wurden meine Erinnerungen irgendwie nur verlegt. So, wie auch meine folgenden Mahnungen.

Ich weiß nicht warum, aber letztlich wurden sogar die Aufforderungen meines Rechtsanwaltes irgendwie verlegt. Glücklicher Weise fanden dann die Gerichtsbeschlüsse den Weg in die Abrechnung meines Recruiters, so dass er mir zwar trotz der kompletten Honorarnachzahlung nach wie vor Geld schuldet - aber in einem sehr überschaubaren Volumen. Sicher nur ein Einzelfall. Wie alles in dem Projekt.

Spätestens das Verhalten des Recruiters bestätigt, dass die grundsätzliche Frage danach, was denn ein Täter für einen Grund für sein Verhalten haben muss, dem eigenen Grunde nach obsolet ist. Täter machen einfach. Weil sie es können.

Natürlich kenne ich derartige Geschäftsgebaren – ich bin Freelancer. Und als Freelancer kennt man sie zur Genüge und muss nicht selten um sein sauer verdientes Geld kämpfen. Entsprechend machte auch dieser Recruiter bei der Vertragsaushandlung ein komisches Gesicht, als ich seinerzeit ein Voraus-Honorar einforderte. Sorry - aber Vorauszahlung ist Pflicht. Ich rechnete ihm damals mein Risiko vor - im Worst case:

- bei Honorarunterschlagung frühestens nach 12 Wochen berechtigte Leistungseinstellung meinerseits;
- bis dahin 12 Wochen ohne Honorar gearbeitet;
- bis dahin Hin- und Abreise sowie Zwischenreisen zu meinen Lasten;
- und 12 Wochen Hotel o. Ä. Unterbringung, zzgl. überteuerter Lebenshaltung zu meinen Lasten.

So etwas hat dann auch nichts mit unternehmerischem Risiko gemein...

Er versuchte sich damals in Rechtfertigung der Nachtrags-Vergütung damit, dass "man ja viel zu groß sei und sich gar keinen Schmu erlauben könne". Was für eine sinnbefreite Logik... Ich habe es noch sehr gut im Ohr - und es kommt mir sehr bekannt vor. Wir schlossen schließlich einen Kompromiss, der leider nur von mir exakt vertragsgemäß eingehalten wurde – aber dennoch eine Vorauszahlung ergab...

Leider ist mir auch bekannt, dass sich der Recruiter außerhalb meines Projektes über unschöne Verhaltensweisen einen Namen macht und sowohl Zusagen als auch zugesagten Vermittlungsprovisionen im deutlich fünfstelligen Bereich nicht nachgekommen ist.

Was mich allerdings am meisten stört, ist, dass der Recruiter seinen Sitz im Süden Hamburgs hat -sogar ganz nahe meines Geburtsortes- und den guten Ruf der Hamburger Kaufmanns-Ehre durch sein systematisch vertragsbrüchiges Verhalten auf das Übelste missbraucht.

Dass der Recruiter in Folge die Gespräche und Mitteilungen gefährdender HSE-Arbeitsplätze ebenfalls ignoriert, verwundert insofern überhaupt nicht, wenn auch andere Betroffene oberer Ebenen mit dem Eventual-Vorsatz im Ernstfall spielen.

"Mir backe ja auch koi Kuche." hatte ein Chemikant der BASF mir damals lachend zu dem Russisch Roulette gesagt. Eine sehr verniedlichende Art, Problemen zu begegnen. Allerdings keinesfalls dafür geeignet, Verfehlungen des Konzerns auf eine Schmunzel-Ebene reduziert zu rechtfertigen.

Eine Frage beschäftigt mich jedoch seit langer Zeit und bleibt wohl offen: Hat die BASF-Werkfeuerwehr einen ABC-Zug? Verfügt sie selbst -also ohne Zuhilfenahme fremder Feuerwehren- über einen Zug, der im Fall schwerer Kontamination im ABC-Segment ausrückt? Und wenn ja, sind diese Feuerwehrangehörigen auch entsprechend aus- und fortgebildet - oder wird das kurzfristig über Fremd-Wehren oder gar Sub´s geregelt?

Eigentlich selbstverständlich - wie die Höhenrettung auch. Die Ungewissheit bleibt dennoch - ich habe leider vergessen zu fragen...

Im Fazit ist die BASF die „Grande Dame" der deutschen Industrie. Sie fragt nicht nach Rat, sie wird um Rat gebeten. Ratschläge von außen annehmen? Nein, wenn es jemand nicht nötig hat, beraten zu werden, dann wohl die BASF. Die

BASF wird in der Historie aufgrund des immensen Umfangs ihrer besonderen Bereichsabdeckung schon immer als Schrittmacher und somit auch zwingend als unantastbares Vorbild in der Gefahrenabwehr gesehen worden sein.

Dabei wird über die gottgleiche Verehrung eben dieser vermeintlichen „Fachleute" hinweg schlicht vergessen, dass es außerhalb des Werks eine andere Welt gibt. Eine Welt voller Technik, Wissenschaftlern und Enthusiasten auf selbigem Gebiet – eine Welt mit Menschen, die sich nicht auf der Verehrung ihrer Zugehörigkeit ausruhen, sondern deren Bestreben es ist, die Zusammenhänge weiter zu entwickeln und Prozesse im Sinne des Menschen zu verbessern. Eine Welt, die nicht durch Werktore begrenzt ist.

Über diese eigene Entwicklung wird die BASF in ihrem Zustand vor X Jahren in die Katatonie verfallen sein, während der Entwicklungsprozess in der realen Welt außerhalb unaufhaltbar fortschritt. Der heutige Unterschied zwischen der echten Welt und der BASF-eigenen wird durch die BASF nicht einfach aufzuholen sein. Die Einstellung, nichts machen zu müssen, weil mit der regelmäßigen Beschaffung besonders bunter Autos alles getan sei, geht - zumindest im anstehen Kampf um Aktualität und Moderne- fehl.

Auch ist es im vorliegenden Sachverhalt wenig hilfreich, dass die BASF für sich in Anspruch nimmt, nicht nur intern über „Fachleute" des Ressorts zu verfügen – um den Zustand der Sicherheitsstrukturen als moderat deklarieren zu können, sondern auch immer wieder Behörden als

Schutzschild nimmt. Behörden, die in den sensiblen Bereichen offensichtlich noch weniger Kompetenzen beheimaten als die „Fachleute" der BASF selbst. Zuguterletzt dann noch mit Erfahrung aus Übungen punkten zu wollen, geht angesichts dokumentierter Übungs-Desaster ebenfalls fehl - das ist wie ein Kurzschluss im Schrittmacher.

Insofern wirkt es durchaus belustigend, dass die BASF tatsächlich ausgerechnet die umfangreich belegten und gerügten Mängel der Alarme und Übungen dafür hernimmt, ihre Bestands-Defizite zu egalisieren, um dann so ihre Vorbildfunktion legitimieren zu wollen. Köstlich.

Diese Denkweise wird sich über Jahrzehnte entwickelt und in den Köpfen manifestiert haben. Offensichtlich unberechtigt vorhanden, wird sie dennoch getragen und geschützt.

Dabei ist die einstige Aura der BASF als sicherheitsorientiert voranschreitende, große Führungsinstitution, in der Realität einer diffus gebrechlichen und mit opulent aufwartender Führungs-Inkompetenz wirkenden Rolle als Nebendarsteller einer Real-Satire gewichen.

Die gelebte Doppelmoral der BASF war gut geschützt und wird nur extrem widerwillig als nicht unumstößlich angenommen. Es ist wie mit dem Nachbarn, dem lieben und verlässlichen Freund, der einfach kein bestialischer Tierquäler sein kann. Weil er es nicht sein darf.

Ich bin mir sicher, Ernie & Bert hätten noch einiges mehr zum vorliegenden Buch beizutragen. Liebe BASF, versucht doch mal etwas Neues und messt euch an einem eurer eigenen Sprüche:

"If you cannot manage safety and health,

you cannot manage."

Mit den besten Grüßen – Arne Koss

Und was war da noch mit dem grünen Busunternehmen aus Berlin? Das meldete sich auch nochmal. Die Genossen waren auch nach meinem Projektabschluss immer noch auf der Suche nach einem Notfallmanager.

Ich lies mich flux zu einem kurzen Besuch dort hinreißen – soviel Hartnäckigkeit sollte Anerkennung finden. Der Besuch in Berlin zeigte auf, dass dort trotz der Expansion und der mittlerweile beinahe zahllosen Angestellten noch nicht einmal eine Standard-Betreuung in der Arbeitssicherheit gegeben war – das Fehlen eines Notfallmanagers war also selbst erklärend.

Gut – ein meinerseits belächeltes "Assessment" – wie will jemand die Qualität von Strategien bewerten, von deren Materie er keinerlei Ahnung hat…(?)- ging einem Gespräch voraus. Es folgten einige Verifizierungen meinerseits über vulnerable Punkte im Unternehmen und wir wurden uns schnell handelseinig: passt nicht zusammen.

Zu groß war die Kluft zwischen deren Vorstellungen an Einsparungen (billig, billig) und meinen Basismaßnahmen in der Prävention – wie z.B. verpflichtenden Fahrtrainings, zweiter Fahrer bei Langstrecken oder dem technisch überwachten Zustand der Busse.

Für eine konkretere Ausarbeitung hatte ich dann einen Honorarauftrag vorgeschlagen – den man dankend ablehnte. Schließlich arbeitet auch der grüne Bus mit zahlreichen Subunternehmern. Da mag man als Oberunternehmer gerne Reibungslosigkeit…

Über mein Honorar hatten wir -glaube ich- bis zu der Erkenntnis der Inkohärenz noch nicht mal gesprochen.

Vielleicht hätte sich deren Geschäftsführung bei der BASF bewerben sollen, um den Werkverkehr zu übernehmen. Ich sehe viele Parallelen und man wäre sich bestimmt einig geworden.

Es ist ja immer wieder von Busunglücken zu lesen – für meinen Geschmack häufig über die Grünen aus Berlin. Viel zu häufig. Und es soll schon viele Verletzte und auch Tote gegeben haben – wegen technischer Defekte und eingeschlafener Fahrer.

Ich meine, ich hatte damals bereits in unserem Gespräch geeignete Basismaßnahmen der Prävention vorgeschlagen…

Vermutlich sind sie immer noch auf Personalsuche…

EPILOG

Das Brisante an der Situation von Katastrophenentstehungen ist, dass bekanntermaßen bereits in der Vorbeugung die Motivation zur Ergreifung von Kompensations-Maßnahmen exponentiell sinkt, je seltener eine potenzielle Gefahrensituation eintritt. Offensichtlich hofft, denkt oder betet jeder Verantwortliche (beinahe überall), dass dieses Damokles-Schwert einer Katastrophe in seiner Dienstzeit an ihm vorüber geht.

Es ist in der Tat ein wenig wie Russisches Roulette...

Gemäß unseres Ur-natürlichen Verhaltens muss eine Gefahr immer erst greifbar sein und Personen auch direkt betreffen, bevor tatsächlich -eben durch die betroffenen Personen- Maßnahmen zur Kompensation ergriffen werden. Das wiederum deckt sich mit der zuvor genannten Erkenntnis des sich exponentiell verhaltenden Motivationsverlustes.

In der Realität bedeutet das, dass die Maßnahmen erst dann ergriffen werden, wenn die Gefahr bereits real existent - und somit kein Konjunktiv mehr ist. Und auch nur dann, wenn mir als Betroffenem die Gefahr persönlich "Schmerzen" bereitet. Dabei kann der „Schmerz" vielfältiger Auswirkung zuzuordnen sein, wie z.B. finanziell oder als Machteinbuße charakterisiert. Der Spruch "Lernen durch Schmerzen" kommt sicher nicht von ungefähr.

In jedem Fall ist -wie derzeit belegt- jeder Vorfall für sich, eben noch nicht ausreichend, als dass die BASF die Gefahr und den Schmerz für sich als reale Bedrohung interpretiert. Nicht, solange diese Situationen nicht zusammenhängend auftreten.

Und obgleich die Situation der BASF kein Momentversagen ist, sondern eindeutig geschaffen wurde, ist sie dem Entstehungsprinzip entsprechend nachvollziehbar.

Die Struktur ist über Jahrzehnte gewachsen (siehe auch Kap. *Resümee*). Zunächst Vorreiter in der Prävention, vergaß man im Laufe der Zeit die organisatorischen Strukturen angemessen weiter zu entwickeln und anzupassen – die materielle Grundausstattung hingegen litt nicht derart ausgeprägt.

Eine gewisse Furcht Einzelner, die Führungsriegen auf Änderungen -insbesondere in Verbindung mit finanziellem Aufwand- hinzuweisen und diese gar einzufordern, ist sogar heutzutage mehr als präsent; die meisten sind froh, wenn alles möglichst widerstandsfrei läuft und machen ungern den Mund auf.

Unter dem Aspekt, dass kaum noch jemand einem Arbeitgeber lange Jahre treu bleibt, sogar fast zu verstehen.

Dieses Prinzip wird sich über Generationen fortgesetzt haben – und gewachsen sein. Zudem wurde der Personalbedarf zunehmend durch eigene Ausbildung gedeckt. Dies hat Vorteile für eine spezifische Ausrichtung, aber auch Nachteile in Bezug auf den offenen Markt, zum Fortschritt und unabhängiger Sichtweise. Das Problem der Betriebsblindheit ist weit verbreitet und hier entsprechend evident – es wurde über Generationen hinweg sozusagen „angezüchtet".

Und obgleich die Anforderungen an Technik, Personal und Abläufe exponentiell immer größer wurden, ist man - insbesondere zunächst im letzten Bereich- den ebenfalls wachsenden Ansprüchen nicht nachgekommen. Das zudem nur noch bereichsisoliert ausgeprägte Denken verhilft dann schließlich, die gegenseitig erforderliche Interdisziplinarität gänzlich zu verabschieden und Schnittstellen unberücksichtigt zu lassen. Ohne es zu merken, fehlten schließlich irgendwann die notwendigen Vergleichsmöglichkeiten von außen.

Insofern ist es auch verständlich, dass ein Großkonzern mit einer patriarchisch anmutenden Führung, die eigenen Werte und damit verbundenen Qualifikationen als den höchstmöglichen Maßstab annimmt. Im Gegensatz zur weltweit ausgerichteten, chemischen Forschung allerdings, sind die Lernmöglichkeiten in der Gefahrenvorbeugung innerhalb des Werks dann auch auf eben diesen Bereich begrenzt – und zugleich in -wenn auch wenigen- fokussierten Bereichen sehr spezialisiert.

Diese Barriere gilt es, im Zuge des aktuellen Status´ der Sicherheitslage des Werks in Ludwigshafen, zu überwinden und in Konsequenz auch eine neue Balance zwischen den Bereichen entstehen zu lassen.

Es ist dem Standort zu wünschen, dass er es schafft, mal über den Tellerrand zu schauen, um sich am externen Sicherheitsmarkt zu orientieren. Nur so wird es der BASF möglich sein, ein der Zeit, dem Markt und der Situation vor Ort gerecht werdendes Sicherheits-Konzept auszuarbeiten und zu etablieren.

Allerdings muss sich die BASF hierfür eingestehen, dass externe Spezialisten notwendig und vielfach einfach besser sind, als die eigen verfügbaren Personal-Ressourcen.

Solches Denken ist auch grundsätzlich nicht verwerflich, denn das Prinzip gilt ja in allen Branchen.

Ein KFZ-Mechaniker, der seit seiner Lehre vor 20 Jahren in einer markenspezifischen, kleinen Werkstatt arbeitet, kann nicht die gleiche Sichtweise haben, wie jemand, der in gleichem Zeitraum fünf Mal in unterschiedlichen Marken- Großbetrieben gewechselt hat.

Gleiches gilt für Ärzte, Gärtner, Polizeibeamte oder eben auch Feuerwehrleute, Rettungsdienste und Leitstellendisponenten.

Schafft die BASF es weiterhin, dank gelebten Konzernprinzips der Verantwortungs-Verwässerung nicht anzuerkennen, dass dieses Prinzip auch für sie selbst gilt, wird es wie in allen anderen Prozessabläufen dazu führen, dass ihr ganz eigenes Prinzip an irgendeiner Stelle erneut dekompensiert.

Je nach Ort und Versagen einzelner oder mehrerer Komponenten, bleibt es wieder bei den zunächst noch als

Tagesgeschäft bekannten und eher überschaubar zu händelnden Problemen – oder kommt es zur Katastrophe (einer ausgewachsenen Katastrophe). Wann das sein wird, kann natürlich nicht vorausgesagt werden – das Potenzial für eine Großkatastrophe besteht jedenfalls bereits seit Jahren, wie die vergangene Explosion deutlich aufzeigt. Und wie lange das derzeitige Glück weiterhin anhält, ist ungewiss.

Im Gegenzug müsste die Öffentlichkeit (und insbesondere Aktionäre) anerkennen, dass auch Großkonzerne keine numinösen Prinzipate darstellen und somit fehlbar sind.

Das darf allerdings im Umkehrschluss nicht dazu führen, dass entsprechend eingeleitete Maßnahmen als Versagen der Vergangenheit gewertet werden – sie sollten als positives Signal für ein sich änderndes Verantwortungsbewusstsein „pro Zukunft" auch angenommen werden.

Bei aller bisher geäußerten Kritik am System der BASF, wünsche ich dem Unternehmen zum Wohl der Mitarbeiter, der Bevölkerung, der Umwelt und des Konzerns selbst, viel Erfolg in der Umsetzung eines neuen, dringend erforderlichen Sicherheits-Gedankens.

Mein persönlicher Gedanke an die BASF ist die Erinnerung an die Rahmenbedingungen des Bereichs, in dem es in 2016 zu der Explosion kam:

- örtlich weit abgelegen, ohne personelle Frequentierung;
- keine weiteren Gefahrstofflagerungen in der Nähe;

- freie Flächen, taktisch sehr gut zugängig;
- kurz vorm Ende der betroffenen
  Versorgungsleitungen und
- unmittelbar am Hafenbecken gelegen-

Solche Voraussetzungen und örtlichen Begebenheiten sind zur aktiven Schadensbekämpfung für Organisatorische Leiter im Rettungsdienst, den Katastrophenschutz und feuerwehrtechnische Leitungen ein Traum. Aus strategischer Sicht, wohlbemerkt.

Und die Vorstellung daran, was wäre, wenn die nächste Explosion zentral geschieht;

- an einem hochfrequentierten Struktur-Schnittpunkt;
- mit zigtausenden Tonnen zwischengelagerten,
  extrem toxischen und hochreaktiven Gefahrstoffen;
- rundum bebaut und taktisch schwer zugängig;
- mitten in Bereichen von Versorgungsverzweigungen
  und
- ohne unbegrenzte Löschwasserversorgung?

Areale, in denen die letzteren Kriterien überwiegen, existieren in der BASF Ludwigshafen in nicht überschaubarem Umfang. Wie aber schon die BASF mitteilen lässt: „Man rechnet nicht mit Großschadensereignissen.".

Weshalb nochmal?

„Weil so etwas im Werk nicht passiert."

Ach ja – ich vergaß.

Stimmt. Manchmal hat man einfach nur Glück.

Nachtrag 1: Chemische Reaktion?

Die Reaktion der BASF zum Sachverhalt war -auch noch nach meiner Projektbeendigung- zutiefst beschämend und unverantwortlich.

Auf postalische Schreiben reagierte die BASF zunächst nicht. Erst mit Zugang eines Schreibens als "Offener Brief" erhielt ich Antwort.

Noch vor dem Verstreichen der Frist gab mir die BASF ausdrücklich zu verstehen, dass all meine erhobenen Missstände weder zu Zeiten meiner Projekt-Tätigkeit, noch danach, der Realität entsprochen hätten, bzw. dies würden. Zudem drohte man mir damit, weiterhin Fotos mit BASF-Bezug zu nutzen und auch sonstige Benennungen der BASF zu unterlassen und mich an die Klausel einer Geheimhaltung zu halten.

Für mich alles überraschend und unerwartet freundlich. Angesichts der Schwere der Problematik ließ sich in das Schreiben sogar hineininterpretieren, dass -zumindest der Verfasser- sich über das Fehlverhalten der BASF bewusst war und bereits ahnte, was mit der Situation noch auf den Standort zukommen könnte.

Ich denke, dass die Grundeinstellung der Verantwortlichen im Wesentlichen durch die grundsätzliche Annahme geprägt ist, dass sich mit der BASF keiner anlegen wird und diese Annahme somit auch deren Verhalten begründet.

Allerdings hatte ich keine Geheimhaltungsvereinbarung mit der BASF. Aber selbst, wenn eine vertragliche Geheimhaltung bzgl. eigen erstellter Werke bestanden hätte, so wäre eben genau an dieser Stelle das Wohl der Öffentlichkeit (und die eigene Haftungsfreistellung) gegenüber dem Image eines durch und durch ignoranten und beratungsresistenten Konzerns als deutlich höherwertig einzustufen, als es die BASF mit der ihr zu eigenen, marginalisierenden Art offensichtlich selbst für notwendig hält.

Trotz abermaliger Hinweise und Widerlegung BASF-eigener Behauptungen, reagierte die BASF nicht und ließ damit auch die letzte Möglichkeit, eine Behörden-Involvierung zu umgehen, ungenutzt.

Die BASF hatte viele Möglichkeiten, mich los zu werden und ließ alle ungenutzt. So ist aber wenigstens gewährleistet, dass auch die Öffentlichkeit von den Gefahren erfährt. Dabei hätte die BASF einfach nur einen Fünfzeiler schreiben müssen, in dem sie erklärt, sich intern der Behebung der Missstände anzunehmen. Und schon wäre für die BASF alles gut gewesen. Auch, wenn ich mich sehr schwergetan hätte, das zu glauben, ich wäre um meine weiteren, legitimen Möglichkeiten deutlich beschnitten gewesen.

So allerdings hat der Konzern schriftlich in Schwarz auf Weiß vorgegeben, dass die (bereits umfangreich belegten)

Missstände nicht existieren und sie sich der Angelegenheit in Folge nicht annehmen - was einer Maßnahme-Verweigerung der ureigenen Arbeitgeberpflichten in Bezug zur Arbeitssicherheit gleichkommen dürfte.

Da die eigentlich zuständige Behörde gemäß meiner Informationen im Verdacht stand, nach erfolgender Meldung meiner Erhebungen in einen Interessenskonflikt zu geraten, bin ich in der Verantwortlichkeit entsprechend eine Stufe höher gegangen und ließ eine Übersicht der festgestellten Sicherheitsdefizite sechs weiteren Bundesministerien zukommen – wie im Vorwort benannt.

Unerwarteter Weise war die direkt zuständige Behörde die einzige, von der aus eine Reaktion erfolgte – wenngleich eine etwas dümmliche, da diese inhaltlich nur aus dem „nicht zuständig" bestanden hat.

Ich denke, irgendwann ist mal Schluss.

Wenn ein Bürger mit ernsten, veritablen Problemen an die Landesregierung sowie Bundesministerien herantritt und mitteilt, dass die Probleme Ressort-übergreifender Natur sind, sollte man sich als -fähiger- Volksvertreter dieser Sache annehmen können, um sie ggf. intern zu verteilen. Ein weiterschieben des Schwarzen Peters ist hier aufgrund der Dimension zwar nur allzu verständlich, funktioniert in aller Regel aber nur nach oben oder auf gleicher Ebene – und nicht nach unten, wenn es von dort kam.

Ausdrücklich hatte ich in dem Schreiben erwähnt (bereits im ersten Absatz), dass die geschilderte Problematik nicht isoliert zu betrachten sei und ich mich mit den Meldungen in der Hierarchie bereits hochgearbeitet hatte.

Für mich thematisch somit abgeschlossen – auch, weil ich ganz oben angelangt bin, werde ich in der dortigen Hierarchie nicht wieder mit den Meldungen herunter wandern, um aufgrund fachübergreifender Zuständigkeit dann in Folge erneut wieder nach oben zu klettern.

Zudem wurden mir die Unterlagen nicht zur Entlastung der Staatskanzlei retourniert, so dass es somit in der Verantwortung der Staatskanzlei verbleibt, hiermit umzugehen und ggf. im Bedarfsfall haftend einzutreten. Davon ab - wenn es "nur" der Bereich der Arbeitssicherheit gewesen wäre, wäre es bereits per Gesetzesdefinition "Chefsache", da der Bereich -durch Rechtsprechung intermittierend bestätigt- eine Stabsstelle darstellt.

Der Sicherheitszustand der BASF bleibt derzeit durchgreifend defizitär, die Ministerien versagen ihre Mitarbeit im Kollektiv und der weitere Verlauf ist offen.

Nachtrag 2: Zur Explosion 2016

Explosions-Katastrophe bei der BASF am 17. Oktober 2016 fordert fünf Todesopfer und 28 Verletzte.

Bürgermeisterin Dr. Eva Lohse zum ersten Bürgerdialog: *„Die Sicherheit in der BASF ist für uns essentiell. Dazu gehört auch eine offene, ehrliche und vollständige Information an die Bürgerinnen und Bürger. (...)"* *

Eine Aufarbeitung zum Sachverhalt der Explosion auf dem BASF-Gelände Ludwigshafen in 2016 aus präventiver Sicht.

Bereits einige Kollegen haben mich darauf angesprochen, wie dezidiert ich in den vorangegangenen 500 Seiten Szenarien beschrieben habe, die mit der Explosion in 2016 schließlich real stattgefunden haben. Vorhersehung? Nein - für mich -und auch weitere Spezialisten, die um die Umstände der BASF Bescheid wussten- war die Explosion keinesfalls überraschend – so viel ist sicher deutlich geworden. Es war das zwingend sich ergebene Schadensereignis, welches im Kern nur die folgerichte Quintessenz der Sicherheitssituation vor Ort widerspiegelt – den Situs, wie alles zusammenspielt – oder eben nicht. Lediglich mit der Ereignis-Platzierung habe ich -glücklicher Weise- bis jetzt nicht „getroffen". Bis jetzt -der Rest stimmt mit meinen Befürchtungen und Prognosen zu 100% überein.

Sofern auch hieran immer noch jemand zweifeln sollte, möchte ich nochmals zusichern, dass all die zuvor geschriebenen Zeilen und die darin enthaltenen Behauptungen belegbaren Fakten entsprechen und bereits vor der Explosion umfangreich digital archiviert wurden. Inhaltlich unverändert und via Datum zuzuordnen.

Gleiches gilt für die folgende Stellungnahme zur Explosion, die bereits vor Beendigung des Gerichtsverfahrens in fast unveränderter Version im Internet veröffentlicht wurde.

Gefährdungs-Resümee und Analyseansatz der Explosion

Wenn es zu einem Schreckensszenario wie der Explosion in 2016 kommt, tragen dazu viele Aspekte in komplexen Zusammenhängen mit ihrer eigenen Rolle begünstigend bei. Meistens folgen entsprechende Zwischenfälle nur dem „unglücklichen" Zusammentreffen mehrerer Gefährdungs-Parameter, die kumulativ und potenzierend „reagieren".

Ganz profan könnte man die Unterlassungen der hierfür spezifisch erforderlichen Präventions-Vorbereitungen als Verantwortungsmissachtung des Unternehmers in organisatorischer Hinsicht sehen. Schließlich hat der Unternehmer bereits nach dem Arbeitsschutzgesetz die Pflicht, jeden Arbeitsplatz zu beurteilen. Jeden bedeutet JEDEN und „hat ... zu beurteilen" ist eine verbindliche Vorgabe und keine freundliche Einladung zu Verhandlungen beim Kaffeeklatsch.

Auf Seiten der originären Mitarbeiter würde das eben bedeuten, Präventionsmaßnahmen zu treffen, damit nichts passieren kann – auch nicht, wenn viele Komponenten zusammentreffen. Auf Seiten der Werk-Einsatzkräfte von Rettungsdienst und Feuerwehr würde das bedeuten, dass eine Planung von Einsatz- und Gefährdungsszenarien und deren Beurteilung in Zusammenarbeit mit der seitens der BASF bestellten, leitenden Fachkraft für Arbeitssicherheit erfolgt.

Nein – erfolgen muss. Ist aber offenbar nicht.

Angesichts der zuvor in über 500 Seiten dargestellten Diskrepanzen wäre das auch unwahrscheinlich. Zudem ist der Umgang der BASF mit solchen Planungs-Maßnahmen Fachleuten und Behörden bereits seit einigen Jahren bekannt – spätestens seit Jahreswechsel 2014/2015.

Im originären Arbeitsschutz wird der Beurteilungsprozess einer Gefährdung nach dem SAMUEL-Prinzip durchgeführt, um geeignete Maßnahmen zu finden.

Zur Auswahl der Maßnahmen gilt es dann, das T-O-P-Prinzip anzuwenden, nach dessen Hierarchie und Planungspriorität (Effektivität, Zeitfenster etc.) die umzusetzenden Einzelmaßnahmen definiert werden.

Wie aber wird ein solch komplexes Geschehen wie die Explosion es war, dem Grundsatz nach analysiert?

Die analytische Betrachtung der „(mit-)verursachenden" Rahmenbedingungen ist gesplittet – man betrachtet vorwiegend sog. Gefährdungsfaktoren. Diese können unterschiedlicher Art sein.

Um ein solches Ereignis rückwirkend betrachten zu können, empfiehlt es sich, den Sachverstand auszupacken und mit dem Prinzip der Kausalitätskette aktiv zu werden – zunächst losgelöst vom Arbeitsschutz. Dies ist erforderlich, um die Art derjenigen Gefährdungsfaktoren zu isolieren, die mit zu bewertendem Anteil zur Entstehung der Explosion beigetragen haben. Auch können mit diesem Vorgehen wesentliche Aspekte zügig isoliert – oder aber die zu vernachlässigenden Aspekte außen vorgelassen werden.

Man unterscheidet in kausaler Folge die Ursache, den Grund, den Anlass und den Auslöser eines Ereignisses. Im Kontext des Explosionsereignisses wird dann wie folgt vorgegangen.

Als Ursache werden Restrukturierungsarbeiten zu nennen sein. Welcher Art (z.B. Werk-Erweiterung, Stilllegung, Reparatur etc.), dürfte jedoch nur relevant sein, wenn auf diese Maßnahmen im Rahmen des T-O-P-Prinzips hätte verzichten werden können (sehr unwahrscheinlich).

Wertung: Unternehmerische Begründung - als unveränderbar angenommen, da die Arbeiten mutmaßlich notwendig waren.

Als Grund ist die Arbeitserfordernis/ Änderungs-Notwendigkeit in genau dem betroffenen Rohrleitungsareal (z.B. aufgrund eines Ausbaus) zu benennen.

Wertung: als logisch umzusetzende Folge der Ursache insofern ebenfalls als unveränderlich angenommen.

Als Anlass sind die Faktoren (zumeist organisatorischer Natur) zu benennen, die ein Ereignis in der Entstehung vornehmlich begünstigen – also eigentliche Randbedingungen, die eine Gefährdung durch Zusammentreffen mehrerer Komponenten intensiveren oder deren Kompensation bzw. Wegfall verringern können.

Wertung: Als typisches Merkmal solcher organisatorischen Maßnahmen nach dem T-O-P-Prinzip können diese einer ausgeprägten Dynamik unterliegen und sind somit bereits präventiv umfassend zu definieren und laufend anzupassen.

Als Auslöser sind die Faktoren zu benennen, die ein Ereignis unmittelbar herbeiführen können – also sog. gefahrbringende Faktoren und häufig als Schnittstelle zu den zuvor genannten, sog. begünstigenden Faktoren (Anlass) zu sehen.

Wertung: Sie stellen den entscheidenden „Schritt" dar, wenn z.B. zuvor unbedenkliche Einzelaspekte zusammentreffen und erst bei zusammen und/oder zeitgleich umgesetzter Ausführung zur Katastrophe führen. Sie sind unter allen Umständen durch Definition der Hinderungs-Maßnahmen zuvor zu vermeiden.

Im vorliegenden Fall ist als letzter Punkt (Auslöser) das Herbeiführen einer explosiven Atmosphäre zu nennen (hier: Verbindung explosiver Substanzen mit Sauerstoff durch die Öffnung eines Rohres) unter gleichzeitiger

Verwendung einer thermischen Zündquelle (Winkelschleifer).

Das Risiko, dass derart begünstigende Gefährdungs-Faktoren mit den gefahrbringenden Faktoren zusammentreffen, kann im vorliegenden Fall z.B. durch die gem. TRGS (Technische Regel für Gefahrstoffe) 201 vorgeschriebene Markierung medienführender Rohrleitungssysteme erheblich reduziert werden. Umfangreiche Dokumentationen aus dem TDI-Projekt belegen, dass dieser Vorschrift im Werkbereich -wenn überhaupt- nur rudimentär nachgekommen wurde.

Ist ein Vorgehen wie es der zuvor genannte Auslöser darstellt, vermeidbar?

Ja – aber ausschließlich dann, wenn bei der Beachtung der begünstigenden Faktoren und deren Analyse eine peinliche Genauigkeit in der organisatorischen Planung zugrunde gelegt wird. Dass eben das keinesfalls zu den Heldentaten der BASF gehört, ist durch das TDI-Projekt –spätestens aber nach der Explosion- offensichtlich geworden.

Um aber auch das -ohne zu intensiv auf das Gutachter-Zeugs und den Arbeitsschutz-Klim-Bim einzugehen-verstehen zu können, widmen wir uns ganz spartanisch einer Tabelle mit Gegenüberstellungen und Zuordnungen. Ganz simpel – und auf die begünstigenden Faktoren -also die Kategorie „Anlass"- der Explosion reduziert.

Weshalb nur auf die Faktoren, den Anlass? Wir erinnern uns; Ursache und Grund können als unternehmensstrategischer Hintergrund bei Seite gelegt werden, der Auslöser ist ebenfalls eindeutig isoliert. Insofern ist der Anlass -resp. sind die ganzen begünstigenden Faktoren- der einzige Part, innerhalb dessen ein solches Ereignis wie die Explosion verhindert werden kann – oder es gelingen kann, die Gefährdungen zumindest auf ein Minimum zu reduzieren.

*Dr. E. Lohse/BASF: Bürgerdialog nach Explosion vom 01.12.2016: „Vertrauen zurückgewinnen" unter

https://www.basf.com/global/de/who-we-are/organization/locations/europe/german-sites/ludwigshafen/neighbor-basf/Buergerdialog.html (abgerufen11.07.2019)

Folgend findet sich die Tabelle mit den klassischen Gefährdungsfaktoren, wie sie bereits VOR einer solchen Katastrophe beurteilt werden müssen – mit Zuordnung der jeweiligen Zuständigkeit sowie Erfüllungsverantwortung, damit die Katastrophe gar nicht erst entstehen kann.

Dabei ist essentiell, dass die Umsetzung erforderlicher Maßnahmen nicht irgendwo auf einem von allen Beteiligten pro Forma unterschriebenen Blatt Papier steht, sondern gelebt und umgesetzt wird.

Und immer wieder kontrolliert wird.

Durch die BASF.

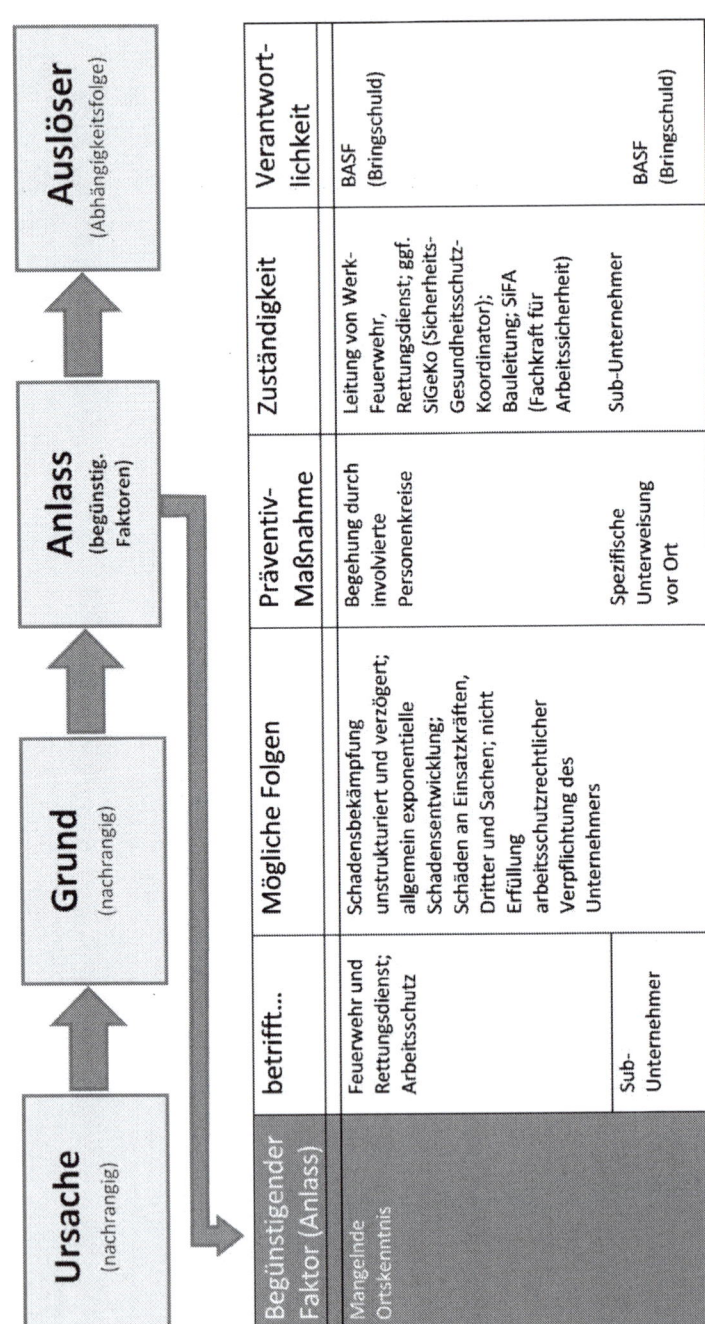

Ursache (nachrangig)	→	Grund (nachrangig)	→	Anlass (begünstig. Faktoren)	→	Auslöser (Abhängigkeitsfolge)

Begünstigender Faktor (Anlass)	betrifft...	Mögliche Folgen	Präventiv-Maßnahme	Zuständigkeit	Verantwort-lichkeit
Mangelnde Ortskenntnis	Feuerwehr und Rettungsdienst; Arbeitsschutz	Schadensbekämpfung unstrukturiert und verzögert; allgemein exponentielle Schadensentwicklung; Schäden an Einsatzkräften, Dritter und Sachen; nicht Erfüllung arbeitsschutzrechtlicher Verpflichtung des Unternehmers	Begehung durch involvierte Personenkreise	Leitung von Werk-Feuerwehr, Rettungsdienst; ggf. SiGeKo (Sicherheits-Gesundheitsschutz-Koordinator); Bauleitung; SiFA (Fachkraft für Arbeitssicherheit)	BASF (Bringschuld)
	Sub-Unternehmer		Spezifische Unterweisung vor Ort	Sub-Unternehmer	BASF (Bringschuld)

Mangelnde Kenntnis der Medien (Chemikalien, Druckluft, Gase etc.)	Feuerwehr und Rettungsdienst; Arbeitsschutz	Fehlhandlungen mit erheblichem Schädigungs-Potenzial durch Verzögerung des Einsatz-Verlaufs; exponentieller Schädigungs-Verlauf durch unangemessene Bewältigungsstrategien; unkontrollierbare Opferzahlen; Auslösen von Schadensereignissen	Begehung durch involvierte Personenkreise; Betreuung der Arbeitsabläufe	Leitung von Werk-Feuerwehr, Rettungsdienst; ggf. SiGeKo; Bauleitung; SiFA	BASF (Bringschuld)
	Sub-Unternehmer		Spezifische Unterweisung vor Ort	Sub-Unternehmer	BASF (Bringsch.) sekundär: Sub-Unternehmer (Holschuld)
Fehlende Planung Notfallszenario	Feuerwehr und Rettungsdienst; Arbeitsschutz, SiGeKo	Unbeherrschbare Eskalationen der Schadensdimensionen bei Personen- und Sachschäden; Einbezug Unbeteiligter;	Ausarbeitung spezifischer Notfallszenarien/ Bekämpfungs-Strategien;	Projektmanagement - in Abstimmung: Leitung von Werk-Feuerwehr, Rettungsdienst; ggf. SiGeKo; Bauleitung; SiFA	BASF (Bringschuld)
	Sub-Unternehmer	nachhaltige Schädigung von Mensch, Sache, Umwelt & Unternehmen	Unterweisungen aller Beteiligten, Trainings	Sub-Unternehmer	sekundär: Sub-Unternehmer (Holschuld)
Fehlende Kenntnis um spezifische Gefährdung v. Ort	Arbeitsschutz, SiGeKo, Sub-Unternehmer; Feuerwehr und Rettungsdienst	Schaffung / Entstehung gefährlicher Situationen mit Schadensfolgen (zunächst Personen-bezogen, dann ggf. strukturell)	Begehung durch involvierte Personenkreise; Unterweisung aller Beteiligten; Konsil externer Spezialisten	Arbeitsschutz; Bauleitung, ggf. SiGeKo; Feuerwehr; Sub-Unternehmer	BASF (Bringschuld); sekundär: Sub-Unternehmer (Holschuld)

Begünstigender Faktor (Anlass)	betrifft...	Mögliche Folgen	Präventiv-Maßnahme	Zuständigkeit in Reihenfolge	Verantwort-lichkeit i. R.
Fehlende Kenntnis über ortsbezogene Notfallabläufe	Sub-Unternehmer, Arbeitsschutz, SiGeKo	Fehlhandlungen im Notfall; unbeherrschbare Eskalationen der Schadensdimensionen bei Personen- und Sachschäden; lokal nachhaltige Schädigung von Mensch, Sache, Umwelt & Unternehmen	Unterweisung aller Beteiligter; ggf. Ortsbegehung, Übungen	Projektmanagement; Arbeitsschutz, SiGeKo; Bauleitung; Werkfeuerwehr, ggf. Rettungsdienst; Sub-Unternehmer	BASF (Bringschuld); sekundär: Sub-Unternehmer (Holschuld)
Mangelnde Unterweisung Arbeitsablauf	Sub-Unternehmer, Arbeitsschutz, SiGeKo	Nicht abschätzbare Gefährdung durch Fehlhandlungen mit Arbeitsverzögerung, Personenschaden, Sachschaden	Exakte Unterweisung in Arbeitsabläufen, Gefährdungen; Konsil externer Spezialisten	Bauleitung; Arbeitsschutz, SiGeKo; Sub-Unternehmer	BASF (Bringschuld); sekundär: Sub-Unternehmer (Holschuld und Bringschuld)
Mangelnde Sicherheit Arbeitsgeräte	Sub-Unternehmer, Arbeitsschutz, SiGeKo	Verletzungsgefahren (auch Dritter), Schadensherbeiführung durch Eigenschaftsverlust	Regelmäßige Sichtkontrollen und technische Prüfungen	Anwender; Bauleitung; Sub-Unternehmer; Arbeitsschutz, SiGeKo	BASF (Bringschuld); Sub-Unternehmer, Anwender (Holschuld)

Mangelnde Eignung der Arbeitsgeräte	Sub-Unternehmer; Arbeitsschutz, SiGeKo; Feuerwehr	Schadensherbeiführung durch fehlende / unangemessene, ggf. schädigende Eigenschaften	LMRA;Betreuung bei gefährlichen Arbeitsabläufen; Kontrolle durch 4-Augen-Prinzip/ Dokumentation	Bauleitung; Arbeitsschutz, SiGeKo; Sub-Unternehmer, Anwender; Feuerwehr	BASF (Bringschuld); sekundär: Sub-Unternehmer, ggf. Anwender (Holschuld)
Fehlende Dokumentation der Arbeitsabläufe	Arbeitsschutz, SiGeKo, Sub-Unternehmer; Feuerwehr	Mangelhafter Nachvollzug bei kritischen Abläufen; Differenzen in Haftungsfragen; Intransparenz für Bestimmung von Präventiv-Maßnahmen	Abstimmung aller Beteiligter; Konsil externer Spezialisten	Projektmanagement; Bauleitung; Arbeitsschutz, SiGeKo; Sub-Unternehmer; Feuerwehr	BASF (Bringschuld); sekundär: Sub-Unternehmer (Holschuld und Bringschuld)
Fehlende, qualifizierte Fachkenntnisse	Arbeitsschutz, SiGeKo; Sub-Unternehmer	Qualitativ mangelhafte Arbeitsausführungen; vermeidbare Schaffung von Gefährdungspotenzialen; Differenzen im Haftungsfall	Qualifizierungs-Nachweise einfordern, regelmäßige Kontrollen	Projektmanagement; Arbeitsschutz, SiGeKo; Sub-Unternehmer	BASF (Bringschuld); Sub-Unternehmer (Holschuld)
Fehlende Kontrollen Qualifizierung	Arbeitsschutz, SiGeKo, Sub-Unternehmer; BASF	Häufung der unqualifizierten Arbeitsausführung, Differenzen im Haftungsfall, Inkaufnahme möglicher Schädigungen aller Art	Konsequente Kontrolle bei Beauftragung, Beginn, stichprobenartig	Projektmanagement; Arbeitsschutz, SiGeKo; Sub-Unternehmer	BASF (Bringschuld (Holschuld in Ausführung))

Vorstehende Tabelle stellt die wesentlichen Merkmale der organisatorischen Prävention dar – ohne Anspruch auf Vollständigkeit und unter dem ausschließlichen Auswertungsaspekt der über die Medien publizierten Erkenntnisse. Angenommen sind die originären Zuständigkeiten und Verantwortlichkeiten von jeweiligen Beteiligten und Faktoren, die sich -je nach Zugewinn weiterer Erkenntnisse- als Schnittstellenbereiche zeitlich und örtlich überschneiden können.

Wir erinnern: die meisten Zwischenfälle unserer Zeit ergeben sich nicht aus klar definierten Prozessen, sondern den -ggf. ignorierten- Schnittstellen einzelner Zuständigkeiten.

In jedem Fall wird durch die sehr vereinfacht dargestellte Tabelle bereits evident, dass das Gros der die einleitende Explosion „(mit-)auslösenden" Rahmenbedingungen, als sog. begünstigende Faktoren („Anlass") zu werten und als Bringschuld primär der Organisationsverantwortung der BASF zuzuordnen sind.

Wenngleich die BASF als Bauherr zwar nur überwiegend aber nicht ausschließlich die unmittelbare Verantwortung in der Maßnahmen-Organisation trägt, so trägt sie zumindest dauerhaft die Verantwortung, genannte Aspekte korrekt zu bestimmen, vorzugeben und für deren Umsetzung durch Unterweisung und deren Einhaltung durch Kontrolle Sorge zu tragen – um so ihrer Bauherrenpflicht nachzukommen.

All dies ist durch das sog. „Fremdfirmen-Management" geregelt und muss nicht nur partiell, sondern komplett und konsequent durchgeführt, dokumentiert und überwacht werden. Es gilt als verbindliche Vorgabe des beauftragenden Unternehmens (Ursprung der Verantwortungszuordnung ist u. A. zu finden im Arbeitsschutzgesetz, der Baustellen-Verordnung, spezifischen Baustellenrichtlinien – sowie konkret in der Vorschrift 1 der DGUV (§5)).

Bei der Differenzierung der Verantwortlichkeiten (BASF vs. Subunternehmer) und deren Priorität ist insofern sicher noch zu bestimmen, ob die jeweilige Schuldfrage höherwertig in der Bring- oder einer Holschuld zu werten ist.

Ebenfalls ist der juristische Umgang möglicher Unterlassungen der BASF als Arbeitgeber gegenüber den verunglückten Feuerwehrleuten zu sehen – immerhin entspricht die BASF (siehe Kapitel *von Triggerreizen & Windelwechseln*) ihren präventiven Pflichtmaßnahmen im Arbeitsschutz in erheblichem Umfang nicht.

In jedem Fall obliegt dem Bauherrn bei der Ausführung sogenannter „Gefährlicher Tätigkeiten" (zu dem z.B. das Schweißen und Trennen von Stahlwerkstoffen zählt) eine besondere Sorgfaltspflicht in der Gefährdungsbeurteilung. Die Nachforschung hierzu ist simpel: vorstehende Tabelle für die Explosion als Check-Liste abhaken - oder eben nicht.

Unter der Annahme der Arbeiten im potenziellen Kontakt mit Gefahrstoffen, sollten entsprechende Aspekte durch Gerichte insofern besonders gewichtend gewertet werden...

Über den Autor

Arne Koss –

Jahrgang 1970, eine Tochter.

Als Coach, Trainer und Autor in Berufsgenossenschaften aktiv und als zertifizierter Experte im Arbeitsschutz (HSE) gefragt.

Mit außergewöhnlich facettenreicher Portfolio-Kombination ist er seit 2001 selbständig und im HSE-Interim- und Schnittstellen-Management als Troubleshooter erfolgreich.

Er gilt als Spezialist für hoch komplexe Schnittstellenabläufe und kritische Strukturen, die erfordern, professionelle HSE-Standards -wie z.b. Fremdfirmen- und Notfallmanagement-Systeme- kombiniert zu entwickeln und zu implementieren.

Seine sehr umfangreiche Reputation im Notfallwesen und jahrelange Mitgliedschaften in Landesprüfungsausschüssen der Rettungsdienste ermöglichen ihm den -stets betrieblich umsetzbaren- Lückenschluss zwischen Prävention im Arbeitsschutz und der Strategie eines Akut-Managements auf höchstem Experten-Niveau. Als DGUV-zertifizierter Voll-Profi seines Ressorts qualifiziert er auch Führungskräfte im Arbeitsschutz-Management und wirkt in verschiedenen Fachbeiräten als Leistungsträger „an der Quelle" mit.

Seine beratende, bildende und auch sachverständige Schnittstellen-Expertise findet sich -branchenunabhängig- in Industrien und Baufeldern, Rettungsdiensten, Kliniken, und der Gesundheitswirtschaft.

Printed in Poland
by Amazon Fulfillment
Poland Sp. z o.o., Wrocław

49358378R00358